THE SWORD OF PERSIA
NADER SHAH, FROM
TRIBAL WARRIOR TO
CONQUERING TYRANT

波斯之剑

纳迪尔沙与现代伊朗的崛起

［英］迈克尔·阿克斯沃西 Michael Axworthy ［著］

周 思［译］

民主与建设出版社

· 北京 ·

献给我的父亲

地图1 纳迪尔沙统治时期的波斯及周边地区（本书中所有地图均系原书地图）

韦博云•

模

•布哈拉   •撒马尔罕

查哈尔渚•

•梅尔夫   •卡尔希

克尔基   •基里夫

•安德胡伊   •昆都士

巴尔赫   米勒库什山

赫拉特•   巴米扬•   •恰里卡尔

班   •喀布尔   •贾拉拉巴德

开伯尔山口 白沙瓦   •阿塔克

•莫戈尔   •加兹尼   库拉姆山谷

旁遮普

•法拉   盖雷什克•   •吉勒宰堡

•坎大哈

•德拉伊斯梅尔汗

•德拉加齐汗   •锡林德

安巴拉•
沙赫阿巴德•
塔内萨尔•
格尔纳尔•
巴尼伯德•

俾路支斯坦   •拉尔卡纳

夏利马尔花园•
德里•

莫卧儿帝国

信德

•沙哈达德普尔

•乌马科特

阿拉伯海

0   200   400   600 千米

0   200   400 英里

致　谢

许多人在我写作此书的过程中给予了巨大的帮助，尤其是克里斯·朗德尔和霍马·朗德尔夫妇、娜葛丝·马吉德、赫里斯托斯·尼法佐普洛斯和利奥·德罗拉斯。没有他们对于文献资料的翻译，对于个人观点和可疑之处的耐心校正，成书必定拙劣。彼得·埃弗里积极鼓励并启发了我的思考，他在一些专业领域，尤其是翻译方面给予了我极大的帮助。克里斯·朗德尔、桑迪·莫顿、查尔斯·梅尔维尔、威廉·弗洛尔、阿里·安萨里、吉尔·鲍登都通读了我的手稿，他们的评论和建议使得这本书大有改观（尽管并未完全采纳他们的意见），还有安德鲁·纽曼，他在早期阶段就审阅了部分手稿。威廉·弗洛尔让我看了一些他尚未发表的研究，这对本书产生了相当大的促进作用。保罗·勒夫特、阿里·安萨里和阿努什·艾赫特沙米帮我申请到了杜伦大学的研究资金以便于这个项目的进行，还在其他诸多方面给予我帮助，不断鼓励我。阿里·安萨里在我一开始对纳迪尔沙产生兴趣时就激励并引导我，没有他就没有这一切。

还有很多人给予我指导、鼓励和支持，无论是提出新的研究或分析方向、解答特定的疑惑，还是帮我找到难寻的资料。比如厄尼·塔克、约翰·阿普尔比、凯瑟琳·巴巴扬、约翰·格尼、曼苏尔·赛法特古尔、海蒂·霍夫施泰特尔（特别感谢）、阿龙·邓恩、汉娜·卡特、约翰·卡特、谢尔盖·托尔金、阿德里安·斯蒂尔、桑贾伊·苏布拉马尼亚姆、米凯莱·贝尔纳迪尼、珍妮弗·斯卡斯、伊恩·希思、斯蒂芬·布莱克、罗伯特·希伦布兰德、伯纳德·奥凯恩、伊恩·马多克、波普伊·汉普森、贝拉·普林格尔和艾奥娜·莫尔斯沃思－圣奥宾。还要感谢我的妹妹海伦·阿克斯沃西的大力支持，尤其是在地图方面。

伊内兹·林恩、戈西亚·拉维克、伊迪丝·格雷以及伦敦图书馆的其他工作人员都非常慷慨宽容，破例帮我找书，还借书给我；为我提供同样帮助的还有剑桥大学图书馆的工作人员，在此特别感谢克莱尔·韦尔福德、莱斯·古德和善本图书室的其他人员。

我必须感谢伊拉杰·巴盖尔扎德，他最早为我提供了撰写这本书的机会，以及陶里斯出版社的凯特·希拉特和克莱尔·迪布瓦。最后，还要感谢我的太太萨莉，她为我翻译了一个极其重要的俄文文本。若是没有她的理解和支持，我就无法完成这本书。

转译说明

一直以来，转译都是一个比较尴尬的问题，有时作者必须造出一些看似奇怪的文本，才能保持前后文的一致性。我最初遇到的问题就是纳迪尔本人的名字。我没有选择传统的转写方式（Nadir）是因为对于现代伊朗人来说，这个词的发音像阿拉伯语。作为伊朗历史上的一位重要人物，如果名字的发音被伊朗人认为像外国人名，那么这种转写方式就显得比较糟糕了。

因此，我决定选取一种更接近现代波斯语发音的转写方式，没有采用误导或者困扰大部分不具备语言学背景的读者的变音符号。但不一致的情况依然存在，尤其是一些人名和头衔，它们在西方书面表达中已经有了约定俗成的转写方式，比如伊斯法罕（Isfahan）、法蒂玛（Fatima）、毛拉（Mullah）。如果还有一些转译不太合理的不一致问题，绝对是我自己的失误，与各个阶段向我提出建议的朋友没有关系。

目　录

前　言　　　　　　　　　　　　　　　　　　　1

序　言　　　　　　　　　　　　　　　　　　　7

1　萨法维王朝的衰落　　　　　　　　　　　　25

2　塔赫玛斯普·戈利·汗　　　　　　　　　　73

3　与阿富汗人作战　　　　　　　　　　　　　94

4　与奥斯曼人作战　　　　　　　　　　　　　121

5　政　变　　　　　　　　　　　　　　　　　144

6　纳迪尔沙　　　　　　　　　　　　　　　　166

7　到达德里的大门　　　　　　　　　　　　　210

8　波斯废墟　　　　　　　　　　　　　　　　250

9　骷髅塔　　　　　　　　　　　　　　　　　286

10　回到原点　　　　　　　　　　　　　　　322

注　释　　　　　　　　　　　　　　　　　　　336

参考文献　　　　　　　　　　　　　　　　　　376

出版后记　　　　　　　　　　　　　　　　　　385

以至仁至慈的真主之名！

任何拥有智慧、具备理解能力的人都知道，当四境之内遍是混乱与袭扰，当命运的走向愈加不公之时，宇宙的至高主宰、掌管万物的真主将指派一人前来，以彰显他永恒的仁慈……

——米尔扎·马赫迪·阿斯塔拉巴迪，《纳迪尔的征服之旅》

前　言

漆黑的夜晚暗藏着恐怖的巨浪和骇人的漩涡，

岸边欢乐的人们怎会了解我们的困境。

—— 哈菲兹

　　纳迪尔的一生跌宕起伏，结局惨淡：从模糊不清的开端、无情的阴谋诡计走向卓越的战绩，赢得显赫的地位与无尽的财富，转瞬却陷入令人恐惧的挫折与失败，经历残忍的杀戮、精神错乱，最终死亡。这段历史和这方土地对于西方读者来说是完全陌生的：在18世纪初期的二三十年里，纳迪尔成了某个不知名地区的军事首领，他将波斯从阿富汗人的手中解放出来，驱逐了奥斯曼帝国的土耳其人，用计赶走了俄国人；接着入侵并占领了奥斯曼帝国的领土，自立为沙阿；随后，他进攻阿富汗人的土地并征服了他们，袭击印度，占领了德里；进军中亚以后征服了土库曼人和乌兹别克人；最后一路向西，高歌猛进，杀回了奥斯曼帝国。18世纪40年代初期，纳迪尔的军队可能是当时世界上最强大的一支武装力量，军队中的很多将领后来都在阿富汗和格鲁吉亚地区建立了独立的政权。但自德里一役之后，纳迪尔仿佛变了一个人。他越发贪婪偏执、喜怒无常且残忍成性，最后被自己的部下杀害。

如果没有纳迪尔沙，伊朗（当时被西方人称为波斯）会经历与 18 世纪的波兰相同的命运——被阿富汗人、俄国人和奥斯曼土耳其人瓜分殆尽。[1] 早在纳迪尔崛起的时候，这种分裂的趋势就已经很明显了。如果波斯就此湮灭，那么接下来几十年甚至数百年，奥斯曼帝国、俄国、中亚、阿富汗及印度间的势力格局将会大大改变。

纳迪尔沙对德里的征服行动，也向英国的东印度公司传递了一个信号：印度的莫卧儿王朝已经衰败，如果能够得到当地土邦王公们的默许，也许就可以扩大经营范围，获得更加高额的利润。要是没有纳迪尔沙，英国的"日不落帝国"统治也许会实现得更晚，可能会变换一种形式，也可能根本无法实现，而这将带来全球性的影响。[2]

在纳迪尔跌宕起伏的一生中，我们不仅要关注那些引人入胜的故事情节，更应该注意到纳迪尔沙在伊朗以外的地区并不为人所熟知。[*] 为什么会这样？仅从英国人的角度来看，一部分的原因在于维多利亚时期固有的史学写作观念。[3] 尽管我们拒绝或者不断修改维多利亚时期的史学写作模式，却依然会落入这些桎梏之中，以至于忽略一些人物或事件。

维多利亚时代的一些粗略观念[4]认为波斯及其以东地区愚昧

---

[*] 关于纳迪尔沙的最新英文论著要数劳伦斯·洛克哈特于 1938 年完成的专著《纳迪尔沙》（*Nadir Shah*），以及他后来的著作《萨法维王朝的衰落》（*The Fall of the Safavi Dynasty*），他在书中列举的主要资料来源，无论其广度还是细节都是非常宝贵的（具体内容请看参考文献）。此后，阿鲁诺瓦和礼萨·沙巴尼的研究，尤其是彼得·埃弗里编著的《剑桥伊朗史》第七卷（*Cambridge History of Iran*, vol.7），以及欧内斯特·塔克的一系列重要著作都推动了对于这个主题的深入研究。

落后、堕落腐朽，简直无可救药，亟待从外部进行殖民改造。而精力充沛、雷厉风行的统治者纳迪尔的形象不符合这种观念，所以他被剔除了。*他在印度的军事成就不仅削弱了克莱武和其他殖民者的光环，还会使人质疑西方军队是否具有其自称的与生俱来的优越性，而这些是成就大英帝国神话的重要组成部分。所以，他被缩小成了印度历史上一个不起眼的小小光点。[5]

由于未能在维多利亚时期的史料中留下记载，纳迪尔失去了名垂青史的机会。自斯大林和希特勒以后，欧洲人已经不像其19世纪的先辈那样，仅仅用崇拜的眼光看待那些曾经被称为历史伟人的人物了。但是，问题在于我们同样不能忘记他们。比如亚历山大和拿破仑，我们对他们漠视生命的行为感到厌恶，却又无法自拔地折服于他们强大的力量、出众的智慧和至高的成就。即使可以抗拒这些人物本身的魅力，我们依旧会执着于寻找一个答案，那就是这些优秀的特质（如果我们称之为优秀的特质）为何会成为摧毁这些伟大人物内在的根本原因。纳迪尔在统治末期就变成了一个残暴的怪物，他的诸多残酷行径令人发指。但时势造英雄，用他的同时代人从未见识过的和平年代或者地区的标准去评价纳迪尔显然是错误的。从一个更加公正的历史角度来看，纳迪尔"通过勇猛的作战才获得了权杖，而弱者是无法挥舞这根权杖的"。[6]

卢梭曾经写道：想要正确理解一本书，你就必须从阅读第一

---

* 相比之下，18世纪纳迪尔在西方的知名度反而更高，持不同态度的记者对他进行了各式各样的报道，正面的和反面的都有，甚至在他征服德里之前，当时的出版界就曾经频繁披露过他的各种信息，最后用主要的几种欧洲语言编写成了一批书籍（参考第8章的注释1）。

页开始搁置批评的冲动，直到完整地掌握了该书的论证过程，然后你才能得出一个恰当的观点。在评价纳迪尔这个非比寻常的人物时，我尽量遵从这个原则。

有关 18 世纪波斯历史的新史料还在不断涌现。威廉·弗洛尔、曼苏尔·赛法特古尔和欧内斯特·塔克都展示了一些新发现的重要信息，并且正在积极研究它们的价值，这些探索将会丰富我们对于历史事件的理解，引领我们走上新的研究方向。近年来威廉·弗洛尔翻译并出版了一批关于荷兰东印度公司*的档案材料，其重要性不容小觑。在写作这本书的时候，我首次审阅并引用了人们曾认为已经散佚的巴西尔·瓦塔特泽斯的历史著作，我认为这些资料有进一步研究的价值。[7] 还有一些未经发表的俄国档案材料，如果能进行整理归纳，将会改变人们对于纳迪尔与俄国关系，特别是对于高加索地区一些历史事件的解读。谈到解读，我觉得这个时期发生在欧洲之外的战事仍然没有被完全理解，需要更多乔斯·戈曼斯式的细致研究工作。比如纳迪尔的出生日期及早年生活的细节都尚未确定，需要进一步研究，还有大量奥斯曼时期的文献等待整理和研究。关于某些历史阶段，众多学者对同一份材料已经进行了反复详细的研究和比对；不同于这些时期，18 世纪的波斯史（以及更加广泛的区域历史）研究依旧有大量的基础性工作要做。

在阅读这些文献资料时，我尽可能谨慎鉴别，还原纳迪尔真实的生活经历。除了可以直接反映事实的历史文献，还有一些真实性存疑、无法论证其出处的传闻和轶事，依然具有参考价值。

---

* Vereenigte Oostindische Compagnie (VOC).

尽管有些像是寓言故事，却正好体现了那些与纳迪尔同一时期或稍晚时期的人对他和他所处那个时代的看法。我可以去除所有存疑的内容，写些枯燥的论述，但我更倾向于注明并保留它们，由读者自己去做出判断。史料都有其特定的角度，在批判性看待这些资料的同时，我对于过度解读18世纪作者们的创作动机也保持警惕。用很多今天在中东地区处于主流地位的看法和观点（无论是好还是坏）来评价前殖民时期的波斯历史，是非常不合时宜的。我宁可在一些来源可疑的资料中寻找有价值的线索，也不愿意因其本身带有偏见或者轶闻而直接排除它们。

如果纳迪尔沙能巩固住他的军事成果，将一个完整的国家和一支强大的军队交给他的儿子，那么这个朝气蓬勃的新王朝也许不仅能够保持伊朗的领土完整，还能强化内部管理，促进经济发展。可供参考的是同一时期的欧洲各国，彼此之间的军事竞争激发了长期的发展。[8]从更大范围上来说，我们有理由相信，恢复了活力的波斯一方面能将领土扩张到衰弱的莫卧儿和奥斯曼帝国无暇顾及的地区，一方面必定会努力克服国内逊尼派与什叶派之间的分歧（正像纳迪尔所做的那样），完全有可能缩小整个伊斯兰世界与西方世界之间的差距。因而，伊朗衰退的成因成为近来争论的焦点。[9]本书不仅提出了历史发展的另一种可能，还解释了它们为什么没有发生。

21世纪初，坎大哈、喀布尔、巴格达、纳杰夫、巴士拉、摩苏尔、基尔库克等地又一次获得了大众的关注，凸显出（其实完全没有必要）了解这一地区特点及探究其历史沿革的重要性。如同纳迪尔沙的时代，伊朗直到今天都是这一地区概念上和地缘上的中心。如果这些叙述能在更大程度上引起人们对于纳迪尔及伊朗历史的兴趣，那么它就起到了应有的作用。尽管我的叙述整合了绝大部分最新的文献资料且以一种崭新的视角解读历史事件，但它并非事无巨细地包含自1938年劳伦斯·洛克哈特所著的传记以来出现的所有与纳迪尔沙生平相关的研究中列举的每个条目，而是从多个重要角度提供全新的分析。它更像是一部叙事史，将纳迪尔的故事介绍给新的听众。纳迪尔沙的故事和伊朗的历史属于我们所有人，就像亨利八世的故事或者克劳狄王朝皇帝统治下的罗马历史。纳迪尔沙的故事扣人心弦、令人惊叹，就像麦克白或者理查三世一样，它是丰富我们感悟的又一个传奇。

当评价纳迪尔给现代社会带来哪些影响时，必须明确指出一点：一些人由于惧怕伊朗，认为伊朗是个威胁，他们也许会试图用本书来证明伊朗是一股传统的侵略势力，对其周边国家一直存在威胁——这是完全错误的。纳迪尔在伊朗历史上处于如此突出的地位，正是因为社会规则在他生前和身后的两个时代发生了巨大的变化，所以无论从程度还是形式来看，他都像一个例外。另一些人也许会借由书中的血腥描述指出，这是伊朗或者伊斯兰、中东、东方专制制度的特性，是它们所独有的——这也是一种错误。人类实施暴行的方式就像他们绘画或者烹饪的方式一样，文化不同则方式不同，有着各自泾渭分明的特点。而不幸的是，人类残暴的天性却是相同的。如果本书想要传递一个信息，那应该是：人类在不同的时代和地区都曾经建立起传统、制度和价值观念来保护自身免遭暴行的迫害，但它们是如此脆弱，因而必须对它们加以重视和保护。

序　言
巅　峰

> 我们将引领你进入庄严的战争之帐，
> 你将听到斯基泰人帖木儿大帝的怒吼，
> 惊心动魄的言语威慑着这个世界，
> 征服众生的利剑鞭打着所有王国。
> 注视这面悲剧的镜子，里面映出他的身影，
> 你定会如约为他的命运喝彩。

——马洛

　　纳迪尔沙于 1739 年 3 月 20 日率领军队进入德里。波斯士兵站在纳迪尔的行进路线两侧，一直从城外的夏利马尔花园排到沙·贾汗壮丽的红堡，而居民们则躲在家中。100 头载着火枪手^{*}的战象引领着行进队伍，2 万名骑兵簇拥着纳迪尔。到达城堡后，纳迪尔跳下灰色的军马，步行进入。城堡鸣礼炮，那震天的巨响仿佛这座城市"要把自己摧毁了"。[1]

　　10 年前，也就是 1729 年春，波斯[2] 陷入了绝境，全国陷落，饱受屈辱。阿富汗入侵者占据帝国都城伊斯法罕长达 6 年之久，

---

* 即 Jazayerchis，携带大口径长管滑膛枪的步兵。

土耳其人和俄国人则占领了西部和北部的大部分省份。10年后，近代史上最引人注目的社会变革发生了：纳迪尔不仅击败了所有敌人，还将波斯的统治范围扩大到了高加索山脉和亚穆纳河。两年零四个月之前，他们从伊斯法罕出发，跨越1750多英里，沿途征服了今天阿富汗境内的绝大部分领土。1739年纳迪尔迈上了人生巅峰，即便并未超越340年前征服德里的帖木儿大帝的成就，也可以说旗鼓相当了。虽然他推行了多种有利于继续发展的改革措施，尽量避免墨守成规，但依旧经常走上帖木儿的老路。如同帖木儿一样，他也只计划从德里掠夺财物，并未企图吞并莫卧儿帝国。

德里是当时世界上最伟大的都城之一，城内矗立着各个历史时期留存下来的恢宏壮丽的建筑，尤其是一个世纪以前的沙·贾汗时代，因此这座有着40多万人口的城市经常被人们称为"沙贾汗纳巴德"。[3] 在伊斯兰世界三大帝国——奥斯曼、波斯和莫卧儿——中，莫卧儿王朝是最富有、最华贵的，首都德里是它富裕程度的最佳体现。

当纳迪尔到达红堡的时候，莫卧儿王朝的穆罕默德沙精心准备了欢迎仪式接待他，并赠送了无比贵重的礼物。穆罕默德沙是在前一天得到许可并由波斯骑兵护送回到城里的，目的是为这位征服者安排盛大的欢迎仪式。自从2月24日在格尔纳尔一役中战败，莫卧儿王朝的部队溃不成军，穆罕默德沙别无选择。德里的初次会见选在了奢华的特别接见大厅*，这是沙·贾汗设计建造的众多房间中最精致华美的一间。建筑物的外墙是白色大理石，上

---

* The Dowlat khane-ye khas (or Divan-e khas).

面悬挂着红色帆布凉篷来遮挡刺眼的阳光。室内的立柱、墙面和拱顶布满了由黄金和白银雕刻成的装饰叶子（随后被波斯人剥下来熔化了），地上铺着贵重的地毯和金帛，摆满了各式各样的名贵家具[4]，其中最引人注目的就是奢华至极的孔雀王座。与其说它是一把椅子，不如说是一座高台。它长6英尺、宽4英尺、高4英尺，由纯金打造，表面镶满宝石。有些宝石颗粒巨大，有些珍珠像鸽子蛋那样大。王座的华盖由12根立柱支撑，上面镶满钻石和珍珠，四周还悬挂着珍珠串成的穗。华盖顶上撑起一只金孔雀，它五彩斑斓的羽毛由蓝宝石和其他名贵宝石制成。王座的正面镶嵌着巨型钻石"光之山"，周围环绕着红宝石和祖母绿。[5]大厅的高墙上重复雕刻着一句波斯文的诗句："如果这世上真有天堂，它就在这里，就在这里，就在这里。"

这次接见原本希望表现出作为主人的穆罕默德沙依旧享有崇高的地位，但是整个场面就像一位父亲来看望他的儿子。纳迪尔承诺穆罕默德沙将继续统治印度，并且将得到波斯君主的友好支持，因为二者拥有共同的土库曼血统。穆罕默德感激得五体投地，他本以为能够保住性命已经是极大的幸运，现在竟然还能保住皇位。作为回报，穆罕默德沙向纳迪尔赠送了所有的帝国珍宝——黄金、堆积如山的宝石、原石，当然必须还有孔雀王座以及莫卧儿王朝在统治印度的200年里积累的全部巨额财富。纳迪尔表示反对，但穆罕默德沙坚持如此。经过几番虚情假意的推让与劝说之后，纳迪尔最终接受了。战败的皇帝被迫上演了一出荒诞的戏剧来说服他的敌人接受他最珍贵的财产。[6]

此次会见还发生了另一起重大事件。在波斯人入侵之前，阿瓦德邦的王公萨阿达特·汗和皇帝的一些高阶贵族，包括德干邦的摄政或总督内扎姆·穆尔克，都曾经各自密谋策划过削弱莫卧儿王朝的行动。在 2 月 24 日格尔纳尔的战场上，萨阿达特·汗鲁莽的行为直接导致了莫卧儿灾难性的溃败，他自己也被俘。为了获得纳迪尔的好感，他在被俘以后主动出谋划策，公然背叛了穆罕默德沙。之后，他被指派向德里的居民收取贡品，并陪同纳迪尔进城。在接见大厅，萨阿达特·汗请求单独觐见纳迪尔，但纳迪尔不仅对他的阿谀奉承表现出轻蔑的态度，还严厉地质问他为什么还没有开始收缴贡品。萨阿达特·汗对此难以接受[7]，似乎他的荣誉感（在格尔纳尔已经受挫，更重要的一个原因是他认为纳迪尔更宠爱他的死对头内扎姆·穆尔克）受到了极大的践踏，他绝望地服毒身亡。会见结束之后，纳迪尔和他的亲信住进了沙·贾汗的套房，穆罕默德沙则搬进了后妃居住的寝宫。[8]

　　因为波斯军队已经牢牢驻扎在了这座城市，清真寺在周五礼拜时称颂纳迪尔为君王。人们还特意为他铸造了硬币，上面刻有波斯文的铭文："纳迪尔是世界统治者的继任人，万王之王，天选的主宰。"* 最后一个词（sahebqeran）仅从字面意思来说，是在赞扬一位统治者的生日正巧处在群星会聚的伟大时刻，但纳迪尔更加重视它是因为这是帖木儿的一个头衔。[9]在德里的时候，纳迪尔通常自称为"万王之王"（Shahanshah），这是莫卧儿统治者的传统称号。无论最终的目的是什么，也不在乎穆罕默德沙尴尬含糊的地位，纳迪尔从进入德里的第一天起就明确表示他才是帝王。

　　格尔纳尔大捷后波斯人成功进入德里，但这些征服者起初

---

* Hast Soltan bar salatin-e-Jahan/Shah-e-Shahan Nader-e sahebqeran.

并未威吓当地居民。集市里的人嘲笑那些奇兹尔巴什*，他们大多比较朴实，来自波斯农村和山区。[10] 纳迪尔传令给他的旗手（nasaqchis，相当于部队中的军事警察），任何伤害居民的人都将被割去鼻子或者耳朵，严重者鞭笞至死[11]，他决心用严明的军纪来避免士兵违法行为的发生。纳迪尔知道，350 年前帖木儿的军队进城后曾一度失控，抢劫、杀戮、纵火的行为持续了好几天。出于对军事实力和公共安全的信心，波斯士兵结成小队，随意行走在大街上。

其实在格尔纳尔战败的军队只是莫卧儿王朝的一小股部队，纳迪尔随后得以在德里实施统治，主要依靠的是对穆罕默德沙和莫卧儿大贵族实施的巧妙控制，这其中不仅有含蓄的恐吓，还有直接的武力威胁。既然莫卧儿军队的余部已经溃不成军，那么莫卧儿的贵族也只好慢慢任由纳迪尔牵着鼻子走，满足他的各种要求了，而且莫卧儿人和入侵者之间共同的土库曼-波斯文化认同也使得纳迪尔可以更加容易地处理各种关系。莫卧儿王朝是由操突厥语的土库曼-蒙古人建立的，向上可以直接追溯到帖木儿本人，200 年间一直沿袭精致的波斯宫廷文化。为了强调文化上的同源，纳迪尔在和穆罕默德沙交谈时坚持使用中亚民族通用的突厥语。

莫卧儿宫廷贵族之间的分歧不仅削弱了国家的实力，还使得纳迪尔有了可乘之机。另一个阻碍大贵族效忠莫卧儿王朝的原因是他们很多是从北方来到印度的投机分子。[12] 比如内扎姆·穆尔克的家族来自撒马尔罕，萨阿达特·汗则来自波斯东北部的呼罗

---

* 这里的奇兹尔巴什泛指波斯士兵，但其本义是指"红帽军"。

珊。莫卧儿宫廷的冷漠虚伪与纳迪尔团队的严整务实形成了鲜明的对比，这种反差随着波斯人继续在德里逗留而愈发明显。纳迪尔还很鄙视莫卧儿贵族为了维持一份脆弱的荣誉感而做出各种强词夺理的诡辩。有一次，他问一位莫卧儿大臣有多少名妻妾，大臣回答说850人。纳迪尔嘲讽地说他再送给这位大臣150名女俘虏，这样大臣就可以获得"千妇长"（Min-Bashi，千夫长）的军衔了。[13]

尽管如此，这种同源性的波斯-土库曼文化却使得莫卧儿宫廷的贵族对波斯入侵者更加怀有归属感，而非对他们的印度同胞。这既解释了在接下来的历史事件中莫卧儿贵族和波斯人之间表现出来的怪异又罕见的亲密关系，又使得纳迪尔可以更加轻易地掌控莫卧儿宫廷，引导他们做出各种妥协。尽管在必要的时候残酷无情也是一种手段，但在赤裸裸地动用武力之前，他会优先使用计谋来化解对抗，所以纳迪尔安心地住在沙·贾汗建造的伟大宫殿里，感觉一切尽在掌握。但是，总有一些意外会打破这些最精明的君主的如意算盘。

在远离大理石宫殿和红堡廷臣们的德里城里，真正的平静从未降临。按照惯例，3月21日下午前德里城和城里的每名居民都要上交一大份贡物。在格尔纳尔战役及其后牺牲的很多普通士兵都来自德里城，还有其他一些地方部队的士兵，战败后也收容在德里城。他们中的大部分人既恐惧又悲观，但也有少部分人非常愤怒，认为自己被指挥官们出卖了，再加上市井中一些专门寻衅滋事的年轻人，他们纠集到了一起，领头的是一些想趁乱保住自己财产或者单纯想要实施报复的贵族。[14]

波斯人的新年诺鲁孜节就在3月21日，纳迪尔像往常一样宴请他的将领们，并赐予他们荣誉庆典礼服，他定好了进城的时间以便在那里庆祝诺鲁孜节。但是，傍晚时分一些谣言传播开来：有说纳迪尔被穆罕默德沙的一名后宫女侍卫射杀了，还有说他被毒杀了，也有说他已经被囚禁了。[15]早在下午的时候，帕哈甘吉地区的粮仓就已经出现了骚乱。波斯军队刚刚制定的玉米收购价格引起了一些商人的不满，他们纠集了一伙暴徒杀了守卫粮仓的士兵，随后煽动城市周边区域的居民一起袭击他们看到的所有波斯人。此时，波斯士兵正三三两两地走在街道和集市中，还没搞明白发生了什么事，就被一伙突然冲出来的印度人杀害了。[16]

而在红堡，纳迪尔的仆人犹豫是否要叫醒他，以便告诉他发生了叛乱。尽管"害怕得全身发抖"，他们最后还是叫醒了他，但纳迪尔不相信。他说："我身边一些居心不良的人捏造了印度平民犯下这些罪行的谣言，这样他们就可以随意杀人抢劫了。"[17]纳迪尔先后派遣了两名宫廷侍者去一探究竟，但他们刚出宫门就接连被杀害了。纳迪尔只好派出了1000名火枪手去维持秩序，并嘱咐他们不要射杀没有直接参与叛乱的人。这些人服从了他的命令，但是暴徒们已经有所准备，他们向波斯人开枪或者射箭。[18]

事实显示，1000名火枪手渐渐不支，姑息政策无法平息骚乱。子弹、石块、箭矢不断划破夜空，波斯人只得躲在红堡和一些防御性建筑中。3月22日清晨，纳迪尔骑上战马，离开红堡来到光明清真寺＊。有人从附近的阳台和窗户掷出石块，士兵们紧紧地围绕在他身边警戒，这时枪声响起，纳迪尔身边的一名官员当场毙命。[19]虽然他已经做出了决定，但这最后的一击无疑是火上

＊即金色清真寺，今天也被称为 Sunehri。

浇油。他愤怒地登上清真寺的屋顶，站在金色的穹顶旁边，俯视着昌迪朝克地区的房屋、店铺和屋顶，发出了命令：任何地区，只要有波斯士兵被杀，就不应有人活着。然后他拔剑为号，示意大屠杀开始，这项残酷的任务由 3000 名火枪手负责执行。举着宝剑，纳迪尔"默默站着没动，陷入了极度的沮丧，没人敢去打扰"。[20] 他尽力避免像他的榜样帖木儿一样，在德里犯下屠杀的罪行，但事态迫使他采取这样的行动。当他深邃的目光再次望向城市的屋顶时，浓烟和惨叫声四起。[21]

大屠杀从早晨 9 点开始，波斯士兵闯进规定区域中的每户人家和每间店铺，屠杀他们看到的所有人。尽管有零星的抵抗，但绝大部分人都选择了默默被杀。在帕哈甘吉，带头引起骚乱的商人被抓了起来，然后集体被带到亚穆纳河岸边砍头，但市井流氓和其他一些挑起骚乱的人逃跑了。波斯人将注意力转向了小贵族、有产者、手工业者和颇受尊敬的族长，他们肆意劫掠纵火，很多人（主要是妇女和儿童）是躲在家中被火烧死的。强奸和猥亵行为更是使人几近绝望，有的男人杀死全家以后自杀，有的妇女为了躲避波斯士兵而投井自尽。[22]

两名年轻的贵族——赛义德·尼亚兹·汗和沙纳瓦兹·汗，不仅大肆散播谣言，煽动民众闹事，前者更是将前来保护他的波斯士兵关起来活活烧死，直接导致了大屠杀的发生。他们两人还前往兽栏，杀死了看象人，劫走了纳迪尔的战象，并将它们全部驱赶到城外的一处堡垒。然而不久，堡垒就被波斯士兵攻陷，几百名随从和他们本人一起被带到纳迪尔面前处以极刑。[23]

纳迪尔对待女囚犯则相当仁慈，几千名俘虏被带到他的面前，其中多数是女性，而且都被强奸了。纳迪尔命令她们的家族将其领回，让她们"在深深的痛苦中继续生活"。[24]

　　大屠杀持续了整个上午，数千间房屋和店铺被烧，其间民众无论生死，全部被付之一炬。波斯士兵劫获了无数昂贵衣物、珠宝和其他商品。[25]损失最为惨重的是巴扎的商人和珠宝商。太阳升到顶点时分屠杀还在继续，此时街道上已经堆满尸体，排水渠里流淌的是鲜血。最后，穆罕默德沙派遣内扎姆·穆尔克[26]去劝说纳迪尔结束杀戮。内扎姆·穆尔克的随从后来回忆说他们到达的时候，纳迪尔正在吃甜点。内扎姆表示愿意用自己的生命换取屠杀的结束，并且大胆地质问纳迪尔是否惧怕真主会将宫殿倾覆到他的头顶，为屠杀中遇难的无辜平民报仇。*下午3点，经历了6个小时的杀戮过后，纳迪尔下达了"放他们一条活路"的命令。这条命令由德里城的治安官**和一小队波斯军事警察在街道上宣布。[27]印度人对于波斯军队严格的军纪，尤其是能如此迅速地制止士兵对于抢劫和杀戮的欲望，感到非常震惊：

　　　　奇兹尔巴什异常服从命令并且惧怕他们的君主。当听到"和平"这个词时，他们立刻停止了屠杀，收回了正在摸向战利品的手。这真是世界上最不可思议的一件事情：一群掌握着无数平民生命和财产的嗜血野蛮的军人，只听到一个词就能立刻顺从地将手从劫掠中收回。[28]

　　关于死亡人数，各方说法不一。但纳迪尔只动用了相对较少

---

* 有人质疑内扎姆真正的表述比他们自己报告的内容更加婉转谨慎，Lockhart 1926 p.238；可以比较 Père Saignes, p.255。
** Kotwal，即德里城的主官，负责法律与秩序。

的一部分军队，并且限定了抢劫的区域和时长（6个小时）。根据当时的治安官的估算，大约死亡2万～3万人，这个数字是比较准确的。[29] 在最初的骚乱中死亡的波斯士兵的数量也并未统计出来，但可以肯定的是不过数百人。[30] 尸体被故意丢弃在原地长达数日，"很长一段时间里，街道上堆满了残骸，就像花叶凋敝的公园小径"。[31] 用纳迪尔的话来说，这次行动很成功，德里的居民再也不会找麻烦了。当腐烂的尸体散发出令人难以忍受的恶臭时，它们被分批处理了，有的被直接扔进河里，有的被成堆焚烧，燃烧用的木料则来自被毁坏的房屋。[32]

纳迪尔之所以最初禁止杀戮，后来又有条件地允许杀戮，是因为他希望自己能得到这座城市最好的那部分财富，而不是被他的手下强夺殆尽。杀戮过后，他开始了留在德里城的主要工作——收缴战利品。他安排卫兵把守住城门，任何人只许进，不许出。

大屠杀一结束，在格尔纳尔战役中死去的高阶贵族的财产就被查封了，士兵们还前往边远的城市和领地去收取这些贵族位于首都以外的财富。财务官员则对幸存的贵族进行评估，然后确定其各自的征缴额。这些大人物其实都是半独立的领主，虽然名义上以宫廷大臣的身份治理着大片土地，而实际上这些几乎就是他们的私产，因此评估价格很高。只有内扎姆·穆尔克得以搪塞说他的儿子趁他不在的时候强行统治了德干的领地，霸占了他的财产，并且拒绝服从他的命令。[33] 其他贵族则受到了严苛的对待——现代税收官员无疑会非常愿意运用这种方式。穆罕默德沙的维齐尔则：

尽力逃避下达给他的巨额贡品指标。纳迪尔把他放在太阳下曝晒，这种侮辱性的惩罚非常痛苦，而且考虑到印度特殊的气候条件，这种日晒会危及生命。最终，纳迪尔勒索到了 1000 万卢比*以及价值连城的名贵宝石和大象。[34]

孟加拉邦的宫廷代理人得知他们被评估为 7000 万卢比时，开玩笑说要运送这么多钱，那车队能从孟加拉排到德里了。他因自己的幽默而遭到一场毒打，然后精神彻底崩溃，毒杀了自己和家人。[35]

随着财富的不断积累以及预期将有更大规模的进账，纳迪尔在 3 月 27 日颁布命令宣布他在波斯的所有领土免除 3 年赋税，以"减轻他们身上的负担"。同时，偿还所有士兵的欠薪并预付 1 年薪饷，外加 6 个月的薪俸作为奖金。[36]

最后，德里全城居民的贡赋估价确定为 2000 万卢比[37]，由几名位高权重的莫卧儿贵族负责征收。为了实施征缴工作，全城被划分为 5 个片区，1000 名波斯士兵进行协助，必要时可以动用武力。强征造成了大逃亡，很多人想方设法逃出了城。[38]

纳迪尔从德里带走了数量惊人的财富，包括穆罕默德沙和大贵族赠送的"礼物"或贡品（大多是珠宝和货币）、平民被迫上缴的货币、名贵的皇室藏品和其他被没收的物件（家具、布帛、大炮和其他武器）。

根据当时执政部门的相关记录，总额一般确定为 7 亿卢比

---

* 1000 万卢比也叫 1 克若尔或者 100 拉克，价值相当于当时的 125 万英镑，所以 7 克若尔大概是 875 万英镑。1 克若尔在波斯代表 50 万而非 1000 万，但是在本文中我们使用印度标准。

（可折合为当时的 8750 万英镑或者今天的 900 亿英镑），还有人认为纳迪尔的士兵们额外抢走了 1 亿卢比。[39] 其中，珠宝占比最大（可能价值 3.4 亿卢比），它们有的尚未镶嵌，有的还是原石，数以万计。由于统计宝石的价值是非常困难的，直到现在我们都认为没有必要讨论这些战利品的精确价值，面对数量如此庞大的名贵宝石，仅仅是估价时使用的计量单位就足以让人惊叹。

孔雀王座和"光之山"钻石是所有财宝中最负盛名的。王座随后被拆解，"光之山"也未留在波斯，还有一些珠宝在纳迪尔死后就遗失了，但顶级的珠宝今天依旧在德黑兰得以展出，它们是 1739 年纳迪尔沙从德里带回的战利品中最值钱的部分。这其中包括"光之海"——几乎是世界上最大的粉色钻石[*]。19 世纪的波斯沙阿自娱自乐的一个重要方式就是将宝石镶嵌在各种事物上，包括长剑、匕首、羽冠、盾牌、王座、杯子，甚至地球仪，但仍有大量的翡翠、钻石、珍珠和红宝石至今尚未镶嵌（很多甚至尚未切割）。

德里城被毁了。屠杀、劫掠、纵火等暴行过后，这里的经济完全崩溃了，贸易几乎中止，只有食物价格居高不下，而其他任何商品尤其是奢侈品的价格则跌到了谷底，这样一来，百姓想凑钱买食物就变得更加困难。很多家庭发现他们不仅失去了财产，而且失去了一切生活来源，举家自杀者比比皆是。[40]

当钱财收缴到一定程度的时候，纳迪尔决定让他的儿子纳斯鲁拉娶一位莫卧儿王朝的公主为妻。这位公主是奥朗则布的曾孙女，也是穆罕默德沙的侄女。穆罕默德沙赠送给新郎一件荣誉礼

---

[*] 重量约为 175～195 克拉。

服、一串珍珠项链、一个羽饰[*]、一柄镶嵌珍珠的匕首和一头披挂黄金装甲的大象。他还和纳迪尔一起赠送给这对新人大量的钱财和珠宝，并且安排在亚穆纳河岸燃放烟花以示庆祝。⁴¹ 根据宫廷礼仪，婚礼前必须要核实新郎的家世，并登记向上七世的族谱。当问及纳迪尔时，他说：

> 告诉他们，他是纳迪尔沙的儿子，宝剑之子、宝剑之孙，如此向上可以追溯七十世，何止七世。⁴²

婚礼在 4 月 6 日举行，因为临近传统的哀悼之月伊斯兰教历一月，夜晚时分一些奇兹尔巴什违反了纳迪尔的什叶派信仰禁令，为什叶派殉教者侯赛因唱起了挽歌。这一举动不仅破坏了纳迪尔的信仰规定，而且让他觉得这些士兵完全不尊重他儿子的婚礼。为了借此机会证明军纪严酷，他下令抓捕这几名士兵，在城门外处决，并且曝尸长达一个月以儆效尤。⁴³

婚礼顺利完成，贡品还在继续收缴，纳迪尔可以松一口气了，他已经毫无争议地成了德里城的主人，拥有城中的一切财富。他的威望举世无双——1000 多年来，从未有任何一位波斯沙阿获得如此显赫的军事成就。此时只需和莫卧儿签订今后的领土分治协议，就可以撤军了。没有任何证据显示他曾经动摇过当初劫掠完德里城就撤军的决定，假如他真考虑过吞并莫卧儿帝国，那么最有可能就是现在这个时刻了。⁴⁴ 穆罕默德沙异常紧张。但德里离

---

* jiqe，即一种象征王权的帽子装饰物，通常是一丛黑色的苍鹭羽毛，沙阿可以戴在长头巾的右侧，其他皇室成员则戴在左侧。

纳迪尔的统治中心波斯东北部的呼罗珊太远了，而且诺鲁孜大屠杀无疑会给波斯人的统治蒙上一层阴影。他当政的时间太短——3 年前才刚刚成为沙阿。已经发生了不少叛乱，而且以后会更多。他也明白尽管他的军事威望无与伦比，但很多波斯人在心中仍旧认为他的统治是不合法的，并且希望复辟萨法维王朝。纳迪尔不能长时间远离波斯来维持莫卧儿领土的稳定，而临走前起草的这份协议为将来万一有必要再次干涉印度事务留下了选择权。

5 月 12 日，穆罕默德沙和所有的莫卧儿贵族出席了一场盛大的接见仪式，正式宣布协议。纳迪尔沙赠送给莫卧儿皇帝礼物，包括用宝石镶嵌的宝剑和其他一些值钱的物件。其中最具意义的是一个羽饰，他亲手为穆罕默德沙戴在头上，昭示着后者再次获得完整的君权。穆罕默德沙感谢纳迪尔的慷慨，如此他才能再次"成为一名君主"，作为回报，他恳求纳迪尔收下印度河以西的莫卧儿领土。[45] 当然，这是一笔万无一失的交易、一场精心策划的政治表演，其中隐含的讽刺和幽默是纳迪尔的职业特性所决定的。正如纳迪尔到达德里当天，穆罕默德沙被迫在接见仪式上宣布自愿赠送礼物。正式文件中关于割让领土的条款明显出自纳迪尔之手，因为它又一次提到了这两位君主共同的土库曼祖先，它还提到了古列坚家族，使人们不禁想起早期的中亚征服者帖木儿和成吉思汗。* 穆罕默德沙在宣读协议时提及纳迪尔，他

---

* Gurkan 是帖木儿的头衔，意思是"女婿"。帖木儿曾经娶过一位妻子，她是成吉思汗的直系后代，然后他就宣布自己为成吉思汗家族的女婿。中亚的其他部落出于对成吉思汗的追忆会表现得比较尊敬帖木儿。莫卧儿王朝起源于帖木儿，其创始人中亚冒险家巴布尔是帖木儿的后代，他在 16 世纪初期征服了印度北方地区。

说道：

> 他伟大的灵魂和丰满的人性均来自杰出的古列坚家族，
> 他是土库曼部族的荣耀，他慷慨愉快地将印度斯坦的皇冠与
> 宝藏归还于我。[46]

作为回赠，纳迪尔还传授穆罕默德沙一些治国的建议。首先，要没收莫卧儿贵族以宫廷大臣身份治理的领土，代之以皇室发行的金币作为薪资。其次，出于纳迪尔对自身军事经验的考量与总结，他告诉穆罕默德沙建立一支由6万名骑兵组成的职业化、常规化部队，掌握所有级别军官的姓名和家族情况。有任务时，君主将授权给特定的军官并配给他足够的士兵来听从调遣；任务结束后，收回权力，士兵回归大部队，没有人能够长时间掌控兵权。[47]

纳迪尔还提醒穆罕默德沙不要相信内扎姆·穆尔克，并强调如果发生任何贵族叛变，他会立刻派遣一支部队甚至会亲自前来解围——"无论发生什么，我都不会置之不理。"随纳迪尔来到德里的格鲁吉亚王子希拉克略（即之后的希拉克略二世）提到，纳迪尔严厉警告这些贵族必须效忠穆罕默德沙，否则无论他身在何处，6个月之内必将击败他们并血洗全族。[48]

这份协议充满父权的意味。穆罕默德沙虽然再次掌权，但几乎就是纳迪尔的傀儡，印度被再次入侵的可能性表露无遗。根据一部编年史里的记载，纳迪尔旋即对身边的亲信贵族说穆罕默德沙根本无法胜任统治印度的工作。那么，为什么纳迪尔还要支持他呢？扶植一个孱弱的皇帝（尤其身边还有内扎姆·穆尔克之类活跃的强权分子），可以保持莫卧儿帝国的衰弱之势，以便随时有

机会再次入侵。如果纳迪尔能够在离开印度后成功维持长时间的统治，他很可能会返回并吞并他曾经在 1739 年劫掠过的这块土地。[49]

临走之前，纳迪尔集合了各行各业的能工巧匠（尤其是建筑师、泥瓦匠、木匠和石刻工匠），跟随他踏上归程。他计划在新坎大哈（即纳迪尔阿巴德）、呼罗珊的卡拉特和其他一些地方兴修宫殿，这些人正好可用。纳迪尔支付了他们旅途的费用并雇用他们为他工作至少 3 年，之后他们可以选择留下来继续工作或者离开。但大部分人在波斯军队抵达拉合尔之前就逃走了。

纳迪尔在德里还发现了其他一些有用之人，他从这些人中带走了首席御医阿拉维·汗。早在到达印度之前，他的身体就出现了水肿的症状（身体循环系统内的异常积水）。阿拉维·汗在接下来的几年里发挥了重要作用，他在较长一段时间内缓解了纳迪尔在统治后期承受的来自身体和精神的巨大压力。正是这些压力驱使纳迪尔走上了极端的残暴之路。[50]

纳迪尔严格禁止任何士兵带走印度妇女，除非她们自愿，他还采取了必要的措施保证他的意志得到贯彻，正如同大屠杀之后他要求士兵释放被俘的妇女一样。当部队离开德里城到达夏利马尔花园时，军中宣布了一条命令：任何俘虏，无论男女，即刻被释放回城；任何违反命令的人都将失去妻子和全部财产。绝大部分俘虏均为妇女。即使在德里城合法迎娶的印度妻子或者合法购买的带有契约的奴隶，也要在本人明确表示自愿的前提下才能留在军中。几乎所有来自德里的妇女，无论妻子或者女奴都借机离开了。还有一些妇女，她们的丈夫以"最温和的手段"说服她们留下来，但没过几天纳迪尔就命令她们全部回城。[51]

纳迪尔如此对待妇女除了其宽厚的人性使然，还有其他一些原因。比如他不希望他的部队被随军家属拖累，或者他不希望这些妇女在印度和波斯之间持续地传递消息。[52]但事实上，波斯军队内部有大量随军妇女和其他非战斗人员，没有任何证据显示纳迪尔曾经下令限制过他们的规模，相比之下，印度妇女的数量几乎可以忽略。同时，印度和波斯之间存在大量其他渠道传递情报——最主要的部分就是纳迪尔自己带走的手工业者。另外，他可能还担心这些妇女本身的影响或者她们具备的莫卧儿宫廷气质会使士兵们变得懦弱。纳迪尔虽然在德里作风残酷，但相比之下，他对待德里的妇女还是表现出了同情。还有其他一些事例也表明他对待被俘虏的妇女还是比较仁慈的，当时的人们认为这是他的性格所致。但也有可能，他表现出的同情仅仅是因为没有耐心处理后续的相关事务。[53]

一份当时的文献[54]叙述了这件事：就在纳迪尔离开前夕，所有财产和领土问题都得到了解决，波斯官员们松了一口气，他们召来了舞娘好放松一下。著名女歌手努尔·白为纳迪尔和将领们吟唱了一首诗：

> 你在我的心里留下了什么，
> 你一定要回来。
> 觥筹交错，歌舞尽兴之后，
> 你却没有来到欢愉之地做你的祈祷。

纳迪尔非常喜爱努尔·白的歌声，也倾慕她的美貌。他让奴仆赏给她4000卢比，并且表示要带她离开德里。然而，听到沙的打算以后，歌手就病了："她心已死。"无论真假，她的病都成功打消了纳迪尔的意图。而考虑到纳迪尔对待士兵和其他官员的强硬做派，当时的人们还以为即使她不愿意也会被强行带走。一位印度贵族显然问过努尔·白，如果纳迪尔真的强迫她满足自己的欲望，她会有何感受，她似乎是如此回答的：

> 我会感觉自己的身体 [55] 也在大屠杀中受到了玷污。

海量的行李已经妥当地装载在骡马和骆驼的身上 *，组成了长长的车队。纳迪尔在 1739 年 5 月 16 日率军离开德里。一名目击者后来回忆说，纳迪尔戴了一顶红色的帽子，帽上插着宝石羽饰，下面还挽了一条白色的克什米尔包巾作为头巾。他看起来很年轻，孔武有力，腰杆挺得直直的，还把胡须染成了黑色。骑马穿过街道的时候，他高高地昂着头直视前方。当人们向他欢呼时，他用双手向人群掷撒钱币。[56]

---

* 运送财物共使用了 3 万峰骆驼和 2.4 万头骡子，AAN p.739; Floor 1998, p.308n。

1

萨法维王朝的衰落

愁苦的波斯，在过去的岁月里

一直是各路强者的舞台。

他们有勇有谋，

征服非洲，踏足欧洲。

那里的太阳极少升起，

只剩冰冷的群星和刺骨的严寒。

很快将出现一个人征服并统治这里，

他出生之时月亮与土星会合，

木星、太阳与水星则拒绝

将影响注进他浮躁的脑海。

如今，突厥人和鞑靼人向他挥舞宝剑，

誓将搅乱你们所有的领土。

—— 马洛

　　未来的德里征服者出生在波斯东北边境一处蛮荒地带：呼罗珊省的北部，这里远离王室宫廷的繁华。目前尚不能确定纳迪尔出生时的具体日期，最可靠的说法是 1698 年 8 月 6 日。[1] 纳迪尔的父亲名叫伊马姆·戈利，是阿夫沙尔部落的一名牧羊人、骆驼骑手兼制皮师，阶层虽不高但受人尊敬。与纳迪尔之后驱逐的那些大贵族相比，他自己的出生情况是模糊的；但根据北呼罗珊地方志的记载，他的父亲作为一名村长，在阿夫沙尔部落拥有一定的地位。[2] 纳迪尔的史官从未试图考查他的确切出生日期，关于此事他写道："宝剑的不凡来自它天性中的自然力量，而非来自铸成剑身的铁矿石。"[3]

纳迪尔的父亲所属的阿夫沙尔部落是一个定居在波斯东北部呼罗珊地区的半游牧土库曼部落。纳迪尔出生在达斯特盖尔德，这座带防御工事的村庄位于达雷加兹地区的安拉胡阿克巴山脉以北，行政区划上属于呼罗珊省首府马什哈德的西北地区。出生的时候，他叫作纳德尔·戈利[4]，意为"完美的仆从"，表明这个孩子将会虔诚地侍奉真主。许多年以后伊马姆·戈利的儿子成了沙阿，他将自己的名字改成了纳迪尔，意为"珍贵"或者"天才"，也有可能这个名字是他小时候的绰号，因为在成长的过程中他表现出了与众不同的才能。

对于西方读者来说，纳迪尔的生活场景充满了他们熟悉的元素。他出生在省里的一个小村子，附近的大城市就是省城——全省的行政中心。他的父亲照管羊群、骆驼和其他牲畜。但如果将纳迪尔的生活环境套入同时期的西欧模板，即农民构成大量的定居人口，一位处于统治地位的贵族精英拥有大片土地，在和平富饶的乡村地区散落着已经形成市场的乡镇和城市，那就大错特错了。尽管那里也有农民和市场，也有业已开垦的富饶田地。*

但是呼罗珊地区仍有大片贫瘠的土地，阿夫沙尔人、库尔德

---

* 有些田地曾经用于种植作物，但在 13 世纪蒙古人入侵时期被永久性地遗弃了，从这个意义上说波斯的农业生产从未完全恢复。

人和其他一些武装游牧部落或者半游牧部落在那里放牧。他们中的很多人，包括纳迪尔家族所属的阿夫沙尔部落，是在更早一些的年代被迫从波斯西部迁徙过来的：一部分原因是当政者要拆分过于强大的部落联盟以免发生反叛行为，另一部分原因是巩固边境地区的防御。生活在马背上的强悍的土库曼游牧部落*经常从遥远的北部和东部干草原地带发起劫掠波斯边境的袭击，他们掳获平民作为奴隶，连同牲畜一起带走，然后在中亚古老丝绸之路沿途的各个城镇出售。[5] 因为土库曼人是逊尼派穆斯林，而他们抓获的波斯受害者属于什叶派，所以奴役这些无辜的波斯人丝毫不会给他们带来任何宗教上的顾虑。他们这种建立在游牧和劫掠基础之上的生存方式自史前以来几乎没有任何变化。毫无疑问，对土库曼奴隶主的惧怕始终笼罩着纳迪尔的童年。

从种族来看，呼罗珊地区的各个部落大多操突厥语或者库尔德语，而非波斯语。纳迪尔的母语属于突厥语族，是中亚和伊朗地区突厥语部落通用语中的一种方言，长大以后他很快学会了代表城市文明的高等语言波斯语。但是，纳迪尔依然习惯在日常生活中讲突厥语，除非他的交流对象只会讲波斯语。[6] 而且，我们认为他应该是更晚一些才学会读和写。

在 18 世纪早期，游牧和半游牧部落的牧民至少有 300 万人，约占波斯总人口的 33%。[7] 他们的部落族群依靠亲密的血缘关系和传统的军事经济合作，紧密团结在一起。在文化上，尽管或多或少受到了更加文明世俗的波斯文化的影响，但他们依然认同自帖木儿和成吉思汗时代传承下来的土库曼-蒙古传统，认为自己

---

* 包括约穆特部、泰克部、撒拉部、埃尔萨里部、埃姆雷利部、阿里伊里部。

的地位高于曾被伟大的马上先民征服过的定居人口。

当 18 世纪早期中央权力逐渐衰弱的时候，这些机动性强、紧密团结又傲慢粗鲁的部落成了大片土地的主人。即使在中央权力强盛的时期，沙阿也经常要以形式上任命部落首领为地方行政长官的方式来承认他们的实际控制权。在之后的一段和平时期，定居的农民通过向地方部落首领缴纳粮食的方式来换取庇护。而这些部落几乎不向中央政府缴税。[8]

纳迪尔就是在这样自相矛盾的环境中成长起来的：接受波斯统治却说突厥语；适应文明的波斯文化，它是从伊斯坦布尔到撒马尔罕、德里甚至更远地区人们的共识，却在城市中无所适从，饱受连骑马都不会的城市居民的白眼。[9]纳迪尔的家庭遵从祖先的生活节奏，在春季将肥尾羊（在西方人看来像一种又小又黑的山羊）和其他牲畜赶到卡博坎附近凉爽的高山草甸，这时冬雪融化，牧草刚露出新芽；秋季再回到达斯特盖尔德，那里的冬天更加温暖。

伊马姆·戈利算是老来得子，作为一位慈父，他为纳迪尔感到无比骄傲。在之后的岁月里，也许是怀着对自己快乐童年的回忆，纳迪尔非常宠爱他的孩子，甚至可以说是纵容，就像伊马姆·戈利当初对待他那样。刚满 10 岁，纳迪尔就成了一名优秀的骑手兼猎手，他擅长赛马，精于弓箭和标枪。一位早期的传记作者延续了波斯文学中记叙英雄生平的传统，着重强调了纳迪尔的早熟，说他 1 岁的时候就像个 3 岁的孩子，10 岁时就可以骑马捕猎狮子、豹子和野猪。*另一

---

* 一个较为适合做比较的例子是菲尔多西的《列王纪》，他这样描述苏赫拉布的童年：仅仅一个月他便长成似一岁一般。/ 他的胸膛就像扎尔的儿子罗斯塔姆一样。/ 三岁时他学会了打马球，然后/ 五岁时掌握了弓箭和标枪。译自 Jerome W. Clinton, *The Tragedy of Sohrab and Rostam*, p.21。

个故事则讲述了他和小伙伴玩耍的时候自称为国王，并且将国家分成若干部分让其他人来治理。有一次，他让他的这些封臣互相决斗，最后决出一位胜利者，纳迪尔将自己的衣服送给这位胜利者，然后光着身子回了家。看到他的样子，母亲非常生气，他便跑去找父亲寻求帮助。父亲带着纳迪尔回到家，告诉孩子的母亲让孩子做他想做的任何事情。[10]

纳迪尔的父亲在他还很小的时候就过世了，这场突如其来的打击使他的家庭陷入了极度的贫困，接下来的几年里他们过得非常艰难。在当时的社会，失去男性保护的妇女是非常无助的。正因为纳迪尔看到母亲作为一名贫穷的寡妇苦苦挣扎养活孩子的不易，他才会在之后的各种事件中表现出对妇女的仁慈与同情。带着两个年幼儿子的贫穷妇女几乎是不可能再次嫁人的，有一些同样遭遇、走投无路的妇女干脆搬到附近的城市去操起皮肉买卖。纳迪尔的母亲无疑是一位既能吃苦又意志坚强的女性。

少年纳迪尔异常想念伊马姆·戈利，由于没有父亲，他经常遭受欺侮和嘲笑，生活既贫穷又缺乏安全感。基于这些事实，人们不难做出推断：他在这种生存环境下受尽挫折，然后完全丧失自信。然而，不同的经历会因不同的人造就不同的人生。纳迪尔的经历反而增强了他的生存意志，促使他坚定地维护自己的利益，敢于挑战并克服恶劣的生存环境，学会如何控制和操纵其他人。面对羞辱，他下定决心要证明自己比加害他的人更加优秀。

早年间的苦难遭遇使纳迪尔非常反感懦弱尤其是轻易便获得权势的人，这其中可能还包括毛拉。他从未忘记少年时代的艰苦生活，更从未忘记和他共同受苦的亲人，特别是他的母亲和弟弟易卜拉欣，他也从未试图隐瞒自己早年贫困的生活事实。据说，自父亲死后，纳迪尔和母亲的生活十分贫困，他不得不去深山中捡拾木柴，然后驱赶着家中仅有的一头驴和一峰骆驼运送木柴到市场上出售。多年以后，当授予一名童年伙伴荣誉时，他说道："不要骄傲，要记住那头驴和一起捡过的木柴。"[11] 早年的记忆让他意识到了自己的聪明才智和面对其他孩童时表现出的统治天赋（还有来自父亲的宠溺），之后的童年生活则使他变得消极，成了一个不适应社会生活的局外人。可以说，他在今后的人生中一直都是一个局外人。

除了季节性的迁徙，生活充满了变数。有一种说法认为，纳迪尔在年幼的时候和母亲一起被土库曼奴隶主掳走。另一个版本则认为他是和伙伴一起被土库曼人掳走的。为了获得自由，他向真主祈祷，就"像拨开蛛网一样"挣脱了脚镣。然后，他释放了其他同伴，还带走了奴隶主的战利品。这个故事显然是另一个情节的神化版本。在这个情节中，纳迪尔以承诺未来将为奴隶主提供更大的帮助来说服他们释放了自己，初步展现出他能够操控充满不确定性的环境和条件并换取自己最大利益的能力。[12] 无论真相如何，这些故事都描绘了一个年轻的男子在一个极度危险的世界中迅速成长。

大概在 15 岁的时候[13]，纳迪尔效力于地方上一位负责向中央政府上交物资的部落首领，他叫巴巴·阿里·贝格·库赛·艾哈迈德鲁，时任阿比瓦尔德城的总督，他是呼罗珊阿夫沙尔部落一位重要的首领。这位巴巴·阿里很可能是纳迪尔父亲的故交。纳迪尔最初只是一名普通的火枪手*，由于表现出色，他最终成了巴

---

* Tofangchi。巴巴·阿里·贝格的火枪手不全是步兵，为了对付快速机动的土库曼人，他们很可能是骑在马、驴或者骆驼上进行射击的。

巴·阿里的得力助手。他曾经在达雷加兹的山谷中学习如何使用标枪和弓箭，它们仍是部落生活尤其是打猎活动中传统的主要武器，然而在战场上，随着火药枪械的传播，即便在偏远的波斯东北部地区，前者已经被淘汰，后者正逐步被淘汰。纳迪尔努力学会了使用现代战争中危险的主角——滑膛火枪。随着经验的积累，他发现这些武器还有其他尚未被发掘的潜力。通过不断的使用和探索，他最终改变了波斯和周边地区的常规战争模式，但这是多年以后的事了。

纳迪尔在阿比瓦尔德的地方部队中渐渐崭露头角，他的主要任务也变成了驱逐奴隶主并抢回他们劫掠的物资，包括便于携带的贵重财物、牲畜甚至是人。毫无疑问，无法确定物主的情况经常发生，纳迪尔便利用这个灰色地带中饱私囊。因此可以想见，之后一些仇视他的故事中描述他当土匪抢劫的情节就源于此。[14]

1714—1715 年，土库曼约穆特部的数千精锐部队对呼罗珊北部地区发起了一场大规模的袭击行动。巴巴·阿里的前线部队成功击退了土库曼人的进攻，俘虏了 1400 名骑手。纳迪尔在战斗中一定表现得相当出色，因为巴巴·阿里之后派遣他去都城伊斯法罕向沙阿报告胜利的消息。在伊斯法罕，纳迪尔被引见给苏丹·侯赛因沙，还得到了 100 土曼的赏金。[*15]

这是纳迪尔第一次造访伊斯法罕，见识一个完全不同的世界。今天的伊斯法罕王侯广场依旧是世界城市建筑艺术的伟大瑰宝，广场周边坐落着巴扎、清真寺和宫殿。高耸的国王清真寺[**]在 17 世

---

* 当时价值不到 190 英镑，对于纳迪尔这样的年轻人来说算是一笔丰厚的收入了。

** 在撰写本书时，它的官方称法是伊玛目清真寺。

纪由阿拔斯大帝下令建成，它的表面铺满蓝色的瓷砖，令人叹为观止。18 世纪早期的伊斯法罕城比它今天的容貌更加壮丽恢宏，而今那些宫殿、休闲花园、宽阔的街道都已经消失不见了。一位在 1716 年到过那里的人受到了极大的震撼，他虽未能进入王家宫殿的内部，但是从华丽的宫门外面就可以一探里面的场景，因为宫门上镶嵌着明亮的玻璃，看起来就像巨大的水晶镜面。他看到沙阿步入宫殿前宽阔的广场，随行的大批廷臣穿着缀满珠宝的金帛服饰，侍卫有的步行，有的骑马，最后还跟着一头大象。他写道：看到廷臣们对于黄金的喜爱，你一定会认为他们恨不得连自己的肉都是用黄金做的。但是，他同时表示这些大臣既不勇敢又缺乏美德，只会纵情享乐。[16] 像纳迪尔这样精明的年轻人，即使只有简单的地方生活背景，也能很快识破沙阿和他的大臣们并非像他们的生活环境那般优秀。

据传在伊斯法罕的时候，纳迪尔在广场附近遇到了一位年迈的算命师，于是询问了自己未来的情况。算命师掐指一算，结果似乎把自己吓着了。他将曾经多次表演过的戏码又重复了一次，最后在纳迪尔面前深鞠一躬说："你很快会成为一名伟大的国王，这个世界上其他地方的王都要向你俯首称臣。"纳迪尔反问："你没疯吧？还是你觉得我来自呼罗珊，所以你就能愚弄我？"老人回答说："我没有骗你，我只求你成为国王以后能善待我的孩子们。"

这种传说是叙述伟人们年轻时代的固定模式，强调他们非凡的成就从一开始就是命中注定的。但同时也能看出，正如这个粗犷的呼罗珊人想象的一样，都城里傲慢的市民只想骗取他的钱财。[17] 考虑到之后他对于萨法维都城和宫廷的敌视态度，很可能尽管得到了沙阿的赏赐，但这位年轻的省城小伙子依旧在伊斯法罕受到了侮辱。有一种说法是某些宫廷侍臣曾经粗暴地对待纳迪尔。若干年后，他自己成了沙阿，还命人把当时的情景排成了一出戏剧，在自己的宫廷上演供大家娱乐。[18] 这则有趣的故事一方面反映了纳迪尔的个人形象；另一方面则把他描述成一个局外人，受到了自以为精明的大人物的欺侮，而这些人实际上是那么愚蠢，根本看不出他超凡的能力和品质。

纳迪尔对萨法维王朝的印象如何，萨法维王朝的真实状态又如何？从之后的一些事件，我们可以看出纳迪尔非常反感宫廷中的浮华排场和工于算计的风气。无论那些自命不凡又傲慢无礼的廷臣曾经如何对待他，他都厌恶那个圈子的装腔作势、卑鄙无耻和懒惰懦弱。纳迪尔一向喜欢简朴的衣着和行为规范，这一方面是源于他的个性，但从更深的文化层面来看，体现了一名部落战士对于宫廷礼仪的抵制。

再向上追溯 3 个世纪，伟大的阿拉伯历史学家和理论家伊本·赫勒敦发明了一套令人信服的理论来解释伊斯兰世界各大帝国的兴起和衰落，分析的过程则是基于游牧部落与城市文明的交替关系。[19] 他本人游历甚广，从西班牙走到叙利亚，并在那里见到了帖木儿大帝。尽管纳迪尔可能从未听说过伊本·赫勒敦，但后者的理论传递了一种纳迪尔及其同代人共同认可的观念或者说是偏见，让我们更加清晰地理解当时的人如何看待他们身处的那个世界。

伊本·赫勒敦理论的中心概念是"群体感"（阿拉伯语称之为 asabiyah）。可以将它定义为一种相互扶持和协同作战的坚定品质。它源自山地丘陵、荒漠边缘的艰苦生活经历，赋予游牧部落在战斗与政治生活中以凝聚力，使他们成为一股强大的力量。游牧部落好战的天性使他们从统治乡村走向征服城市，而后建立政权统治城市人口。然而，一旦在城市定居，新政权的统治者就必须疏远以前的游牧支持者，一来可以保证人身安全，远离部落中的反对派，二来利于扩大其在城镇中的势力和影响。

安全问题得到彻底解决后，伊本·赫勒敦指出新王朝会放松警惕，转而寻求声望的提高，比如修建宏伟的建筑，这一点在 17 世纪初期的伊斯法罕、阿拔斯大帝统治时期的萨法维王朝尤其明显。但走到这一步时，建国时期所有严峻苛刻的价值观念也就消失殆尽了。受到声望的蒙蔽，王朝的继任者开始将显赫华丽的传统宫廷生活作为毕生的追求。在王朝的最后阶段，一些君主只顾纵情享乐，完全荒废了政事。传承的财富本应赐予戍边的战士和国家的公仆，却被肆意浪费，政权则被最具实力的大人物折腾得四分五裂："衰败和痼疾禁锢住了王朝，既无法摆脱，更无法治愈。"[20] 然后历史进程开始循环，新的游牧征服者就像当初的王朝建立者一样摧毁旧的政权，得到城市居民的拥护，这些居民早已对旧政权在最后阶段的腐败与堕落失望至极。

尽管将这一理论套用在 18 世纪早期的萨法维王朝稍显不合[21]，但依旧存在大量强有力的证据可以解释萨法维王朝的历史。萨法维家族崛起于 15 世纪晚期，是当时安纳托利亚东部地区一个土库曼部落联盟的领袖。这个部落联盟的"群体感"因为受到激进的什叶派思潮的影响而大为加强，部落成员形成了宗教 / 军事兄弟会。这些军事性兄弟会的成员即我们所熟知的奇兹尔巴什（"红帽军"），他们赋予领导人伊斯梅尔半神的地位。[22]1501 年他们征服了阿塞拜疆，伊斯梅尔在大不里士加冕为王。又过了几年，他们陆续占领了波斯西部的其他地区、法尔斯和呼罗珊，但是1514年一支奥斯曼帝国的部队在查尔德兰战役中打败了伊斯梅尔，并阻止他们回到位于安纳托利亚的家乡。战斗的失利将这个新兴王国的疆域限制在几乎和古波斯范围一致的一片区域内。奥斯曼帝国和萨法维王朝之间的敌对关系因为逊尼派与什叶派的分歧而雪上加霜。

　　在萨法维王朝建立之前，除了什叶派圣城库姆和马什哈德，波斯地区并不比伊斯兰世界的其他地区更加倾向什叶派，逊尼派穆斯林其实占大多数。而在波斯以外的安纳托利亚、黎巴嫩和其他地区则存在数量巨大的什叶派穆斯林。但是，随着萨法维家族和他们的奇兹尔巴什追随者在波斯建立政权，他们开始在全国推行以什叶派为主流的宗教政策。萨法维家族从黎巴嫩和阿拉伯地区邀请来大量的什叶派学者，并且要求学校和清真寺必须执行什叶派的教规。逊尼派教法学家则纷纷离开波斯另寻他处。同时，奥斯曼帝国开始大范围迫害什叶派信徒，他们认为什叶派信徒是国家的叛徒和敌人奇兹尔巴什派来的奸细。理解什叶派思潮对于巩固萨法维王朝所起到的作用，对于理解18世纪初期的波斯至关重要。

　　伊斯兰教教派分裂的根源可以追溯到先知还在世的那段时期。什叶派穆斯林认为穆罕默德选择了他的侄子阿里作为其继承人。* 尽管如此，632年先知去世后，其他人被选为哈里发或者说是临时领袖，他们是阿布·伯克尔、欧麦尔、奥斯曼·伊本·阿

---

* 阿里娶了穆罕默德的女儿法蒂玛，所以阿里也是先知的女婿。

凡，最后一位在 656 年被暗杀。这三位哈里发全部致力于征服战争，开疆拓土；阿里则清心寡欲，献身于教法和布道。到奥斯曼遇害时，阿里已经拥有了大批追随者，一个重要原因就是他的虔诚圣洁与其他三位世俗感过强的哈里发之间形成的巨大反差。阿里被众人推举为第四任哈里发。然而，仍有一些穆斯林反对他出任哈里发并挑起了战争。战争尚未决出胜负，阿里却在 661 年被杀害了，这起暗杀行动很可能是己方阵营中的部分极端分子所为，他们认为阿里试图妥协的做法是一种背叛。

阿里死后，伊斯兰教教派分裂加剧。一个哈里发国继承了阿里的政治遗产，这就是倭马亚王朝，他们是阿里生前坚定的支持者。阿里的追随者*尊奉其子哈桑为继承人和伊玛目，哈桑即阿里之后什叶派的第二位伊玛目。哈桑死后，阿里的次子同时也是穆罕默德外孙的侯赛因成为第三任伊玛目。侯赛因拒绝承认倭马亚哈里发的合法性并进行了武力反抗，最终他和他的家人以及本就寥寥无几的部队于 680 年在卡尔巴拉被屠杀殆尽。

侯赛因和先知最亲近的其他后人在卡尔巴拉殉道的时刻成了早期伊斯兰教什叶派的关键性事件。从此以后，什叶派穆斯林每年都会纪念殉道的侯赛因，并营造一种遭受不公对待和背叛的集体感受。因此，作为阿里和侯赛因后人的什叶派伊玛目成了在哈里发国政治宗教结构中持异议的部分人的精神领袖。第六任伊玛目贾法尔死后（765 年），什叶派内部产生了分歧，一些人追随贾法尔的长子伊斯玛仪（他们被称为七伊玛目派或者伊斯玛仪派），但大部分人则认同他的次子卡齐姆为新任伊玛目。873 年第十二

---

* 什叶派 Shi'as 的称呼来自 Shi'a Ali，意为"阿里的虔诚信徒"。

任伊玛目穆罕默德失踪，追随者认为他将来会重现人间，并尊他为什叶派"十二伊玛目派"的救世主。

早期的萨法维统治者命令所有的臣民必须公开诅咒前三任哈里发阿布·伯克尔、欧麦尔和奥斯曼，以证明自己对什叶派信仰的忠诚。这种极端的什叶派做法引起了奥斯曼苏丹们的强烈不满，他们在16世纪早期占领了哈里发国，同时也代表了逊尼派穆斯林的权利。但是，奇兹尔巴什的宗教热情并没能阻止他们的领导人为了在王朝统治中获得更大的影响而尔虞我诈、争权夺利。从16世纪中期开始，如同伊本·赫勒敦的预言一样，萨法维王朝开始疏远奇兹尔巴什，渐渐转为依靠奴隶——大部分是来自格鲁吉亚和亚美尼亚的基督教徒——作为士兵和官僚的主要来源（这是火药三帝国——奥斯曼土耳其、萨法维波斯和莫卧儿印度——共同采取的一种典型策略）。[23] 阿拔斯大帝在位期间（1587—1628）收复了波斯以往的失地，稳固了帝国的声望，保持了领土的完整。但即便在阿拔斯二世时期（1642—1666）曾出现短暂的复兴势头，萨法维王朝的统治依旧迅速跌入懒惰与腐败之中，而外部长期的和平状态延缓了王朝的衰落。

如果伊本·赫勒敦曾经画过一幅描绘衰落王朝的图画，纳迪尔一定一眼就能认出那正是苏丹·侯赛因沙的宫廷；而且以他粗犷的地方视角来看，他也一定会同意伊本·赫勒敦对于这种情况提出的道德批评。即便在一个衰落的君主政权中，无论外部情况如何，人们总是希望能出现一位天赋超群的杰出人物，他拥有强大的个人能力，可以克服各种阻碍开展改革。在萨法维政权中，这种情况能够出现的可能性极小，因为根据传统，统治者通常将他的继承人禁闭在后宫之中。这种安排是为了阻止王子们成为沙阿的政敌，但这也意味着他们几乎接触不到任何涉及权术、战争和政府管理的正规训练，也无法和帝国的权臣建立联系。在后宫中，王子们和专门的导师过着独居节俭的日子。但是，这种孤独的成长环境或者说制度化的培养方式使王子们普遍缺乏自信，惧怕噪声和外面复杂的世界。当最终登上帝位时，他们通常无法胜任统治工作。[24]

萨法维王朝的行政系统是在其强盛时期由阿拔斯大帝这种独裁强势的沙阿设计的，尽管存在其他的权力端，比如省督们拥有一定的独立自治的权力，但国家的政权中心依旧是沙阿，而且沙阿必须具备坚定、残酷、说一不二的性格特点，才能保持政府的各项功能正常运转。进入 17 世纪后期，由于沙阿*的统治不存在严重的外部威胁和内部挑战，他干脆放任不管，越来越少关注政府，将责任推给维齐尔和其他人。毫无疑问，官员中着实不乏有能力者，但看到自己的努力完全得不到沙阿的尊重，其他人无视国家利益只顾趁机中饱私囊时，他们也就悲观气馁了。低效率和怠工的行为渐渐腐蚀整个行政系统。

萨法维王朝覆灭的原因**至今仍存在争议，但这种巨大的失败

---

* 即苏莱曼沙，苏丹·侯赛因沙的父亲，1666—1694 年在位。

** 在有关萨法维王朝灭亡的各种现代理论中，最富有创造性的是鲁斯塔姆·霍卡马的理论。他认为王朝终结于一场未加控制的大规模性乱交行为。根据他的说法，这起致命的事件始于针对伊斯法罕一位年轻贵妇而实施的一次临时起意的勾引行为，最后导致所有前来伊斯法罕参会的其他宫廷的外交使节被群体鸡奸的后果。这自然会造成波斯在外交关系上的困境，所以当阿富汗人入侵的时候，萨法维王朝发现自己孤立无援。这个故事中唯一完全可信的部分就是当苏丹·侯赛因沙听到这些罪行时的反应：他不知道该怎么办，旁人告诉他这种情况是完全正常的，所以他什么也没做。*Rustam at-Tawarikh*, vol.1, pp.243–52。

对于一个像萨法维波斯那样强大的王国来说，并不能仅仅用出乎意料来形容。以往的观点认为从 17 世纪中叶开始，受到欧洲人控制的航海贸易的扩张以及通过波斯进行的陆上商业活动减少的影响，波斯地区的经济明显下滑。但是，最近的研究显示这一时期旧有陆上线路的贸易活动还像之前一样繁盛。[25] 还有一种观点认为经过长期的发展，伊朗的部落势力开始复苏[26]，导致整个地区的部落民众频繁发起各种反叛活动，这其中就包括阿富汗人入侵波斯和印度北部，以及纳迪尔沙本人的崛起。尽管复杂的经济和社会变革使一些本就占据不错地理位置的部落变得更加富有和强大，但这些部落也仅仅是利用了旧王朝的衰弱之势，并非造成其衰弱的原因。[27]

位于吉兰和西北其他一些地区的丝绸业在波斯经济和王室收益中占有显著份额，丝绸是国家最重要的出口产品。17 世纪晚期，丝绸贸易大幅下滑，原因有二：一是主要出口市场印度开始自己生产丝绸；二是孟加拉丝绸将低质的波斯产品挤出了对欧洲的贸易。同时，印度的棉花开始出口波斯，一方面恶化了我们今天所称的"国际收支平衡危机"，即使依旧有大量的马匹出口到印度，也无法减轻这种不平衡；另一方面加速了白银货币的净流出，削弱了萨法维王朝的国力。[28] 不过丝绸贸易还在继续，特别是对黎凡特地区，并重新开始销往俄国。与西方贸易的大部分渠道早已被亚美尼亚人控制在手中，而非荷兰和英国的东印度公司。政府在统筹生产环节的弱势，再加上税收利润的大幅减少，使得丝绸贸易收入急剧下降。

波斯整体经济下滑的情况可能被夸大了。1700 年欧洲人在对亚洲的贸易中尚未实现经济统治，这段时期波斯与印度的贸易额

（尽管有所下滑）依旧远高于对欧洲的贸易额。所以，萨法维王朝很可能在调整经济和社会结构时出现了重大失误。18 世纪，无论是在欧洲还是在亚洲，检验一个国家实力的最终标准是战争。如果波斯的经济基础如同人们以往认为的那样衰败（其实是非凡的成功，考虑到波斯只有不到 900 万人口，面对的是拥有 3000 万人口的奥斯曼帝国和 1.5 亿人口的莫卧儿帝国），那么纳迪尔沙数量庞大又装备精良的军队在 18 世纪三四十年代根本不可能出现。[29]我们要克制住期望经济因素是导致萨法维王朝覆灭的单一原因的冲动。当一双脆弱的手握在政权的指挥棒上时，指挥棒和政权本身都显得很脆弱；而如果换成一双强有力的手，那么指挥棒会立即发挥出它的效力。[30]

　　1694 年苏丹·侯赛因的父亲苏莱曼沙在垂死之际无法决定由哪个儿子来继承王位，便叫来了他的侍臣和官员。他告诉他们："如果你们想过得安逸，就选择侯赛因王子。*如果你们希望国家重现荣耀，就把阿巴斯王子推上王位。"[31] 因此，苏莱曼一死，守卫监管后宫的宦官们便决定由苏丹·侯赛因继位，因为他比较容易控制。苏丹·侯赛因也是最受后宫中的统治人物、他的姑婆玛丽亚姆女亲王喜欢的一个孩子，随即他正式成为沙阿。苏莱曼沙嗜酒如命，过度饮酒不仅损害了他的健康，更导致了他的早逝。同期档案显示，宦官们选择用同样的方式残害并控制苏丹·侯赛因沙。

---

* 波斯语单词 Mirza 置于名字后面意为王子，比如这里；置于名字前则意为高级官员，比如纳迪尔的秘书兼史官米尔扎·马赫迪·阿斯塔拉巴迪。

一开始，这个阴谋进展得并不顺利。苏丹·侯赛因王子虽然个性消极懦弱，但他是一名虔诚的穆斯林，即位掌权后立刻在伟大的什叶派教法学家穆罕默德·巴吉尔·马吉莱希的指导下实施了一系列引人注目的宗教措施，包括反对苏菲主义*的传播，摧毁前沙阿的酒窖（所有的酒瓶都被搬出来公开砸毁），以及颁布命令全面禁酒。省督和其他官员也被迫执行沙里亚法，以往未遵循沙里亚法的人还会被施以惩罚。以音乐伴舞的表演形式被禁止，咖啡馆、赌场、妓院被关闭，鸡奸、吸食鸦片和其他花花绿绿的烟草也不被允许。这条命令被刻在石头上，置于全国很多的清真寺内，尽管这并不代表它真正完全被执行了。同时，针对妇女还提出：如果没有丈夫的陪伴，不可以进入花园；没有正当的理由，不许在街上流连；没有得到许可，更不能离开后宫。通过非法化苏菲主义，并由教法学家把持全部宗教权力，穆罕默德·巴吉尔·马吉莱希试图进行一场伊斯兰革命。[32]

但是脑子活络的宦官和廷臣们不想坐以待毙，这次他们拉来了一位强大的同盟——玛丽亚姆女亲王。这位令人敬畏的女性是萨法维王朝最后阶段各种故事中一个鲜明的特例，也是同期历史事件中唯一起到显著作用的女性，并且（通常至少）具备罕见的敏锐优秀的思维能力。但是，我们还需要做更多的研究来还原她的生活环境以及她对于政事的影响。虽然我们并不知道她的生卒

---

* 苏菲主义是伊斯兰教的一个神秘主义派别，强调通过冥想以直接的个人体验接近真主，而不是通过沿袭教法学校里对沙里亚法或者《古兰经》进行的传统学术式的学习。最重要的几位波斯诗人、之前的萨法维王朝的沙阿们以及奇兹尔巴什的兴起都受到了苏菲主义的影响。苏菲主义保留了前伊斯兰时期流行的宗教元素，被沙里亚法学者们认为是异端。

日期，但在 1694 年以当时的标准来看她已经是一位老年人了，并且她又继续生活了至少 25 年。她是 1629—1642 年在位的萨菲沙的女儿，作为继任沙阿们的姐妹、姑母和姑婆一直生活在王室的后宫中。经年累月，她成了王室的主导人物、一位女家长。但作为一名被约束在后宫的女性，她的权力是有限的：她只能通过对沙阿和其他人施加影响来达到目的。

玛丽亚姆女亲王对穆罕默德·巴吉尔·马吉莱希的新政非常不满。至少，他对女性提出的限制令使她的出行变得非常不便，而且禁酒令意味着她再也无法享受美酒，更严重的是她的宫廷地位受到了极大的威胁。有一则故事流传至今：玛丽亚姆女亲王勾结了宦官和其他人，假装生了一场重病。她哀伤地告诉苏丹·侯赛因沙，医师们都说唯一可行的药就是一点点酒。沙阿马上派人去找亚美尼亚人买，但是亚美尼亚人怀疑这是一个圈套，他们声称遵照沙阿的命令，他们没有酒，并且建议沙阿的使臣去找波兰大使，这位大使找到了一些酒用以履行外交使团的一些基本功能。但当人们把酒倒给玛丽亚姆女亲王时，她却说她不喝，除非沙阿本人也喝，并声称他和他的大臣们都需要酒的安慰，因为他们承担了太多责任。沙阿喝了一口便被深深地吸引住了：

> 国王无法抵抗这看似如此恳切的诱惑，便喝了一大杯酒。一种以前从未感受过的轻松愉悦瞬间涌上心头，他完全沉醉了，从此几乎再没有清醒过，失去了任何处理政事的能力。[33]

这个故事颇有演绎的成分，刻画出玛丽亚姆女亲王利用其作为女性特有的狡诈，成功地重新掌控了她的曾侄孙。有一点可以肯定的是，苏丹·侯赛因沙即位后从一名节俭虔诚的君王变成了一个酒鬼。酗酒使他变得更加懒惰，更渴望独处。*他不喜欢听到坏消息，所以大臣们对他封锁一切信息。他对国家事务丝毫没有兴趣，完全交给了首席维齐尔**和其他人，就像他的父亲在晚年时一样。他自己则专注于兴建休闲花园，尤其是在伊斯法罕郊外的法拉哈巴德；他还热衷于扩充后宫，在全国范围内搜寻漂亮的姑娘。

一提到后宫及其影响，人们不禁会怀疑西方旅行者和亲历者编排的那些淫乱幻想和完全站不住脚的夸大之词。关于苏丹·侯赛因沙的后宫，自然也流传着不少绯色秘闻：

> 如果谁家有特别漂亮的女儿被沙阿后宫的官员知道了，那他们就遭殃了。面如满月、超凡脱俗的少女必须按照沙里亚法和教法的规定嫁给国王。一番殷勤文雅的客套过后，他用令人无比愉悦的技巧和诱人的姿势紧紧将她揽入怀中，如同罗斯塔姆***的封印堡垒，将她占为己有，用他钻石般的钥匙打开了她那神秘的红宝石之锁。两人同时陷入了混合欲望与骚动的激情，如此幸福、如此痴迷，以至于任何口述或者书

---

* 相比起酒精，苏丹·侯赛因沙的成长背景才是毁掉他的元凶。人们总是习惯将一个懦弱沙阿的失败归咎于酗酒，而一个喝酒同样多的强悍统治者却能保持一个虔诚节制的好名声。但是，我们也不能仅仅因为怀疑这种偏见就将历史同期的记录排除掉，比如克鲁钦斯基，毕竟他就在现场，而我们没有。

** E'temad od-dowle，沙阿的首席大臣。

*** 波斯的一位传奇勇士，在菲尔多西的《列王纪》中十分出名。

写都不足以表达。行房之前，他将一种油膏涂抹在阴茎上，马上就会产生刺激的感觉，而那姑娘的私处则会在与他交合之时感受到油膏带来的同样的刺痛……伴随着异常激烈的抽动，他持久的宠爱终于力尽。经历了如此长久的纵欲欢愉，双方几近失去意识。

　　接着，这位作者说苏丹·侯赛因沙就这样夺取了至少 3000 名"像玫瑰一般，杏目蜜唇的少女"的贞节，还和 2000 多名"身姿如柏树……妖艳迷人"、一看就已经不是少女的妇人发生了关系。不久，她们便被迫与沙阿离婚，怀着孩子、带着赏赐回到原来的家。还有很多妇女被赐婚给其他波斯贵族，这种安排保证了她们生出的继承人实际上是苏丹·侯赛因沙的儿子。这份资料还讲到很多留在后宫的妇女私下里非常憎恨沙阿，她们宁可跟一个澡房司炉工或者厕所清扫工一起生活。她们期盼沙阿倒台，这样她们才能找到一个合适的丈夫。

　　这并非西方作者夸张杜撰的东方世界的罪恶故事，这是一份波斯文的资料，作者没有利用极大的地理跨度来欺骗读者。[34] 有人可能会觉得这份文献有点过度描写（虽然还算不上过分露骨），但它可以将西方作者的报道形象化，明确指出哪一类故事才会流传开来。所有这些评论家，无论是波斯人还是他国人，都仅仅是普通人而已。他们热衷于从宦官和其他人那里挖掘王室后宫的秘密，尤其是丑闻，然后自作主张传播出去。

　　与性事相关的秘闻总会强烈激发人们的想象。比起各种绘声绘色的描述，在苏丹·侯赛因沙的后宫里，生活其实平淡无奇。它只是一个普通的场所，绝非一座明艳的妓院，在那里女性王室成员和宫廷仆从进行各种日常活动，度过他们备受限制的一生。但依旧存在有力的证据证明苏丹·侯赛因沙在生活享乐和扩充后宫方面太过放纵。[35] 我们不必惊讶于他会利用自身的地位来满足几乎不倦的性欲：无论在他还是我们自己的时代，同样的例子有很多。* 后宫无节制的扩张以及它对政府产生的极坏影响，已经是西方评论界关于这一时期波斯君主制度的老生常谈了。然而，毕竟沙阿的很多做法都体现了这种观念：西方评论者的负面意见[36]，实际上反映了他们的波斯联络者和信息源所持的负面态度。

苏丹·侯赛因沙维持着他的统治，唯一值得赞扬的就是他反对屠杀，尽管这点也未能使他获得一个优秀君主的好名声。他的柔弱加剧了宫廷中的阴谋与分裂，宦官、大臣、贵族、奴隶为了夺取权力而互相争斗。[37] 当需要苏丹·侯赛因沙做出决定的时候，他总是倾向于同意最后一个向他提出建议的人——通常会说"Yakhshi dir"（在土耳其宫廷用语中意为"很好"）。有一个故事提到，因为这个词几乎已经成为他的口头语了，所以宦官和大臣们私下里就叫他"Yakhshi dir"。[38]

古希腊哲学家赫拉克利特强调万物的不确定性和变化性，据说曾说过"人不能两次踏进同一条河流"，因为水总是向下游流动的。其他人则认为这句话描述了人的特性——认为人的品性一成不变是错误的。[39] 或许，尽管苏丹·侯赛因沙的成长背景乏善可陈，但如果在统治初期就遭遇一次严重的危机，挑战他的权威，也许能够激发出他天性中一些隐藏的素质，引导他果断开展行动。

---

* 在欧洲，路易十四和奥古斯特二世是同代人。虽然教士们会对这两位君主收藏大量妇女仅仅是为了满足旺盛雄性精力的后宫皱起眉头，但如果这种事发生在一名懦弱的君主身上，则一定会被谴责为堕落。

万一成功了，他将延续这种状态并最终成为一名强悍的沙阿。

但是波斯具有得天独厚的自然屏障，绵延千里的伊朗高原保护着它免于遭受外部因素造成的严重威胁，苏丹·侯赛因沙的统治早期相当太平。他安全地窝在伊斯法罕的宫殿中，过着舒适慵懒的生活，整日与美酒、佳人和花园为伴，懒洋洋地步入了宫廷文化中由他父亲所开创的一个特殊位置。高度中央集权的系统顶部出现权力真空，侍臣和官员们则为了维护各自的利益而互相算计，阻止任何竞争对手获得绝对的优势。大臣们完全无视国家利益，只顾着中饱私囊，这已经成为常态。这就是纳迪尔到访伊斯法罕时所见到的沙阿和宫廷——与呼罗珊贫瘠的山区和严酷的生活环境相去甚远。

将年轻的纳迪尔派到伊斯法罕去传递战胜土库曼人的消息之时，巴巴·阿里就公开表达了他的意图，那就是提拔纳迪尔到一个比其他官员都更高的位置上。1715 年，纳迪尔从伊斯法罕回来之后，他的地位由于娶了巴巴·阿里的女儿再次得到巩固：这段婚姻的第一个儿子礼萨·戈利于1719 年4 月15 日出生。[40]礼萨·戈利这个名字，连同纳迪尔其他儿子的乳名以及他父亲的名字（伊马姆·戈利）都明确体现了纳迪尔从小时候直到青年时代都一直被教养成为一名什叶派穆斯林，这也契合了他的阿夫沙尔-奇兹尔巴什背景。

巴巴·阿里在呼罗珊是一位举足轻重的人物，他对这名年轻新贵表现出的种种重视不禁引起了地方上其他头领的嫉妒，这其中不仅有阿夫沙尔人，还有其他人。婚礼之前发生了殴斗事件，几名挑衅的头领被杀死。巴巴·阿里如此坚决地抵制反对意见，不仅是出于对这名年轻人的赞赏，更重要的原因可能是巴巴·阿里和纳迪尔的父亲之间存在某种血缘关系、深厚的友谊或者义务。[41] 婚礼最终如期举行,确立了纳迪尔将成为呼罗珊政治圈内的新晋领袖,也在整个国家渐渐陷入无政府状态的时候将他推上了实施统治的轨道。但是,阿夫沙尔部落内部因此产生了持久的怨恨情绪,纳迪尔随后又和库尔德人发生了矛盾,这使得他在北呼罗珊地区更加不得人心。他的成功尽管为他赢得了追随者,却也使他成为自己部落的圈外人甚至是敌人,更为日后的背叛埋下了伏笔。

1710 年,苏丹·侯赛因沙在伊斯法罕宫廷中的舒适生活越来越受到地方冲突和叛乱活动的烦扰。早在 1699 年,东南地区的俾路支部落就曾大范围入侵克尔曼省。苏丹·侯赛因沙派遣一位被波斯人称为古尔金·汗的格鲁吉亚亲王去平定叛乱。这位亲王作战勇猛果敢,但不擅长政治和外交权术,粗莽的他认为武力可以解决一切问题。古尔金制伏了俾路支部落,留在克尔曼省监督他们。1704 年,当俾路支人再次袭击坎大哈时,古尔金再次将他们驱逐出境。[42] 今天的阿富汗在当时被波斯和莫卧儿帝国分开统治:两国疆界在坎大哈和喀布尔之间,喀布尔接受莫卧儿土邦王的管理,坎大哈则是波斯行省赫拉特的首府。

古尔金一到坎大哈,俾路支人就迅速投降了。在古尔金·汗离开克尔曼省之前,他就已经被任命为坎大哈总督,现在他开始着手巩固自己在边疆地区的势力,手段只有恐吓和欺凌。他的格鲁吉亚部队很快遭到了当地阿富汗人的反感,这种不满源于他们的基督教信仰。

1706 年夏,苏丹·侯赛因沙前往圣城库姆和马什哈德朝觐,随行人员包括廷臣、妃嫔、亲兵卫队,浩浩荡荡 6 万余人,并在那里停留了一年之久。*这不仅对国库，也对朝觐队伍行经的各个省份造成了毁灭性的负担。[43]此外，影响普通民众生活的还有古鲁格（qoroq）——绵延数英里、形似巨型泡罩的行宫。宦官们陪伴沙阿与后宫妃嫔在其中生活，任何胆敢出来的人将被毒打甚至赐死。古鲁格每到一座城镇，都会要求那些处在沙阿行进路线上的房屋全部腾空，其他的房屋则必须关闭。宦官们佩剑分别守在队伍前后两至三英里的范围内，以保护古鲁格。沙阿还让女人们骑在骡子上，他一抽打骡子，骡子就会尥蹶子把骑乘人给甩下来，沙阿以此为乐。[44]

当沙阿悠闲地前往马什哈德时，伊斯法罕出现了严重的食物短缺——一些逐利的谷物商人趁着王室外出的时机囤积居奇，造成了民众暴动。人们聚集在大清真寺前的广场上，向阿里·卡普宫的大门投掷石块，辱骂苏丹·侯赛因沙，并要求他的弟弟从后宫出来见他们。苏丹·侯赛因沙从马什哈德遣回了古尔金·汗的侄子凯·霍斯鲁，他成功镇压了此次骚乱。[45]

很难想象如此规模的示威活动居然发生在独裁君主阿拔斯大帝曾经执政的都城。任何稍有作为的政府都不会允许人为造成如此严重的饥荒。民众投掷石块的行为意味着不仅苏丹·侯赛因沙的个人声望，连带整个帝国的威信都已经降到了危险的边缘。政府这种组织形式从一定程度上来看就像是一种戏法，即使是专制制度，最终也需要被统治者来捧场。统治者必须博取尊重，当声望和尊重衰落时，被统治者（尤其是不易控制的那部分人）的服

---

* 这两座城市至今仍被什叶派穆斯林奉为圣城。第八任伊玛目，即伊玛目礼萨死后埋在马什哈德，他的妹妹法蒂玛埋在库姆。

从意愿也会随之降低，最终步入无政府的混乱状态。

同时，在偏远的西北地区达吉斯坦的群山中，好战的列兹金部落也挑起了骚乱。列兹金人长久以来都是波斯帝国的心腹大患，他们及其邻居——高加索地区的车臣人——在之后的几个世纪也骚扰过俄国。列兹金人和土库曼人、阿富汗人、俾路支人、库尔德人*一样信奉逊尼派，他们实施劫掠的行为还夹杂着由教派分歧而引发的仇恨。1706年本应用于维护边境和平的岁币被腐败的波斯官吏挪作他用，因而不满的列兹金人入侵了格鲁吉亚。中央政府缺乏对地方的控制也引起了很多其他问题。在沙阿的治下，商人和旅行者在传统行商路线上的安全每况愈下，有时抢劫他们的恰恰是应该给予他们保护的地方官员，贼党更是层出不穷。[46]

成为坎大哈总督之后，古尔金使用铁腕手段加强了波斯在这一蛮荒地区的控制。坎大哈地区最德高望重的人物是吉尔扎伊部落一名富有的阿富汗贵族米尔·维斯，他来自一个显赫的家族。他对待信徒和穷苦的百姓非常慷慨，而且清楚地认识到普通民众对于格鲁吉亚人的暴虐统治怀有深深的憎恶情绪。古尔金不信任米尔·维斯。为了防止莫卧儿的入侵，古尔金采取的一个主要手段就是阻止阿富汗人进入莫卧儿领土，因为此种行为可能会被对方视为挑衅。但这个政策被坎大哈地区好战的阿富汗人视为来自新总督的残暴压迫中最不可接受的一项。[47]

阿富汗人在纳迪尔的故事中担任重要角色。从历史同期的记述中，我们可以看出他们怀有强烈的群体感，即伊本·赫勒敦理

---

* 库尔德人分为许多教团，包括苏菲派、雅兹迪派、什叶派、真理派等，但为数最多的是逊尼派。

论的核心概念。他们吃得很简单，面包、烤肉、生的蔬菜，不加任何调料——"即使在最盛大的宴会上，食物也不见得有多丰盛，除此以外，他们只喝水，没有哪个民族比他们更加厌恶酒。"他们穿得也很朴素，剃光头，只在耳朵两侧留一小撮头发，通常用一块布缠绕在头上充当头巾，布的一头儿耷在肩膀上。只有富人才穿鞋，其他人光脚，绝大部分士兵甚至都不穿戴铠甲。

　　阿富汗人傲慢好战，从小学习战斗技能以便劫掠周边地区。他们的战斗训练也相当严苛。通常，他们骑马战斗时持长矛、弓箭、剑和盾牌。进攻由一名指定人员＊来领导，他会在第一次小规模进犯结束后从主力部队的侧翼向后部撤去，占领大后方。当主力部队开始进攻时，他则重新加入战斗或将试图逃走的懦夫杀死。[48] 这一时期的阿富汗吉尔扎伊人定居在坎大哈，另一个强大的部落阿卜达里人则盘踞在赫拉特。阿卜达里人和吉尔扎伊人是世仇，经常发生械斗。同时，他们也都是逊尼派穆斯林，向往质朴虔诚的精神境界。

　　古尔金继续他在坎大哈的统治，但他对米尔·维斯的怀疑日渐加深。最后，古尔金拘禁了米尔·维斯并把他送到了伊斯法罕。[49] 同时，他告诫苏丹·侯赛因沙，米尔·维斯是一个危险人物，他极富煽动性，而且很可能怀有异心；如果波斯想要维持坎大哈地区的安全，最好的办法是把他留在都城做人质。将米尔·维斯送到伊斯法罕，让他亲眼见到了帝国的各种弊端，这对于古尔金来说是一个致命的错误，也严重损害了波斯在阿富汗的统治。如同之后的纳迪尔，米尔·维斯很快便看出了宫廷生活的本质，他利

＊ 即 Nasaqchis，他们既是军事警察，又是行刑人。

用宫廷中的派系斗争广泛交友，迅速营造出了影响力，甚至直接搭上了苏丹·侯赛因沙。

米尔·维斯很快成为最受沙阿宠爱的一名廷臣[50]，他甚至获许前往麦加朝觐，并从当地的宗教权力机构获得了一项授权*。根据这项授权，坎大哈地区的逊尼派穆斯林可以不听从异端波斯人的统治。1708 年夏，米尔·维斯从麦加回到伊斯法罕，然后风风光光地返回了坎大哈。古尔金简直出离愤怒。到家之后，米尔·维斯开始和他的追随者密谋造反以推翻傲慢的格鲁吉亚人的统治。他们在 1709 年 4 月等来了机会。有一种说法是米尔·维斯亲自闯进了古尔金的大帐，从内部摧毁了它，致使古尔金无法逃脱，最终被杀死。很多格鲁吉亚人也一同被杀，余者历尽艰难杀出一条血路逃往省外。

在伊斯法罕，吉尔扎伊叛乱没有引起萨法维王朝的注意。苏丹·侯赛因沙只是慢慢意识到自己错信了米尔·维斯。他先后派遣了两名使者前去劝降——可两人都被拘禁了。最后，古尔金的侄子凯·霍斯鲁奉命带领一支队伍去恢复省内的秩序。然而，尽管凯·霍斯鲁在赫拉特的阿卜达里人的帮助下取得了一些胜利，他的部队依旧推进得相当缓慢。1711 年 10 月，他被迫放弃了对坎大哈实施的长期且无效的围攻行动。波斯军队一撤走，米尔·维斯就立刻发起进攻。格鲁吉亚人和阿卜达里人英勇迎击，但终究处于不利地位，凯·霍斯鲁本人也在试图跨过一条小溪时坠马，不幸被杀。虽然大部分士兵得以侥幸逃走，但这次战败的后果很严重，萨法维王朝永远地失去了坎大哈。伊斯法罕此后又

---

* 即 Fatwa，一种正式的宗教命令。

派出一支讨伐队伍，却因为年老的指挥官病逝在赫拉特，这支队伍并未到达坎大哈就解散了。[51]

米尔·维斯将统治区域扩大至整个坎大哈省，很满足于摄政王这个头衔。他在 1715 年逝世。据说，旁人在他垂死之际曾经询问今后吉尔扎伊部落如何抵制波斯的威胁。米尔·维斯答道，如果波斯人果断进攻，吉尔扎伊人就求和；但如果波斯表现得犹犹豫豫，吉尔扎伊人就应该主动出击，"甚至追至伊斯法罕的城门"。[52] 米尔·维斯的继承人是他的弟弟。然而，他的弟弟既不善战，也不受部落首领们的欢迎。他们怂恿米尔·维斯的长子马哈茂德接管权力。1717 年，马哈茂德果真下手杀害了他的叔叔——血腥的弑亲轮回中的第一人。随后几年，波斯并未再次试图夺回坎大哈的控制权，因为他们忙着对付接踵而至的赫拉特的阿卜达里人叛乱。

当时的阿卜达里部落成员更多，他们与吉尔扎伊部落是世仇，曾经亲眼见证了凯·霍斯鲁在远征吉尔扎伊部落时的惨败。阿卜达里人认为有机会可以摆脱衰弱的波斯人的统治。萨法维王朝的赫拉特总督嗅到了即将到来的麻烦，抓捕了几名部落首领，但他很快就被叛变的己方部队幽禁了起来。伊斯法罕派来的新总督随后被阿卜达里人击败。1716 年马什哈德总督试图解决叛军的行动也宣告失败。

马什哈德派出的讨伐阿卜达里人的部队中，有 500 人由纳迪尔的岳父巴巴·阿里带领，纳迪尔则留在阿比瓦尔德代理巴巴·阿里的职责。但巴巴·阿里在战斗中被射杀[53]，阿比瓦尔德总督的位置由他的弟弟戈尔班·阿里接替。在此期间，纳迪尔又一次成功地驱逐了土库曼泰克部骑兵的侵扰。不久，戈尔班·阿里名义上因病逝世。[54] 事实上，戈尔班·阿里很可能是非正常死亡，他的死也成为日后流传的纳迪尔谋杀岳父的传闻的来源（这些传闻混淆了巴巴·阿里和他的弟弟）。无论如何，戈尔班·阿里死后，纳迪尔的地位又上升了一步；他正式成为阿比瓦尔德副总督，地位仅在伊斯法罕派来的新总督哈桑·阿里·汗之下。随着时间的推移，纳迪尔渐渐掌握了两人合作关系中的主动权：宣布自己在实际上而非形式上掌握权力的做法，在纳迪尔今后的职业生涯中还会多次重复。

萨法维王朝依旧苦苦应对着东部地区的叛乱，却收效甚微：不仅完全无法解决问题，不断的战败还使得帝国的声望每况愈下。伊斯法罕随后多次派出征讨赫拉特的部队，但均以战败告终。纳迪尔也带领队伍从阿比瓦尔德出发，亲自参与了一次战斗。在战场上，波斯重型火炮错误地将炮弹射向了自己人，而阿卜达里人则趁势冲进波斯方阵，波斯指挥官精神崩溃，引爆身边的火药桶自杀。[55] 纳迪尔和他的士兵设法逃离了这场灾难，他本人则在每一次的交锋中进一步了解战争和如何指挥士兵。

终于，阿卜达里人在成功摆脱来自伊斯法罕的讨伐之后开始进攻他们的宿敌吉尔扎伊人了。1720 年阿卜达里人在被米尔·维斯的儿子马哈茂德打败后陷入了内部混战，各部首领互相争夺最高权力。马哈茂德将几枚阿卜达里部落的人头送给苏丹·侯赛因沙以示忠诚。苏丹·侯赛因沙表现出了他一如既往的头脑简单和痴心妄想，对这笔计谋照单全收。他不仅任命马哈茂德为坎大哈总督，还赐名侯赛因·戈利·汗。[56] 这个名字意为"侯赛因的奴隶（或者仆人）"——被沙阿亲自以自己的名字来命名是一种无上的荣耀。

当伊斯法罕政府正在哀悼东部地区惨淡的战事时，波斯湾的战略要地、保障来往货船安全的几座岛屿又被来自马斯喀特的阿拉伯海盗占领了。后宫中业已高龄的女家长玛丽亚姆女亲王是唯一一位明白必须采取严厉手段控制各方麻烦的人了。她准备了一份厚礼，以监护人的身份要求沙阿带领宫廷前往西北方的加兹温去招募部队。但是掌权的大臣们尸位素餐、互相倾轧，只顾着参加各种娱乐活动——"每个人都只想着为自己捞取好处，同时打压其他人，全然不顾帝国的利益。"[57]

1717—1720 年，东北地区的诸多省份暴发了瘟疫。库尔德斯坦和希尔凡等地又发生了叛乱：那里的逊尼派穆斯林因为不堪忍受当地总督的宗教压迫揭竿而起——在苏丹·侯赛因沙的统治早期，什叶派复兴运动就开始渐渐扩大其影响力。这场运动的领袖是穆罕默德·巴吉尔·马吉莱希，他在 1699 年逝世。这位精力充沛、意志坚定的学者兼教士[*]极力主张传统的什叶派教义必须与伊斯兰教教法（即沙里亚法）紧密结合；什叶派具有绝对的权威，压制逊尼派、苏菲主义和国内其他小众宗教派别。他用波斯语和阿拉伯语写作，一生著作颇丰，这些书使他的观点广为流传并启迪了新的学术运动。尽管因为禁酒的主张，他对苏丹·侯赛因沙以及整个宫廷的影响受到了来自玛丽亚姆女亲王和宦官们的阻碍，但这丝毫无法撼动他的社会影响力。他论述什叶派传统的文集影响至今。

在波斯和其他伊斯兰国家，基督教徒和犹太教徒被称为"有

---

[*] Mojtahed，神职人员。

经人",因为伊斯兰教传统教义认为《圣经》是神圣的,所以相比其他非穆斯林,他们享有特权。尽管理论上他们的信仰受到保护,但在穆罕默德·巴吉尔死后,他的孙子首席毛拉*穆罕默德·侯赛因强化了他的教条,开始迫害犹太人和亚美尼亚人。他甚至要求沙阿通过了一条法令,强制在伊斯兰教传入波斯之前就业已存在的古老的拜火教信仰者,即琐罗亚斯德教徒改信什叶派[58];就连来自印度、信奉印度教的商人也遭到迫害。苏菲派信徒也受到牵连,其实苏菲主义在之前的几个世纪一直不断吸收同化其他宗教派别的主张,包括前伊斯兰时期的一些主流宗教元素,对于缓和伊斯兰教的尖利棱角起到了重要作用。逊尼派穆斯林则是迫害的主要目标。什叶派极端教义的复兴运动即便没有得到国家层面的正式支持,也是在沙阿的默许下进行的,它加剧了非什叶派民众的宗教对立情绪,使帝国的统治变得更加困难,社会氛围狭隘阴郁。[59]

在穆罕默德·巴吉尔死后的很长一段时间里流传着这样一个故事,有人声称在梦中见到了这位伟大的学者,他们询问穆罕默德·巴吉尔在来生的另一个世界里过得如何。穆罕默德·巴吉尔回答:"我的任何做法都不曾使我受益。只有一件事除外。有一天我给了一名犹太人一个苹果,这一举动拯救了我。"[60]大家不必过分解读这种故事,但其中透露出的观点表达出了普通民众对于宗教极端主义思想一种天然的反感:这样一位坚定博学的教法学家在天堂里之所以受到了优待,不是因为其生前对于正统教义的坚

---

* Mullah-bashi,这个头衔起源不详。桑迪·莫顿曾经告诉我还有人拿这个头衔开过玩笑,不过似乎它出现在苏丹·侯赛因沙的统治晚期,可以参见 Minorsky 1943,p.41。

持，而是源于一次普通的人道行为。* 纳迪尔的反感情绪可能表现得更加强烈——他不仅反对当时的极端什叶主义思想，甚至有可能是反宗教的。** 一些现代伊斯兰教思想家和什叶派学者曾经警告大家要注意一种现象，可以说纳迪尔就是这种现象的早期典型：当宗教热情过度政治化时，这种做法反而会伤害宗教自身的发展。[61]

沙阿待人仁慈、生活随意，不像他的首席毛拉那样严苛，但是他依旧像往常一样采纳了毛拉的意见。紧张的宗教氛围不仅造成了逊尼派聚居区域内暴乱频发，还加速了王权的衰落。典型的例子有：在希尔凡的暴乱中，逊尼派穆斯林遭到杀害，宗教书籍被焚毁，逊尼派清真寺变成马厩[62]；但是库尔德斯坦爆发了起义，并且很可能也影响到了吉尔扎伊和阿卜达里的叛乱活动。希尔凡的叛军因此向他们的同派信徒奥斯曼帝国的土耳其人求援——事件开始朝着不祥的方向发展。最终在 1721 年 8 月，生活在希尔凡主城沙马基内的逊尼派居民向列兹金部落打开了城门，数以千计的什叶派人口遭到屠杀（基督教徒和外国人则遭到洗劫）。这伙暴

---

* 我们可以质疑历史同期或者更晚一些时期的西方作家批评的所谓偏执的伊斯兰教的观点，但是苏丹·侯赛因沙在位期间的宗教运动即使在波斯境内也受到了大量指责，*Rustam at-tawarikh* 就是一个例子，该书的作者猛烈抨击宗教极端势力的恶劣影响将苏丹·侯赛因沙的统治带上"错误的歧途"（vol.1，pp.220–223）。事实上，这份资料（主要内容是作者的父亲、叔伯和其他人的大量对话，他们都是那个时代的见证人）直到 18 世纪 80 年代早期（vol.1，p.20）才被整理在一起，一直到 19 世纪才被编辑完成，毕竟没有作者敢于如此直白地指出正在掌权的统治阶级的错误。

** 人们一定会好奇当地的毛拉是如何看待纳迪尔贫穷的母亲的。据我所知，这方面并没有直接证据，但是从纳迪尔之后对于宗教的态度和做法来看，他的母亲一定向宗教机构申请过帮助却遭到了无情的拒绝。身为一名贫穷的寡妇，纳迪尔的母亲同样无法保护自己的贞洁。

徒还杀害了什叶派总督、他的侄子和其他所有亲属，碎尸后又将尸体喂狗。[63] 之后，整个省落入了奥斯曼帝国的统治。

苏丹·侯赛因沙统治时期的另一重大失败来自东部。1719年秋，米尔·维斯的儿子，即坎大哈总督马哈茂德·吉尔扎伊率领1万名族人和锡斯坦人入侵了克尔曼。克尔曼总督闻风而逃，马哈茂德几乎没有遇到任何反抗就占领了整个城市。

在克尔曼，马哈茂德的态度从一开始的朝令夕改逐渐演变成疯狂。他一会儿强制所有人改宗逊尼派，一会儿又收回命令；他先是惩罚肆意作恶的士兵，而后又允许更大规模的劫掠。前些年饱受迫害的琐罗亚斯德教徒趁乱袭击什叶派居民，但之后遭到了阿富汗人更加恶劣的欺侮。随着时间的推移，杀戮行径越来越多，骚乱范围越来越大。当吉尔扎伊人最终在第二年夏离开的时候，城市的绝大部分建筑已被焚毁，巴扎市集里堆满尸体。马哈茂德带着他的战利品返回坎大哈 [64]，预示着更大规模的恐怖袭击即将到来。

马哈茂德撤兵以后，首席维齐尔法塔赫·阿里·汗·达吉斯坦尼建议沙阿将宫廷迁至东北部地区，以便提高声望、鼓舞士气，为出兵清剿坎大哈的行动做好必要的准备。这么看起来，至少在权力的中心还有一位具备执行力的人物在控制局面。但沙阿走到德黑兰就不动了，原因还是宫廷中的派系斗争。首席毛拉穆罕默德·侯赛因和沙阿的御医联合其他人一起反对法塔赫·阿里·汗，除了反感维齐尔在权势方面稍占上风，他们更加厌恶他的列兹金出身和逊尼派信仰。[65] 然后，有人伪造了一封写给库尔德首领的信，署名是法塔赫·阿里·汗，信中极力主张这位首领派兵暗杀沙阿及其家人。当信被呈给沙阿时，法塔赫·阿里·汗随即被捕入狱。他被剜去了双眼，施以酷刑交代同伙的下落。[66]

在苏丹·侯赛因沙执政的最后阶段，宫廷政策就以这样一种近乎残忍的方式颠覆了帝国的实际利益。廷臣中的任何人一旦提出任何一种可以缓解帝国诸多威胁的方案，都将立刻引来其他派系共同的敌视和攻击，这些人担心万一这个建议奏效，那么自己的影响力将因此被削弱。[67]这种同仇敌忾的努力往往使沙阿不再采信这个人的主张。因为不愿意看到任何一名对手由于成功地打击了帝国的敌人而获得更大的权势，宦官和廷臣们分步骤残害了所有能够真正解决波斯境内与日俱增的战乱问题的大臣。总之，萨法维波斯的衰落是因为国家将帝国的安全托付给了一群完全不理解责任为何物的人，他们从未明白权力真正的基础是什么，也不知道真正的威胁来自哪里。宫廷生活如同平行宇宙，人们自以为是地认为王朝的传承理所当然，任何不当的执政措施都会被原谅，因为执政本身无关紧要。

沙阿新选的首席维齐尔名叫穆罕默德·戈利·汗·沙姆鲁，他自己则在1721年春带着他的宫廷回到了伊斯法罕，他不在的时候曾经有流言说他的兄弟阿巴斯想要篡夺王位。伊斯法罕的事务一直由玛丽亚姆女亲王掌管，当她看到沙阿待在加兹温无所事事时，曾经催促他早些返回都城，但沙阿并未理会。1719年以后的文献中再未提到她，所以当1721年沙阿终于回来的时候，玛丽亚姆女亲王很可能已经过世了，最后一位能劝诫沙阿的人也走了。

伊斯法罕的居民很庆幸沙阿的归来（只有宫廷的存在才能保证巴扎市集的工匠和商人正常经营），而沙阿则径直回到他最喜爱的位于城市西南部的法拉哈巴德花园。本应集结前往马什哈德的士兵由于在路上逃跑过半，剩下的部队不足以对付阿富汗人，只好转而攻击另一伙叛军——前图恩和塔巴斯总督马利克·马哈茂德·锡斯坦尼。但马利克·马哈茂德取得了战斗的胜利，随后轻而易举地控制了整个东北部地区。

在法拉哈巴德花园里，苏丹·侯赛因沙依旧吃着全城最精致的美食，搂着全国最美丽的姑娘，穿过酒精织造的迷雾，完全醉心于兴修和扩建那些他最为心爱的建筑和花园。不幸的是，其中的大部分都毁于战火，幸存下来的只有美轮美奂的"沙阿之母"神学院[*]和毗邻的一座旅馆（现为一座酒店），它们展现了这位沙阿的建筑成就。但优美的拱顶和蓝色釉面瓷砖并不能保护业已混乱不堪的帝国和它的子民。严酷的转变即将到来，苏丹·侯赛因沙在法拉哈巴德与世隔绝的生活就像一支麻醉剂，为他营造出了一座世俗的天堂，但很快这一切都将滑入恐怖的深渊。

入侵克尔曼的行动取得胜利以后，马哈茂德备受鼓舞，他在1721年的盛夏离开坎大哈再次进犯波斯。俾路支人和其他一些投机者加入了他的队伍。然而，这一次他们在克尔曼遇到了强烈的抵抗。新任总督加固了城堡，容留大量难民（约5万人）在城内避难。他们过得很惨，没有任何食物补给，还要暴露在阿富汗人的炮火之下。

由于没有重型攻城火炮来轰倒城墙，阿富汗人只得将城堡包围起来，到1722年2月，城中的难民只有不到3000人活了下来，很多人为了生存不得不吃掉同类。英勇的总督也已经过世，他的继任

---

[*] 今天的正式称谓是沙赫巴格神学院（Chahar Bagh）。

者支付给阿富汗人价值 1700 土曼[*]的金银来结束围城。⁶⁸ 马哈茂德
巴不得赶紧离开，他已经在战斗中损失了不少人手，还有一些士兵
逃走了。之后，马哈茂德率军去往亚兹德，但亚兹德城既偏僻又坚
固。他决定孤注一掷，绕过亚兹德，直捣伊斯法罕。3 月初，他将
部队驻扎在都城东北方向 18 英里左右的古尔纳巴德村附近。

　　伊斯法罕的大臣们尽管早就接到了马哈茂德再次进犯克尔曼
的消息，但得知他正在向都城挺进时仍然惊慌失措。新任维齐尔
穆罕默德·戈利·汗谨慎地建议沙阿将自己的部队留在城中以逸
待劳，同时从帝国的其他地方集合大量的部队前来勤王。考虑到
阿富汗人在克尔曼和亚兹德的攻城战都以失败告终，这绝对是一
条正确的建议。如果维齐尔的建议得到采纳，那么本就数量不多
的阿富汗军队在经历又一次攻城战后，实力必将大幅削减，此时，
王家卫队就可以选择合适的时机，以压倒性的数量优势取胜。

　　然而，两派斗争是宫廷惯例。阿拉伯斯坦（胡齐斯坦的旧称）
总督赛义德·阿卜杜拉请求立即出兵。由于沙阿特别宠幸这位总
督（却不喜欢维齐尔），出兵的建议被采纳了。政府在伊斯法罕又
招募了一些人，扩充进已有的部队。1722 年 3 月 3 日，他们出城
迎战阿富汗人。赛义德·阿卜杜拉带领 1.2 万名阿拉伯骑兵加入
了队伍。波斯部队的总人数将近 4.2 万人，但作战能力参差不齐：
一方面，很多步兵完全没有受过训练，一些士兵的武器甚至是木
棍；另一方面，由已故的古尔金·汗的另一名侄子罗斯塔姆·汗
率领的王家卫队则是一支装备精良的波斯骑兵队伍；洛雷斯坦总
督阿里·马尔丹·汗率领一群好战的鲁尔部落骑兵，他们都是经

---

[*] 价值约合当时的 900 英镑。

验老到、能力卓著的将领。还有一支拥有 24 门重型火炮的炮兵部
队，负责人 * 是艾哈迈德·汗，顾问是法国炮手菲利普·科隆贝。
然而，赛义德·阿卜杜拉和维齐尔穆罕默德·戈利·汗之间意见
不合，这意味着在最高指挥官层面没有形成共同的作战目标。[69]
战斗打响以后，波斯指挥官们各行其是，相互之间完全没有任何
支援和配合。

　　3 月 7 日，波斯军队越过古尔纳巴德，从连接伊斯法罕和亚
兹德的官道以南接近阿富汗人的营地。在跨过一条运河的时候，
他们和阿富汗人发生了一场小规模的战斗并击退了后者。沙阿的
占星家们曾预言波斯人不会在 3 月 8 日前投入战斗，并且阿富汗
人也没有立即出兵回击，所以两支部队在相距约 1 英里的地方各
自安营扎寨。

　　第二天一早，阿富汗人兵分三路向西撤退至三座小山中。马
哈茂德本人指挥中路，阿马努拉·汗率领右路，左路则由琐罗亚
斯德教徒纳斯鲁拉带领，他此前是锡斯坦地区的一名土匪。波斯
人分成四个部分：阿里·马尔丹·汗（和另一名鲁尔部落首领）
在左路，沙阿的维齐尔穆罕默德·戈利·汗指挥中路，罗斯塔
姆·汗在其右侧，赛义德·阿卜杜拉带领阿拉伯骑兵在右路。火
炮安置在维齐尔前方，大部分波斯步兵从中路前进。交战双方都
拥有大量骑兵，他们使用的武器为长矛、弓箭和盾牌，尤其阿富
汗人，几乎全军都在马上。

　　阿富汗人的数量远远少于波斯人，尤其是在克尔曼战败后，
所剩可能不到 1.1 万人[70]，也就是说仅赛义德·阿卜杜拉的阿拉

---

* Tupchi-bashi.

伯骑兵就几乎可以与之正面对抗。此前一天，阿富汗人据守阵地不出，主要是因为畏惧波斯军队的巨型规模，但即使是撤退，他们也还占据着地形上居高临下的优势。同时，他们也考虑到数量如此庞大的波斯军队在协作和指挥上肯定都面临困难。所以他们分成小股，占据有利地形，让波斯人率先发起进攻，静待后者出现错误从而加以利用。

时间一分一秒地流逝，双方紧紧盯着彼此，艰难地越过开阔的平原地区。从外表上我们就能很容易地区分他们：阿富汗人装束简陋，在经历了 8 个月的远征过后，他们几近衣衫褴褛；波斯联军中，鲁尔人身着明艳的部落衣饰，阿拉伯人穿白长袍，波斯卫队则有统一制服、闪亮的盔甲和保护板甲，抛光的头盔和长矛尖刺直指天空。

根本不愿意上战场却成为理论上总司令的维齐尔比阿富汗人更不想开战。但是，随着时间的推移，罗斯塔姆·汗和赛义德·阿卜杜拉等得不耐烦了。最终在下午 4 点，罗斯塔姆·汗领兵出战，王家卫队向纳斯鲁拉冲去，赛义德·阿卜杜拉也带人出发，包抄阿富汗人的左翼。

眼见纳斯鲁拉的人让出了阵地，阿拉伯人趁机抄到了他们的后部，马哈茂德顿感大势已去——"他命人备好速度最快的单峰骆驼，如果战事没有转机，就准备随时逃走。"[71] 如果波斯的中路部队也适时跟进，阿富汗人就彻底溃败了。然而，维齐尔丝毫不肯让步，战斗的形势悄悄发生了转变。赛义德·阿卜杜拉并未利用侧翼攻击的优势去助阵主战场，而是带着他的人直接去抢阿富汗人的战利品了。阿里·马尔丹·汗在进攻队伍的最左侧，阿马努拉的吉尔扎伊骑兵先是撤退，然后跑着跑着便向两侧分开。中间的空地上出现了大约 100 峰跪着的骆驼，每峰骆驼的背上都载有一台小型火炮，用旋转装置连接，发射出一两磅重的炮弹。他们称之为"小黄蜂"*，正好可以弥补阿富汗人没有大炮的缺点。这场突如其来的炮弹袭击在近距离内击中了正在前进的鲁尔骑兵，造成了极大的伤亡。阿里·马尔丹·汗本人也受伤了，他的兄弟被杀。之后阿富汗骑兵趁着小黄蜂炮弹雨发起了冲锋，鲁尔人完全败下阵来。

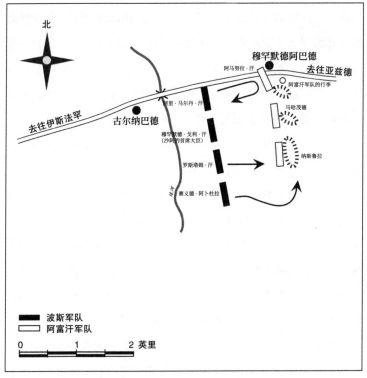

地图 2　古尔纳巴德战斗示意图，1722 年 3 月 8 日

---

* zanburak，即小黄蜂。

　　击败鲁尔人以后，阿马努拉的部队就势夺取了波斯重型火炮，因为穆罕默德·戈利·汗并没有派他的人去守卫这些火炮。阿富汗人的进攻速度异常之快，留给波斯人的时间只够开三炮。大部分的炮手，包括法国人和负责人艾哈迈德·汗全部被擒或者被杀。

　　波斯的中路部队依旧没动。马哈茂德重整士气，带领手下的大部分人去支援纳斯鲁拉领导的阿富汗人，而后包围了波斯最精锐的罗斯塔姆·汗部队。这些勇敢的军人在不久前还把敌人追得四散奔逃，如今却腹背受敌，寡不敌众。罗斯塔姆·汗试图冲杀出去，但此时的维齐尔早已带领波斯中路部队撤退了，完全没有给予任何援助。罗斯塔姆·汗的战马在试图跨过运河回到波斯军队后部的时候被绊倒，他本人不幸坠马。当他挣扎着爬出淤泥重新上马的时候，一名吉尔扎伊人赶上来用狼牙棒击中了他，随后赶来的其他人用长矛刺死了他。波斯军队已经彻底溃不成军了。赛义德·阿卜杜拉洗劫完阿富汗营地之后，带着他的阿拉伯骑兵保持在一个安全距离内也跟着撤回了。[72]

　　维齐尔穆罕默德·戈利·汗对这场灾难负首要责任，他不仅没有协助罗斯塔姆·汗攻击阿富汗人，（从战斗全局来看）还一箭未发便掉头逃走了。赛义德·阿卜杜拉的行为同样可疑。从两人势如水火的关系推测（苏丹·侯赛因沙宫廷的真实情况），维齐尔选择撤退很可能是害怕赛义德·阿卜杜拉会抢了头功。[73]一些阿富汗人在战后坦言，如果维齐尔率领的波斯中路部队能再多守住阵地哪怕 15 分钟，他们就输定了。另一方面，阿富汗人的顽强作战也起了很大作用，尤其阿马努拉·汗发明的小黄蜂火炮是火炮移动作战技术的创举，这一技术此后还将会有更大的改进。[74]除了小黄蜂火炮与管理混乱并最终倒戈的波斯大炮，火器在这场战斗中发挥的作用很小。绝大部分阿富汗人在作战时并未使用火器，波斯方面作战最为勇猛的部队所使用的主要武器也是长矛和长剑。可以说，这场战斗标志着一个时代的终结。[75]

这并非一场前线小规模冲突的失利——这是王室卫队的主力在帝国的中心区域，几乎就在都城的城墙下，被一群几个月前完全被忽视的一小撮衣衫褴褛的部落游民给击败了。这场惨烈的战事不仅对帝国早已摇摇欲坠的声望造成了致命的打击，更进一步证明了帝国的统治已经难以为继，将引发新一轮的背叛与起义。

在证明这种大国将覆的时候，人们通常会堆起众多事件、各种数据来论证。比如经济下滑、宗教分裂极端化、宫廷政治斗争、太长的和平时期、军队战斗力的下降……发生在军队内部的是一种制度性落后吗？萨法维王朝的军队制度到底是什么？可以明确的只有一件事：萨法维王朝的军队并不像现代化的民族国家那样是一个单一的常规化组织。尽管在某种程度上也形成了一些制度，比如王家卫队领薪水、着制服，即使在和平年代也保持着充足的给养。还有无法发挥全部战斗力的炮兵部队。在古尔纳巴德战役中，持火枪的步兵是在当地临时招募的民兵，他们在战斗中几乎没有起到任何作用。

但是，萨法维军队中的绝大部分人员来自部落或者地方部队——这是波斯地区自大流士和薛西斯时代就形成的传统。他们是非常优秀的士兵，受到省督和部落首领们的信赖，是一支表现出色、经验丰富、作战勇猛、严格自律的骑兵队伍，集卓越的策略和战斗能力于一身。他们的作战方式不同于西方的骑兵，但这里不是欧洲，而他们也并未像驻扎在伊斯法罕的部队那样受到很可能会导致战斗力下降的不利因素的影响。

　　萨法维军队的战斗力下滑或许是事实，但没有直接的证据。[76]
部队中的士兵可能没有领到薪饷，或者没有齐全的战斗装备[77]。
同时，东部地区的一连串败绩也给全军士气造成了极坏的影响。
但是，所有这些因素在当天的古尔纳巴德战役中没有明显的迹象。
如果地方总督能够更快地派遣部队参战，也许军队的规模可以更
大，但即便如此，以波斯士兵的数量击败阿富汗人也可以说绰绰
有余了。赢得战斗主要依靠王家卫队，他们装备精良、情绪饱满，
进攻节奏也不错。除了维齐尔的指挥，记载此次战役的史料也认
为这完全是他个人行为的问题，与他的部队无关。总体上看，波
斯人包括部落和地方部队都尽力一战了。*但是如果一支军队由迥
然不同的几个部分组成，则必须具备稳固的核心控制和强大的执
行力，这才是这场战役中波斯人所缺失的。这也是沙阿所缺失的。
由于他的缺席，没有人可以统领这支部队。战斗的失利与萨法维
王朝的衰落都基于一个共同的原因，那就是在高度中央集权的权
力核心中缺乏一位强势的沙阿。

　　战斗的结果让马哈茂德本人都震惊了，他久久地徘徊在战场
的周边，无法相信自己竟有如此运气。因为害怕有埋伏，他没有
让手下人去追击敌军。波斯一方也得以将损伤控制在相对小一些
的范围，人员损失大概有 5000 名，但重型火炮全丢了，很多炮兵
在逃跑的时候把火枪也给扔了。当首批逃亡者将消息带回伊斯法

---

* 我们也可以说炮兵部队的失败是因为疏于操练、缺乏纪律，但依旧没有
直接的证据。Mohammad Mohsen (fol.207a) 清楚地总结了波斯军队战败的
原因："因为不团结，什叶派已经历了一系列的失败。如果他们能团结起
来，一定能够击败阿富汗人。"

罕的时候，整个宫廷都恐慌了，妃嫔们尖叫着跑到安全的堡垒中。廷臣们开始讨论沙阿是应该留在伊斯法罕还是离开都城去往地方招兵。古尔纳巴德一役之后，只有沙阿本人的权威才能将各个地方势力整合起来，共同解决伊斯法罕之困。而且离开都城更安全，才好行事。但是，沙阿还是采纳了最坏的建议，留在了城里。[78]

3 天后马哈茂德纠集人马出发，占领了位于伊斯法罕西南方的法拉哈巴德宫殿群、朱利法区和亚美尼亚区，然后迅速派人洗劫了亚美尼亚巨贾们的财富（方法是鞭笞他们的脚掌，直到他们同意交出钱财）*，并掠走年轻的妇女。亚美尼亚社区的首领们被迫将家人带到阿富汗人面前游行展示，最终有 50 名女孩被挑走了。马哈茂德自己留下最漂亮的，把其他姑娘分给了他的军官们。但是这些极度悲伤的姑娘每日以泪洗面，即使是粗鲁的阿富汗人亦不免为之所动。有的女孩直接就被释放回家，有的则被家人赎回。短短几天内，女孩们就走得差不多了，剩下的几个人最终也回了家。根据有关记载，马哈茂德认为劫持异教妇女会招致真主的不悦，拖累他围攻伊斯法罕的脚步。亚美尼亚的教士再次为这些姑娘举行了施洗礼，他告诉她们及其父母，再施洗可以使她们重获贞洁。[79] 这样，她们才有可能嫁人，否则就只能去当妓女了。

伊斯法罕之围从 1722 年 3 月一直持续到 10 月。即便在如此极端的条件下，城内愚蠢的争吵也从未停止，宫廷也没有采取任何果断的行动。沙阿先后将他的两个儿子遣出后宫，作为代表行使他的权力。但当男孩们严厉地训斥宫廷御医、首席毛拉和古尔

---

* 这种酷刑在波斯语里叫作 falake，在西方叫作笞刑。它会给受刑人造成巨大疼痛，甚至让其死亡。

纳巴德的战败将领和他们的各种处置不当时，这些廷臣被激怒了，他们让沙阿领回了王子。再次有人建议沙阿离开都城到行省去招兵，但他没有理会。随后阿富汗人将包围圈控制得越发紧密，最后的机会也消失了。在围城之初，政府本来是可以将城中的部分百姓疏散出去的，这样做可以减少对于食物的需求。然而，政府什么工作也没做，再加上附近村庄的难民大量涌入，城中的人口数量一时激增。尽管更多的部队和补给品也运送了进来，但是沙阿对于省督们前来解围的请求还是受到了不同的对待。

各省大员们早就惊异于沙阿的各种不当处置，在效忠国家和维护自身利益之间摇摆。潜在力量中最强大的一支是格鲁吉亚的瓦赫坦*，但他对帝国的腐朽与沙阿的无能非常失望。[80]另一方面，瓦赫坦得知俄国的彼得大帝计划入侵高加索地区。这个信奉基督教的沙俄帝国刚刚在大北方战争中打败了瑞典人，取得了决定性的军事胜利，显然比没落的萨法维帝国更加值得注意。当时的人们普遍认为只要格鲁吉亚出兵就一定可以解救伊斯法罕，然而，瓦赫坦无意与阿富汗人为敌。

呼罗珊也像帝国的其他地方一样，认为伊斯法罕之围意味着帝国的权威已然崩溃。地方首领们互相监视、彼此戒备，盘算着一旦脱离辖制怎样才能掌握大权。在阿比瓦尔德，苏丹·侯赛因沙指派的总督非常识相地退出了权力的斗争，而掌管着数量不多却作战勇猛的边防部队阿塔克军的纳迪尔则顺利接手。

马哈茂德率领的吉尔扎伊阿富汗人在数量上不足以完全围住

---

* 古尔金·汗的另一位侄子，1704 年在古尔金的要求下成为格鲁吉亚的摄政王。

伊斯法罕那样大的一座城市，何况他们还缺乏重型攻城火炮。阿富汗人的攻击尽管造成了双方各有不少人员伤亡，但还是屡屡失败。外面的人只好选择封锁道路，阻断食物供应，逼迫里面的人投降。但是，一开始的时候，马哈茂德甚至都不能有效阻止城内从外界获得补给。波斯人好几次成功突围，然而，数次针对阿富汗人的进攻均以失败告终。这主要是由古尔纳巴德战役中率领阿拉伯军的赛义德·阿卜杜拉造成的，他三心二意的行径极大地引起了民众对其忠诚度的怀疑。实际上，他已经暗中勾结了阿富汗人。但是沙阿丝毫不加怀疑，依旧宠幸于他。

城内物价飞涨，王宫门前的大广场上爆发了更大规模的示威活动，民众指责沙阿政府的无能，要求他下台并由他的弟弟即位。一些来自伊斯法罕附近村庄的难民激动地闯进沙阿的御医和首席毛拉的宅邸，当众斥责他们制造了帝国的灾难。5 月，一些依旧效忠沙阿的部队从加兹温和洛雷斯坦赶来，但没能将都城解救出来。[81]

在廷臣们否定了沙阿最为年长的两个儿子以后，他的第三子即塔赫玛斯普成了大臣们放在沙阿身边的代言人。塔赫玛斯普像他的父亲一样易于控制，对沙阿那群无能的大臣来说丝毫不具威胁。最终，沙阿决定派塔赫玛斯普出城招兵来解围。6 月 7 日深夜，他成功地带领 1000 人冲出重围。但在那之后，他并未加入任何一支愿意效忠的省督部队或是竭尽所能将各方势力整合起来共同对抗阿富汗人，而是直接去往加兹温消磨时光。他唯一的努力就是给省督们写信请求支援，但获得的关注比他父亲还少。[82]

此时的伊斯法罕城内，食物已经非常短缺。6 月底巴赫蒂亚里部落集合了 8000 人打算护送一大批补给品进城，但在激烈的交锋过后，他们还是被阿富汗人击退了。7 月有传言说造反的前图恩和塔巴斯总督马利克·马哈茂德·锡斯坦尼集结了一支救援部队正从东北方赶来，但这支队伍花了很长时间才最终成行。

8 月初，沙阿拒绝同阿富汗人谈判。这时在城中，即使是富人也开始吃马肉了，穷人则吃猫狗肉和任何能够提供热量的东西：

> 伊斯法罕城曾遍植树木……很多树被砍倒……树叶和树皮论磅出售。草根作为食物食用。煮熟的皮鞋在很长一段时间里是常见食物。最后，他们开始吃人肉。街道上堆满了尸体，有一些尸体的腿被人锯掉了……几名儿童被偷走吃掉，一半的人被饿死……[83]

随着时间的推移，街上的尸体越堆越多，钱币不再有价值，唯一有价值的只有食物。

9 月底，马利克·马哈茂德·锡斯坦尼终于带着由几千人组成的期盼已久的救援部队抵达了古尔纳巴德。阿富汗人明白这是伊斯法罕最后的机会，他们派出了纳斯鲁拉（罗斯塔姆·汗在古尔纳巴德战场上的对手，同马利克·马哈茂德一样，他也是锡斯坦人）前去交涉。为了打动对方，纳斯鲁拉准备了 7 匹佩戴华丽挽具的好马，两峰满载丝绸、钱币和珠宝的骆驼。他劝说道：伊斯法罕已经处在崩溃的边缘，当王朝覆灭的时候，苏丹·侯赛因沙也将性命不保。吉尔扎伊人将成为新的领袖。如果马利克·马哈茂德愿意配合，那么作为回报，阿富汗人将帮助他成为呼罗珊的统治者。马利克·马哈茂德可能根本就没想过要援救伊斯法罕，他听从了纳斯鲁拉的劝说，返回了东北地区。由于一路上招募了更多的士兵，他直奔呼罗珊的省会马什哈德而去。[84]

　　看到最后的希望也残忍地落空，一些伊斯法罕人组织了大规模的突围行动，但只有极少数人穿过了吉尔扎伊人的巡防线。成千上万的民众因饥饿而濒临死亡，卫戍部队也早已衰弱不堪，阿富汗人随时可以攻进城来。然而，马哈茂德保持了克制，因为一旦发起进攻，接踵而来的便是一场混乱的洗劫，他要得到这座城市的全部财富和美丽的宫殿，不能让它们在战乱中遭到破坏。

　　1722 年 10 月初，苏丹·侯赛因沙最终向马哈茂德投降，但阿富汗人要求谈判。当地有一种传统，在一位沙阿即将结束统治的最后一天，他要穿着黑色的衣服穿过街道，惨痛地悼念他不幸的命运。[85]10 月 23 日，沙阿本人骑上一匹从阿富汗军队借来的马，亲自出城投降，他一路骑到河边，两侧全是尸体，民众都静静地看着。抵达曾经的天堂法拉哈巴德时，他被告知马哈茂德正在午休，便只得等待。此番羞辱过后，沙阿才见到了马哈茂德，双方问候了彼此。马哈茂德懒洋洋地躺在一块金垫子上，沙阿对他说：

> 我的孩子，既然真主不希望由我来统治，并在此刻指定你来继承王位，我便全心全意地将帝国让渡于你，希望你能引领它走向繁盛。[86]

　　他被迫从自己的头巾上摘下象征王权的羽饰，呈给马哈茂德，并亲手为这位新沙阿戴在头巾上。老沙阿和新沙阿一起喝了茶和咖啡。马哈茂德承诺将会善待这位忧郁的前任沙阿。至此，萨法维王朝在波斯 200 多年的统治宣告结束。

　　不久，阿马努拉·汗带领 3000 名阿富汗人进城，封锁了王宫大门，将波斯卫兵替换为阿富汗人。所有尸体都被清运出街道，为马哈茂德风风光光地入主都城做准备。据估算，在 8 个月的围城中有 8 万多人饿死病死（远超过战争造成的伤亡人数）。[87]1710年荷兰人根据一次政府人口普查的结果，估算出伊斯法罕大约有 55 万人。围城结束时，城里只剩不到 10 万人——绝大部分人都死去了。[88]这座灿烂辉煌的城市从此再不复当年的盛景。

2

塔赫玛斯普·戈利·汗

只要有条件，人人都将成为暴君，

这是大自然赋予人类的本性。

——丹尼尔·笛福

　　从阿比瓦尔德向南到马什哈德，一路上地势逐渐升高，18 世纪人们称之为阿塔克峭壁，峭壁顶端是一片延伸约 20 英里的高原。在纳迪尔到来之前，它叫作卡拉特（Kalat，意为堡垒），之后则叫作卡拉特·纳迪里（Kalat-e Naderi，意为纳迪尔的堡垒）。这里的地形易守难攻，是方圆数英里内的制高点。1720 年前后，纳迪尔在此处建立了据点。[1] 向前推到 1382 年，帖木儿曾经长期围攻过卡拉特，突破之后便将其建为自己的一个要塞。帖木儿与卡拉特之间的渊源，在纳迪尔看来是一种巧合，也许是他将帖木儿作为偶像的开端。

　　传说纳迪尔在卡拉特发现了一个山洞，里面满是帖木儿的宝物，还有一篇铭文。这篇铭文是帖木儿留给纳迪尔的："来到此处之人将成为时代的骄子和天选的主宰……"铭文还提醒他不要过于依赖军队的规模和力量，因为帖木儿本人也是在皈依了仁慈的真主之后，经过艰苦的围攻才攻下了卡拉特："当你的军队赢得胜

利的时候，不要自满，要记住感谢真主。"尽管这个故事看似更加
关注撰写者以及他对纳迪尔生平的态度，而忽略了对纳迪尔本人
的描写，但它依旧很有可能是纳迪尔亲自口述的一个版本，他以
此和帖木儿大帝建立一种超自然的联系，证明其统治的合法性源
自此。[2]

1722 年 11 月，阿富汗人占领伊斯法罕的消息传到了马什哈
德，全城居民暴动，这种无政府的状态很快蔓延到呼罗珊全省，
甚至整个波斯，各路军阀、太子党纷纷自立为王。纳迪尔依旧坚
守在阿比瓦尔德，小心翼翼避免锋芒太露。在北呼罗珊地区以外，
他还缺乏话语权。当时，大量的部落领袖在争夺影响力 ——"原
本如蝼蚁般的酋长和军阀现在都变成了毒蛇，原先装成狐狸的现
在也成了狮子。"[3]一些人联合了纳迪尔，一些人则考虑其他盟友，
或者以逸待劳，等待时机。

马利克·马哈茂德·锡斯坦尼在伊斯法罕城外和阿富汗人达
成交易之后，就迅速带领军队回到马什哈德。他解决了当地的反
叛军，用大炮将他们的首领从藏身之处逼出来，然后处决了他。
在马什哈德当政的马利克·马哈茂德·锡斯坦尼是纳迪尔在呼罗
珊地区最可怕的对手。

纳迪尔在卡拉特的安全堡垒可以保护他免于地方武装势力的
侵扰。即使是拥有几千人马、盘踞在马什哈德的马利克·马哈茂
德，也无法有效地控制全省。一些部落首领尽管心中愤恨却不得
不默许纳迪尔在阿比瓦尔德的崛起。当马什哈德有了新主人之后，
他们认为可以利用马利克·马哈茂德来制约纳迪尔。他们不断敦
促马利克·马哈茂德将阿比瓦尔德的势力扼杀在摇篮之中。

马利克·马哈茂德与纳迪尔可以说势均力敌，这两人都十分

狡猾，互相戒备。他们各自巩固势力，尽量避免正面冲突。由于部落首领不断呼吁收拾纳迪尔，马利克·马哈茂德正好借此机会扩大自己在北呼罗珊地区的影响，进一步建立了独裁统治；但他并未派兵对付纳迪尔，仅派了一名新总督（尽管纳迪尔实际控制着阿比瓦尔德，但自从哈桑·阿里·汗在1722年初离开之后，总督之位一直空缺）。这位总督得到指示不得颠覆或者扰乱纳迪尔的统治，同时授权纳迪尔为副总督，赋予他更大的权力，尤其是司法权及其附带的象征意义。纳迪尔则藏起怒火，诚恳地接受了任命。那些想除掉他的部落首领只好失望地咬紧牙关。

纳迪尔在名义上听命于马利克·马哈茂德，他开始着手利用这个名头来解决一些宿怨并扩大地盘，毕竟，纳迪尔公然宣称的敌人就是马利克·马哈茂德的敌人。他将敢于反抗的部落首领各个击破，要么降服，要么杀掉；还有几个人被纳迪尔围困，退回据点。那些投降的人，即使在之前的战斗中使纳迪尔折损了不少人手，也通常可以得到谅解——只要他们从此效忠，甚至可以完全支配之前的部队。但纳迪尔对待拒不投降甚至诈降的人则相当残酷。阿拉赫韦尔迪在小规模冲突过后宣布与纳迪尔停战，安然进入纳迪尔的大营，之后宾主共同庆祝战事告终。然后，自大的阿拉赫韦尔迪早早地上床休息。纳迪尔则趁机拷问了他的随从，得知阿拉赫韦尔迪想伺机杀死自己。结果，尽管刚刚还气氛祥和，阿拉赫韦尔迪还是被从床上拉出来砍了头。[4]

每当阿拉赫韦尔迪这种人被处决之后，纳迪尔便接掌他的部队。这种对待投降者宽容大度，对待背叛者极尽残忍的策略非常行之有效：纳迪尔在职业生涯中一直遵循这个原则。他是个残暴的人，但不会无端打击报复；对于半信半疑的人，他宁可先收入麾下，而不会随意杀掉。他的声望与日俱增，其他部落首领和武装分子也纷纷加入，希望在今后更大的胜利中分一杯羹。

在此时前来投诚的各路人马中，杰拉尔部落*是一支强大的武装力量，他们的首领是塔赫玛斯普·汗·杰拉尔，"一个粗野汉子……像一头水牛"[5]，他很快成为纳迪尔的亲密战友。多年以后，有人看到纳迪尔与塔赫玛斯普·汗共同签订条约：纳迪尔身材修长、相貌英俊、充满活力；而塔赫玛斯普·汗又矮又胖，似有病态、"面目狰狞"。他的皮肤皱巴巴地垂着，"就像犀牛皮"，他的头颈"被切断"看起来才合适一些。[6]塔赫玛斯普·汗虽然外貌欠佳，却是一名理想的下属。他忠诚、机智、能力出众，是一名天生的领袖，却不像纳迪尔那样向往并追求权力的巅峰。纳迪尔十分信任塔赫玛斯普·汗，将卡拉特的防务交给了他。至此，纳迪尔已经拥有了 1200 名骑兵。

1724 年，纳迪尔认为自己的实力已经可以和马利克·马哈茂德正面对抗。造成两人之间关系破裂的一个更为直接的原因是马利克·马哈茂德表现出了称王的打算，他自称为波斯神话中凯扬王朝的后人，还利用各种场合大肆宣传自己的血统。这是纳迪尔所不能接受的：如果他的对手被公认为王，那么他们之间就再也不是盟友的关系了。有一种说法是纳迪尔直接打击了马利克·马哈茂德派到阿比瓦尔德的总督。

据说，有一天马利克·马哈茂德、纳迪尔和总督一起在马什哈德城外的农村打猎、抽烟消遣。傍晚时分，马利克·马哈茂德先行回城，纳迪尔让总督留下来陪自己聊天。暮色降临，两人才

---

* 杰拉尔部落本是蒙古人，在帖木儿到来之前曾经在巴格达建立王朝。

准备出发。纳迪尔先上了马，总督拉过缰绳也准备上马，就在他刚刚把脚放进马镫的时刻，纳迪尔突然抽出长剑砍向他的脖颈，直取首级。以此为号，纳迪尔的手下奇袭了总督的随从，他们死的死，逃的逃。[7]

纳迪尔在成功之路上杀过许多人，也背叛过许多人，其中一些事情并未被记载。为了成功，他必须极尽残忍之能事。将他养大的阿夫沙尔部落与库尔德人之间深重的怨恨与长期的争斗很大程度上源于他的种种行为。

阿比瓦尔德安全之后，纳迪尔率领主力部队攻击了马什哈德，正面对抗马利克·马哈茂德的部队。他将他们击退并摧毁了城市的周边区域。当马利克·马哈茂德戴上象征王权的羽饰并将自己的名字刻上钱币时，纳迪尔没有前往马什哈德宣誓效忠。不过，去的人依旧不少，包括好战的查马什格扎克*库尔德人，他们是纳迪尔在哈布尚**的邻居。纳迪尔现在拥有一支人数众多且装备精良的步兵队伍和一小支包括骑兵和小黄蜂火炮的特种部队。[8]

在之后一段混乱的时期里，纳迪尔和马利克·马哈茂德之间没有再次发生正面冲突。纳迪尔的主要对手变成了查马什格扎克库尔德人。但是即使在自己的部落中，纳迪尔也受到排挤，他与阿夫沙尔部落的另外几名主要首领之间纠葛不断。他们先是要求纳迪尔前往梅尔夫去协助击退游牧部落的进攻，接着又让他去调解了土库曼部落的一场战争。每一次介入，无论是否采取了军事行动，都加强了他作为地方领导人的威望；而当他采取行动时，

---

* 查马什格扎克、格拉查鲁、沙德鲁是这一时期呼罗珊地区主要的库尔德部落。

** 现在叫古昌。

次次都能获得胜利，并在战斗结束后将更多的战士招入自己的队伍。这时，一股新的势力——萨法维王朝新任沙阿（即苏丹·侯赛因沙的儿子塔赫玛斯普二世）的军队——进入了呼罗珊。

1725—1726 年，塔赫玛斯普和他少得可怜的部队在波斯领土的权力争夺战中是一支微不足道的力量。在伊斯法罕被攻破、苏丹·侯赛因沙退位之后几天，塔赫玛斯普宣布自己为新任沙阿，但此举并未赢得实质性的支持。1722 年 12 月，阿富汗人将他驱逐出加兹温。随后他去了阿塞拜疆[9]，还没站稳脚跟就遇到了奥斯曼土耳其的入侵。他只得逃往里海南部沿岸的马赞德兰，这片区域由强大的恺加部落控制，中心是阿斯塔拉巴德*。在那里，他终于得到了恺加部落中一个派别的帮助，开始组建自己的部队。

到此时，北部和西部的大部分领土都落入了奥斯曼帝国和俄国之手。早在阿富汗人入侵之前数年，俄国和奥斯曼帝国都曾经派遣特别外交代表团前往苏丹·侯赛因沙的宫廷，传回了有关沙阿、宫廷、波斯政府、社会状况等的详细信息。双方得出了类似的结论——沙阿不仅懦弱，而且身边围绕的都是三流大臣。他们认为波斯帝国的各种矛盾还会不断加深，没有任何迹象显示政府想要认真行动、解决问题，也没有任何人有决心、有力量去改变它们。[10]

俄国人和土耳其人都在其中看到了机会，当阿富汗人入侵之后，两国都快马加鞭，生怕在分割波斯领土的狂欢中落后。如同俄国人在北方与瑞典人大战了一场一样，奥斯曼人也刚刚结束了

---

* 现在叫戈尔甘。

一场战争，但是不太成功。1718 年奥斯曼帝国与奥地利签订了《帕萨罗维茨条约》[11]，将贝尔格莱德和巴尔干半岛上其他几块土地割让给了后者。奥斯曼帝国的大维齐尔达马德·易卜拉欣和苏丹艾哈迈德三世都不喜欢战争，两人热衷于国家的经济发展，鼓励文学创作和发展建筑艺术。苏丹修建了一座奢华的花园，完全沉醉于培育郁金香。他对郁金香的痴迷正如几个世纪以前的荷兰人一样，因而他的统治时期被后世称作郁金香时代。但是随着萨法维王朝的加速衰落，帝国以东唾手可得又毫无风险的收益机会吸引了奥斯曼政府的注意。自从 1639 年与波斯签订《佐哈布条约》以来，奥斯曼帝国与波斯帝国的边境一直比较和平稳定（这条边境线几乎就和今天伊朗与伊拉克的国境线一致），但在那之前，奥斯曼帝国在多个历史时期都曾占领边境以东的地区。什叶派自复兴以来大肆迫害其他宗教的信徒，而波斯西部的逊尼派穆斯林曾多次恳请奥斯曼帝国的帮助。重新燃起的宗教对抗加深了奥斯曼帝国与波斯帝国之间的宿怨。

当奥斯曼帝国借口解救希尔凡地区的列兹金人和逊尼派居民而计划入侵波斯时，俄国的彼得大帝找到的理由则是保护格鲁吉亚的基督教徒。俄国还声称，鉴于社会秩序愈加混乱，他们必须保护自己在波斯的商业利益，起因是 1721 年列兹金人在沙马基抢劫了俄国商人，造成了重大财产损失。彼得大帝还盯上了吉兰的丝绸业，希望控制里海沿岸的全部区域。*1722 年，彼得大帝走上了权力的巅峰。他在大北方战役中大败瑞典人，确立了俄国在

---

* 1716 年俄国在里海东岸的军事扩张遭到希瓦汗国的灾难性打击，俄国士兵全部被杀或者被俘，俄军指挥官的尸体被挂在希瓦汗国王宫大门外示众。但是，彼得大帝仍不死心。

北欧和东欧的统治势力范围，并将新首都定在波罗的海沿岸的圣彼得堡，向西虎视眈眈。大刀阔斧的改革至少从表面上实现了俄国的西化与现代化，但这些成就只有在铁血政策下才能得以实现，而西欧早已不再使用这套办法。迁都到圣彼得堡完全是行政强制命令的结果，大量奴隶劳工死于新都的建设过程。彼得大帝甚至怀疑自己的儿子谋逆，1718 年他的儿子被酷刑折磨致死。纳迪尔和彼得大帝素未谋面，但彼得大帝是唯一一位与纳迪尔身处相同时代又同样果断、狡猾、残忍的角色。

1722 年夏，趁着伊斯法罕之围还在继续，沙皇本人率领部队从阿斯特拉罕出发，从海上和陆上入侵达尔班德。他们几乎没有遇到抵抗，但部队和驻地要塞饱受列兹金人的骚扰，炎热的天气和疾病的流行也使得部队严重减员。最终，从阿斯特拉罕出发的大量补给船在一次风暴中全部沉没，继续深入作战的可能性变得微乎其微。彼得大帝留下卫戍部队看守业已占领的达吉斯坦沿岸的领土，自己则带领大部队在年底离开了波斯。[12]

萨法维王朝覆灭之后，波斯境内的地方总督全都忙于维护自身的利益。格鲁吉亚作为萨法维王朝的附庸曾经为其提供过大量的士兵、侍臣和官僚，而瓦赫坦却在 1722 年秋多次致信俄国敦促彼得大帝进攻格鲁吉亚。俄国人并未到来，瓦赫坦却与其他格鲁吉亚亲王开战。1723 年夏，奥斯曼帝国埃尔祖鲁姆省总督易卜拉欣帕夏入侵了格鲁吉亚。格鲁吉亚的王公大臣们纷纷献媚讨好易卜拉欣帕夏，然而，奥斯曼人只想把真正的权力握在自己手中。一些格鲁吉亚首领见计不成，只得退守山林，偶尔派遣游击队骚扰奥斯曼帝国的占领军。

瓦赫坦和他的儿子流亡俄国，最终也死于俄国。尽管埃里温和大不里士的波斯守军在攻城战中奋勇抵抗，但 1725 年奥斯曼人结束远征时，格鲁吉亚、亚美尼亚、希尔凡和阿塞拜疆几乎全部沦陷。在更往南的地方，奥斯曼帝国的巴格达帕夏在 1724 年占领了克尔曼沙阿、哈马丹以及周边省份（尽管哈马丹的居民被围后进行了长时间激烈的抵抗）。至此，奥斯曼苏丹控制了整个波斯西部。

为了争夺更多的领土，奥斯曼帝国和沙皇俄国之间的关系越来越紧张，一度几乎剑拔弩张。这两个帝国既不了解彼此的真实意图，又无法确定分界线应该划在哪里。尽管俄国没有给格鲁吉亚和亚美尼亚的基督徒提供任何帮助，但毕竟还要做出姿态。因此，1724 年 6 月奥斯曼帝国的大维齐尔和沙皇俄国的大使在伊斯坦布尔经法国调停签署了分割波斯的协议。[13]

总体来说，分割协议承认奥俄两国军事占领波斯领土的事实。早在 1723 年俄国占领巴库时，彼得大帝就逼迫塔赫玛斯普派来的代表签订过另一份协议。根据这份协议，俄国获得了达尔班德、吉兰、马赞德兰和阿斯塔拉巴德（尽管塔赫玛斯普从未承认过这份协议，实际上俄国人根本无法控制拉什特以东地区，这些区域都在当地汗王的统治之下）。奥俄协议还声明只要塔赫玛斯普承认这份协议，两国将承认塔赫玛斯普为波斯的合法继承人。协议原则上同意将边界线划在达吉斯坦和希尔凡之间，给予俄国里海沿岸的区域。不过，彼得大帝在 1725 年 2 月逝世，此后俄国在波斯的势力大幅下跌，留守的部队也被遗忘在条件恶劣的里海西岸的堡垒中自生自灭。

同时，伊斯法罕城内的新任阿富汗沙阿马哈茂德已经巩固了自己的统治。他将前任侯赛因沙及其庞大的家庭幽禁在王宫中，一开始他待他们还算宽和。除了前沙阿的合法妻子，后宫中的其他女性全被赏赐给了他的官员们。马哈茂德还娶了前沙阿的一位公主。从统治伊始的各种做法来看，他也算是一位仁君了。他把食物送给挨饿的百姓，还将所有背叛过苏丹·侯赛因沙的波斯人全部处死，因为他坚信一条真理：背叛过一位君主的人一旦得到机会，还会故技重施。[14] 唯一的例外是赛义德·阿卜杜拉，这个最著名、最具破坏性的叛徒仅仅被剥夺了财产和关进监狱。虽然不信任波斯官吏，但他也明白自己的人无法单独胜任管理国家的工作，所以他给每一名高级波斯官员都指定了一名阿富汗督察[15]，这种安排确实行之有效。

然而，不久之后，马哈茂德就表现出了残忍的一面。他向朱利法区的亚美尼亚人提出了巨额的资金要求，并抢劫了主城区的部分居民。1722 年 11 月塔赫玛斯普宣布继位之后，马哈茂德曾派阿马努拉·汗带领部队攻打加兹温。塔赫玛斯普逃走后，加兹温投降。但城里的居民对阿富汗人残忍贪婪的行径越来越不满，终于在 1723 年 1 月他们起义了，绝大部分阿富汗人被杀，起义相当成功。[16] 少数人杀出一条血路，狼狈地逃回了伊斯法罕。

马哈茂德担心阿富汗人在加兹温战败的消息将刺激伊斯法罕人如法炮制，所以决定以一种血腥的方式来展现实力。他邀请波斯高级官员和贵族于 1723 年 1 月 24 日晚间前来赴宴，许诺将赠送名贵礼物并赏赐高阶头衔，因此要求他们必须穿戴最好的服饰。到达会场时，他们被一个一个带到马哈茂德面前，剥去所有的珠宝和值钱物品，直接砍头，只有前任首席维齐尔在阿富汗官员的求情下得以幸免。裸露的尸体被直接扔到王宫门前的广场上示众。[17] 马哈茂德还不满意，他将死者们的儿子也悉数杀害，还屠杀了

3000 名波斯王家卫兵。

1723—1724 年，马哈茂德成功地扩大了他的统治范围，先后占领了卡尚、戈勒派耶甘和设拉子，但他的管辖范围依旧只是原先萨法维王朝疆域的一小部分。他不仅缺少士兵，而且在自己人中也颇受非议与敌视。阿马努拉·汗和马哈茂德的堂兄弟阿什拉夫尤其难以控制。随后，阿富汗人在试图征服伊斯法罕以南扎格罗斯山区的库赫格鲁部落时遭遇惨败，不满的情绪愈加强烈；围攻亚兹德的战斗也以失败告终，城中军民还越战越勇，顺势控制了阿富汗人与老家坎大哈的联络线。

这些挫折使马哈茂德比以往任何时候都更加多疑、沮丧和焦虑。他明白阿富汗人在波斯的统治地位并不稳固，而且伊斯法罕远离坎大哈，他们孤身面对各种威胁，尤其是波斯人的仇视。一些阿富汗人感到情况不妙，偷偷溜回了老家。为了阻止部队里的其他人有样学样，马哈茂德将很多士兵的妻小家眷都接到了伊斯法罕。此举引起了士兵们的严重不满：部队哗变，马哈茂德甚至无法信任最高级别的军官。他最为忌惮的是他的堂兄弟阿什拉夫，在自己的支持度不断下跌的同时后者却在部队中颇具威望。马哈茂德认为自己的霉运昭示了神灵的惩罚，他必须使用宗教仪式来恢复影响力。仪式是一场为期 40 天的自我幽禁，称作"tapasya"——阿富汗人习自印度的一种风俗。马哈茂德将自己关在一个完全黑暗的地下房间里，只带了少许的面包和水。期满之后他重新现身，瘦得像幽灵。也许这种疗法确实可以带给一名本就意志坚强的人以精神启蒙，但它使马哈茂德变得更加善变、暴躁，将他推入偏执和疯狂的深渊。[18]

之后不久，1725 年 2 月马哈茂德听到一个谣言称前沙阿的一个儿子（萨菲王子）逃走了。*他立刻怒不可遏，发誓要杀死所有的萨法维王子，只留下苟活的苏丹·侯赛因沙。这些可怜的王子们，包括侯赛因的叔伯、兄弟和儿子，双手被腰带捆到背后，全部被带到王宫中的一个院子里。马哈茂德和两个刽子手用马刀将他们一个接一个地活活砍死。苏丹·侯赛因在自己的住所中听到了亲人们的惨叫声，他急忙跑进院子发现满地鲜血，所有的男性亲属都被杀害了。他最小的两个儿子跑到了他的怀里躲避追杀。马哈茂德冲过来，用长剑砍向已经吓呆了的孩子。侯赛因用手护住了孩子，鲜血从他受伤的手上流下来，马哈茂德看到这一幕惊愕了片刻。他允许这两个小男孩活下来，他们是仅有的幸存者。[19]超过 100 名王室成员在这次大屠杀中丧生，它以一种残忍的方式惩罚了懦弱的苏丹·侯赛因作为一名沙阿的失败，但他的痛苦还远未结束。

大屠杀的最后一个受害者是马哈茂德本人，他的精神已经完全崩溃。他的统治生涯从 1717 年杀害叔叔夺取阿富汗吉尔扎伊部落领导权的那一刻起，就被打上了谋逆与屠杀的烙印。他发疯的原因如同麦克白夫人，部分源于愧疚。他开始胡言乱语。所有的治疗都不见效。最后，一些亚美尼亚教士带来了特制的《福音书》（用红色墨水写成），放在了疯王的额头上。这种在极端情况下诉诸基督教宗教象征的奇特做法是因为当时的人们迷信这种外来的或者说异教的仪式可以有效治疗疯病。也许是从他混乱的精神中找到了某个支点，马哈茂德恢复了一些意识，还送给亚美尼亚教

---

* 尽管之后不断有人声称自己是萨菲王子，但是逃跑行为发生的可能性微乎其微。

士 2000 土曼的酬金。但不久他又陷入了疯狂，更加痛苦的是肉体
的折磨：

> 马哈茂德清醒的时间不长，他面部出现麻痹，或许是麻
> 风，高烧使他产生幻觉；他的半个身子都溃烂了，内脏功能
> 已经完全紊乱，以致他从口中吐出排泄物。巨大的痛楚折磨
> 着他，他将一腔怒火全部发泄到自己身上，用牙齿撕扯着
> 双手。[20]

吉尔扎伊人几乎已经达成了共识：马哈茂德大限将至。马哈
茂德因为怀疑堂兄弟阿什拉夫有不轨意图，所以早就把他关押了
起来，但在 1725 年 4 月 22 日阿马努拉·汗联合其他人释放了他，
随后又带领几百名随从冲进王宫，打败了马哈茂德的卫兵，控制
住了局面。3 天后，马哈茂德死了——可能死于疾病，更有可能
死于窒息。[21]4 月 26 日，阿什拉夫宣布登基。

自称为萨法维沙阿的塔赫玛斯普想尽快进攻伊斯法罕，但他
主要的支持者——好战的恺加部落——主张谨慎，他们认为阿富
汗人的实力依然强大。法塔赫·阿里·汗·恺加 * 是塔赫玛斯普的
将军，他及其手下认为先征服老家阿斯塔拉巴德附近的地区更为

---

* 法塔赫·阿里·汗是恺云鲁氏族的首领，他们属于定居在阿斯塔拉巴德
的恺加部落中的阿什恺巴什分支。恺加王朝的作者们一贯认为法塔赫·阿
里·汗在 1722 年伊斯法罕被围之时身在城中，但是因为苏丹·侯赛因沙的
廷臣们冒犯了他，他气愤地离开了。Lockhart, 1958（p.280），否认了这个
故事，但是根据 VOC 的记录（Floor, *Afghan Occupation*, p.148），50 个恺加
人在 7 月 17 日逃离了伊斯法罕。

合适。他逼迫塔赫玛斯普二世进攻呼罗珊，从马利克·马哈茂德手里夺下马什哈德，根本没想过伊斯法罕。呼罗珊不太稳定的地区形势有利于招募更多的武装力量来对付阿富汗人。所有这些打算都是正确的，除了一点，那就是只对恺加人有利。

在 1726 年末的呼罗珊，纳迪尔已经在正面战场上制服了查马什格扎克库尔德人（至少是暂时的），包围了他们位于哈布尚的据点。这场得来不易的胜利为纳迪尔带来了更大的地盘以及阿比瓦尔德以西地区若干部落的归降。他还派兵骚扰了赫拉特，在呼罗珊地区广阔的势力范围内耀武扬威。相形之下，马利克·马哈茂德·锡斯坦尼的影响仅限于马什哈德。

1726 年初，塔赫玛斯普二世派遣一名高级官员去试探纳迪尔是否有意愿与他和恺加人合作，共同对付马什哈德的马利克·马哈茂德。* 纳迪尔积极响应并恳求塔赫玛斯普尽快来呼罗珊，作为回应，这位官员确认了纳迪尔的阿比瓦尔德副总督的职位。1726 年 9 月，塔赫玛斯普二世和法塔赫·阿里·汗·恺加率领部队从阿斯塔拉巴德来到呼罗珊，并在哈布尚修建了要塞。9 月 19 日，纳迪尔加入了他们的队伍。他带领由阿夫沙尔人和库尔德人组成的数量惊人的 2000 名骑兵和步兵队伍，还有重型火炮和小黄蜂骆驼火炮。[22] 据说，塔赫玛斯普是在半路上遇见纳迪尔的。纳迪尔立刻命令士兵分列道路两侧迎接塔赫玛斯普二世。当他经过队伍时，士兵们"像觐见国王一般，自豪稳重地"跪下并躬身行礼。

---

* 有一些文献提到塔赫玛斯普曾试图在没有纳迪尔的帮助下进攻呼罗珊，赶走马利克·马哈茂德·锡斯坦尼，但是失败了。

然后，纳迪尔跑到塔赫玛斯普面前跪下，抱住他的腿说："在此恭候我的陛下，以真主和先祖的名义，我与所有身边之人，以及许多不在此地之人，都愿成为您的奴隶。我们是您忠诚的仆从，随时准备为您牺牲。"塔赫玛斯普下马拥抱纳迪尔，当即赐予他象征权力与尊贵的头衔——汗。

这一天标志着纳迪尔从一名地方军阀变成了拥有全国影响力的人物。随后，纳迪尔建议塔赫玛斯普将部队从哈布尚转移到马什哈德周边，并招募更多士兵。

早在纳迪尔出现以前，塔赫玛斯普与法塔赫·阿里·汗·恺加之间的关系就已经很僵了。塔赫玛斯普抵达法塔赫·阿里·汗的领地时可以说山穷水尽，他刚刚在德黑兰附近战败，好几次差点被阿富汗人活捉。[23] 从一开始，法塔赫·阿里·汗就不服从他，他们之间的争执最后演变为武力对抗，塔赫玛斯普的人惨败，行李也被抢走。但是法塔赫·阿里·汗还是提出了和解，因为塔赫玛斯普具有重要的象征意义。波斯人对萨法维王朝的忠诚——就像动荡时期的一块熟悉的基石——意味着会有源源不断的武装力量来投奔这位年轻的沙阿。恺加部落以他的名义去争夺领土和权力时拥有绝对的合法性，这是他们以往所欠缺的。1726 年初，法塔赫·阿里·汗实际上已经囚禁了塔赫玛斯普。然而，进入呼罗珊、招募纳迪尔加入队伍是他犯下的一个致命错误。[24]

在呼罗珊，法塔赫·阿里·汗不仅离开了自己的地盘，甚至他在阿斯塔拉巴德的恺加部落中的地位都受到了影响。纳迪尔则占有主场优势，风头正盛。他迅速赢得了塔赫玛斯普二世的好感。这位沙阿正在努力挣脱法塔赫·阿里·汗强加给他的羞辱。沙阿的大臣们则保持了他的父亲在位时萨法维宫廷中互相倾轧的行事作风，非常乐意看到有人可以制衡这位说一不二的大将军。傲慢的法塔赫·阿里·汗曾经当着塔赫玛斯普的面穿过这位沙阿的衣服，这些衣服是在两者争斗过后从后者的行李中抢走的。这样做非常愚蠢——塔赫玛斯普怀恨在心，他性情暴躁，不像他的父亲那么仁慈。

不久，法塔赫·阿里·汗发现纳迪尔已经迅速取代了他的位置，成为塔赫玛斯普军队的大将军。[25] 这是他始料未及的，毕竟进攻呼罗珊是他的主意。几天后，从未指挥过如此庞大部队的纳迪尔变得异常兴奋，他试探性地袭击了几次马什哈德。这些行动与法塔赫·阿里·汗之前的种种拖沓形成了鲜明的对比。离开阿斯塔拉巴德以后，与法塔赫·阿里·汗同属恺加部落的部分手下表现出了背叛的意愿与迹象。他开始公开质疑攻城行动，并抵制纳迪尔与年轻的沙阿共同制定的战术。为了摆脱困境，法塔赫·阿里·汗决定撤回阿斯塔拉巴德，并在背地里联系了马利克·马哈茂德。

10 月 10 日，纳迪尔的斥候截获了法塔赫·阿里·汗写给马利克·马哈茂德的一封信。纳迪尔对后续事件的发生负有多大程度的责任依旧存在争议，但当他把信交给塔赫玛斯普时，法塔赫·阿里·汗的命运就已经注定，后悔也无济于事。看到信暴跳如雷的塔赫玛斯普召来法塔赫·阿里·汗，让他解释自己的行为。显然，任何理由都是无效的，塔赫玛斯普命令纳迪尔的手下抓住他。纳迪尔将围巾从腰上取下，亲自捆住了法塔赫·阿里·汗的双手。他的士兵则将法塔赫·阿里·汗关了起来。一方面是想撇清关系，一方面也担心处死法塔赫·阿里·汗会失去恺加的军队，纳迪尔建议将他带回卡拉特关押，直到解决了马利克·马哈茂德，占领马什哈德。谨慎地处置自己的对手是纳迪尔的特点，他不像其他人那样，一抓住机会就要斩草除根，但他的隐忍没能拯救这个倒霉的恺加人。塔赫玛斯普假装接受了这个建议，然而，第二天他就趁纳迪尔忙于公务的时候，派了两个人杀死了法塔赫·阿里·汗。两名杀手告诉守卫他们是纳迪尔亲自派来的，得以进入囚禁法塔赫·阿里·汗的大帐后便直接处决了他。他们把血淋淋的头带回来，放在塔赫玛斯普的脚边。[26]

除掉了这枚眼中钉，塔赫玛斯普二世倍感轻松，尽管统治条件有限，他还是任命纳迪尔为总司令。[27]在此之前，他还赐给纳迪尔新的名字和头衔——塔赫玛斯普·戈利·汗（意为"塔赫玛斯普的奴隶"）。听起来非常卑微，但在当时用沙阿的名字做自己的名字是一种无上的荣耀："一位波斯国王可以授予的最高荣誉是允许一个人使用自己的名字，尽管从字面意思来看这个人是他的奴隶。"[28]

如果塔赫玛斯普和他的大臣认为这位新任大将军比法塔赫·阿里·汗·恺加更好对付，那他们真应该学学新形势下的主人-奴隶关系——角色完全对换。为了避免事态升级，一些恺加首领被暂时关押起来，但是有一个来自敌对氏族的恺加人*愿意接管全部的恺加部队并听从纳迪尔的调遣，冲突至此结束。

纳迪尔的当务之急是击败马利克·马哈茂德并夺取马什哈德，

---

*穆罕默德·侯赛因·汗·恺加来自德维鲁氏族，属于阿斯塔拉巴德恺加部落中的约哈里巴什分支。不仅他本人仇视法塔赫·阿里·汗，他们的氏族也是死对头，后世的恺加人认为他参与了对法塔赫·阿里·汗的拘捕行动（Hanway, vol.1, p.197）。他将在今后与塔赫玛斯普和纳迪尔的合作中扮演一个险恶的角色。

以便巩固自己的地位。他几乎不眠不休，每天都急切地发起一轮攻势。得知了法塔赫·阿里·汗的死讯，马利克·马哈茂德判断这会削弱王家部队的实力，因此他集合重兵（包括一队炮兵）主动袭击了对方的营地。但是纳迪尔仅仅带领自己人迎击就大获全胜，把敌人逼退回城内。从此，马利克·马哈茂德再也没敢尝试突围，包括炮兵司令在内的几名将领全战死了，这极大地影响了后续形势。马利克·马哈茂德手中最有力的武器就是火炮，但如果不能正确使用，也许会适得其反。[29]

　　1726 年 11 月初，攻城战进入最后阶段。王家阵营出现了一点小情况：塔赫玛斯普二世的大臣们继承了王朝的传统，成功地将他们的国君变成了一个酒鬼，同时极易受人摆布。一天，已经喝多了的塔赫玛斯普要求他的一名格鲁吉亚官员拿来一种酒（chikhir，高加索地区的民众酿造的一种传统烈酒）。格鲁吉亚人说他那里没有，俄国派驻塔赫玛斯普宫廷的特使阿夫拉莫夫存有一些，但恐怕他不愿意分享。塔赫玛斯普怒气冲冲地闯进俄国营地，扬言如果不交出酒就杀光所有俄国人。他的随从还把衣衫不整的阿夫拉莫夫推到他面前。阿夫拉莫夫非常清楚塔赫玛斯普的暴脾气，他拜倒在地，不断求饶。塔赫玛斯普一边嘲笑他的窝囊，一边要求他交出酒。几番难堪的拉扯过后，阿夫拉莫夫才被允许去取酒。沙阿决定先回自己的房间，在回去的路上他不小心掉进了一个水沟，爬出来时满身是泥，这使他更加愤怒了。沙阿告诉阿夫拉莫夫这全是他的错。

　　最终阿夫拉莫夫取回了酒，沙阿的情绪才有所舒缓。他要来了食物，让乐师演奏乐曲。他轻松地跟着节奏拍着手，还讲了几个荤段子助兴，但很快他又沮丧起来，指责阿夫拉莫夫要对国家的覆灭负责。这个惊慌失措的俄国人结结巴巴想要解释，但塔赫玛斯普打断了他，说今晚不谈公务，大家纵情享乐。仆人们端来了水果和零食佐酒。一轮过后，阿夫拉莫夫又取来了几瓶。塔赫玛斯普渐渐忘记了刚才的不愉快，阿夫拉莫夫则承诺今后继续提供各种烈酒。[30] 阿夫拉莫夫记录了这些事情，显然作为俄国外交官，他不会公正地描述沙阿的性格，但通过很多其他信息，塔赫玛斯普暴躁善变、酗酒成性也有体现，所以这件事应该是真的。一名忠诚的大臣私下里告诉阿夫拉莫夫，沙阿决无可能统治自己的国家，因为他永远醉得不省人事，而且没有人能够劝诫他。

随着时间的推移，塔赫玛斯普的军事力量不断增强。俄国人已经厌倦了控制里海沿岸，司令列瓦绍夫开始频繁地接触塔赫玛斯普政权。[31] 俄国人对奥斯曼人在高加索和波斯西部大肆攫取相当不满，但也不愿意对这些地区进行过多的武力干涉，毕竟，驻守在俄国里海沿岸堡垒中的士兵正以令人恐怖的速度大量死亡。俄国人似乎认为不应该在塔赫玛斯普和纳迪尔打着复辟萨法维王朝的大旗在波斯大地上东征西讨的时候去挑战他们的利益。从长期来看，俄国人希望塔赫玛斯普与纳迪尔能够作为自己的代理人对抗传统劲敌奥斯曼人，因此他们承诺退出波斯领土（未指明时间），还赠送了一些军用物资。

纳迪尔不像塔赫玛斯普那样信任俄国人，主要是因为他担心俄国人可能会支持塔赫玛斯普来反对自己。阿夫拉莫夫说，有一次他们面临一个可以和俄国人签订条约的机会，但纳迪尔告诉塔赫玛斯普："俄国人算老几。只要您下令，我就把他们全都砍了。"阿夫拉莫夫特意指出，塔赫玛斯普极其罕见地正面压制了纳迪尔，告诉他这不是他该管的事情。[32] 考虑到实际的战略价值，纳迪尔也接受了与俄国人的事实联盟。

1726 年秋局势并未发生大的转变，但经过了两个月的包围战术，塔赫玛斯普的优势愈加明显，而马利克·马哈茂德几乎已经山穷水尽。马什哈德城内物资即将耗尽，外部也根本没有松动的迹象。他的副官们开始叛逃，最后他的总司令皮尔·穆罕默德——"看到君主的命运就像画在海水波浪中的一幅画"[33]——决定一切到此为止。皮尔·穆罕默德秘密通知纳迪尔，他将在 11 月 10 日夜晚打开一扇城门放王家部队进来。在约好的那天晚上，这一区域的守卫全部被杀，尸体被扔出了城墙，随后城门打开了。

纳迪尔和他的部队拥进圣城。次日清晨，马利克·马哈茂德在城内进行了疯狂的反击，结果战败退回了要塞。他很快意识到了自己绝望的处境，于是主动找到纳迪尔，交出了象征王权的羽饰，并穿上法衣立誓做一名虔诚的信徒。纳迪尔大度地允许他在位于马什哈德城中心的伊玛目礼萨圣殿的范围内度过余生。然而，几个月后他却发现马利克·马哈茂德正在联系梅尔夫的土库曼人，怂恿他们进攻圣城的新主人。按照以往对待叛徒的严厉做法，纳迪尔在 1727 年 3 月 10 日处决了马利克·马哈茂德、他的弟弟和侄子。[34]

在部队进城伊始、马利克·马哈茂德还没有投降的时候，纳迪尔亲自去了伊玛目礼萨圣殿，他亲吻地面以示感谢。进城之前他曾经公开许过愿，此时便依约修葺了圣殿的穹顶，还在旁边加建了一座宣礼塔[35]，今天依然可以看到。这样看来，旁人一定会认为他是个虔诚的什叶派信徒，但实际上这些做法纯粹是表演给民众看的，同时取悦他的奇兹尔巴什士兵和圣城中的宗教权威人士。[36]纳迪尔对于宗教信仰的夸张表演一直持有深刻的怀疑态度，这点可以从之后他对待伊玛目礼萨圣殿外一个乞丐的故事看出来：

> 很多人相信安葬在马什哈德的神圣的伊玛目礼萨还在继续显灵，这种信仰引发了许多扭曲的做法。一些人假装成盲人来到圣陵，经过长时间的祈祷后突然睁开了眼睛，声称是圣洁的伊玛目使他恢复了视力。一天，纳迪尔经过圣陵大门的时候看到一个盲人坐在那里，便问他："你瞎了多久了？"那人回答："两年。""这证明，"纳迪尔接着说，"你没有信仰。如果你是一名真诚的信徒，你早就应该被治好了。仔细想想吧，我的朋友，如果我回来的时候发现你还是这副样子，我就砍了你的头。"当纳迪尔回来时，这个惊恐的家伙拜得特别卖力，突然间他又能看见了。"奇迹啊！奇迹啊！"民众大叫着，把他的衣服撕成碎片，作为神迹各自保留。纳迪尔笑着宣布："信仰就是一切。"[37]

1726 年底，在不寻常的短短几周内纳迪尔便从一个来历不明的省级军阀，变成了波斯大地上萨法维王朝复兴进程中光明的希望。像之前的法塔赫·阿里·汗·恺加一样，纳迪尔深知将自己的命运同塔赫玛斯普二世紧密联系在一起的重要性。也许这位年轻的沙阿及其大臣认为纳迪尔比傲慢的法塔赫·阿里·汗更易于控制，所以赐给他的头衔为"总司令"，略低于法塔赫·阿里·汗的头衔"摄政王"。果真如此，他们就都被骗了，仅仅因为纳迪尔的公开言行不那么盛气凌人。然而，塔赫玛斯普和大臣们将很快理解权力的实质并被限制得举步维艰。

3

与阿富汗人作战

> 战争是万物之父，万物之王；
>
> 它使一些人成为神，一些人依旧平凡，
>
> 一些人成为奴隶，一些人享受自由。
>
> —— 赫拉克利特

1726 年底占领马什哈德以后，纳迪尔和塔赫玛斯普之间的嫌隙越来越深。大臣们厌恶这个新来的家伙，竭尽所能挑拨塔赫玛斯普同纳迪尔对着干；当地的库尔德人因为早前遭受过纳迪尔的打压，也在一旁煽风点火。塔赫玛斯普像他的父亲一样被大臣们牵着鼻子走。1727 年 2 月他偷偷从马什哈德溜到哈布尚的库尔德城，在那里宣布纳迪尔为叛徒 [1]，写信号召全国的军事力量共同对抗他。他的大臣们则催促库尔德人和其他一些人正面对抗纳迪尔，并且奏效了。

纳迪尔迅速做出反应。他没收了塔赫玛斯普和大臣们留在马什哈德的全部财产，让他的兄弟易卜拉欣·汗留守马什哈德，然后亲自带兵前往哈布尚，并在沿途与库尔德人发生了小规模战斗。围住哈布尚以后，纳迪尔挫败了库尔德格拉查鲁部落试图解围的行动并将他们全部俘虏。据说，纳迪尔挖了一个大坑，把库尔德人全都扔了进去，然后威胁说要活埋他们，但仅仅是吓唬了一下就放他们走了。[2]

没吃没喝又遭遇战败的塔赫玛斯普很快决定妥协。他派首席毛拉穆罕默德·侯赛因与纳迪尔谈判。纳迪尔同意谈判，但当面表达了自己的担忧，他觉得塔赫玛斯普试图杀害自己。穆罕默德·侯赛因抗议说塔赫玛斯普发誓永远不伤害他。纳迪尔嘲讽地回应："我了解沙阿是一个多么真诚的人。他早上刚刚发誓要'保护'法塔赫·阿里·汗，晚上就命人把他的头给砍了。"[3]和解协议最终还是签了，纳迪尔返回了马什哈德，塔赫玛斯普愤愤不平地又拖了几天，赶在波斯新年（诺鲁孜节）即3月21日当天，趁着盛大庆典活动进了城。由于纳迪尔娶了一位库尔德首领的女儿，庆典活动延长至整整两周。

根据纳迪尔史官的记载，在塔赫玛斯普返回马什哈德的当晚，纳迪尔做了一个梦。梦中他见到了一只巨大的水鸟，他用火枪射伤并且抓住了它。然后他看见一座喷泉，喷泉底部的水池里游弋着一条巨大的白鱼，鱼的头上长着四个引人注目的角。他命令随从去把鱼抓来，但他们都抓不着，他只好亲自下水才抓到了这条怪鱼。第二天，他把这个梦告诉了朋友。他们告诉他梦到抓住一只鸟和一条鱼可能意味着他将会统治一个国家。鱼头上的四个角代表波斯、印度、土耳其和花剌子模。[4]

这个故事有好几处颇耐人寻味。无论纳迪尔是否做了这个梦，无论他的史官是否准确记录了这个梦，无论纳迪尔是否在其他时间和场合做了这个梦，史官从故事中选取的喻义都非常明显，尤其是长了四个角的白鱼的象征意义。最直观的联系是纳迪尔后来定制了红色的四角帽，在执政时期一直佩戴，今天被称作塔赫玛斯王冠或者纳迪尔帽。实际上，奇兹尔巴什的传统是戴一种有 12 个角或褶的帽子（这个数字对应了什叶派的十二位伊玛目）[5]，因此也有人猜想纳迪尔的四角帽拥有宗教含义，但更加合理的解释是鱼头上的四个角，象征着他想征服的领土由四个部分组成。成为沙阿以后的纳迪尔通常自称为四方之主，还将这个头衔刻在了钱币上。梦和帽子成了他施政时期重要的个人标志：梦意味着他的野心得到了真主的恩准，帽子则是这种神启在衣着风格上的表现。[6]

　　无论是塔赫玛斯普的妥协还是盛大的婚礼，都没能结束沙阿与纳迪尔之间的矛盾。纳迪尔强调必须先平定赫拉特的阿卜达里阿富汗人，再进军伊斯法罕。尽管阿卜达里人在过去 10 年内战不断，消耗了不少实力，但他们依旧强大并且好战，在 1716 年、1722—1723 年还围攻过马什哈德。[7] 尽管阿卜达里人与统治伊斯法罕的吉尔扎伊人势如水火，结盟也无从谈起，但阿卜达里人本身对于纳迪尔和塔赫玛斯普在马什哈德刚刚建立起来的政权依然极具威胁，尤其在王家卫队离开呼罗珊向西进军之前，绝对有必要先确认他们的中立立场。不过，塔赫玛斯普的大臣们嘀嘀咕咕说纳迪尔此举只是想扩充自己的实力。结果，塔赫玛斯普又不耐烦了，急着想夺回萨法维的都城，大臣们则从没停止过对纳迪尔的构陷。呼罗珊的库尔德人又爆发了叛乱，梅尔夫的鞑靼人联合一些土库曼部落也跟着闹事。[8] 一波未平，一波又起。纳迪尔能挺过层出不穷的叛乱，完全得益于他的好兄弟——忠诚的易卜拉欣·汗，还有塔赫玛斯普·汗·杰拉尔，他们永远能在纳迪尔带兵平定暴乱的时候坚定地守好重要的大后方，比如马什哈德和卡拉特。

纳迪尔决定先巩固呼罗珊而非贸然出征伊斯法罕的想法确实是谨慎的，但同时也反映出了观念上的分歧。纳迪尔来自呼罗珊的突厥人部落，习惯于将视野投向东方，投向成吉思汗的后人还在继续实施统治的布哈拉，投向帖木儿帝国的都城撒马尔罕。从伊斯法罕来看，尤其在渴求伊斯法罕的人*看来，马什哈德和阿比瓦尔德几乎是边境地区了，但在纳迪尔迥异的观念中，这里才是中心区域。旧时的呼罗珊包括赫拉特，帖木儿的后人跨过阿富汗的群山征服了印度。在他的世界里，马什哈德和呼罗珊才是中心。

1727 年夏，纳迪尔试探性地攻击了阿卜达里阿富汗人。天气炎热、缺少水源，还有陷入沙地的重型大炮，都给他们增加了不少麻烦。路上还遇到一伙骑骆驼的强盗，抢走了他们的枪支，纳迪尔亲自带人抢回了失物。9 这次意外也解释了为什么攻城武器在这一时期的波斯并未得到广泛使用。重型火炮要么装上轮子经陆路运输，要么走水路。然而，波斯地区几乎没有水路，也几乎没有几条道路能承受重型车轮长距离的碾轧，绝大部分货物依靠驮兽运输。由于没有攻城武器，攻城战旷日持久且推进艰难。10

9 月，纳迪尔的部队围住桑甘扎营。一天，纳迪尔和工程人员一起视察进展缓慢的攻城战，重型火炮在城墙上炸开了一道裂口，部队准备发起进攻。一门大炮刚刚发射完毕，炮手上前准备装填下一发炮弹，纳迪尔自然地往后退了几步。长官在场，这名炮手显然比较紧张。也许是他忘了熄灭上次开炮时迸进枪桶里的火花，也许是他失误放进了双份的火药，接下来的发射任务失败了，炮管炸裂，致命的金属碎片向四周迸溅。炮手和周围的几个

---

* 或者从一张现代伊朗地图来看。

人当场死亡，但纳迪尔毫发无伤。[11]10月1日，城破。由于之前曾假意投降却又出尔反尔，全城居民都被屠杀了。

不久，前方传来消息称一支由七八千名阿卜达里阿富汗人组成的增援部队正在赶来。纳迪尔带领数量相当的部队在桑甘城外迎战。他的史官亲眼见到了阿富汗人：虽然猫在抓老鼠的时候像一头猛虎，但遇到猛虎的时候就像一只老鼠了。其实波斯人既不是老虎，又不是老鼠。骄傲的他们渴望复仇，领导的指挥和近期连续的胜利都增强了他们的自信心，但大部分人并未真正参与过大型战役，在面对多次战胜过波斯军队的阿富汗人时也不免心存疑虑。纳迪尔"看透了士兵们的想法"[12]，决定逐步提升他们的信心，同时避免在初次战斗中太过冒险。他命令步兵留守战壕，这样既可以得到掩护又可以向敌人射击。而纳迪尔自己率领500名最精锐的骑兵冲出战壕，向阿富汗骑兵发起进攻。经过4天的战斗，阿卜达里人退回了赫拉特。

纳迪尔下令不许追击。可能是他收到了后方马什哈德传来的消息，也可能是因为他根本就不想在此时全面进攻阿卜达里人。回到马什哈德后，由于坚持必须先制服阿卜达里人，纳迪尔与塔赫玛斯普的分歧继续。又过了几天，塔赫玛斯普趁着纳迪尔出城的机会袭击了他的军官，签署命令宣布撤销纳迪尔的指挥权。随后，他将自己封锁在萨卜泽瓦尔城，纳迪尔则迅速赶来。因为塔赫玛斯普紧闭城门，拒绝对话，城下的纳迪尔只得叫来炮兵部队向城内发射炮弹，1727年10月23日塔赫玛斯普投降。

塔赫玛斯普彻底绝望了，他在当晚借口洗手离开了自己的帐篷，然后溜出了大营。他跑出营地一段距离以后，纳迪尔才发现他不见了，抓住他的地点距离营地差不多一英里；他还带了一把刀想自杀。纳迪尔夺走刀子，把他带回了大营。纳迪尔就地派了两名随从把塔赫玛斯普送回了马什哈德，然后没收了塔赫玛斯普的国玺，以沙阿的名义签署各项命令。[13]

从此之后，塔赫玛斯普再也没有试图逃离纳迪尔的掌控。在接下来的几个月里，纳迪尔继续教训好战的库尔德人和约穆特部土库曼人，并在 1728 年夏对阿卜达里人进行了试探性的进攻。[14]塔赫玛斯普的追随者在萨卜泽瓦尔战败后纷纷放弃了他，但他们没有放弃对抗纳迪尔的行动。穆罕默德·阿里·汗是塔赫玛斯普的前将领，祖尔法加是塔赫玛斯普的亲戚，他们以塔赫玛斯普的名义分别封自己为马赞德兰和阿斯塔拉巴德的领主（尽管他们在当地的影响力还不如叛乱者和劫匪）。塔赫玛斯普声称自己和这些事件无关，但纳迪尔轻蔑地说自己早就知道他和祖尔法加之间一直有联系。[15]1728 年 11 月，纳迪尔带着塔赫玛斯普进军马赞德兰。穆罕默德·阿里·汗迅速投降，但祖尔法加继续抵抗，他随后被俘。即便此时，纳迪尔也是打算赦免他的，但被俘后的祖尔法加不断辱骂纳迪尔，最终"公正的征服者让他叛逆的脖颈摆脱了愚蠢脑袋的压迫"。[16]12 月底控制了马赞德兰以后，纳迪尔向俄国派遣特使要求归还吉兰。

1729 年 3 月，纳迪尔在马什哈德庆祝诺鲁孜节，他终于准备对赫拉特发动决定性战争了。他宴请各位将领，慷慨地赐予他们金钱、马匹和武器，就像以往大战之前他所做的那样。这次战争至关重要，他的部队依旧人员有限，而对方却是他们遇到过的最强大的敌人。有人亲眼见证了这段时期所发生的事情，他就是希腊商人兼旅行家巴西莱·瓦塔瑟斯，他为我们提供了纳迪尔日常训练部队、做战斗准备的鲜活场景。我们知道在纳迪尔的职业生涯中训练是部队的惯例，这种训练甚至可以追溯到他和巴巴·阿里在阿比瓦尔德的时候，然而，没有其他任何资料将训练内容描述得如此详细。

瓦塔瑟斯写道：纳迪尔骑马进入操练场地，向千夫长和百夫长等军官点头致敬*。他看上去孔武有力、相貌英俊。然后，他拉住马静静地坐了一会儿，检视部队方阵。此时，瓦塔瑟斯注意到当纳迪尔集中注意力的时候，他的喉结会不断抽动，好像在把嗓子里的黏液咽下去。最后，他开玩笑似的面向军官们说："你们的命令是什么，我的将军？"——询问部队今天要操练的战斗模式或者使用的武器类型。之后，训练就开始了：

> 他们练习各种攻击动作、包围与反包围、集合队形、冲锋、散开队形，然后再次集合至原点；普通逃跑；反击式逃跑，目的是将分散的士兵迅速集合起来……接着，他们抄起真刀真枪，操练各种马上军事战术，但必须格外小心，不能伤到同伴。[17]

除了训练方阵整体移动，骑兵个人还表现了优秀的武器使用技能：长矛、长剑、盾和弓。他们射箭的目标是一颗置于立杆顶端的玻璃球，规则是打马加速接近，然后放箭。很少有人能做到。而当纳迪尔为士兵们做示范的时候，十次中总有八九次可以击中。瓦塔瑟斯说，他手持长弓、快马急驰，然后像张开翅膀似的将手

* 瓦塔瑟斯的希腊语文献使用了"chiliarchos"和"hekatontarchos"，对应突厥-蒙古语中的千夫长（min-bashi）和百夫长（yuz-bashi），这两个词在波斯地区普遍使用。

臂伸展开来，从箭桶中取出一支箭瞄准射击，一气呵成，"就像一只猎鹰"。

骑兵训练一般持续 3 个小时，步兵也共同训练：

> ……步兵——我指的是携带火枪的步兵——集合到队伍中，轮流向目标练习射击。如果塔赫玛斯普·戈利·汗看到某个普通的士兵总能拔得头筹，他就会提升那个士兵为百夫长或者五十人长。他鼓励所有士兵要勇猛作战、培养能力、积累经验。总而言之，他以身作则，展示出了坚强的性格和优秀的军事能力。[18]

瓦塔瑟斯生动地描绘了骑兵作战演习和个人武器技能的展示场景，尤其是他对于步兵训练的描写以及士兵使用价格不菲的火药和子弹投入日常训练的表述十分引人注意。这说明纳迪尔努力在最大程度上使用火器装备自己的部队，这种做法起到了决定性作用。从这段文字我们还可以清晰地看到纳迪尔注重挑选优秀军官，这些军官也确实值得提拔。为了保证部队在收到命令以后能够快速准确地做出反应，优秀的指挥官不可或缺。通过长期坚持每天 3 个小时的作战演练，纳迪尔的士兵养成了高度的纪律性和服从意识，他们在战场上移动、作战，准确地执行纳迪尔的各种想法。瓦塔瑟斯还举例说明纳迪尔是如何以身作则对士兵们施加影响的：在战场上他遵循一条准则，那就是永远冲在最前面，从未表露出惧怕的一面。训练、火药、纪律、服从和个人榜样是纳迪尔在战斗中的制胜法宝。他对部队的改造已经取得了很大进展。[19]

5 月初，纳迪尔带着塔赫玛斯普从马什哈德出发，直捣赫拉特。阿卜达里人早就意识到马什哈德的部队已经进行了长期严格的准备，他们决定搁置所有争议，空前地团结在阿拉·亚尔·汗的领导下，推举他为赫拉特总督。他组织部队从赫拉特出发迎战纳迪尔，双方在赫拉特以西 50 英里的卡法加拉遭遇了。

纳迪尔再次谨慎部署人手，他没有使用壕沟，而是将重型火炮安排在步兵之前，让步兵后置。如同桑甘之战，他亲自率领了一支精选的骑兵队伍，作为增援力量从大部队中分离出来。他还派了一些骑兵去骚扰敌人，希望能够消耗他们的战斗力。然而，阿富汗人的初次进攻相当猛烈，几乎扰乱了他的全盘计划。阿卜达里人冲进波斯步兵的左翼，破坏了他们的阵形，波斯火枪手开始溃散。看到这种情况，纳迪尔立刻率领他的增援部队发起冲锋，他用长剑亲手杀死了冲在最前面的阿富汗人，逼迫敌方骑兵后退，他的脚也在战斗中受伤。夜晚降临，他下令撤退，双方部队都回到军营。[20]

这场艰难取胜的接触战让波斯人受到了很大震动。然而，第二天阿卜达里人撤退了，他们一直退到了哈里河附近。纳迪尔则继续前进，逼近赫拉特。接下来的一天里，他们和阿卜达里人又进行了两场战斗，阿拉·亚尔·汗的人表现得一场比一场差。战斗结束后，纳迪尔的部队直接在战场上扎营。随后而来的沙尘暴将下一次战斗推后了两天。阿拉·亚尔·汗派信使求和，但纳迪尔有所怀疑，他要求阿卜达里的首领们亲自来见他，他才会认真考虑这个提议。由此，阿拉·亚尔·汗下令部队做好准备，继续抵抗。双方在沙克班交战，战斗持续了两天，战况异常激烈，阿卜达里部队甚至设下埋伏，但波斯人最终取得了胜利。

阿拉·亚尔·汗再次派来信使，表示愿意投降。但纳迪尔回复说，只要阿富汗首领们拒绝效忠波斯人，他的部队就不会停止战斗或者放弃理想，直到最后一口气[21]——表明这次征战的目的如以往一样，既要征服，更要收编。消息一出，几名阿卜达里首领来到纳迪尔面前，鞠躬投降，宣誓效忠波斯，明确反对吉尔扎伊人，时刻准备将来与之作战。阿卜达里人奔走相告，纳迪尔热情地接待了他们。但是塔赫玛斯普和他的大臣们非常不满，毫无疑问，他们原本是想风风光光开进赫拉特的，而且看到纳迪尔的军事力量得到大幅增强，他们也难免不安。确实如此——阿卜达里人不久后便成了纳迪尔最为依靠、最能征善战的一股部队。谈判还在继续，阿卜达里首领们带来了礼物，同时获得了荣誉礼服作为奖赏。许多阿卜达里人进入塔赫玛斯普麾下效力，还有一些讲波斯语的氏族搬到了马什哈德周边地区。塔赫玛斯普任命阿拉·亚尔·汗为赫拉特总督并释放了阿卜达里囚徒。纳迪尔和塔赫玛斯普带兵于 1729 年 7 月 1 日回到马什哈德。

尽管这次征讨没有彻底击败或者制服阿卜达里人，但毕竟他们选择了投降也愿意结盟。也许今后他们还会造反，然而留给纳迪尔的时间足够了。征讨行动还强化了波斯军队的自信心，让他们以及波斯全境的人都看到，阿富汗人是可以被打败的；同时，将源自赫拉特的威胁转变为战略中立也至关重要。此举为接下来对付伊斯法罕的吉尔扎伊人，打下了良好的基础。而纳迪尔是如何实现这种效果的，这值得思考。

这一时期发生在中东和亚洲地区的战争情况未被很好地记录下来，以便我们将之与同期的欧洲战事做对比。在欧洲，我们有当时的训练手册、战术手册、军事理论，还有士兵们自己写的详细的回忆录。而有关纳迪尔沙的战争，我们什么资料都没有，或者也许存在，但尚未被发现。记录纳迪尔征战实况的史官们不是军人，他们对于军事行动的描述也太过公式化。很有可能，他们是得到了纳迪尔本人的授意，他并不希望自己成功的秘密被人们广泛传播。[22] 史官和学者认为士兵这个职业既肮脏又残暴；而绝大部分士兵没有受过教育，在他们看来，教士和文人尽是些阴柔颓废的家伙。这种分歧阻碍了信息的准确传递。我们了解到的信息包括纳迪尔的部队大致的种族构成、不同时期的总人数、司令官和军衔结构，但唯独不知道他们是如何训练和作战的。

东方的战争无论传统抑或条件都大为不同。比如，我们都知道纳迪尔的步兵不像同时期的欧洲步兵那样使用刺刀。[23] 在欧洲，刺刀的大范围使用已经有四五十年的历史，它可以使步兵抵挡来自骑兵的攻击。在西方的文化记忆中，马上战争主要以骑士冲锋来决定胜负，而在东方则主要依靠骑兵弓箭手。对于火枪来说，马是一个很大的目标，东方的骑手不愿意拿马来冒险，因为通常情况下马需要自己购买（很明显，纳迪尔愿意花钱为骑兵提供马匹，很可能就是为了避免这个问题）。[24] 东方的骑兵列阵和作战也比欧洲更松散，而在紧凑的欧洲模式下，密集的步兵射击和巨大的声响使得战马很难回到自己的营地。

其他的差异还包括东方的将领们通常将大炮安排在步兵的前方，算是抵抗对方骑兵的一道屏障，比如纳迪尔在第一次遭遇阿富汗人时下令挖壕沟，也是一样的作用。我们知道 18 世纪的奥地利骑兵在与奥斯曼人作战的时候，采取了骑马行进同时开枪射击的战术，而不是调动全体骑兵进行冲锋。最近一些研究显示，阿富汗军队在 18 世纪中后期与印度莫卧儿帝国的战斗中也运用了骑兵加火枪的组合战术。[25] 在人们的印象中，奥斯曼和波斯士兵颇以个人枪法[26]和单兵作战能力为荣，他们嘲笑欧洲士兵是柔弱的自动装置，只会集体射击、装弹和移动，每个人都只会跟着队伍走。在一幅插画中我们看到，此时的欧洲士兵通常携带弹药纸包，每个弹药纸包包含一定量的火药和一枚子弹以加快装填速度；而波斯人使用火药角（一般是公牛角或者水牛角），这样他们可以根据目标的远近来添加合适分量的火药，所以他们射击更准，但间隔更长。*东方的滑膛枪比欧洲的更重，射出的子弹更大，射程更远（更好的枪法和更远的射程有助于阻止骑兵靠近）。纳迪尔给他的精英部队配备了他最喜爱的滑膛火枪，这种枪更重，射击时需要支撑物。解释东方的战争仅仅是形式不同而非原始粗陋是为了强调一个事实，即欧洲战争从某种意义上说在 18 世纪经历了东方化（很大程度上受到了奥地利人采用东方式的轻骑兵和轻步兵的影响），尤其是在世纪交替之时（受到法国人的影响），轻装备部队和小规模骚扰战术大行其道，训练也简化了。

　　纳迪尔的创新始于他讨伐阿富汗人之前，主要集中在引进火器作为常规装备、训练步兵使用火器造成大规模伤害。纳迪尔之前的萨法维沙阿也有火枪部队，通常也是骑马射击，不过重型大炮已经时停时用很多年了，部队中的各个阶层都不太愿意使用火器。多个世纪以来，波斯和中亚地区传统的战斗模式都是骑兵弓箭手，他们极不情愿地缓慢接受了火器。其中，有实践方面的原因：在马背上装填并发射火炮很难操作。而更深的文化层面上的原因则是：火器被视为一项肮脏的发明，联想到史诗《列王纪》

---

* 18 世纪的美洲殖民者也使用过火药角，他们对欧洲军队和自己的枪法也持有相同的看法。

中的内容，很多人认为长矛和弓箭才是高贵英勇的象征。这个议题还需要更加深入的研究[27]，但显然在纳迪尔统治期间，波斯军队首次全面发挥了火枪的威力并击败了他们的敌人，带来了（尽管很短暂）欧洲所谓的军事改革的开端。[28]

纳迪尔强调日常训练和运用火枪的做法为他的士兵在战场上带来了决定性优势，但也是有代价的，即需要用另一种方式来约束他们的行为并激发他们的斗志。他们不能像萨法维王朝时期的大部分省级部队那样，临时征召入伍，许以抢劫战利品，然后解散回归部落领地。他们必须长期跟随部队，才能从训练和装备中收获进步——纳迪尔决不允许他们带着新式的火枪离开部队，再也不回来了。因此，必须支付诱人的军饷来保证他们不会逃跑，还要提供食物、服装以及弹药和各种备件来替换损坏或者丢失的装备，也要配备在伊朗高原上长距离运送人员和装备的驮兽。骑兵还需要优质强壮的战马，足以在战斗中支撑士兵和武器。而且，为了获得大规模杀伤效果，枪手的数量也必须保证。纳迪尔的军事实力在不断增强。

所有这些要素共同作用的结果就是军费开支很大。纳迪尔不停寻找资金来源以维持部队供给，同时也给他统治的地区带来了沉重的赋税甚至强制捐款的负担。随着部队的发展，数量庞大的常规化军队需要更多的训练和武器，需要后勤不断地运送补给，支出呈爆发式增长，就像150年前始于欧洲的那段发展历程一样。* 在欧洲，由军事进步引发的财政紧张在适当的时候推动了政

---

* 为了避免论证过程被认为过度以欧洲为中心，Parker 列举了中国在春秋战国时期（公元前770—前221年）的军队和官僚体系的增长（Parker 1988, pp.2–3）。一些历史学者认为欧洲军事改革的开端还要更早。

府改革和经济扩张。纳迪尔沙为波斯地区带来的军事改革虽然适应东方的独特条件，但没过多久便造成了更深层次的影响。

当时的文献没有为我们提供太多关于桑甘与哈里河谷之战的细节，但可以明确的是阿卜达里骑兵的进攻相当坚决凶猛（很可能是因为阿卜达里人此前从未遇到过数量庞大的持火枪步兵）。但在火枪优势面前渐渐不支，接连战败，毕竟他们面对的是先进的纪律化波斯部队的火枪手和重型大炮。阿卜达里人是被一种前所未有的全新的战争形式打败的，他们根本没有任何对策。这种战争形式的缔造者是一位富于创新、极具天赋的将军。纳迪尔发现这种军事模式让他的士兵在战场上所向披靡，至少面对目前的这些敌人时如此。*

在讨伐阿卜达里人的过程中，纳迪尔小心谨慎地调配着他的军队，他不可能从一开始就知道他的改革将会取得如此大的成功。但在战斗结尾，他不仅收获了巨大的信心，而且意识到了一种全新的可能性正在向他张开双臂。胜利的王家部队终于可以向伊斯法罕的阿什拉夫·吉尔扎伊宣战了。

自从1725年4月逼退堂兄弟马哈茂德并在伊斯法罕登基以来，阿什拉夫恩威并施，努力确保自己的地位稳固。他同情前沙阿侯

---

* 纳迪尔通过阿夫拉莫夫和希腊旅行者瓦塔瑟斯联络俄国的时间要早于他对赫拉特的进攻，所以可能他得到了俄国的军事援助。俄国人在后期肯定给予了帮助，而且随着研究的深入，俄国的一些做法也许可以更加说明问题，但到目前为止，没有直接证据显示纳迪尔的军事成就在相当程度上是源于俄国的帮助。纳迪尔运用自己的天赋和努力做出了军事创新，就像欧洲的军事先驱们一样。

赛因，还对马哈茂德屠杀王族的行为表达了惋惜和悔恨，他将散落在宫殿中的尸体妥善收殓并安葬。为了报答他的善意，前沙阿将一位公主嫁给了阿什拉夫，此举使得阿什拉夫多多少少获得了伊斯法罕波斯人的一些好感。然而，为了彻底清算异己（也是为了没收他们抢劫到的财物），他铲除了参与马哈茂德退位政变的绝大部分人，包括老兵阿马努拉·汗。阿什拉夫挖掉了亲兄弟的双眼，还把他关进后宫，以杜绝任何阴谋[29]；他还杀掉了在政变前代表他联系塔赫玛斯普的几个波斯人。阿什拉夫像马哈茂德一样残暴无情，但更精于算计、行事冷静，很少自我怀疑。他必须施展政治手腕，因为阿富汗人在波斯的地位每况愈下，同时伊斯法罕政变疏远了坎大哈的吉尔扎伊部落首领们，他们是马哈茂德的支持者。

对阿什拉夫统治伊斯法罕甚至波斯全境最具威胁的其实是奥斯曼土耳其人，他们在 1725 年夏已经占据了波斯西部和西北部的大部分地区。阿什拉夫在 1725 年夏曾派遣特使携带一封信前往伊斯坦布尔，要求对方退还占领的省份。这封信在结尾处引用了两句含义险恶的波斯诗歌，翻译过来是："真主将按心意驱策小舟，不会在意船长泪湿衣衫。"可以理解成真主将眷顾吉尔扎伊人，不会在意苏丹的苦恼。这封信当然无法取悦期待归降与顺从的奥斯曼政权，而且看到同为逊尼派兄弟的阿富汗人战胜异教徒什叶派波斯人，并在伊斯坦布尔受到民众欢迎也让他们寝食难安。在许多普通的穆斯林看来，心地单纯、朴素虔诚的阿富汗人才是他们心中理想的伊斯兰军人。

面对阿什拉夫统治地位的宗教裁决及如何回信等问题，奥斯曼乌理玛（乌理玛由宗教学者和长老组成，他们共同进行宗教裁决）回复：阿富汗人以非法手段取得伊斯法罕，因此两个自称拥有同等权力的穆斯林势力之间毫无和平可言，除非他们之间存在天然屏障，比如说大海可以将他们分开。众所周知，奥斯曼苏丹的权威是伟大的真主在世间的投影，因此回信只能称阿什拉夫为叛徒，苏丹将与之开战直到对方投降。这个回复正合奥斯曼君主的意，被正式交给了阿富汗使者，他在1726年3月启程返回伊斯法罕。[30]

奥斯曼人和阿富汗人在1726年5月开战，但战斗规模仅仅是反抗奥斯曼人的地方游击队在阿富汗人的支持下开展的骚扰行动（俄国人和阿富汗人在吉兰也爆发了冲突）。但在1726年秋，巴格达省督艾哈迈德帕夏带领七八万人从哈马丹向伊斯法罕挺进，还提前向阿什拉夫递送了一条侮辱性的消息，称他要将波斯的合法统治权物归原主。

阿什拉夫带领一支由1.2万人组成的小规模部队迎战奥斯曼人，同时带给了对方一个难忘的回复。他派了3名手下急驰回到伊斯法罕王宫，命令已经退位的苏丹·侯赛因沙跪在镜子大厅中接受斩首，然后他们带着首级迅速返回阿富汗部队。阿什拉夫将这个不幸的萨法维人的头颅送给了奥斯曼人，扬言他将用长剑和长矛给艾哈迈德帕夏一个更圆满的答复。至此，苏丹·侯赛因沙用他的死给出了人生中唯一一个尖锐的回复。[31]

艾哈迈德帕夏继续前进，两军距离不过12英里左右，但稍一耽搁就被阿富汗人逮到了机会：阿什拉夫派人贿赂了奥斯曼军中的库尔德人，引诱他们改变了立场。当艾哈迈德帕夏派出一支6000人的精锐巡逻部队时，他们被库尔德向导引入了歧途，中伏之后被包围，最终被阿富汗人全部歼灭。[32]

但是，艾哈迈德帕夏的霉运尚未结束。4 名阿富汗圣使来到奥斯曼营地，由于他们年事已高，看起来德高望重，4 人径直进入了帕夏的大帐。其中为首一人以阿什拉夫之名向艾哈迈德帕夏慷慨陈词，申斥奥斯曼人不该联合俄国的基督教徒，劝告他停止攻击同是逊尼派兄弟的阿富汗人，建议艾哈迈德帕夏应该与阿富汗人一道加入对抗异教徒波斯人的圣战。这样的话语出自这样的长者，给周围的人带来了巨大的震撼。艾哈迈德帕夏刚想反驳，却被礼拜的召唤打断，4 名阿富汗人也遵从了奥斯曼人的习惯。礼拜过后 4 人离开，行前恳请艾哈迈德帕夏停止进一步的流血冲突。

艾哈迈德帕夏觉得自己已经等得太久了，他决定以火炮 10 响为号，立即发动攻击。但奥斯曼部队表现得缺乏激情，大部分人拒绝出战，还有许多库尔德人直接叛逃，加入了阿富汗军队。艾哈迈德帕夏只得重新组织并带领右翼部队向敌人发起了进攻，但很快被击退，余部则留在原地没动。阿什拉夫坐在一头大象上，像一位尊贵的印度王子，沉着自信地吹着笛子。奥斯曼人又发起了两次不成功的进攻，在死伤将近 1.2 万人的情况下，艾哈迈德帕夏最终撤退。当晚，奥斯曼营地中剩下的库尔德人挑起骚乱，引发了恐慌和不安。在他们开始抢劫营区财物的时候，艾哈迈德帕夏丢下了所有的行李和大炮，直接逃跑了。奥斯曼人先是逃到哈马丹，而后直接返回了巴格达。[33]

艾哈迈德帕夏在 1727 年夏曾试图挑起新一轮战事，但战争行为在伊斯坦布尔以及奥斯曼帝国全境的穆斯林中间都遭到了抵制，民众普遍钦佩阿富汗人，认为他们的胜利是真主的意志。不久，阿什拉夫建议和谈，奥斯曼人组织了谈判并最终形成一份条约，条约承认奥斯曼人对已占领的波斯领土享有主权，阿什拉夫则是其余领地合法的波斯君主。[34] 由于统治的合法性得到伊斯兰世界大国的承认，阿什拉夫的声望和权威都获得了极大的提升，对他来说这绝对是一场重大胜利。此前承认塔赫玛斯普为沙阿的奥斯曼-沙俄分割条约就此作废。[35] 尽管如此，也并不意味着阿富汗-奥斯曼条约能长久维持。

当奥斯曼使臣在 1729 年春来到伊斯法罕缔结条约时，阿什拉夫的大臣安排他住在城外，尽量不接触城内的居民。不过显然，他还是看到了那些悲惨的百姓，他们食不果腹，时刻面临强奸、抢劫、谋杀、纵火等危险，完全生活在阿富汗老爷的淫威之下。这一时期，波斯人民的生活条件极其恶劣。奥斯曼帝国在 1725 年底颁布法令，废除了将妇女和儿童变卖为奴的旧习。波斯地区的贸易活动受制于政局不稳、强盗猖獗的影响，几乎处于停滞状态，经济形势急剧下滑。大量人口死于战争、饥荒和疾病，还有很多人逃难离开家乡，据估算人口总数减少约三分之一。阿什拉夫还签署命令将人种分级，不同等级的人种受到不同的对待。第一等人当然是阿富汗人，之后是亚美尼亚人、达格金人（生活在波斯西部哈马丹附近的逊尼派穆斯林，他们加入了阿富汗部队）、印度商人、琐罗亚斯德教徒、犹太人，最后"第七等也是最后一等是波斯原住民，其他六个等级的人可以随意奴役他们"。[36] 占领者（无论是阿富汗人、奥斯曼人还是俄国人）都令人厌恶。这种反感情绪引发了全国多地众多的起义，许多领军人物都声称自己是前沙阿苏丹·侯赛因的儿子，或者是萨法维王朝早期君主们的后代。

由于缺乏合作，这些起义均以失败告终。他们的敌人以压倒性的军事力量将他们各个击破。但是就像在伊斯法罕被围困的那几个月里在城市周边顽强抵抗的几个村庄那样，加兹温的起义军正面对抗阿富汗人的进攻，大不里士和哈马丹在毫无解围的希望下依然坚守城池。起义军显示了民众对于压迫者的顽强抵抗——波斯历史中的一种基调。伊朗什叶派教义的中心概念即殉道及不公正。一些学者猜测这种观念为那些在伊朗的政治文化中处于"下风"的人（无依靠者、受压迫者）提供了不寻常的力量，他们坚定地认为自己比压迫者更加善良，更具有精神力量。[37] 阿什拉夫的傲慢和吉尔扎伊人的暴行将阿富汗人推向了最终的灭亡。

很长一段时间里，阿什拉夫都不认为塔赫玛斯普会对他的统治造成实质性的威胁。然而，纳迪尔对赫拉特的讨伐行动改变了他的想法。1729 年 8 月，阿什拉夫率领 3 万人从伊斯法罕出发进攻马什哈德的塔赫玛斯普军队。他也许是想利用王家部队与阿卜达里人缠斗的时机，出其不意地占领该城。果真如此，那他可要失望了，因为纳迪尔取胜的要义就是兵贵神速。阿什拉夫的部队规模显然庞大不少（相比早期由吉尔扎伊人组成的部队），说明他在战胜奥斯曼人之后又招募了新兵。阿什拉夫带领部队北上德黑兰，路上还收编了一些散兵游勇和卫戍部队，然后沿着厄尔布尔士山脉南麓向东部的呼罗珊进发。9 月初包围塞姆南时，他的部队规模已达到 4 万人以上。[38]

纳迪尔迅速整编人员、准备补给，陪同塔赫玛斯普在 1729 年 9 月 12 日出发，经内沙布尔和萨卜泽瓦尔迎战阿富汗人。他的士兵数量少于阿富汗军队，大约有 2.5 万人。[39] 经过一周多的行军，波斯人在达姆甘东北方向 50 英里的巴斯塔姆附近扎营。纳迪尔派人送信给塞姆南守军，鼓励他们一定要坚持住。巡逻兵报信称纳迪尔已经临近,于是阿什拉夫派遣了一支部队增援塞姆南,自己则出发迎战纳迪尔。得到消息的纳迪尔带领部队向沙赫鲁德河移动,途中在城西南与前来破坏重型火炮的穆罕默德·塞达尔·汗率领的前锋部队发生了一场小规模战斗。波斯人略占上风,俘虏了 14 人并带到纳迪尔跟前接受拷问。随后,纳迪尔沿着两侧都是峭壁的沙赫鲁德河谷继续前进。他们在马赫曼杜斯特村东不远的地方追上了阿富汗军的主力部队,夜晚时分双方相距几英里扎营。根据史料记载,塔赫玛斯普在当晚举行的酒宴上向纳迪尔许诺,如果战斗取胜便把自己的妹妹嫁给他。[40]

第二天上午,即 1729 年 9 月 29 日,波斯人兵分四路,阿富汗人分三路。* 因为人数占优,阿什拉夫充满信心。他从中军发出命令,让兵强马壮的两翼部队包抄围住波斯人的侧翼,还让一支由两三千人组成的小队做好准备,在波斯人溃败的时候活捉纳迪尔和塔赫玛斯普。部署完毕,进军并征服呼罗珊之路已经显现在他的眼前。部队向前开动,两军距离越来越近。

19 世纪下半叶以前的战争不同于今日。相比当代战争,那时候的战斗更依靠人,作战方式也更团结紧密。士兵们聚在一起相

---

* 如同本书的其他地方一样,用波斯和阿富汗来描述部队其实是不准确的,因为双方的军队均由多种族构成,很多人仅仅是跟随首领临时加入了部队。Adle 在马赫曼杜斯特之战一文中放弃了这种提法(p.236n),转而使用了 "les Qezelbas(奇兹尔巴什)" "l´arriere-garde naderie(纳迪尔卫队)" 和 "Les escadrons d´Asraf(阿什拉夫中队)"。用 "les Qezelbas" 指代纳迪尔的军队其实和"波斯人"一样有歧义。"Safavid"和"Naderite"也需要作者好好解释一下,尤其后者从英文来看(Naderite 在英语里意为纳德主义者)非常愚蠢(暗示阿什拉夫的部队以中队为单位编制,也同样误导读者)。背景交代清楚以后,使用"波斯人"和"阿富汗人"至少会比较简单明了。

互支援，防止被成队的敌人冲散和杀死——很像群居动物为了躲避掠食者而聚在一起，这种战争形态适应了人类最基本的天性；而现代士兵接受的战斗训练则强调在突然遭遇炮火袭击时马上散开而非聚到一起。士兵们到达战场，在战斗开始前的紧张时刻感受到来自同袍的群体感，同时也看清了自己的敌人。此种情境含有相当深刻的意义。很有可能，人类——男性人类——在数千甚至数万、数十万年的时间里一直是这样做的。[41]

有一首歌将漂亮的新娘形容为"像准备作战的军队一样可怕"。两支军队都在试探对方的情况，试图寻找一个对己有利的位置，如果双方实力悬殊，敌人会撤退，拒绝开战。而一旦双方距离过于接近，撤退会比战斗更加危险——双方都承认这一点。但在杀戮开始前的那一刻，人们会幻想、恐惧，甚至会惊叹、崇拜。将军同意开战，是为了用己方的牺牲和损失换取胜利的机会。士兵也同意开战，即使会致残甚至死亡。为什么？他们中的绝大部分人都很年轻，恣意挥洒青春和热血，也许还有对纪律的恐惧和对战利品的向往。但最重要的是，他们属于一个集体，周围都是同伴，很多人是部落同族或亲属、多年的亲密伙伴。他们希望自己在他人的眼中表现卓越，也做好准备为了同伴去杀人或被杀。至少是那些年轻人，他们上战场就像去见新娘。

此时的波斯人不像7年前古尔纳巴德战役中的王家部队那样身披色彩鲜艳的装备，也不像他们那样各自为政，而是团结坚定、一心只想复仇。这次的对峙时间不长，意外就发生了。波斯人没有固守阵地或展开进攻，在进入战斗范围之前他们便开始向左侧撤退，那里是河谷的边缘、塔尔山崛起的地方。几千名强壮的骑兵殿后，掩护撤退的队伍。阿富汗人在穆罕默德·塞达尔·汗的带领下立即出击追赶，他们认为波斯人试图逃跑，战斗胜负已分。波斯骑兵后卫使用弓箭和火枪将阿富汗人控制在一定距离之外，尘土飞扬中双方不断周旋与冲突，但波斯人依旧在缓缓撤退。

纳迪尔利用骑兵的拖延战术为自己争取了时间，在高于河谷地势的塔尔山山坡上部署了重型火炮和轻型骆驼火炮（小黄蜂）。他带领余下的士兵紧密聚集在火炮下方，严令保持安静、克制火力直到阿富汗人进入射程范围，身体尽量贴伏地面，没有他的命令决不许开火。阿富汗部队声势浩大地开近了，"冲动让他们以为胜利就在眼前"[42]，他们谨遵命令，中路和侧翼同时打击，试图包围并从各个方向歼灭他们的敌人。眼看他们靠近了，波斯大炮从山间开火，炮弹直指阿富汗队伍的中心，结果造成阿富汗紧凑的队形中"三四百名士兵像黄瓜一样断成两截"。[43]阿什拉夫和他的保镖在一起：几匹披挂着宝石镶嵌的奢华挽具的备用马就在他身边被炸死。然后，当侧翼的阿富汗骑兵冲锋逼近时，波斯火枪统一开火。第一波射击永远是最有效的，因为每个人都做了精确瞄准，而射击过后腾起的硝烟会模糊视线，重新装填弹药后容易迷失方向。数百匹马和骑手应声倒下，在地上苦苦挣扎，后面的人则跟跟跄跄进入弥漫着硝烟和尘土的战场。阿富汗的前锋部队彻底失败了：他们没能冲进波斯人的阵地。

大炮和火枪持续不断地发射着弹丸，回声在山谷中重合，巨大的噪声已经让人麻木，波斯人还在一次又一次向敌人开火。阿富汗将军们试图挽回秩序，但阿什拉夫的小黄蜂火炮被纳迪尔的重型大炮挨个摧毁，连他的旗手都被一发炮弹撕成了碎片。这时，重拾信心的波斯人开始进攻。一队波斯滑膛枪手冲向阿什拉夫的大炮无法企及的位置，逼迫阿富汗中路军的核心部分向侧方转移并切断了其同其他队伍的联系。阿富汗人四散奔逃，死伤 1.2 万余人。正午时分，战斗结束。一支阿夫沙尔部队将阿富汗人追赶至数英里远，然而为防有诈，纳迪尔召回了主力部队。[44] 波斯人重拾自尊，而阿富汗人的傲慢则荡然无存。在阿什拉夫战胜奥斯曼人之后，他们原本在波斯大地上渐渐深入的探险历程也就此停止。

如果说交战前的战场是一幅令人敬畏的景象，那么战后的战场毫无美感可言，已死或者将死的人和动物横七竖八地躺着，鲜血浸透了大地。受伤的波斯士兵如果携带了忠诚的随军仆从，则可能会得到救助，然而没有任何证据显示在这一时期及之后的一段时期存在有组织的医疗救护队伍。无论何时何地，他们都只能自己爬进山洞或者草丛躲避，就像奄奄一息的野兽。[45] 而受伤过重以致无法逃走的阿富汗人则会在丧失一切财物后被杀掉，或者自生自灭。这是一个野蛮的时代。

波斯人休整过后向达姆甘进发。路上，纳迪尔未雨绸缪向奥斯曼土耳其帝国派遣了一名使臣，要求对方归还阿塞拜疆。纳迪尔和塔赫玛斯普之间又发生了争执——"真相总是苦涩的，他的言语惹怒了塔赫玛斯普沙"——沙阿怒气冲冲地带领侍卫离开了军营。纳迪尔派心腹跟着他并好言相劝，几天后"塔赫玛斯普回来了，心中的不快也一扫而光"。[46]

争执的起因可能是塔赫玛斯普催促部队向伊斯法罕进发，而纳迪尔认为谨慎起见，应该先返回马什哈德，做好准备第二年再进攻伊斯法罕，但塔赫玛斯普要求部队立刻出征。纳迪尔可能是故意搪塞塔赫玛斯普以便得到更大的好处，不过回避不必要的风险也是他典型的行事风格。无论如何，争执最终得到了解决，这一次塔赫玛斯普如愿以偿。部队向西前进，"沙阿的车队每到一处，都有数以万计的民众拥到周围夹道欢迎，愉快与感恩的叫喊声能传到土星。武装部队从全国各地纷纷赶来，加入了这支胜利之师"。[47]

阿什拉夫退到瓦拉明，从德黑兰和周边地区招募了更多的士兵。他判断，如果纳迪尔继续追赶则必须经过瓦拉明东部一条狭长的河谷，所以他在那里设下埋伏，在山间安排狙击手和火炮准备发动地面攻势，并修筑了防御工事阻挡退路，还有一支藏在暗处的骑兵部队将带给波斯人致命一击。不幸的是，纳迪尔的斥候发现并报告了这些作战准备。纳迪尔命人绕道潜到阿富汗军的后部，以滑膛枪手为主力，辅以重型火炮，从山谷两头前后夹击。他本人亲自指挥了战斗，结果猎人变成了猎物。阿富汗人扔下大炮和所有财物，没命地逃回了伊斯法罕。

在所有这些战斗中，持火枪的步兵和重型火炮是波斯部队的致胜关键。纳迪尔早已认识到火器是决定性因素，并将它运用到极致；然而，我们也注意到步兵是军队中最"波斯化"的部分。纳迪尔的士兵们尽管出身各不相同，但并非全部是雇佣兵。骑兵大部分是部落成员，很多人是非伊朗裔（还有些人是非什叶派信徒）——阿夫沙尔和恺加部落的土库曼人、库尔德人、干草原土库曼人、阿卜达里阿富汗人及其他。而步兵主要来自农业地区定居的伊朗农民和年轻的城市居民。他们在战斗中表现出的进取心和百折不挠的精神，从一个侧面反映出了波斯人对阿富汗人的厌恶。

在伊斯法罕，阿什拉夫先发制人，屠杀了3000名高层教士和市民，还派部队抢劫、焚烧了大巴扎。他绝望地恳求艾哈迈德帕夏支援给他土耳其大炮，因为他的已经全丢了[48]，还要了一些人手。事情发展到这步，奥斯曼人也开始忌惮复兴的波斯力量。在盟友的资助下，阿什拉夫的军事实力得到了加强。10 月 31 日他从伊斯法罕出发第三次挑战王家部队，他在穆查哈尔村附近安排工事，挖了战壕。

纳迪尔将塔赫玛斯普留在了德黑兰。这是解放伊斯法罕的决定性一战，谁应该获此殊荣没有丝毫讨论的余地。[49] 纳迪尔首先确认了士兵们所持的各种装备都调试良好，然后向南出发——绕行一条线路更长但不会卡住炮车的道路，更近的那条路穿过群山，路面崎岖不平。波斯大军越来越近，一支格拉查鲁库尔德人先锋部队在当晚遇到了一队阿富汗巡逻兵，他们将对方全歼并俘虏了100 多人。[50]

当阿什拉夫赶到穆查哈尔时，波斯大军已经逼近了。1729 年11 月 13 日清晨，纳迪尔没有选择向阿什拉夫已经摆好的防御姿态发动正面进攻，而是绕过对手侧翼，伪装突袭伊斯法罕，试图引诱敌军进入开阔的平原地带：

> 纳迪尔命令他庄严的部队打起铜鼓，那好战的鼓声响彻天空，战旗翻滚飘扬，几乎遮天蔽日。[51]

军旗和军乐在数百年的伊斯兰战争史中具有重要地位，它们经常以合演形式陪伴在统治者身边，象征着权威——在伊本·赫勒敦的书中称为"组件"或"套装"，包括"挥舞军旗、击打战鼓和吹奏号角"。人们认为这样做可以鼓舞战友，同时削弱敌人的士气。伊本·赫勒敦还写道："……耳边的音乐和鼓点毫无疑问会引

发心灵的愉悦和激动。人们的精神世界会进入一种类似醉酒的状态，让他们无视困难，随时准备就义……" [*][52]

阿什拉夫当然不会上当，他选择坚守阵地 [53]，让士兵们紧密聚集在一起，效法纳迪尔先前的策略，将大量火炮部署在周围，步兵在阵中，骑兵在主阵地的外围以便灵活应战。[**]阿什拉夫试图利用既往的经验去寻找一种能够破解纳迪尔发明的新型战术的有效方法，他通过增加大炮的数量来加强部队的火力，打防御战。但这完全是徒劳的：纳迪尔战术体系的先进性是通过多年的实践总结出来的，不可能在几周内就找到破解的方法。

纳迪尔告诉他的人一定要忠实听从将官的命令，同时告诫骑兵们千万不要为了抢东西而下马，以防被埋伏的敌人打个措手不及。随后波斯人开始行动，火枪手和大炮做前锋。为了射杀敌人，他们先是慢慢靠近，听到命令后共同开枪从近距离扫射阿富汗战壕，然后再冲锋展开肉搏战。阿富汗骑兵疯狂地攻击波斯人的侧翼和后部，但收效甚微。战马踏起的尘土和硝烟形成巨大的阴云，遮住了天空。波斯人夺取了阿富汗大炮，经过一番殊死搏斗，阿富汗人全面溃败逃走。当晚，阿什拉夫慌慌张张回到伊斯法罕，迅速收拾好所有财物，驱赶着他能找到的所有驮兽，带上萨法维王室的女性，趁着早晨天还没亮，出城逃向了设拉子。[54]

---

[*] 多种典型的伊斯兰乐器经由土耳其和奥地利军队传入了欧洲的部队，包括铜鼓和带杆的铃塔，即晚些时候出现在不列颠军队中的铃铛树，甚至在贝多芬《第九交响曲》的最后一章中也可以看到它的踪影。很多源自东方的时尚用品和装备也在这一时期进入西方，尤其是波斯弯刀。
[**] 双方部队数量大概都在1.6万～2万人；VOC记载称阿富汗有4万人，而纳迪尔只有五六千人（Floor, *Afghan Occupation*, p.262），这是不准确的。

战后，纳迪尔在战俘中发现了一群奥斯曼土耳其人，他宽恕了他们，释放他们回到巴格达。同时，他惩罚了一批自己人，因为他们违背命令去抢劫阿富汗人的财物。11 月 16 日，他率兵进入伊斯法罕。城内发生了抢劫，秩序一度失控，但在纳迪尔的部队接管之后很快恢复了正常。他将依旧藏匿在城内的阿富汗人集中处决。有几个在占领时期行事温和的阿富汗人得到了宽恕，被释放回家；逃走的阿富汗人留下的财物则都被分给了士兵们。意图报复的平民们得到许可将马哈茂德·吉尔扎伊的陵墓夷为平地，并在原址上修建了一座公共厕所。

1729 年 12 月 9 日，纳迪尔出城迎接塔赫玛斯普沙[55]。欢迎仪式相当正式，当塔赫玛斯普见到纳迪尔时：

> 他迅速下马，好像要向纳迪尔表示敬意；将军也下了马，非常恭敬地跑向他，想阻止这种屈尊俯就，但沙阿坚持与他同行几步，表示对于这位将国家归还于他、将敌人赶出伊斯法罕的人，授予多大的荣誉都不为过。简短的交谈过后，他重新上马，由仆从开路；将军则率领部队跟在他身后。[56]

全城的居民都激动地欢迎塔赫玛斯普的回归。但看到阿富汗人对城市造成的破坏时，他的快乐很快变成了泪水。据说，当他到达王宫时，一位老妇人搂住了他的脖子。他认出了她是他的母亲。多年来她乔装成一名仆妇，在后宫干着各种粗活。[57]阿富汗人对伊斯法罕的占领终于结束，但此时便庆祝萨法维统治的恢复还为时过早。

4

与奥斯曼人作战

> 与恶魔争斗的人要时刻警惕，以免自己也变成恶魔。
>
> ——尼采

终于赶走阿富汗人，恢复了萨法维王朝的统治，塔赫玛斯普二世与伊斯法罕城的居民欢欣鼓舞。但纳迪尔的期望与他们并不相同，无论表象如何，他才是真正掌控权势的人。对于纳迪尔来说，很少有什么事能比保证军队准时发放薪饷、满足士兵们的各项要求更重要，很快，记忆中的伊斯法罕挑起了他愤恨的回忆，取代了眼前的伤感情绪。阿富汗人没能带走的部分财物无法长期满足军队的需要，伊斯法罕百姓们的喜悦心情很快便凉透了。[1]纳迪尔的士兵发现，他们历尽艰苦战斗却无法获得足够的食物和衣服，便开始拷打市民来夺取钱财。他们挨家挨户抢劫，一些无法交出规定数额现金的穷人家庭则被全部变卖为奴。

据说，一名士兵强奸了一位贵族的妻子。这位丈夫就到纳迪尔面前控诉。他非常自负，声称自己的名誉遭受如此侮辱，他几乎无法再活下去了。"是啊，"纳迪尔说，"我也觉得你活不下去了。"然后命人勒死了这位贵族。对于自己的残忍行为，纳迪尔向军官们解释如果每起类似的申诉都要调查清楚，那他将会每天忙于处罚自己的士兵，没时间去对付帝国真正的敌人了。不久之后，他转变了思路，加强了部队的纪律管理。[2]

这则故事深刻描绘了这一时期波斯地区男性看待女性的态度。游牧部落和劳动人民出于经济原因无法过多约束妇女的行为：绝大部分妇女都要努力工作，无论在田间还是其他处所。但任何拥有社会地位的男性都会避免自己的妻子和其他女性家庭成员抛头露面。她们平时在家宅里活动，除了自己的丈夫，只能会见其他女性宾客。任何一个违反规定的微小失误，都会让这位丈夫遭到他人的嘲笑和羞辱。匠人、商人和上流阶层的女性家眷过着彻底被禁锢的生活。有人也许会觉得纳迪尔如此处置前文中的贵族丈夫是出于厌恶：他的妻子被强奸了，而他却只考虑自己的名声。在对待妇女的态度上，纳迪尔确实与当时的主流观点不完全一致，但我们也大可不必将现代意识强加到他身上。如果这个故事是真实的，那么只能说明这位贵族惹恼了纳迪尔。

最初，荷兰和英国的贸易公司派驻在伊斯法罕的代表们是最乐于见到纳迪尔的部队抵达伊斯法罕的。多年来，伊斯法罕的欧洲商人势如水火，为了博得萨法维和阿富汗统治者的宠信而互相倾轧。他们在寄回家乡的报告书中表达了对彼此的敌视。穆查哈尔战役之后，英国人曾一度担心荷兰人赢得了纳迪尔的好感，但没过多久，两家公司就被纳迪尔派来索要现金的官员压迫得越来越喘不过气了。他们很快对纳迪尔的统治做出了负面评价，不仅因为自己的利益受到了损害，还因纳迪尔的威逼做法感到愤慨。[3]

塔赫玛斯普终于回到了伊斯法罕，回到了他熟悉的王宫和花园，他急切地要求纳迪尔向东去追赶阿什拉夫，彻底了结他的性命并营救被抓走的萨法维公主，包括塔赫玛斯普的姐妹和其他亲属。但纳迪尔搪塞说他的士兵都累了，这个季节也不适合再次发起远征，更重要的是他该回呼罗珊了。这是明摆着的戏码了：纳迪尔的真正目的是得到解放伊斯法罕城的全部奖励。在随后的讨价还价中，塔赫玛斯普召开了由军事将领和大臣们共同参与的议事会试图施压，但士兵们都支持纳迪尔，所以纳迪尔依旧固执己见。议事会开了整整一天，傍晚时分塔赫玛斯普失去了耐性，愤怒地将象征王权的羽饰摔到了地上。

最终，纳迪尔同意去追击阿什拉夫，回报是将呼罗珊、克尔曼和马赞德兰归入他个人的统治范围（塔赫玛斯普在离开马什哈德之前曾向他许诺过这些领土的归属）。同时，纳迪尔获得了全国的征税权来供养部队，还可以佩戴王室羽饰。为了保证这些协议永久有效，他们还约定纳迪尔和他的儿子礼萨·戈利可以各娶一位塔赫玛斯普二世的姐妹[4]：纳迪尔不久便娶了拉齐亚女亲王。通过这些条款，纳迪尔获得了波斯北部和东部大面积领土的几乎全部主权，满足了他一直以来最重要的两个诉求：钱和合法性。他宣布他将彻底击败沙阿的敌人，然后返回呼罗珊。[5]

这笔交易带来的最大好处就是征税权。纳迪尔得到的不仅是他自己名下几个省的税收，还有国家行政区域内其他几个最重要的省份。在任何一个国家收税都是一项关键权力，通过攫取最大收益来供给不断扩张的军队对纳迪尔来说至关重要。他密切关注与钱相关的一切信息，在之后的若干年里建立起一套复杂的由官员、检察官和密探组成的情报网络，控制并监视税收工作的开展，不断改进和强化萨法维王朝既往的税收制度。每个行省都设立了常规的税收指标。这意味着经历了萨法维王朝的放任和阿富汗人的掠夺过后，强有力的中央集权及真正有效的行政管理再次回归了。但纳迪尔的税额很高，而且经常在没有任何通知的情况下就加倍征收，尤其是针对逃避缴税的行为施以极其严苛的处罚。

纳迪尔以眼线众多而闻名。据说，伊斯法罕的一位市民要向纳迪尔交纳一笔罚款，纳迪尔指派了一名税务官去收取。但这位税务官将收来的罚金全部花在了酒肉、女人和音乐上，并且丝毫不加隐瞒。当缴纳罚款的市民再次找到税务官并询问他拿什么交给纳迪尔时，税务官醉醺醺地吹牛说没什么可担心的，因为他才不会去见纳迪尔。几周后，纳迪尔的军事警察来到巴扎，用他的战斧狠狠地拍打这名税务官的脑袋，然后把他带到了纳迪尔面前。纳迪尔对他说"瞧，咱们终究还是见面了"，然后命人勒死了他。[6]

这个故事说明有关纳迪尔非常关注财物问题的传言并非空穴来风。但是，就像前文提到的那位枉死的丈夫，这又是一个关于纳迪尔的典型故事。我们很难判断这些故事是否真的发生过，以及在热衷于谈论此类让听众毛骨悚然的故事的民众心里，他究竟是一个什么样的人物。这些故事都是当时以及不久之后的人们讲述的，尽管添油加醋不可避免，但如果生活在当时的人们觉得这些故事毫不可信，他们也就不会口耳相传了。

我们不知道纳迪尔迎娶塔赫玛斯普的妹妹拉齐亚女亲王的确切日期或者关于这场婚姻的其他任何信息，只知道它就发生在这一时期。无论如何，她避免了像其他王族公主一样被阿什拉夫带走的厄运，而在此前阿富汗人统治的 8 年间，她一定生活得非常痛苦，尽管也许并未直接目睹父亲和其他男性王室成员的惨死。她一生都生活在伊斯法罕的王宫，就在后宫中的某个房间里。现在，她的人生将彻底改变，今后 20 年她将生活在旅行中、马背上、骆驼群中、军营里，跟随纳迪尔出征。她也许期待这种改变，也许厌恶，依旧怀念在阿富汗人到来之前她在伊斯法罕的快乐生活，对此我们不得而知。纳迪尔已经娶了朱哈尔·沙德，她是待他像父亲一般的阿比瓦尔德的巴巴·阿里的小女儿。很可能后宫中的这两位女性之间关系紧张，但我们同样无从知晓。

尽管我们依旧不清楚拉齐亚女亲王与纳迪尔其他妻子的生活情况，但幸运的是最近一项研究为我们揭示了原本模糊的萨法维王朝统治末期伊斯法罕妇女的生存状况。17世纪80年代的一篇讽刺文章描绘了传统与世俗之下复杂的社会生活，我们原以为那会像后宫的世界一样死气沉沉。这位作者通过讲述女性经常违反社会和宗教传统的丑闻来吸引观众：她们不顺从丈夫，在家庭成员以外的男性面前举止不端，和其他妇女在浴房里肌肤相亲。文章还针对女性间的友谊给出了许多细节描写，作者显然认为这是对男权社会的威胁。女性互相赠送蜡制的小娃娃作为信物来表达对彼此的承诺，有时候还会交换一些象征性欲的物品。比如丁香代表赠送人正在忍受思慕的煎熬，咸榛子意味着"我依旧渴望你的每一寸肌肤"。

这篇文章的目的是主张运用严苛的限制措施来约束妇女的行为，随后我们看到了苏丹·侯赛因沙即位初期的做法。为了更好地实现这个目的，作者也许夸大了他所描述的友谊形式在性方面的含义。但是如果这些都是他编造的，那就不会有人相信他了。尽管种种限制紧紧约束着她们，妇女却在丝毫不借助丈夫的情况下彼此间建立了牢固的关系。这种反抗压迫的做法完全有可能是真实的。在单调的社会生活以外，妇女将精神世界扩张到了任何一个可能的角落，尽自己的最大努力去摆脱限制。

经历了 1690 年以后的宗教压迫和阿富汗叛乱的创伤，纳迪尔时期的妇女依旧保持牢固的友谊并遵循了约束的传统，尽管随着时间的推移也发生了一些变化。17 世纪 90 年代末的另一份文献讲述了一位从伊斯法罕前往麦加朝觐的孀妇的故事，这个故事由她本人以一首长诗的形式写就。她的丈夫是苏丹·侯赛因沙的抄写员，刚刚离世。这位孀妇还在哀悼期，但她的思绪早已被朝觐以及一位多年不见的女性朋友牢牢占据了。所以尽管旅途十分艰辛，她还是在朝觐之路上改道前往大不里士北部去见这位朋友。一位受过教育的女性独自旅行，这个主意出人意料地从本质上纠正了以往人们对于这一时期波斯女性的固有看法。[7]

纳迪尔已经从塔赫玛斯普那里得到了他想要的一切——王室联姻、领土和收税权。所以 1729 年 12 月 24 日，他率领由 2 万～2.5 万名士兵组成的精锐部队离开伊斯法罕前往设拉子。阿什拉夫移动到设拉子东北方的扎尔甘迎战，为了强化业已实力大减的军队，他又招募了一些阿拉伯人和部落士兵。阿富汗人再次发起猛烈的进攻，但在军纪严明的波斯步兵火枪手面前难免相形见绌，他们根本不了解对方的实力。纳迪尔发起反攻，冲进阿富汗军中路导致他们全军溃败。[8] 阿什拉夫逃回设拉子，余部大多被俘。

阿什拉夫曾试图投降，他要求在设拉子与纳迪尔进行谈判并送还王族公主，但不久便放弃了屈居敌人势力之下的想法，他经拉尔逃向坎大哈。黄昏时分，由 500 名阿夫沙尔人和库尔德人组成的先锋部队在法沙大桥追上了阿富汗后卫部队，并发起进攻。尽管阿富汗人奋力抵抗，最终还是被一网打尽。很多人慌不择路，溺水而亡。阿富汗军队后方大量随部转移的妇女和儿童逃进了夜色之中——"这天，一个男人逃走了，抛弃了他的兄弟、母亲、父亲、朋友和孩子们。"[9]

纳迪尔的人在法沙大桥抓住了几名重要的吉尔扎伊贵族，包括一些宗教领袖：绝大部分很快便被处决了。但当纳迪尔追上这批先锋部队时他大发雷霆，因为这些将领居然没有向后方传回消息就擅自做主发起了进攻。这件事从一个侧面反映了纳迪尔对士官们的期望，尤其是严守纪律的要求。尽管战胜了阿富汗后卫部队，但作为惩罚，库尔德将领被剜掉了双眼，阿夫沙尔将领则被割掉了双耳，这是忽视纳迪尔的命令所付出的沉痛代价。对纳迪尔来说，手下将领随时向自己汇报情况是至关重要的。他们就是他在战场上的眼睛和耳朵——这点相当明确。在之后一次又一次的战役中，波斯军队能够保持优势正是因为纳迪尔的斥候们能够将战场动态及时告诉他，以便他迅速做出调整，占领先机。迅捷的情报网络是夺取胜利的重要组成部分，纳迪尔没有必要再向他的军官们重复这一课了。

纳迪尔搜寻了周围区域内落难的阿富汗妇女和儿童，将马哈茂德·吉尔扎伊以及阿什拉夫的妻子和孩子们押送到了马什哈德。阿什拉夫本人在波斯人出现之时就已经过了河，再次逃走了，至此已经严重减员的阿富汗军队算是彻底溃散了。纳迪尔过河后又追了一小段路便返回了设拉子，他签署命令要求所有边境口岸严防阿富汗难民逃出。通往拉尔的路上全是尸体。一些吉尔扎伊人被沿途的农民和部落成员杀死[10]，有些人自杀，有些人因为害怕被抓而杀死了全家人。

阿什拉夫和其他阿富汗幸存者暂时躲在拉尔，仔细思考他们的困境。他们离家乡太远了，这片土地上的所有人都痛恨他们；回坎大哈的路要穿过俾路支斯坦和骇人的莫克兰沙漠，路途无比艰险。阿什拉夫已经无法控制这支不断萎缩的部队了，部分人向南方的海岸逃去。一路上，许多人遇伏被杀；少数人侥幸登上了开往波斯湾南岸的船，但部分船只遭遇海难。最终，只有几个人活着到达了阿曼海岸，他们一上岸便被马斯喀特的阿拉伯人奴役，干着最粗重的活儿。有人看到阿什拉夫的兄弟在搬水，其他人则在黏土坑干苦力。[11]

　　阿什拉夫在拉尔又停顿了几天，随后带着他仅有的几名随从继续向东方的坎大哈出发了。关于他的结局，流传着几个不同的版本，最可信的说法是马哈茂德·吉尔扎伊的弟弟、统治坎大哈的侯赛因在几个月之后抓住了他。因为害怕侯赛因，阿什拉夫在成功抵达坎大哈省后没有进城，他知道侯赛因一定会为了篡位且谋杀马哈茂德的事而杀掉自己。但侯赛因早就听说阿什拉夫回来了，他派人四处寻找。获得大致方位之后，侯赛因让自己的儿子易卜拉欣带领一支先遣小队出动。天黑以后，他们在一座小村子发现了阿什拉夫一伙人。阿什拉夫上马试图逃跑，但易卜拉欣循迹追上了他，两马急驰靠近时阿什拉夫用匕首捅刺易卜拉欣，易卜拉欣躲开了攻击并开枪射杀了他。[12]

　　自从在伊斯法罕掌权以来，阿什拉夫曾多次面对威胁与挑战。一些历史学家认为他的失败是不可避免的，但他智取奥斯曼人，逼他们停战并承认他的统治地位，更在政府管理上初步展现出铁腕作风。他是被一种不仅是他并且是当时的任何人都未曾见识过的力量打败的。一位军事天才引领着萨法维王朝的复兴事业，他率领的部队经过严格训练且装备优良，足以荡平这片区域内任何一股军事力量。

彻底扫除阿什拉夫的威胁后，纳迪尔和他的人在设拉子休息了一段时间。他派一名特使前往德里去告知莫卧儿帝国他们已经战胜阿富汗人并计划将坎大哈收归波斯统治的消息。他同时要求莫卧儿帝国拒绝任何阿富汗难民的避难申请[13]，这个要求在不久的将来会产生更大的作用，那就是作为发动战争的借口。他还派遣一名特使前往奥斯曼宫廷，要求奥斯曼帝国归还之前占领的波斯领土。

纳迪尔为设拉子指定了一名新总督，他立即着手修复阿富汗人占领时期所造成的损坏。纳迪尔以个人名义捐款修缮了一座清真寺，新总督下令在城内的著名花园补种数千棵被毁掉的树木。设拉子城以诗歌闻名，最著名的诗人是哈菲兹和萨迪。据说在城里休息期间，纳迪尔在哈菲兹陵园里待了一整天，他的随从打开了一本《哈菲兹诗集》为纳迪尔的将来企求神谕（用《哈菲兹诗集》做占卜是伊朗人的传统，流传至今）。翻开的书页上，诗句讲述的是朝贡和王冠：

> 你脉脉含情的眼睛令中亚陷入彻底的混乱，中国和印度
> 为你的卷发献上贡品……

我们要体谅这个奇怪的效果，这毕竟是一位战士试图从一本抒情诗集中为自己占卜未来，因此，这段诗算是主吉了。

纳迪尔很可能是在设拉子的这次休整期间遇到了塔基·汗·设拉子，他是城市供水系统负责人的儿子。塔基·汗城

府很深，非常聪明，尤其擅长财政事务。有些原因在经过了几个世纪后已经很难还原，很可能是出于共同的幽默感，这两个人发觉很是投缘。塔基·汗成为纳迪尔最喜爱的一位伙伴，他帮助纳迪尔处理复杂的税务系统。

在设拉子期间，纳迪尔再次提到了回呼罗珊的事，然而这次他没有比上次提出这个可能性时更加严肃认真。提出回到呼罗珊退休是为了告诉百姓，他本人更热爱宁静的生活，讨伐和征战实在是受环境和他人所迫。但事实正好相反。他从来就不是一个追求安逸生活的人，在设拉子休息的几周已经足以提醒他认清这一点，如果有必要的话。在一个地方长时间停留会让他变得焦躁不安。他更愿意生活在马鞍上、帐篷里，看着伊朗高原的风吹起他的战旗，而不是留在城镇。他为行动而活、为冲突而活，更为扫清障碍、消灭敌人、扩张自己的统治而活。

他的工作尚未结束。收拾完阿富汗人，显然下一个目标就是赶走侵占了波斯西部大片土地的强权——奥斯曼人。据说，哈马丹和阿塞拜疆的请愿者特意来到设拉子求见纳迪尔，他们告诉他生活在奥斯曼人的统治下是多么痛苦。从逊尼派奥斯曼人手中解放俘虏和其他什叶派波斯人是纳迪尔在今后几年为了发动战争而不断利用的一个借口。几周时间过去了，奥斯曼宫廷并未给出任何答复，于是他决定向西进军。没有证据显示他是否在做出这个决定之前与塔赫玛斯普交换过意见，但他们很可能是通过信的。1730 年 3 月 8 日，纳迪尔带领人马离开了设拉子。[14]

就像前一年讨伐赫拉特之前一样，纳迪尔在路上举行了盛大的典礼庆祝诺鲁孜节。这么做的目的是感谢士兵们通过共同的努力战胜了阿富汗人，同时鼓励他们为接下来对抗奥斯曼土耳其人的战斗做好准备。每年 3 月 21 日的春分日，波斯人都要庆祝他们的新年——诺鲁孜节。这个节日源于琐罗亚斯德教，波斯人自萨珊和阿契美尼德王朝起便开始了庆祝活动，远早于先知穆罕默德传教。诺鲁孜节至今依旧是伊朗最主要的节日之一，每年的庆祝活动都会持续几天。适逢春天，新一轮的战斗即将开始，纳迪尔正好利用这个机会强化士兵们的忠诚意识。

作为庆典的一个部分，纳迪尔赠送给将领们华丽的服饰。另外，塔赫玛斯普还从伊斯法罕送来了 300 套荣誉礼服赏给军官们，算是向他们表达了对战胜阿什拉夫一事的感谢。沙阿的使臣确认了纳迪尔享有呼罗珊和东北部其他省份的所有权，但纳迪尔没有佩戴羽饰这一独特的饰品。[15] 他已经获得了佩戴这种由黑鹭羽毛制成的冠饰的权力，并以此确认了他亲王的身份，但他一直没有佩戴这种羽饰。为什么？也许他就是想让人们议论和不断地猜测。已经有人相信他将会取代塔赫玛斯普自立为王了。[16] 他们一定会讨论他为什么不佩戴羽饰——因为除却谦卑的美德，他是否感觉自己不配，还是时机未到？大众对于纳迪尔和羽饰的猜测越多，他们对于塔赫玛斯普还能在位多久的疑虑就越深。

奥斯曼政权还没有正式回复波斯人要求土耳其军队交还被占领土的信件。波斯特使一直在伊斯坦布尔与并不好战的土耳其维齐尔达马德·易卜欣帕夏协商奥斯曼撤兵一事。谈判取得了一些进展，但纳迪尔没有等待协商的结果，他继续向西北进军。在那个年代，巨大的地理跨度和艰苦的旅行条件意味着外交手段经常会遭遇意外。在迪兹富勒，纳迪尔遇到了此前阿什拉夫派往伊斯坦布尔的大使穆罕默德·汗·俾路支。穆罕默德·汗谨慎地将奥斯曼苏丹写给阿什拉夫的信件全都交给了纳迪尔，作为奖励他得到了一个省督的职位（但纳迪尔很快就后悔了）。[17]

急于与敌人正面交锋的纳迪尔很快抵达了博鲁杰尔德，然后连夜赶到纳哈万德，准备打奥斯曼人一个措手不及。奥斯曼将军怀着前次战胜波斯人的信心外出迎战，然而，纳迪尔率领的波斯人是一支不同于他们以往所见过的高水准的部队。奥斯曼人迅速被击败，逃向了哈马丹。

波斯人刚刚夺回纳哈万德，纳迪尔便收到斥候的报告称一支由 3 万名奥斯曼人组成的军队正在逼近。两军在马拉耶尔平原相遇，中间只隔着一条小河。看到对方部队的构成与自己的部队类似，主要由持火枪的步兵组成，完全不像之前的阿富汗人那样，纳迪尔将他的部队分成了三个松散的部分，并让中路缩回，作为后援力量由他亲自指挥。奥斯曼人和波斯人已经离得很近了，进入了火枪射程以内，他们隔着河互相开了几枪。但随后纳迪尔打破了僵局，他命令右路部队过河，冲向奥斯曼人的左翼。战况异常胶着，在奥斯曼旗手被杀、他手中的旗帜倒下之后，失意的土耳其士兵开始从战场撤退。他们想逃回山区，但纳迪尔的骑兵穷追不舍，大开杀戒，还抓住了几名奥斯曼高级军官，抢走了大量物资。据说，奥斯曼士兵从没想过会被波斯人打败，他们万分惊慌，一边逃跑一边大叫："怎么办？""跑啊！跑啊！"[18]

这场战斗打破了奥斯曼人对波斯西部这片地区的控制。哈马丹的奥斯曼总督弃城逃跑，撤回了巴格达。纳迪尔顺利进入了哈马丹城，他释放了 1 万名波斯俘虏，接管了土耳其人遗弃的大量火炮和补给物资。[19] 紧接着几场战斗过后，纳迪尔的部队开进了克尔曼沙阿并解放了全省。纳迪尔命人在克尔曼沙阿修筑新的防御工事来抵挡未来奥斯曼人的进犯。他让部队在哈马丹休整了一个月，但内心迫不及待地想完成任务。1730 年 7 月 17 日他率兵向北方进发，打算把奥斯曼人赶出阿塞拜疆，重新统治大不里士。

面对纳迪尔攻击占领军的行为，伊斯坦布尔的奥斯曼政权只得正式宣战并囚禁了波斯大使（惯常做法），但同时又通过一名驻伊斯法罕的特使和巴格达总督向塔赫玛斯普施压，谋求和解。艾哈迈德苏丹和他的维齐尔达马德·易卜拉欣帕夏依旧希望通过与波斯人缔结条约来保住格鲁吉亚、希尔凡和埃里温。令他们更加担心的是伊斯坦布尔的不安氛围，民众已经得知帝国在东方战败的消息，愤怒的情绪愈演愈烈。

纳迪尔对于流言漠不关心，反正不管怎样，他的军事行动都会使这些流言变得无关紧要。部队经过萨南达季继续向北，在乌鲁米耶湖南方的米扬杜布遇到了另一支奥斯曼部队。随着波斯人的逼近，土耳其人摆出了战斗阵形，然而，纳迪尔之前的胜利动摇了他们的信心。当波斯人发起冲锋时，波斯战马踏起的扬尘吹到了他们的脸上，视线一片模糊的奥斯曼士兵还没接触到波斯人便落荒而逃了。

纳迪尔继续向北行军。奥斯曼人士气受挫，内部爆发了骚乱。随后双方又发生了几场小规模冲突，纳迪尔在索赫兰打败了大不里士的奥斯曼总督穆斯塔法帕夏。每一次战斗过后，波斯人都会杀死许多逃跑的奥斯曼人，夺取大量枪支、火炮等战利品并抓获俘虏。索赫兰之战结束后，很多奥斯曼妇女也落入了他们的手中——"如天堂女神一般美丽"。纳迪尔一如既往地遵循了他对待妇女的原则，他命人将她们安全护送回家，禁止任何人将她们据为己有。[20]

波斯人在 8 月 12 日进入大不里士，不久他们又击败了一伙前来增援的奥斯曼人。纳迪尔善待被俘的土耳其人，他释放了一批高阶帕夏并将一份和平协议交给其中一人，委托他带给伊斯坦布尔的达马德·易卜拉欣。在不到一年的时间里，纳迪尔通过迅速而大胆的行动全面击败了阿富汗人和奥斯曼人，收复了波斯中心区域内的全部主要城市。

在纳迪尔进入大不里士之前的 10 天，奥斯曼维齐尔达马德·易卜拉欣伴着声势浩大、锣鼓喧天的仪仗，带领人马跨过了伊斯坦布尔海峡，表面上是要亲自去教训一下波斯人。但是，到达伊斯坦布尔海峡的亚洲彼岸之后，他就再也没有向纳迪尔靠近一步，因为害怕投入战斗有风险并且依旧寄希望于和平谈判，全军就地逗留。其间，不断有来自大不里士和其他地区的士兵和难民向西逃去，将混合着懊恼、沮丧与愤怒的危险情绪带向伊斯坦布尔。

9 月 28 日，奥斯曼首都的巴扎区爆发了骚乱。问题已经累积了一段时间，人们对于政府收取高额税赋以支付波斯战争的做法相当不满；城市人口聚居区内暴发了瘟疫和霍乱，甚至有人蓄意纵火。伊斯坦布尔民众的怨恨情绪由来已久，他们认为政府推行西化政策：主要原因是 1724 年与俄国签订了和平条约，却紧接着对逊尼派阿富汗人发动了战争。苏丹和他的大维齐尔生活奢侈、能力不足，在他们的郁金香花园里纵情享乐，而贫苦的穆斯林却食不果腹，国土亦不断流失。达马德·易卜拉欣为人傲慢无礼，在奥斯曼宫廷显贵中很不受欢迎。很多贵族和他关系冷淡，因为他经常在公开的宴会场合向贵族夫人们的裙子上扔金币，这个小把戏对他来说早已是轻车熟路，而受害人和她们的丈夫却只能眼睁睁地看着。[21]

　　1730 年的伊斯坦布尔骚乱最终愈演愈烈的主要原因是一些奥斯曼乌理玛成员决定支持此次骚乱。早在骚乱伊始，一些乌理玛成员就拒绝支持苏丹，这严重推迟了政府扑灭骚乱的行动。反叛军渐渐成形，甚至招募到大量苏丹禁卫军成员加入他们。他们暗杀了达马德·易卜拉欣和许多大臣。随着事态不断升级，艾哈迈德苏丹被迫退位，他的侄子马哈茂德继位。新苏丹花了一些时间稳住自己的位子，然后将反叛军驱逐出了首都，全面控制了政权。1731 年初伊斯坦布尔终于恢复了平静，苏丹指定了新任大维齐尔托帕尔·奥斯曼帕夏。

　　纳迪尔没能利用此次奥斯曼人的内乱。他本打算再接再厉，从大不里士向北方出发直奔埃里温。但他在大不里士才待了 5 天就得到消息称赫拉特的阿卜达里人发动了叛乱，已经在马什哈德城外击败了一支波斯部队。[22]

　　坎大哈的侯赛因·苏丹是唯一一位尚未向纳迪尔臣服的阿富汗领袖。当时的人们普遍认为，因为害怕纳迪尔迟早会带领凯旋的波斯部队前来对付他，所以侯赛因·苏丹煽动阿卜达里人造反以稳固自己日益孤立的危险地位。内部派别分化严重的阿卜达里人正是策反的好对象。1729 年纳迪尔在征讨赫拉特的行动结束后指定的总督阿拉·亚尔·汗保持了忠诚。但他的宿敌佐勒菲卡尔·汗控制了叛军，阿拉·亚尔·汗只得退回马什哈德。占领赫拉特以后，佐勒菲卡尔·汗向纳迪尔的弟弟易卜拉欣·汗镇守的马什哈德进军。

　　马什哈德是纳迪尔的大后方，是一座绝对不能失守的城市。意识到事态的严重性，纳迪尔派出了援军和补给队伍，同时命令他的弟弟无论敌方如何进攻都必须在城内死守。但当阿富汗人兵临城下时，急于立功、迫切希望向兄长证明自己能力的易卜拉欣没有遵从这条命令。犹豫了几周之后，8 月初他贸然带兵出城迎敌，结果铩羽而归。他自觉羞愧，陷入了深深的自责与悲伤之中。[23] 幸亏纳迪尔 12 岁的儿子礼萨·戈利向远在大不里士的父亲写信告诉他马什哈德城外战败的消息。

纳迪尔迅速回信，告诉儿子在城内坚守，他已经在回城营救的路上。另外，他还写了一封措辞严厉的信谴责他的弟弟，让他识相地退回阿比瓦尔德去，否则，他一回到马什哈德就会立刻砍了他这个不听话的蠢货。[24] 8 月 16 日纳迪尔动身出发，不久他又收到一条来自礼萨·戈利的消息，称阿卜达里人摧毁了城周围的村庄，然后撤离了马什哈德。阿卜达里人没有重型大炮来破开城墙，所以无法攻城。

纳迪尔继续向东行军。马什哈德遇袭损害了他刚刚取得的威望，决不能就此罢休，同时保证呼罗珊的长久稳定也是一件大事。但是，现在事情没有那么急迫了。另一位大臣送来了阿拉·亚尔·汗的信，信中恳求纳迪尔宽恕易卜拉欣违反军令并且在城外战败的行为。纳迪尔回信称他会宽恕他的弟弟，因为他也已经表现出了深刻的悔恨，战败是真主的旨意。但是，他强调："……易卜拉欣必须纠正错误，今后谨慎行事，用理性的行为赢得我们的支持。"[25] 这次事件明显违背了纳迪尔以往严酷处理其他不服从命令行为的方式。但是，纳迪尔不只是简单地使用恐怖手段对待下级，对于无心之过他也是可以宽恕的，尤其是他的家族成员和身边的近臣，这些人在过去很长一段时间里多次证明了自己的忠心。

纳迪尔最终于 11 月 11 日抵达马什哈德，他命令城门放礼炮以示欢迎，然后以逸待劳。3天后，他要求一些之前按他的要求迁到呼罗珊的部落人口接受他的检阅。移民包括五六万库尔德人、阿夫沙尔人和此次西征结束后、最近才从哈马丹和阿塞拜疆迁到东部的人口。他从中挑选了一些强壮且聪明的年轻人，要求他们开始接受战斗训练。

随着时间的推移，迁居政策成为纳迪尔统治的一个主题，将好战的部落成员迁至呼罗珊定居主要有以下几个目的：分化瓦解其他波斯地区的部落势力，避免发生严重的麻烦；巩固纳迪尔的大本营呼罗珊的安全形势，更好地抵抗土库曼侵略者；防止库尔德人叛乱并减少阿富汗人的进攻威胁；在定居者中间挑选年轻人进入纳迪尔的私人卫队，他们不仅是优秀守纪的骑兵储备人才，更是留在纳迪尔身边的人质，这样他们的亲人无论生活在呼罗珊还是其他地区，都要遵规守矩。部落永远是难以统治的，近些年来的混乱形势激发了他们袭击、抢劫、扩张地盘和称霸一方的欲望。在部落内部，年轻人永远是最不安分的一股力量。将年轻人迁过来并招募进入薪饷优渥，特别是名声响亮的部分队伍中，等于是给了他们及其亲人一个分享纳迪尔的国家与成就的机会。这项政策还强化了军队中非波斯、非什叶派成员的力量，部队中的这伙小派系直接向纳迪尔效忠，而非萨法维王朝。

但是纳迪尔的迁居政策在部落中激起了巨大的愤怒，引发了持续不断的叛乱，大大削弱了他的后期统治。强制大批民众迁移必然导致大量的伤亡，许多穷苦的人死在旅途中。有关纳迪尔对待移民的态度，不同的文献给出了截然不同的表述。1736年纳迪尔发给300个迁入呼罗珊的亚美尼亚家庭每户2头阉牛来运送家什，但此举明显是特殊照顾，亚美尼亚人的迁居行动并不成功。[26]

有时候，迁居更像是一种惩罚。1735 年，6000 名支持过奥斯曼帝国的格鲁吉亚人被迫从第比利斯迁往呼罗珊。更多的时候它纯粹就是一项政策，比如乌鲁米耶的阿夫沙尔人的迁居。

庞大的巴赫蒂亚里部落曾经反抗过迁居政策。在 1730 年纳迪尔占领哈马丹以后，他要求巴赫蒂亚里的地方总督选出 200 个家庭迁至伊斯法罕周边，可能是为了弥补阿富汗人在攻城和占领时期造成的大量人口损失。但是眼见纳迪尔的部队距离较远，无法直接施压，巴赫蒂亚里人拒绝迁走。当纳迪尔听到这个消息时，他缴了部队中所有巴赫蒂亚里士兵的军械，还把他们的首领关押了起来。他要求地方总督惩罚拒不执行命令的部落成员，同时数量翻倍，派遣 400 个家庭迁到伊斯法罕。[27] 然而，纳迪尔和巴赫蒂亚里人之间的麻烦还不止于此。

1730—1731 年的冬天，纳迪尔留在马什哈德，为扑灭阿卜达里人叛乱和夺回赫拉特做好准备。他派阿拉·亚尔·汗回到赫拉特省去扰乱佐勒菲卡尔一伙人，但还有点时间处理其他事情。纳迪尔对于自己的儿子礼萨·戈利王子在处理易卜拉欣战败问题上表现出的敏捷机智相当自豪。鉴于这种早慧的天赋，纳迪尔开始特别注重培养他的长子。1731 年 1 月，礼萨·戈利迎娶了塔赫玛斯普的妹妹法蒂玛·苏丹女亲王。盛大的典礼在马什哈德城外的查赫巴格花园里举行，庆典活动持续了一周，在群星交会这个特别吉祥的时刻结束。随后，人们在纳迪尔的老家卡拉特和阿比瓦尔德举办了大规模的狩猎活动。修复家庭关系也是此次庆典和祈愿活动的一个重要环节，纳迪尔派他的弟弟易卜拉欣去讨伐土库曼人，易卜拉欣大获全胜，重新拾回部分旧日的信心。[28] 几周后，人们又兴致勃勃地举办了隆重的诺鲁孜节庆典。山上积雪消融、春花遍地，狂热血腥的战争季节再次到来了。春分刚过，纳迪尔便领兵离开马什哈德，直奔赫拉特。

在这段时间里，坎大哈的侯赛因一直在和纳迪尔与佐勒菲卡尔谈判。他与纳迪尔商定用萨法维王室的两位王子交换马哈茂德·吉尔扎伊的遗孀和孩子。而佐勒菲卡尔这边，侯赛因颇费了一番功夫（尽管他也支持了年初的叛乱），最终他派穆罕默德·塞达尔·汗带了几千名吉尔扎伊人去支援赫拉特。

纳迪尔于1731年4月初到达赫拉特以西几英里的诺格拉。波斯士兵散开到周围的村庄，抢劫并占领了小型防御工事。在他们到达仅3天后，穆罕默德·塞达尔·汗便带领几千人趁夜突袭波斯人。混乱中纳迪尔留在了一座小塔中，身边只有8名火枪手，却要对抗数倍于他们的阿富汗人。纳迪尔和他的小队成员在黑暗中为了生存而战，他们杀死了不少敌人，一直坚持到一队波斯步兵前来援救。[29]

赫拉特无论在象征意义还是战略意义上都相当重要，它曾经是一座宏伟的亚洲城市，自从帖木儿的儿子沙哈鲁将此地定为帝国的都城，其周边便建起大量坚固的堡垒。5月4日纳迪尔将赫拉特城团团围住。此前，他让1万人组成的卫戍部队留守在诺格拉的防御工事中。他们击败了敌人的另一起突袭行动，随后余部经赫拉特以南的一座桥通过了哈里河。他就地扎营，以此为司令部所在地，他还在不远的地方给自己修建了一间休息室——"在那里，他可以让自己的伟大心脏从持续的疲劳中释放出来。"但是，他差点在休息期间被阿富汗人成功从远距离发射而来的一枚重型火炮炮弹给杀死。那枚炮弹从屋顶砸落，掉在他的沙发旁，滚了一段距离才停下来。纳迪尔的随从认为如此粗鲁的入侵行动却并未造成人员的伤亡是真主的特别眷顾。[30]

攻城战必须一步一步慢慢推进，直到纳迪尔又在东部修建了一处防御堡垒，对整座城市的包围才算完成。7月22日佐勒菲卡尔带人冲击包围防线，意图跨过哈里河，但纳迪尔决定从山里发起进攻，他派一路人马从侧面包抄敌人，自己则带领骑兵正面迎敌。佐勒菲卡尔的进攻被打断，他的人开始逃跑，大部分被杀。到目前为止，穆罕默德·塞达尔·汗的吉尔扎伊战士已经死伤大半，这次战斗失利成了压垮他的最后一根稻草。他弃城而去，这使得阿卜达里人的士气更加低落，他们传信给纳迪尔，表示愿意投降。

尽管内部仍存在分歧，但阿卜达里人最终还是投降了，他们弃城而出，请求纳迪尔的大炮对自己手下留情，并恳请他指派阿拉·亚尔·汗为总督。纳迪尔同意了，阿拉·亚尔·汗开始在城内执政，佐勒菲卡尔与他的兄弟则被放逐到法拉。纳迪尔保持了克制，没有以个人的名义占领赫拉特，但是几天后阿卜达里人再次造反，起因是他们听说法拉已经派出了4万人前来支援。阿拉·亚尔·汗试图稳定事态，然而纳迪尔已经失去了耐性，他把一些阿卜达里首领关押进自己的营地，此举激起了阿卜达里人更深的反感。9月初阿拉·亚尔·汗也反了，他带领人马袭击了纳迪尔的部队。纳迪尔加强了包围圈，收紧了封锁线，并且下令将所有阿富汗俘虏处死。他下了狠心，在这场较量中他的个人意志必须要战胜阿卜达里人不屈不挠的精神。

又经历了多番的互相示好、谈判破裂、情况反转以后，阿卜达里人最终在1732年2月27日投降了，波斯人兴奋的喊叫声回荡在赫拉特周围的群山中。纳迪尔的弟弟易卜拉欣夺取了法拉，重新赢得了兄长的信任。佐勒菲卡尔和他的弟弟逃到坎大哈寻求侯赛因的庇护，但是侯赛因立刻把他们扔进了监狱。这次纳迪尔没有给赫拉特任何机会，他的士兵接管了城门和防御塔，疏散了原先的守军；他放逐了阿拉·亚尔·汗，但并未屠城或者抢劫，当时的人们对于纳迪尔的宽宏大度感到异常惊讶。[31] 纳迪尔指定皮尔·穆罕默德为总督，后者自 1726 年的换勤把戏之后便得到了他的信任，那次事件中皮尔·穆罕默德从马利克·马哈茂德·锡斯坦尼阵营转投到纳迪尔麾下。6 万多名阿卜达里人被分派到呼罗珊的不同地区定居[32]，1729 年远征之后的移民队伍更加强大了。优秀的阿卜达里战士是纳迪尔军事力量的重要补充，而且再次增加了军队中的非波斯战斗力。在前往法拉与易卜拉欣会合的路上，纳迪尔收到了来自帝国另一头的恼人消息。

　　1730 年夏，纳迪尔离开都城去往呼罗珊，这留给了塔赫玛斯普巨大的机会。趁着大元帅不在，他打算构建自己的声望，向世人证明自己是凭实力坐上这个王位的。但是尽管一些大臣催促过他尽快出兵去征讨西北方的奥斯曼人，仿照纳迪尔原本的计划夺回埃里温和格鲁吉亚，但塔赫玛斯普花了 5 个多月的时间在伊斯法罕吃喝玩乐，完全不着急。[33]

　　同时，奥斯曼帝国正在从 1730 年 9 月暴动造成的混乱以及艾哈迈德苏丹退位的阴影中慢慢恢复。1731 年 1 月，当塔赫玛斯普终于从伊斯法罕出发前往大不里士时，新任奥斯曼苏丹马哈茂德早已做好了准备。到达大不里士后，塔赫玛斯普用自己人替换掉了纳迪尔早前指定的总督，然后带领 1.8 万人向西北方向移动。接近埃里温时，他的部队遇到了一队奥斯曼土耳其人，短暂的交锋过后他打败了对方。[34] 奥斯曼人退回到埃里温，塔赫玛斯普二世则安排人手准备包围这座城市。

但是，初次的胜利没有延续到最后。塔赫玛斯普太过冒进，没有考虑到敌军对其侧翼造成的威胁，同时另一支奥斯曼部队绕到埃里温以南袭击了塔赫玛斯普部队的补给线。仅18天以后，他就不得不退回大不里士，落脚未稳又收到消息称奥斯曼帝国巴格达总督艾哈迈德帕夏入侵了波斯领土，目标是克尔曼沙阿和哈马丹。塔赫玛斯普连忙慌张地向南出发去对付新的威胁；大不里士则完全暴露在奥斯曼部队面前，他们整顿好士气，从埃里温卷土重来。

当塔赫玛斯普赶到哈马丹附近时，艾哈迈德帕夏已经占领了克尔曼沙阿。塔赫玛斯普只得停在哈马丹东北方的库里疆，奥斯曼人则立刻向他靠近。艾哈迈德帕夏派人送来一份和平协议，塔赫玛斯普做出了回复，但此时双方部队的距离过于接近，已经在大炮的射程范围之内。波斯士兵分为三个部分，两翼是骑兵，中间是步兵火枪部队，然而，波斯火枪手几乎全是新兵（老兵们跟随纳迪尔在东部作战），而奥斯曼步兵则是经验丰富的火枪手。几个世纪以前，这些火枪手的祖先在孩童时代便被苏丹从其欧洲的疆域里挑选出来，作为战士培养长大，而参与这次战斗的绝大部分奥斯曼行省的火枪手是这些巴尔干战士的子孙。他们的训练强度和纪律素养虽然不及位于伊斯坦布尔的奥斯曼帝国主力部队的火枪手，但依旧是优良的步兵部队，比塔赫玛斯普的临时兵强多了。

由于担心奥斯曼人会利用和谈的时机发起偷袭，塔赫玛斯普命令他的大炮开火，战斗瞬间打响了。波斯骑兵压制住奥斯曼人马,发起了三次冲锋,但奥斯曼火枪营顶住了波斯骑兵的冲锋并缓缓前进,他们最终得以向波斯步兵开火,后者立刻作鸟兽散。奥斯曼枪手则调转枪口,对准了波斯骑兵。塔赫玛斯普差点投降,但还是成功逃走了,然而波斯人的失败已经无法挽回。步兵不是被杀就是被奥斯曼人包围俘虏,幸存下来的士兵也是士气低落,各自逃回了家乡。[35]

塔赫玛斯普在几名贵族和卫队成员的保护下急急忙忙逃离了战场。但与远征奥斯曼帝国的士兵不同,战败的后果没有严重影响到他。他回到伊斯法罕的王宫里继续享乐,就像这场灾难从未发生过。[36]

5

政　变

帖木儿

　　为什么，卡萨内，我们应该指望

　　得到这世上最伟大的创造，

　　而将失望、虚弱与贫瘠留给其他人吗？

　　我觉得我们不应该。我强烈地意识到

　　如果我渴望波斯王冠，

　　我可以轻而易举地得到它。

　　即使我们定下如此高远的目标，

　　我们的士兵们便会立刻满意吗？

——马洛

　　塔赫玛斯普在库里疆战败后的几周内，奥斯曼人占领了哈马丹、大不里士以及波斯人在1730年夺回的所有领土，将纳迪尔在西部获得的战果一笔勾销。为了将不断摇摆的战局稳定在目前的有利状态，奥斯曼大使敦促双方签订和平协议。他们打算撤出克尔曼沙阿、哈马丹和大不里士，以换取对格鲁吉亚、亚美尼亚和阿拉斯河以北领土的固有权利。1732年1月，塔赫玛斯普与奥斯曼人确认了一份基于以上条件的和平协议。

纳迪尔在从赫拉特前往法拉的路上收到一份塔赫玛斯普与奥斯曼土耳其人所签协议的副本。他本想继续赫拉特的战绩，向坎大哈挺进，但这一计划不得不推迟了。如果纳迪尔能一早预料到，那么离开的时候他就会给无能的塔赫玛斯普一根足够长的绳子来抽自己玩，反正他也不会吊死自己，然而，他万万没有想到塔赫玛斯普居然能造成如此大的灾难。塔赫玛斯普毁掉了自己的机会，现在轮到纳迪尔了。

纳迪尔返回赫拉特，拟了两封言辞尖刻的信给奥斯曼人。第一封信写给马哈茂德苏丹，要求他归还阿塞拜疆，否则便开战。第二封信写给巴格达的艾哈迈德帕夏，简单地告诉他将会接到一次拜访。[1] 他还派遣了一名心腹前往塔赫玛斯普的宫廷，指责沙阿的大臣们无能失职，并发表了一份宣言谴责这份恶毒的协议。

宣言中纳迪尔称蒙真主眷顾，他战胜了阿富汗人，但不久他收到一份与奥斯曼人签订的协议，将阿拉斯河以北的领土割让给对方。这份协议毫无诚意，因为首先其中根本没有提到如何处置奥斯曼人手中的波斯俘虏*。宣言称作为人民的领袖，纳迪尔记得牧羊人应该照看好自己的羊群这个原则。帝国必须摆脱腐化的种子，既然协议中关于新划疆界的条款有违真主的意志，他本人将坚决抵制。此外，真主的使者也希望穆斯林囚徒们得到解放，因此他决定在 3 月底带领他的威武之师离开马什哈德，任何反对他的人都将被剥夺爵位、荣誉及幸福的生活，遭受上天的诅咒，背离真正的信仰，像叛军一样被击败。[2]

---

* 指在过去数十年被奥斯曼人奴役的波斯国民以及在库里疆之战和其他地区被俘的士兵。

纳迪尔还写信给法尔斯省总督和其他一些要员，内容都类似，只是对于什叶派信仰的呼吁更加露骨。[3]如同宣言一般，信的内容也得到了广泛的阅读与传播。纳迪尔利用宗教主张和引人注目的波斯俘虏问题削弱了塔赫玛斯普的统治威信，使得敌视奥斯曼人的主张重新获得了支持，否则，这种政策不会得到如此的欢迎。考虑到国家经历了多年战争、阿富汗人的掠夺和奥斯曼人对西部及西北部省份的占领，民生凋敝，很多人认为这份协议是可以接受的——确实，在伊斯坦布尔这份协议因为过于慷慨地将大不里士归还给波斯人而遭到广泛的批评。纳迪尔不紧不慢地贴出宣言来试探民意。他小心翼翼：这是攫取权力的时刻，他必须正确行事。

这既是纳迪尔事业的关键时刻，也是伊朗历史的关键时刻。一个出身低微的人，毫无背景可查，除了他手中"形似新月、征服众生的弯刀"[4]，却质疑已经毫无争议地实施了200多年统治的王室政府的权威。他所面临的挑战不是武力夺权或者暗杀：他有实力，但他要在一个高度中央集权的君主制度中寻求政治层面的支持。[*]要求波斯人民支持这样一个人去违背世袭统治者的意愿，这绝对前所未闻，甚至询问他们这件事都是前所未闻的。然而，世袭的权威因为战争的失败而被大大削弱。这位新秀显然明白与其直接挑战萨法维王朝的权威，不如让民众去接触那些信件和宣言，绝大部分人会好奇不已却又心神不安地意识到正在发生什么。这些语言是革命性的："在这个重大时刻选择退后并接受这份羞辱

---

[*]"和平……既不能得到贵族的认可，也不能取悦帝国的百姓。"Malcolm, *Two Letters*, p.539。

△ 1.波斯萨法维王朝的沙阿苏丹·侯赛因

2. 由与纳迪尔沙同时代的画家绘制的纳迪尔沙肖像画，现存于英国维多利亚和阿尔伯特博物馆。

3. 纳迪尔沙及其儿子，右下角是纳迪尔沙的弟弟易卜拉欣。

△ 4. 米尔·维斯位于阿富汗坎大哈的陵墓

▽ 5. 阿富汗的吉尔扎伊游牧部落，背景的高处是卡拉特吉尔扎伊城堡。

△6.这幅插图描绘了达姆甘战役中纳迪尔沙果断命令向阿富汗人开炮的场景。

▽7.这幅插图描绘了扎尔甘战役中纳迪尔沙率领军队对抗阿富汗人的场景。

△ 8. 这幅插图描绘了基尔库克战役的最后阶段。纳迪尔沙沮丧地盯着托帕尔·帕夏的尸体；托帕尔·帕夏是唯一在战斗中击败过他的人。

△ 9.1739 年 2 月 24 日，纳迪尔沙率领大军与莫卧儿皇帝穆罕默德沙的军队进行的一次战斗，印军大败。这幅波斯地毯描绘了此次战役的场景。其中，地毯顶端的骆驼背部起火，波斯军队有可能使用这种策略吓唬印度战象。

△ 10. 格尔纳尔大捷后，纳迪尔沙骑在马背上看着士兵劫掠德里。这幅图绘制于 18 世纪中叶。

△ 11. 格尔纳尔大捷后，纳迪尔沙坐在孔雀王座上。

▽ 12. 纳迪尔沙与莫卧儿皇帝穆罕默德沙会面的场景。

性和平的任何什叶派部落都应被驱逐出信仰之所在，亦算作是敌人。屠杀他们将大有裨益，而允许他们的存在将使得信仰荡然无存。"[5]这一时刻具备了现代意志，它旗帜鲜明地反对同一时期那些否认地方与中央应当保持相互忠诚的观念。波斯地区各个城市的民众都在清真寺外、大巴扎里热烈地讨论着纳迪尔宣言的意义以及文中对于塔赫玛斯普未来的暗示，部落领袖、总督、大官僚和贵族则在私下里讨论。这正中纳迪尔下怀。

接下来的几个月里，塔赫玛斯普的大臣接连求见纳迪尔，敦促他收回反对和平协议的表态。其中就包括1726年在呼罗珊见过纳迪尔的哈桑·阿里·汗和米尔扎·扎吉·汗。他们都是塔赫玛斯普宫廷的高级官员，未来将成为纳迪尔的亲密战友。

为了争取这些高级官员进入自己的阵营，纳迪尔邀请他们参加自己日常的夜晚饮宴活动。熟悉纳迪尔的人都知道，他喜欢在晚间喝酒作乐，这项活动渐渐变成了他日常生活的一部分。这看起来有些出人意料，毕竟抵制饮酒是他们的宗教传统，典型的守规者包括阿富汗人和波斯城市中毛拉的追随者，但在向往英雄主义的突厥和波斯战士中，酗酒的传统可以追溯到帖木儿之前的时代（悦耳的波斯语术语为 razm o bazm，写成英语是 fighting and boozing）。纳迪尔从不允许自己像塔赫玛斯普和苏丹·侯赛因沙那样过量饮酒，公务和休闲通常是分开的。纳迪尔安排酒宴的目的是放松精神和拉拢感情，通常不会讨论公务。酒宴是为了增强同志情谊和信任，尽管依旧需要遵守规矩，但总有傻子落入圈套：

> 他从不会放纵自己在白天享乐，但总在日落之后回到自己的私人处所，在那里他可以立刻从繁忙的公务中解脱出来。

他会招来三四名好友，喝上一夸脱、最多三品脱的美酒*，并
且一直表现出最轻松滑稽的举止。在这种私人场合，任何人
都不允许提起公事；而在其他场合，他们则必须保持清醒，
不能因为这种亲密关系而做出任何超出本分的行为……他特
别关照那些在私下交谈中能取悦自己，在公开场合又举止庄
重、懂得避其锋芒的人，他们向纳迪尔施加的影响亦不会超
过同级别的其他官员。[6]

　　酒席上的交谈相当随意，纳迪尔比其他任何时候都放得开，
但过分放肆也是不行的。当纳迪尔抛出一个问题的时候，某个人
的回答过于鲁莽了：

　　　　在一次酒宴中……如果一个女人得到 10 名士兵的爱慕，
　　她会生出什么样的孩子？他立刻答道："就像两张脸的纳迪尔
　　你这样的（nader-e do-ru，意为两副面孔的家伙，一般指恶
　　棍、流氓或者私生子）。"[7]

　　纳迪尔的笑容立刻僵住，或许他又想起了父亲死后他和母亲
在呼罗珊的贫苦境遇，他命人勒死了这个人。

　　纳迪尔一边与重要的大臣拉拢关系，探听他们对于奥斯曼和
平协议的反对意见，一边部署下一步行动方案。伊斯法罕这边，

─────────────

* 科克尔是英国东印度公司的代表，这份文档大概写于 1741 年，旨在将纳
迪尔的饮酒行为描述为正常适当的，与这一时期科克尔在伦敦同伴的记载
相比，他的记述确实如此。

平静舒适的宫廷生活却被一个企图推翻塔赫玛斯普的怪异失败的阴谋打破了。没有任何证据显示纳迪尔与他的支持者参与了此事。这起阴谋源于一位名叫伊斯梅尔的王子，他大约在塔赫玛斯普从库里疆战败归来后抵达了伊斯法罕。伊斯梅尔声称自己是塔赫玛斯普的兄弟，他在一名忠诚侍卫的帮助下从马哈茂德·吉尔扎伊对萨法维王室的大屠杀中幸存下来。他历尽艰辛才回到伊斯法罕，塔赫玛斯普的大臣很是疑惑，但最终还是将他引见给了塔赫玛斯普，塔赫玛斯普认出这人真是他的兄弟。但不久之后，一些大臣因为担心纳迪尔会采取行动，便率先策划了一起用伊斯梅尔取代塔赫玛斯普的政变。塔赫玛斯普收到消息，残暴地实施了报复。尽管伊斯梅尔声称自己是无辜的，但还是和参与政变的大臣们一起被处决了。他们被公开斩首，尸身不是被烧毁就是喂给了王家动物园里的野兽。塔赫玛斯普甚至没有放过这些大臣的妻子：她们被砌进房顶的烟囱活活等死。[8]

纳迪尔在赫拉特过完诺鲁孜节便去了马什哈德。他派人传信给伊斯法罕，让塔赫玛斯普二世到德黑兰或者库姆去见他，一同回去的还有送来奥斯曼-波斯和平协议的大臣，纳迪尔重申了自己反对这份和平协议的理由，并由他带回。他签署命令将许多省督换成了自己人，以巩固自己的地位，为接下来的政变做好准备。

在马什哈德的时候，他还接见了一名俄国使臣，使臣告诉他俄国已经准备退出吉兰了。纳迪尔派遣了两名官员前往吉兰监督俄国人的撤离行动。然后，如同宣言所称，他离开了马什哈德，但考虑到时间还宽裕，他先去了卡拉特和阿比瓦尔德狩猎享乐。5月底，纳迪尔带领8万名骑兵和4万名步兵在塞姆南休整。[9]到达德黑兰以后，他检阅了部队并慷慨地发放了薪资，表面上是鼓励士兵们修理或者更换他们的装备，实际上则是暗示部队中的士兵们在接下来的事件中保持忠诚。塔赫玛斯普二世并未应纳迪尔的要求前来见他，也许他考虑过离开伊斯法罕，甚至离开自己的国家，去往奥斯曼人的领地或者更远的地方。但如果他真的这么想过，他的支持者也一定阻止了他。纳迪尔前往伊斯法罕面见塔赫玛斯普，为了躲避盛夏的酷暑，他选择慢慢在夜间前进。8 月 25 日纳迪尔到达伊斯法罕，城门鸣响礼炮表示欢迎。[10] 部队在哈扎尔加里伯花园扎营，纳迪尔本人带领 3.2 万人南下进城，这些人对于控制整座都城来说足够了。

两天后，纳迪尔带领 3000 人在萨阿达特阿巴德花园礼节性地觐见了沙阿，但只停留了 15 分钟，这显然代表一种冷落。有一种说法是他把一沓廷臣私下写给他的信交给了塔赫玛斯普，信中的背叛之心一目了然。纳迪尔随后免除了沙阿身边绝大部分廷臣的官职并罚没财产，将他们投入监狱（几天后他们被释放出来，驱逐出都城）。一切准备就绪，纳迪尔邀请塔赫玛斯普前往哈扎尔加里伯花园作为回访，塔赫玛斯普没有其他选择，只得同意。到达花园以后，他首先检阅了部队，据说当他骑行经过时，一些青年军官和普通士兵喊道："只要陛下下令，我等立即出战。"顷刻间，纳迪尔对自己的军士表现出的对萨法维王朝的认同感不觉一惊，他冷冷地示意塔赫玛斯普告诉士兵们既然国家将部队司令一职授予了纳迪尔，那么服从司令就是效忠祖国的证明。[11]

阅兵结束，纳迪尔准备了丰盛的宴席招待塔赫玛斯普。两人对饮，悠扬的乐曲缓和了紧张的气氛，纳迪尔不断劝塔赫玛斯普喝酒，塔赫玛斯普当然不会不乐意。纳迪尔告诉他，自己已经下令将所有国家公务暂停几天，他俩可以好好享乐一番，塔赫玛斯普愈加放松了。一切按照计划进行，塔赫玛斯普的弱点使他变得极易掌控，也有可能这时的他只是单纯习惯了屈从于纳迪尔的强势，在纳迪尔在场的时候选择放纵自己。大肆豪饮在纳迪尔冷酷的监视下进行着，塔赫玛斯普最终不省人事，他的样子甚至遭到了纳迪尔随从们的嘲笑。据说，有一位忠心耿耿的大臣名叫比詹·贝格，他早就提醒过塔赫玛斯普要小心中计并亲自陪伴他来到哈扎尔加里伯花园。席间，他一直站在纳迪尔身后，期盼沙阿下令杀死这位权势滔天的大元帅。然而，塔赫玛斯普对他的恳求置之不理。[12]

沙阿昏迷以后，纳迪尔立即囚禁了他，他的人则接替了塔赫玛斯普的仆从和护卫。按照预先安排好的剧本，纳迪尔召来了军官、贵族和大臣，向他们展示了醉酒的塔赫玛斯普。一份文档称他亲自把倒在大帐中、酩酊大醉的塔赫玛斯普背了出来，放在花园的草地上。这些达官显贵看到塔赫玛斯普的王冠（估计是插着象征王权羽饰的长头巾）歪到了一边，裤子上满是污迹，额头沾满了草地上的泥土。*[13]

纳迪尔假意发怒，指责沙阿的大臣们引诱他沉溺于饮酒作乐从而使他腐化堕落。面对如此后果，大臣们万分恐惧，他们声称沙阿的懦弱不能归咎于他们，想阻止他根本是不可能的。他们认

---

* *Rustam at-Tawarikh* 给出了一个更为不雅的版本，文中称贵族躲在一道幕帘后面，通过孔洞观察，他们看到喝醉的塔赫玛斯普脱光了衣服，然后命令他"年轻的侍从"也脱光衣服并双手双脚支在地上。他让一名廷臣将金杯中的液体涂在他们的臀部，然后"极其优雅地与每个人发生了性关系"（*Rustam at-Tawarikh*, vol.1, p.371）。然而，Mohsen（fol.215b）曾经提到"淫荡"，所以塔赫玛斯普很可能是个双性恋（cf. GD 3/14 October; Avramov, p.96）。

为除了塔赫玛斯普本人，没有任何人应该为他的酗酒行为负责。就这样，塔赫玛斯普被他最亲近的伙伴给定了罪，他们成了纳迪尔攫取权力的帮凶。纳迪尔说，沙阿显然已经不适合继续实施统治，他随后派遣了一群大臣去告诉沙阿这个消息。当大臣们带着象征王权的羽饰回来时，纳迪尔向人群提议立塔赫玛斯普年幼的儿子为阿巴斯三世。有些人推举纳迪尔本人继任王位，但被他拒绝了，他表示世袭制度不可破坏。

几天后，即 1732 年 9 月 7 日[14]，新任沙阿正式登基。纳迪尔将主宰命运的王权羽饰戴在了小男孩的头上（他只有几个月大），群臣朝贺，大量糖果撒向人群，全城鸣鼓 7 天以示庆祝。这位娃娃沙阿的名字出现在周五的礼拜祷文中，他有了全新的御玺，新的钱币也即将面市。[15] 纳迪尔接受了摄政王和首相之职。塔赫玛斯普在几天前便收拾好东西，带着后宫、仆人和护送队伍返回了马什哈德。

据说，加冕典礼期间这个男宝宝突然哭了起来。纳迪尔问旁人他们知不知道他为什么哭。出于谨慎，他们回答纳迪尔才应该知道答案。纳迪尔说阿巴斯之所以哭是因为他希望能够统治坎大哈的阿富汗人和奥斯曼苏丹。随后纳迪尔向朝贺的人群宣布，为了满足沙阿的愿望，他将不仅把锁链套上奥斯曼土耳其和坎大哈统治者的脖颈，还包括土库曼斯坦和印度。[16]

从表面上看，没有什么能够阻止纳迪尔自立为王，但他从来不想冒任何不必要的风险。作为一位娃娃国王的摄政王，他手握兵权，没有人能够挑战他的权威。他可以等，等社会舆论渐渐偏向由他来统治，再伺机而动。他明白民众的萨法维情结依旧深厚，所以他选择暂且迁就他们，继续稳固自己的势力，而不是过早地挑战王权。作为摄政王，他可以轻而易举地铲除任何对手。这种自信从他一手策划的这段插曲就可以看出，他相信自己永远能比他们超前两三步。另一点值得注意的是，纳迪尔对塔赫玛斯普比塔赫玛斯普在几周前对待伊斯梅尔的方式要仁慈许多。纳迪尔夺取权力的方式绝不是马哈茂德·吉尔扎伊式的大屠杀，事实上从未发生任何流血事件。[17] 如果有必要，纳迪尔决不会忌惮血腥手段，但他不像其他篡权者或者君主那样需要周期性动用残暴手段来警示他人，或许更是为了警示自己。他只会选择性地派出屠夫，不需要成堆的尸体与流成河的鲜血来增加自信。

纳迪尔在伊斯法罕待了几周。塔赫玛斯普·汗·杰拉尔成为总督，此前他一直是纳迪尔派驻都城的代表。我们熟悉的俄国人塞米恩·阿夫拉莫夫又回来了，他作为俄国派驻塔赫玛斯普宫廷的大使来到伊斯法罕，到达之后却发现自己变成了一名特使，联络对象是阿巴斯三世的实权派摄政王。[18] 纳迪尔赶走塔赫玛斯普的行动受到了圣彼得堡方面的欢迎，他们认为纳迪尔是一位有价值的盟友，可以共同对抗奥斯曼人。

当时的一些人记录下了他们对纳迪尔的印象。英国东印度公司代表在稍晚一些时候写道，他大概 6 英尺高，相貌英俊、身材匀称、体格强壮，得益于多年马背上的操练，他没有发胖，饱经风霜的面庞使他看起来"更具有男子气概"。他的声音异常有力，可以将命令清晰地传达给 100 码以外的士兵。他吃得很简单，主要是肉饭，还有其他一些常见食物，从不会花超过半个小时的时间吃一顿饭。如果因为处理公务耽误了吃饭，他便就着水吃几颗揣在兜里的干豆子。他喜欢在野外行军，厌恶不得不留在城中的日子。另一位当时的作者之后也写道，他没有固定的家可回，他的办公地点就是他的营地，他的帐篷就是他的王宫。[19] 一生的绝大部分时间里，纳迪尔都在旅途中、马鞍上。最让人印象深刻的莫过于他那永远旺盛的精力，这也许是他最显著的性格特征。在行军途中，他像普通士兵一样吃喝休息，也要求他的军官们做到这一点。当部队计划紧急行军向敌人发动奇袭的时候，他就直接盖着斗篷、枕着马鞍睡在旷野里，甚至躺在结着厚厚冰霜的地上。[20]

这个英国人还记录说纳迪尔"极好女色"，但纳迪尔只在夜晚去后宫休息，白天从来不去。另一个英国人乔纳斯·汉韦的记录则更加恰当，他说纳迪尔"以爱女人著称"[21]，这段评语不仅呼应了他在前文中提到的纳迪尔对待女性俘虏的宽大态度，也对他的性欲进行了点评。当时的人们普遍赞赏纳迪尔在饮酒和性生活方面的节制，尤其是与苏丹·侯赛因沙和塔赫玛斯普相比，这对父子经年累月地追求享乐，不理朝政。纳迪尔很可能也有过量饮酒的行为，也许还引发了他的肝病，或者至少使肝脏上一些原本成因不明的小毛病愈加恶化。但同时代的人并未将他定义成一个酒鬼，因为他不仅会谨慎地选择喝酒的时机，也从未因为饮酒影响公务。性生活也是一样——纳迪尔从不在白天进入后宫。有证据显示，纳迪尔在后半生舍弃了晚间的饮宴活动。无论是在行军途中还是在营地，他都愿意花更多的时间和女人们待在一起，也许仅仅是因为喜欢女人的陪伴。所以，人们也就不难理解那些发生在他后半生的阴谋与背叛，以及他同雄心勃勃又傲慢自大的男性亲属和大臣们之间产生的矛盾。

纳迪尔留在伊斯法罕的官员们依旧不断地逼着巴扎商人、英国和荷兰东印度公司的代表处、亚美尼亚人、印度商人、贵族甚至平民交钱，对不愿支付的人施以笞刑。穆罕默德·塔基·汗·设拉子是征税官中最有能力的一位，同时他还精通财政收支，纳迪尔亦对他颇为欣赏。荷兰人认为塔基·汗是这一时期纳迪尔最重要的幕僚，两人不论在公开场合还是私下酒宴中都表现亲近。

纳迪尔将王宫洗劫一空，除了掠走一切财物，连门窗都拆下来卖掉了。10 月他将苏丹·侯赛因沙最后的三个妹妹嫁给了自己的追随者（其中一位嫁给了他的弟弟易卜拉欣，说明他已经重新获得了兄长的器重），然后命令萨法维王室的其余人等、后宫、宫廷贵族和奴仆全部迁往加兹温，娃娃沙阿也跟着走。另有 15 名宦官被解除了职务，余生必须在礼拜诵经中度过。[22]

伊斯法罕作为萨法维王朝都城的漫长历史至此结束。在攻城战和阿富汗占领时期，这座城市已经遭到了毁灭性的破坏，宫廷迁走则是最后一击，它再也无法恢复到原先的地位了。伊斯法罕的经济生活高度依赖宫廷的存在，包括贵族、廷臣、后宫及宫中的女人以及行政机构的文书和官僚。城中世世代代的商人和工匠依靠它作为首都而必须具备的功能和华丽外观早已赚得盆满钵满。但在纳迪尔治下，这一切都消失了，取而代之的是无休无止、贪得无厌的逼缴钱物。毫无疑问，纳迪尔在伊斯法罕极其不受欢迎，包括荷兰东印度公司代表范·雷普瑟，他在随后 7 年的报告中（素材来自他在城中的联络人）罗列了一连串的灾难。1733 年 3 月他向上级建议关闭驻伊斯法罕的荷兰贸易代表处，却被要求继续留守，直到 1739 年 11 月去世。[23]

尽管一些人不喜欢纳迪尔，但在另一些人看来，他俨然是一位救世主，一位击败波斯的敌人、恢复了国内秩序的军事领袖。

在早些年他赢得了处事公正的声誉，这点在同期的很多文献中都有记载。有人详细记录了一件发生在纳迪尔讨伐奥斯曼土耳其人时的事件：由格拉查鲁库尔德人组成的前锋部队不慎闯进了土耳其炮阵，伤亡惨重。纳迪尔派出了援军，但在援军到达之前，减员严重的前锋部队依旧顽强地击退了奥斯曼人。援军出自纳迪尔自己的阿夫沙尔部落，他们到达之后直接抢了奥斯曼人丢下的物资。看到自己艰难取得的胜利果实落入根本没参战的人员手中，原先部队的士兵和他们的司令异常气愤。库尔德人和阿夫沙尔人打了起来，在各有负伤的情况下斗殴行为被平息。纳迪尔命人开展了调查，在得知真相以后，他对库尔德人击败奥斯曼人的战斗给予了表彰，处罚了几名阿夫沙尔军官。在这起事件中，纳迪尔并未偏袒自己的部落成员，而是奖励了真正勇敢的战士，表现出他致力于建立公平稳定的环境。[24]

另一条记录来自希腊人巴西莱·瓦塔瑟斯，它描绘了纳迪尔既严酷又公正的名声早已传到了普通百姓耳中。在马什哈德时，瓦塔瑟斯看到几名儿童在一条小溪边玩耍。不一会儿，他们就因为游戏规则的问题吵了起来，大家都很激动，一个孩子诅咒了另一个孩子，还动手打了他。被打的孩子大喊着："你敢咒我，还打我？你知不知道塔赫玛斯普·戈利·汗在马什哈德呢？"这位见过纳迪尔本人的目击者说，这件事体现了在绝大部分民众眼中纳迪尔的形象，他"极有能力，处事谨慎睿智，善于挖掘真相，为人公正，无论对象富裕、贫穷都一视同仁"：

> 他处事公正的名声广为流传，以至那些心怀不轨之人都缩手缩脚地中止了自己的暴行，而弱者则将他视为英雄，因

为只要有他在，他们就不必担惊受怕，可以安稳地生活。[25]

尽管存在夸张的成分，但维持司法体系公正地运转是优秀领袖的首要工作，对一位君王尤甚。

1732 年 10 月 19 日，纳迪尔带领小股部队离开伊斯法罕去教训巴赫蒂亚里部落，因为他们杀害了纳迪尔指派的总督。参与行凶的部落成员逃回了位于伊斯法罕西南方扎格罗斯山区的家乡领地内的山顶防御工事，经过 21 天的殊死搏斗，他们全部命丧于纳迪尔的部队之手。纳迪尔随后命令 3000 个巴赫蒂亚里家庭迁往呼罗珊。另一起惩罚行动针对的是小规模的赞德部落，这伙人自阿富汗人入侵时期起就不断骚扰劫掠克尔曼沙阿南部地区。他们的下场更加惨烈，永远不会被人们忘记：至少 500 名家族领袖被处死，他们的妻儿被变卖为奴。

纳迪尔继续向西进发，与他的主力部队在奥斯曼人占据的克尔曼沙阿会合 *，经历短暂的抵抗过后，波斯人攻入了该地区。12月 10 日纳迪尔带领约 8 万人离开克尔曼沙阿前往奥斯曼前线，去赴他曾向巴格达的艾哈迈德帕夏许下的约会——这是他第一次离开波斯的传统疆界。[26]

纳迪尔这么做的目的是转变战术，一改以往直接攻击奥斯曼占领军、收复波斯失地的方式。这一次，他打算通过袭击对方的南部国土并威胁巴格达的方式来逼迫奥斯曼人退出阿塞拜疆和阿

---

* 奥斯曼人按照与塔赫玛斯普签订的协议撤出了哈马丹，但没离开克尔曼沙阿。

拉斯河以北的波斯领土。如果成功，他便可以用巴格达换回被占领的波斯领土；也有可能，巴格达的沦陷将导致奥斯曼政权的进一步衰弱，可以趁机获取更多的利益。至少，可以避免在树林茂密的高加索山区艰难作战。这是一个大胆的计划，但纳迪尔领导着一支比以往任何时候都更加庞大的军队，拥有全胜的战绩，而且到目前为止，奥斯曼部队的表现实在乏善可陈。

奥斯曼人为抵抗纳迪尔的入侵做了积极的准备，他们在包括佐哈布和其他地区的边境山区增建了哨点。纳迪尔望着佐哈布据点周围伸展出来的险峻地形，无视当地向导对自己计划可行性的反对，带着他的人马义无反顾地穿过了积雪覆盖的丘陵和山谷。沿着一条"像守财奴的心眼那么狭窄"的山路，波斯人先是骑马，然后步行，最后手脚并用地爬过山岩。大部分人都在如此困难的行军途中掉队了，但最终纳迪尔还是历尽艰难带着 600 人出现在了佐哈布防线的后方。纳迪尔决定不等落后部队赶上，趁着天黑立即发起进攻。奥斯曼人在波斯战马的阵阵蹄声中惊醒过来，他们丢盔弃甲，慌忙出逃，结果死伤大半，指挥官也被俘。纳迪尔下令在佐哈布建立新的防御工事，自己则带领人马进入平原地区，与哈马丹过来的大部队会合。[27]

纳迪尔明白包围巴格达不仅困难而且耗费时日，所以他移动到基尔库克，洗劫了周边地区，试图引诱艾哈迈德帕夏出城，但艾哈迈德帕夏不为所动。纳迪尔留下 7000 人围困基尔库克，自己带兵南下，扫荡了巴格达附近的奥斯曼守军，并在城周围建立了波斯人的控制区域。纳迪尔开始安排他的部队包围巴格达，目的是建立封锁线，逼迫城中守军出城一战或者在粮食耗尽以后出城投降。

艾哈迈德帕夏能量大、人脉广，一直将巴格达视作自己的私人资产，而非来自帝国的指派，他决心与纳迪尔对抗到底。为了阻止纳迪尔完成对城市的包围，他选择从渡河问题着手，在底格里斯河西岸修筑堡垒，架起大炮攻击纳迪尔的部队。纳迪尔必须克服这个困难。为了隐藏行踪，他决定在夜晚行动，率领部队悄悄来到底格里斯河较远的上游。一位德国工程师[28]帮助他们快速地修建了一座桥，以便部队过河，桥身就用当地产的棕榈树树干制成，浮在充气兽皮上。

1733年2月15日，纳迪尔带领由2500名精兵组成的前锋部队渡过了这条大河，向南进发。但是，日耳曼人的设计无法承担波斯军马的重量。还有1500人只能第二天过河，但随后桥就垮塌被水冲走了。由于路况不好、地形复杂，纳迪尔率领的前锋部队行进受阻，敌方斥候发现并向上级报告他们已经渡河。奥斯曼人开始反击，波斯人只得后撤，而当艾哈迈德帕夏听闻波斯人的桥已经垮塌，纳迪尔和他带领的小股部队已经无路可退时，他集结了更大规模的部队（包括骑兵、大炮、火枪步兵）[29]去对付纳迪尔。

纳迪尔先后派出库尔德人、土库曼人和阿卜达里阿富汗人去抵抗奥斯曼人的进攻。库尔德人和土库曼人都败下阵来，但阿富汗人撑住了。这时北方出现大股的扬尘，预示着1500名强壮的波斯后援部队已经赶来，纳迪尔重新向奥斯曼人的两翼发起进攻（受到崎岖地形的阻挡，奥斯曼精英部队还没赶到）。最后，奥斯曼人匆忙逃跑，丢弃了大炮和死去的战友。[30]纳迪尔处死了一些临阵倒戈的库尔德人和土库曼人，嘉奖了阿富汗人。

终于化险为夷，纳迪尔可以毫无顾虑地继续完善他的封锁线了。他将包围圈缩至巴格达城墙之下，还绕城修筑了2700多个防御塔，塔间距在火枪射程范围之内，强化了封锁线。波斯士兵乘船在河上来回巡逻，他们在巴格达的底格里斯河上游两岸各修筑了一座堡垒，环绕堡垒的是一座巨型大营，里面有商店和舒适的房间供士兵和他们的女人享用。据统计，在波斯人围困巴格达的这段时期内，封锁线上大概有30万人，其中只有三分之一是战士，其余都是仆从、商人、各行业的工匠和奴隶。士兵中有8万名骑兵、2万名步兵。然而，纳迪尔没有足够的重型火炮来攻破巴格达厚厚的城墙，据说他曾经试图攻城，奥斯曼火炮立刻还击，火力相当猛烈以至于波斯大炮不得不退到射程之外。[31] 没有突破口就无法攻城，纳迪尔只得转而使用断粮的方法逼守军投降。他的人陆续拿下了萨马拉、纳杰夫、卡尔巴拉和希拉等巴格达周围的城市，更多的部队则被派往巴士拉和波斯湾以南地区，在那里他们得到了背叛奥斯曼政权的阿拉伯部落的支持。

　　3月21日，波斯人在巴格达以北的大营中举行了盛大的诺鲁孜庆典，部队中的将领得到了数千套荣誉礼服，更有一些获邀参加宴会的幸运儿得到了装着一磅黄金的银瓶。巴格达城内却毫无幸事可言。几周过去了，城里的情况愈加恶劣，民众（很多是同情波斯人的什叶派教徒）开始焦虑。食物严重短缺，人们已经吃掉了驴、马、猫、狗甚至耗子，很多人因为饥饿和疾病奄奄一息。有些人叛逃到波斯阵营，另一些人选择自杀。

　　之后，有人统计过共有6万人死于此次的巴格达围城战。[32] 看到波斯人舒舒服服地生活在大营中，还源源不断有大量新的队伍加入他们，市民们变得愈加焦虑。事实上，这只是假象，是纳迪尔设计出来扰乱奥斯曼守军军心的花招。他秘密地让封锁线中的大股部队趁夜离开，第二天再旗帜招展、乐声喧天地在众目睽睽之下从另一个方向回来。纳迪尔喜爱西瓜，无论在哪儿扎营，他都要享受最好的物质条件。一次，他把几车西瓜送进城给艾哈迈德帕夏，帮他填填肚子。这位奥斯曼总督则回赠了几条优质的面包，并且捎信说这些都是城内百姓的日常食物。[33]

虚张声势是没有用的，奥斯曼人已经山穷水尽，7月13日艾哈迈德帕夏公布了巴格达投降的条件，即如果8月11日援军还没到，他就弃城投降。但这场旷日持久的围城战尚未结束。几天后，奥斯曼守军收到消息称大维齐尔托帕尔·奥斯曼帕夏被任命为奥斯曼部队的大元帅，正带着由8万名士兵和60门大炮组成的援军向巴格达赶来。这些部队可不是纳迪尔以往与之战斗过的低配省军、民兵或者部落成员，他们来自奥斯曼帝国的主力打击部队，包括日常驻防在伊斯坦布尔的火枪步兵和骑兵。

奥斯曼人认为托帕尔·奥斯曼是帝国最伟大的战士。1733年他已经是一位老人了。他一生戎马，还曾被圣约翰骑士团囚禁在马耳他。1730年9月叛乱之后，马哈茂德苏丹任命他为大维齐尔，但由于在库里疆战后和平协议中将大不里士归还给了波斯人，他遭到广泛抨击，1732年3月苏丹将托帕尔·奥斯曼免职。但最近这场危机让苏丹不得不再次召他出山。

托帕尔·奥斯曼经过基尔库克，沿着底格里斯河河岸向巴格达挺进。多年的军旅生涯使他伤病缠身，仆从不得不让他靠在一圈软垫子上，另有一名法国医师随行。*纳迪尔送来一封战书挑衅，但托帕尔·奥斯曼并未回信，他扣下信使，继续行军，冷峻地告

---

* 这个法国人叫让·尼科德莫，他见证了巴格达之战并记录了下来。

诉他的同伴纳迪尔会亲自收到答案的。[34]

　　当奥斯曼部队抵达萨马拉时，纳迪尔开始悄悄地趁着夜色从包围巴格达的封锁线上撤下部队，尽量避免艾哈迈德帕夏意识到围城部队在移动。纳迪尔面临两难选择：巴格达几近投降，如果把部队全部撤出封锁线，那么补给送进城后，对方又能坚守几个月，并且守军很可能会趁他与托帕尔·奥斯曼的部队作战之时袭击他的后方；另一方面，如果留下人马看守巴格达就必须分兵，分走他原本计划用来击败托帕尔·奥斯曼的有生力量。如果纳迪尔的主力部队战败，巴格达也会随之失去。

　　以往所有的经验都在强化他对于其波斯军队优越性的信心，同时他也不能接受在坚守数月之后彻底放弃攻城。将 1.2 万人留给穆罕默德·汗·俾路支继续围城后，他派遣主力部队去迎战托帕尔·奥斯曼。[35]纳迪尔在最后时刻才加入军队，共同对抗城北的 7 万名奥斯曼人。

　　7 月 19 日的拂晓带来了如正午时分般的热浪。眼见部队排好阵形，纳迪尔自信地嗅着风的气息，他期盼着胜利的一天，这场胜利将带给他巨大的成就：打开巴格达之门，收复高加索地区的波斯领土，甚至造成奥斯曼政权在整个帝国东部地区的崩溃。

　　但这次纳迪尔面对的是一位经验丰富、和他一样狡诈的统帅。托帕尔·奥斯曼占据先机，他把军队部署在底格里斯河岸边崎岖不平的区域内，背靠着河流也背对着风向，战场的扬尘和炮火的硝烟正好吹向波斯人。他还派人积极散播谣言说食物和援军即将到达。大战之日的清晨，托帕尔·奥斯曼离开他的软垫，不顾一身旧伤骑上了战马，他"像年轻人一样举刀在手，双目如炬、容光焕发"地检阅了他的部队。[36]

托帕尔·奥斯曼特意将前锋和后卫部队伪装得较弱，引诱波斯人在开战时去进攻他们，然后再连夜加强他们的装备。7 月 19 日一早，纳迪尔命令庞大的骑兵先锋部队去进攻奥斯曼人的左翼，但波斯人发现对方比他们想象的强大许多，不久便在大炮的猛烈火力中败下阵来。面对败退，纳迪尔没有重新制定策略，而是直接带领 5 万名部队主力，从正面发起进攻。其中，由波斯人和阿富汗人组成的步兵兵分三路，经过一场恶战，成功地将奥斯曼部队中路逼得节节后退，直退到对方营地的帐篷旁边，并夺取了不少大炮。土耳其人看到队伍中的 2000 多名库尔德人逃跑了，自己也开始动摇，但很快托帕尔·奥斯曼便派来了由 2 万名士兵组成的后备部队前来解围，夺回了大炮。[37]战斗进行到中午，战况依旧胶着，北风携着滚滚热浪和漫天尘土吹到波斯人的脸上。

战斗进行到这个程度，已经和军事史学家绘制的阵法和进攻路线毫无关系了。每个人都在自己充满困惑与恐惧的狭小世界里孤独地战斗着，除了硝烟与尘土，他们看不到几码外的任何其他东西；除了活下去的信念以及对身边战友的信任，他们亦没有任何其他感受。土耳其人可以从身后的河中取水解渴，但波斯人无法解决口渴的问题。一些文档记载称纳迪尔军中的阿拉伯部落成员临阵倒戈，袭击了波斯骑兵的一侧。纳迪尔的马在乱军中被流弹射中，他立刻换上另一匹马。战斗相当激烈：

> 土耳其人看到他像不焚者一样穿过火焰，全都向他射击，但他们的子弹（被真主挡开）根本碰不到他。[38]

波斯人开始动摇，纳迪尔策马穿梭于这些奋战的士兵中间，鼓舞他们将战斗进行到最后一刻。据说，纳迪尔总是能在战斗中迅速看出双方的力量对比，向需要增援的部分派去援军；而如果有将领胆敢轻易放弃阵地，他则会立刻追赶上去，用随身携带的战斧将他当场砍死，再将指挥权交给部队中的其他将领。[39]

决定性的时刻到来了。混战中，纳迪尔用长矛刺伤了一个土耳其士兵，那人摔落马下。但纳迪尔自己的马也受惊摔倒，还把纳迪尔给甩了出去。纳迪尔还没来得及重新上马，暴晒之下已经口渴难耐、几乎到达体能极限的波斯人就以为他们的元帅死了，变得惊慌失措。在很多战斗中，决定性的时刻往往是如此到来的：压力经过长时间积累几近极限，人们看到不断有人被杀，困惑和迷茫不断蔓延，但他们依旧会坚持战斗，直到面临突如其来的意外或者听到传播意外的谣言，将他们紧绷的精神力量打破。当一些人从阵前火速撤离时，周围看到他们的人也会手足无措。在战斗进行了9个小时以后，波斯人开始撤退，任何命令或者威胁都无法阻止他们。纳迪尔只得下令全军撤到布赫里兹，连大炮和物资都顾不上移走。* 奥斯曼人追了5个多小时才收兵回营，还有很多口渴难耐的波斯人不顾危险冲到底格里斯河岸边喝水被敌军杀死。

在这场艰巨的战斗中，纳迪尔一共损失了3万多人。奥斯曼人残忍地屠杀了500名波斯囚犯，俘虏了3000多人。[40] 即使作为

---

* 敌军夺取了4门30磅炮、6门15磅炮、8门9磅炮和500门小黄蜂骆驼火炮。波斯人还埋了一些大炮（有一些也许至今依旧埋在那里，一同等待发掘的还有更新的大规模杀伤性武器。见证者是让·尼科德莫，收录在 von Hammer, p.523 中）。

胜利者，奥斯曼人也损失了 2 万多人。由于波斯主力部队已经溃不成军，艾哈迈德帕夏的守城部队趁机袭击了守卫封锁线的波斯军队。他们的司令穆罕默德·汗·俾路支在几名骑兵的护卫下逃走了，但大部分步兵毫无机会，要么被杀要么被俘，那些随军人员也没能逃脱厄运。巴格达城中饥饿的民众欢快地收获了波斯人丢弃在防御塔和营地的大量补给物资。

胜利的托帕尔·奥斯曼部队在 7 月 24 日进入巴格达，但没过几天，他们便不得不撤到基尔库克，因为无论城中还是周边地区都损毁严重、物资短缺，根本无法为数量如此庞大的人员和马匹提供保障。艾哈迈德帕夏派人清理了战场，他们将波斯人的头颅从尸体上割下来，尸体扔进底格里斯河，头颅摆成骨堆，作为奥斯曼人胜利的纪念。[41]

这场灾难将以往波斯远征奥斯曼伊拉克的所有胜利一笔勾销。纳迪尔的部队为他过度自信的战前分兵策略以及在毫无优势的情况下向托帕尔·奥斯曼部队发起正面攻击的命令付出了代价。将部队置于巴格达和奥斯曼援军之间腹背受敌，纳迪尔应该颇感尴尬。将士们虽然在如此不利的条件下奋勇杀敌，但一天的浴血奋战已经充分提醒了他们，尽管取得过各种显赫的战绩，新波斯军亦并非像他们之前想象的那样无往不胜。巴格达围城战是到此时为止纳迪尔军事生涯中最惨痛的失败，但随之而来的事更加不可思议。

6

纳迪尔沙

帖木儿

　　即使是身披盔甲又暴跳如雷的战神，

　　率领尘世间的所有君主

　　逼迫我摘下王冠，

　　我也会无视他们，作为这东部世界的伟大主宰

　　继续戴着我的王冠，

　　只要你们说：帖木儿才是统治者。

所有人

　　帖木儿万岁，一统亚细亚！

帖木儿

　　现在我更加确定，

　　这比诸神的决定更加明确，

　　所有人都支持我成为波斯之王。

——马洛

　　遭遇巴格达城外的惨败之后，纳迪尔头脑中的第一个念头是如何挽回幸存部队的士气和忠诚，毕竟他们几乎失去了所有财产和武器。为了与奥斯曼人保持安全距离，他们经布赫里兹退回到

传统的波斯边境，在这里他向军官们训话。他说所有士兵都顽强地挺过了一场硬仗，战斗的失利不是他们的错，而是真主的意志。他也承认自己有错：

> 他提起士兵们在以往多次战斗中的英勇表现，指出他们与他拥有共同的事业，他向他们保证，一定会给予他们亲手复仇的机会，士兵们要彻底抹去此次失败的记忆，因为错不在他们。通过对普通士兵和军官们如此谄媚的一番表态，他得以维持部队的士气，使他们愿意在将来继续投入战斗。[1]

这正是他的目的：他要回击托帕尔·奥斯曼，要在巴格达战败的消息传播开来之前击败对方。这一刻相当凶险。以往的全胜战绩中止了，帝国内的敌人将伺机占据主动。但是，面对危机的纳迪尔丝毫没有犹豫，他必须重新获得至高无上的权力。无论之前他对于征服奥斯曼伊拉克有什么计划，此时他必须依靠一场胜仗来维持自己的权威。

纳迪尔指示全军必须重新装备，他要求洛雷斯坦、克尔曼沙阿和哈马丹提供一切所需——马匹、驮兽、帐篷和其他物资。他还命令呼罗珊、赫拉特、锡斯坦、法尔斯和库赫格鲁派遣援军。那些刚从奥斯曼伊拉克返回的士兵则被允许返乡休假，但必须在两个月之内回到哈马丹的营地。替换而来的重型火炮标准比以往更高，数量也更多。每名士兵都得到双倍于损失价值的补偿，无论是马匹、骆驼、盔甲、帐篷还是其他物资。[2]

这些插曲让我们明白了为什么士兵们称呼纳迪尔为"大爹"。[3]没有任何档案显示这一时期发生过哗变或者骚乱。确实，纵观纳迪尔的军事生涯（除了最后阶段的极端环境），尽管遇到过各种艰难困苦，但他的部队从未发生过任何形式的骚乱，这证明他非常理解士兵并关注他们的需求，能够很好地维持军队的纪律，确保士兵们的忠诚。

但当时正值盛夏，在如此短的时间内凑齐数量惊人的物资，给波斯西部诸多省份的居民带来了巨大的负担。而且，早在 1733 年 7 月纳迪尔战败以前，许多百姓就已经逃离了城镇和村庄，他们宁可背井离乡也不愿面对日益增长的赋税和伴随而来的毒打。现在，压迫愈加深重。有一次，税收官故意向纳迪尔展示了某个村庄居民们的贫困生活并告诉他，他们根本交不出规定的税款。纳迪尔说："如果他们交不出钱，那么我希望你们能够更决绝一些，否则我将派出 500 名骑兵，把他们连同妻儿一起变卖为奴。"他向一位廷臣辩解说：

> 你知道他们怎么说我吗？他们说我从未给国家带来和平宁静，反而搞乱了一切，所以我根本不是人，而是真主的愤怒与惩罚。[4]

纳迪尔在 8 月 4 日抵达哈马丹，检阅了部队并监督了准备工作。他向士兵们支付了总计 20 万土曼的费用——这可是一笔巨款（约合当时的 37.5 万英镑）。9 月底部队集结完毕，一切准备就绪。1733 年 10 月 2 日，他们离开哈马丹前往基尔库克。

在这段时间里，托帕尔·奥斯曼帕夏也向伊斯坦布尔的奥斯曼宫廷讨要过增援力量以恢复部队的战斗力，他甚至高傲地索要补给和其他物资。结果，他们以他的健康状况堪忧为由，让一位年轻的将领接替了他的工作。托帕尔·奥斯曼的部队在与波斯人的战斗中伤亡惨重，他也知道纳迪尔正准备卷土重来。但伊斯坦布尔方面已经厌烦了：奥斯曼军队刚打了一场漂亮仗，战胜了宿敌波斯人，解了巴格达之围。部分参与了巴格达之战的士兵可能已经返回伊斯坦布尔，苏丹对托帕尔·奥斯曼及其家人大肆褒扬（他本人并不需要）。[5]在伊斯坦布尔宫廷看来，东部边界一切正常，因此他们没有做任何准备来加强基尔库克的奥斯曼守军力量。

当纳迪尔回到奥斯曼边境时，他得到了一个坏消息：波斯南部发生了叛乱。库赫格鲁总督穆罕默德·汗·俾路支在纳迪尔与托帕尔·奥斯曼作战之时命令部队撤出了围困巴格达城的封锁线，战后他回到自己的封地，趁着纳迪尔战败引发的混乱不稳的局势发动了叛乱。他还联合了由谢赫·艾哈迈德·马丹尼率领的逊尼派阿拉伯部落穆斯林，这伙人在拉尔的南部和西部已经造反多时了。[6]穆罕默德·汗的叛乱行为挑起了塔赫玛斯普退位之后民众的亲萨法维情结和西南地区阿拉伯部落等对于过重赋税的怨念。他与谢赫·马丹尼联手行动意味着波斯湾海岸的大片区域，即从最北端到基什岛都陷入了动乱。

此时有人说塔赫玛斯普逃走了，正在呼罗珊召集部队，还有人说纳迪尔答应在战胜奥斯曼人以后便迎回塔赫玛斯普。可能是纳迪尔在安抚士兵们的亲萨法维情绪时曾经许下过类似的诺言，他还将塔赫玛斯普移出了呼罗珊，但即便如此，他也很快更改了主意，又将后者带去了马赞德兰。[7]也可能就是在这个时候，纳迪尔的母亲在他人的唆使下亲自与他谈论了塔赫玛斯普的问题：

> 她在国王被抓后不久便恳请纳迪尔沙放了他。她说，毫无疑问，陛下一定会慷慨补偿他，封他做终生大将军。他问

她："是否真这么想？"她告诉他："是认真的。"听到这话，他笑着对她说："如果我是一名老妪，可能也会这么想吧。"他随后安抚她不要再为国家事务操心了。[8]

很可能是一些不敢直接向纳迪尔进言的人试着说服了他的母亲来做这件事，这说明纳迪尔尊敬孝顺母亲的事尽人皆知。纳迪尔与家人的关系都非常亲密，尤其是对他的母亲。从童年时代起，他们一同挺过了多年的艰苦生活。但即使是母亲也不能通过私人感情来左右他的公共政策。

既然已经做好再次攻打奥斯曼伊拉克的准备，纳迪尔决定暂且让几名省督去对付穆罕默德·汗·俾路支叛乱的问题。这是一个艰难且冒险的决定，放着国内严重的叛乱不管，反而去再次进攻奥斯曼人，但他的理由是战胜奥斯曼人所带来的威望足以避免叛乱继续扩散的风险。这一步很大胆，换作其他人一定会率先对付小股的敌人，保证后方的安定之后再进攻托帕尔·奥斯曼。纳迪尔向奥斯曼伊拉克进发了。10 月 24 日双方在基尔库克以南的雷兰发生了小规模冲突，结果不详。随后，托帕尔·奥斯曼的人退回了基尔库克城内。纳迪尔像往常一样计划引诱奥斯曼军队出城一战。他绕到城的东北方，拿下了苏勒达什堡垒。不久，他的探子报告称 1.2 万名奥斯曼人穿过阿卡达尔班德山谷正在靠近。

纳迪尔安排人手占据有利地形，高于山谷中的奥斯曼部队，同时他派遣由几千名火枪手*组成的另一支队伍截断土耳其人的退

---

* 这些人都是经验丰富的老兵，他们携带一种非常规重型大口径火枪。这种火枪需要装载在马匹上运输。纳迪尔只有在执行非常危险或者重大任务时才会启用他们，甚至经常亲自带队。

路。全部准备妥当，11月9日他指挥士兵出战。两军开战后不久，托帕尔·奥斯曼便带领主力部队出城前来支援。虽然奥斯曼土耳其人总共有大约10万人，但7月之战后补充上来的大多是叙利亚等地低素质的士兵。纳迪尔的部队再次在数量上稍显劣势。

双方展开密集火力攻势，两个小时之内土耳其人和波斯人都动用了大口径火器，由于距离不远，士兵们的身体被炸得支离破碎。迫切期盼复仇的波斯人伺机发起了冲锋，他们冲入奥斯曼军队中路。托帕尔·奥斯曼舍弃了厢车，骑在马上以便稳住部队，但纳迪尔军中的阿卜达里人从侧翼发起了进攻，完全打乱了奥斯曼军队的阵形。就在此时，托帕尔·奥斯曼被两枚子弹射中，坠马而亡。土耳其人丢盔弃甲，四散奔逃。

一位名叫阿拉·亚尔的士兵切下了托帕尔·奥斯曼的头颅，并将之插在长矛上献给了纳迪尔。火枪手从预置位置向逃兵们发起猛烈射击，纳迪尔则派遣阿富汗人去追杀7月曾经背叛过波斯人的阿拉伯部落。被杀或被俘的奥斯曼士兵大约有2万人。纳迪尔命人寻回了托帕尔·奥斯曼的遗体，他注视着这位伟大战士的遗物陷入了沉思，半晌才派人将它们送还巴格达的奥斯曼人以便安葬。[9]

战后，纳迪尔重新安排了封锁巴格达的计划，周边城镇也像前次一样被悉数占领。他本打算率领主力部队向北进发去驱逐盘踞在大不里士的奥斯曼人，但那里的土耳其守军早已望风而逃，所以另一支波斯部队前去接管了城市。尽管穆罕默德·汗·俾路支叛乱的情况日益严重，纳迪尔还是返回了巴格达。不久，艾哈迈德帕夏就表示愿意和谈。1733年12月19日，双方达成协定：奥斯曼帝国退还自1722年以来侵占的所有波斯领土，双方互相归还俘虏和火炮；另外约定将就波斯人前往位于奥斯曼伊拉克的圣城进行朝觐的合理待遇制订专门条款。

然而，事实上，纳迪尔不得不草草地结束巴格达的攻城战，以便东进去解决已然扩散到胡齐斯坦和法尔斯地区的叛乱活动。叛乱再一次剥夺了他大获全胜的机会。艾哈迈德帕夏告诉伊斯坦布尔的长官们，他在波斯人的围困下撑不过一个月，只得签订和平协议。纳迪尔则告诉俄国人他的预期很高，因为奥斯曼将领和其他一些高官已经将全家送出了城。[10] 这份协议对波斯民众毫无好处。艾哈迈德帕夏要求部队撤出占贾、第比利斯、埃里温和希尔凡[11]，但伊斯坦布尔驳回了他的要求。与此相反，奥斯曼政府又指派了一名总司令阿卜杜拉·库普鲁鲁，并向他位于东安纳托利亚的据点迪亚巴克派遣了援军。

离开奥斯曼伊拉克以前，纳迪尔简短地拜谒了纳杰夫和卡尔巴拉的什叶派圣陵，然后迅速向东南方向移动去解决叛乱，并在沿途与塔赫玛斯普·汗·杰拉尔和新任库赫格鲁总督会师。穆罕默德·汗·俾路支在设拉子西北方的舒雷斯坦扎营，他已经得知两位总督正在赶来的路上，但还不知道纳迪尔也和他们在一起。据说，当纳迪尔下达进攻命令的战鼓声响起的时候，叛军的士气一落千丈。许多人根本不敢面对纳迪尔的冲锋，他们选择直接逃跑，叛军四分五裂。[12] 绝望的穆罕默德·汗带领一小队人马试图冲向纳迪尔，但失败了，他只得带着 300 名士兵逃走。

穆罕默德·汗·俾路支先是逃到了设拉子，而后又逃往海边，设法登上了基什岛，但最终在此地被俘并被铐回了伊斯法罕。他被剜去了双眼，不久便不治身亡。[13] 谢赫·艾哈迈德·马丹尼被俘后也被处决。纳迪尔对胡齐斯坦和波斯湾沿岸的阿拉伯人采取了惩罚措施，像往常一样，所有的叛军都被强制迁往呼罗珊居住。

纳迪尔回到设拉子，在此地庆祝了 1734 年 3 月的诺鲁孜节。其间，他封好友兼顾问塔基·汗为法尔斯省和设拉子总督。纳迪尔与塔基·汗的关系非比寻常，难以描述。他们经历迥异。作为一名城市定居者，有手艺、精于算账却不会打仗的塔基·汗与纳迪尔通常会欣赏的那类人相去甚远。但是，据说他最大的本领是可以逗纳迪尔开怀大笑。1736 年，伊斯法罕的荷兰人在写给老家的一份报告中称塔基·汗是纳迪尔的弄臣。[14]1736 年纳迪尔首先在法尔斯省开展税收评估改革，塔基·汗在财务方面的才能在此过程中得以体现出来。纳迪尔通常会避免指派当地人充任家乡的地方行政长官，因此塔基·汗被任命为法尔斯总督体现了纳迪尔对他特别信任和喜爱，但是长期来看，偏离自己的一般行事规则注定是不明智的。

诺鲁孜节过后，纳迪尔前往伊斯法罕参加 4 月底的盛大庆祝活动，音乐和烟火将延续数日。[15]在路上，纳迪尔收到廷臣送来的消息，礼萨·戈利的妻子法蒂玛女亲王在诺鲁孜节当天生下了一名男婴。这个小男孩是纳迪尔的长孙，取名沙哈鲁。帖木儿也给自己的儿子取过相同的名字，这是纳迪尔第一次在公开场合将自己描述为帖木儿级别的征服者。

根据习俗，为了预测这个小孙子的命运，纳迪尔的大臣*翻开《古兰经》企求神谕，打开的书页是《优素福》，上面写道："我们

---

* 这名大臣就是米尔扎·马赫迪·阿斯塔拉巴迪，他将预言记录了下来（vol.1, p.191）。穆罕默德·卡齐姆的记载通常更加博人眼球，他说星相家在沙哈鲁出生时就准确预测出他将被挖去双眼，纳迪尔马上追问是何人动的手，他立刻就要去杀死对方（pp.238–9）。

在这片大地上养育优素福，教导他如何释梦。真主可以掌控一切，尽管大部分人并不知晓。"[16]

纳迪尔命人将这段话抄写下来交给自己，然后小心翼翼地收好。如果他能得到一段不那么模糊的预言、一段更接近真相的预言，他必定会为自己孙子的未来忧心忡忡。

60多年后，即1796年，阿迦·穆罕默德沙*抵达马什哈德结束了纳迪尔孙子沙哈鲁的统治并囚禁了他。这位凶残、暴虐的沙阿极度贪恋宝石，他严刑拷打了年迈且双目失明的沙哈鲁，逼他说出从祖父那里继承的名贵宝石的下落，但沙哈鲁一直拒绝交代。震惊于如此暴行，沙哈鲁的大臣们恳求城中一位德高望重的毛拉以自己的名义前去劝说阿迦·穆罕默德沙。他们托这位毛拉捎话，那位无助的老人一无所有，如果真有任何珠宝和金币，即便他不愿意放弃，他们也早就说出宝藏的下落来换回他的自由了。

毛拉回来以后告诉他们，他在傍晚时分面见了沙阿。穿过挑起的门帘进入沙阿的房间，他看到地上铺着一块布，上面堆满各种宝石，数量颇多，有的还未经镶嵌，比炉中的火焰还要耀眼。沙阿正坐在布的边缘，手头摆着几颗巨型红宝石，借着烛光，他仔细检查它们的成色。毛拉在沙阿的身边坐下，尽管室内光线很暗，沙阿还是一眼就认出了这位圣职人员手上戴着一枚红宝石戒指。他问："你的戒指是什么宝石做的?"毛拉回答："不值钱的碎

---

* 阿迦·穆罕默德沙来自恺加部落，他在纳迪尔死后的长期内战中最终胜出。他痛恨阿夫沙尔人，当他还是个小男孩时就被纳迪尔的侄子阿里·戈利（此人还在纳迪尔死后致盲了沙哈鲁）阉割了。所以，阿迦·穆罕默德沙在登基后挖出了纳迪尔（以及很多令他厌恶的人）的遗骨，埋到他位于德黑兰的宫殿台阶之下，如此他每次进出王宫时都可以踏在他们的身上。

红宝石。"他将戒指摘下递给沙阿。沙阿像一位专业珠宝商一样把这枚戒指和他自己的红宝石一颗一颗进行了比较，然后说："你的石头很适合用来比色，可以评估其他类似颜色的宝石。"这个评论是在暗示毛拉应该把这枚戒指送给他，但毛拉转达了沙哈鲁侍臣们的口信。沙阿问他对于这个口信有何想法："他们说的是真话吗？"毛拉回答说没有证据显示他们说假话。阿迦·穆罕默德指着布上的宝石说："有什么证据能比这更清楚？白天能交代出这些，晚上也会把剩下的吐出来。"

眼见口信的真实性被事实推翻，毛拉十分沮丧。他静静地坐着，全然忘记了戒指的事。但沙阿以为他还在犹豫，无法决定，便从箱子里拿出一个钳子，熟练地取下了戒指上的小红宝石，顺手扔进了宝石堆里。他把戒圈递还给毛拉，让他找颗火彩好的红玉髓镶上，还说："红玉髓比较适合你。"这意味着毛拉被免职了。第二天，他听说沙哈鲁完全崩溃了，事无巨细地告诉了行刑人其余宝石的下落。[17]

据说，沙哈鲁交代（在刽子手将烧滚的铅液浇到了他的头上之后）的最后一颗宝石是阿迦·穆罕默德沙梦寐以求的一颗巨型红宝石，这颗宝石曾经镶嵌在伟大的莫卧儿皇帝奥朗则布的皇冠上。[18]随后，沙哈鲁和家人被送往马赞德兰，但由于之前伤势过重，半路上他便死在了达姆甘。这就是1734年诺鲁孜节降生在马什哈德的这个小男孩的最终命运。

击败托帕尔·奥斯曼和穆罕默德·汗·俾路支意味着扫清了外患与内忧，纳迪尔在波斯全境达到了军事声望与政治地位的顶峰，是时候彻底清除波斯领土上剩余的奥斯曼军队了。奥斯曼苏丹派遣了一名特使来到伊斯法罕，告知他已授权新任大元帅阿卜杜拉·库普鲁鲁全权处理与波斯的和平问题。纳迪尔对这种示好嗤之以鼻，他派人送信给阿卜杜拉·库普鲁鲁，要求对方退还阿拉斯河以北诸省。

与此同时，纳迪尔还接见了一个由戈利钦王子率领的俄国使团，他们的主要目的是以俄国撤出里海沿岸的防御工事为条件怂恿纳迪尔再次对土耳其开战。纳迪尔半信半疑，尽管他也计划攻打奥斯曼人，但依旧不愿意被俄国人当枪使，尤其是当他听说俄国派遣格鲁吉亚的瓦赫坦前往达尔班德去攻打沙马基和第比利斯时，这种疑虑更深了。

无论如何，纳迪尔还是与俄国人维持这种既不稳定又不正式的联盟关系，6 月 14 日他在戈利钦的陪同下离开伊斯法罕向西北方出发。8 月 10 日，他们到达阿尔达比勒。[19] 纳迪尔收到阿卜杜拉·库普鲁鲁的回信称撤出高加索的计划要推迟两年进行，这表明奥斯曼人根本不会遵守 1733 年 12 月纳迪尔与艾哈迈德帕夏达成的和平协议。战事必然再起，他不得不向一直以来极力避免的地形复杂的高加索山区进军。他决定先去沙马基，该地由希尔凡汗王索尔哈伊以奥斯曼帝国之名控制。

纳迪尔命人捎信给索尔哈伊，提醒他艾哈迈德帕夏曾下令奥斯曼军队撤出沙马基。索尔哈伊的回信相当嚣张："我统治希尔凡靠的是好战的列兹金雄师手中的弯刀——巴格达的艾哈迈德有什么权力干涉我的事务？"[20] 但当纳迪尔逼近时，他还是退回到了北方达吉斯坦的群山中。波斯军队占领了沙马基，9 月 15 日纳迪尔带领一半人马（约 1.2 万人）继续靠近索尔哈伊位于库梅克的据点。另一半人马则跟随塔赫玛斯普·汗·杰拉尔向东进发，他们在代韦巴丹与索尔哈伊相遇。

除了奥斯曼士兵，索尔哈伊的军队还包括来自克里米亚的鞑靼人，他们听从伊斯坦布尔领主的命令，沿着黑海北部和东部的海岸线长途跋涉来到达吉斯坦，这对奥斯曼帝国与俄国之间还算和平的关系造成了极大影响。塔赫玛斯普·汗大胆进攻，击退敌人夺下了索尔哈伊在哈奇马兹新建的堡垒。[21]纳迪尔随后追上了索尔哈伊，再次将他击败。索尔哈伊继续向北逃窜到阿瓦里亚，纳迪尔则占领了库梅克。与此同时，奥斯曼人不得不将注意力转移到卡哈蒂的格鲁吉亚国王泰穆拉兹依靠波斯人的支持而发起的叛乱活动上。纳迪尔认为现在进入阿瓦里亚的雪山作战已经为时太晚，便带领人马南下包围了占贾，抵达时已经是 1734 年 11 月3 日。

在占贾，戈利钦王子为纳迪尔带来了一个好消息。俄国人对纳迪尔取得的成就相当钦佩，出于自身利益的考量，他们已经决定向奥斯曼帝国宣战。俄国政府决定正式通知纳迪尔，他们将全面撤离波斯领土，交换条件是双方继续结盟，共同对抗奥斯曼人。10 月里海地区俄军司令列瓦绍夫接到命令[22]，撤出所有防御工事内人员至达尔班德，休整后准备全体撤退。事已至此，俄国人彻底撕下了将会帮助格鲁吉亚的瓦赫坦亲王夺回该省的伪装，他也只得退回阿斯特拉罕。

进攻占贾的行动进展得不太顺利，而纳迪尔则比前次围攻巴格达时更加急切。奥斯曼守军退回了城堡，纳迪尔命令炮手聚集到城中一座清真寺的屋顶，集中火力摧毁城堡的城墙，但土耳其人赶在波斯火炮发威之前便率先用大炮轰塌了清真寺。如同在巴格达城外，奥斯曼守城大炮的火力无论是在数量、弹丸重量还是射程方面都超过了对手。

波斯人开始挖地道，他们计划挖到城堡的城墙下，然后放置大量火药引爆。但守军发现有人在挖地道，开始反向挖掘。双方的地道兵最终在地下相遇，他们掏出匕首、铲子以及手边能抄起的任何工具打作一团。波斯人成功爆破了6条地道，炸死700多名土耳其人，但依然无法威胁到城墙。土耳其人则通过一条反击地道杀死了三四十名波斯人。[23]

无论多么危险，纳迪尔一如既往坚决监督工作的进展，好几次死里逃生：一次，他正在城中一座清真寺休息，一颗炮弹落入他的随行人员中间，造成了一人死亡；还有一次，一发炮弹正好击中他身边一名随从的头部，鲜血和脑浆溅了他一身。连纳迪尔的炮兵训练官都被一发炮弹炸死了。看到纳迪尔的困境，俄国人派来了一名工程师和4名枪手，他们都身着波斯服饰，还带来了一些大口径火枪。

巴格达是这一地区最重要的城市，所以不难想象波斯人只能开展围城战，用断粮的方式逼迫守军投降。但占贾只是一座小城，攻城战术的失败着实让波斯人颜面扫地，尤其是他们还不得已接受了俄国人的帮助。此时的欧洲已经形成了成熟的攻城战术理论，领军人物是法国伟大的工程师、军事建筑师沃邦。奥斯曼人熟习攻城战术理论也已有几个世纪的时间，他们按照规划培养工程师，生产了大量运用于实战的枪械。

纳迪尔的军队是波斯地区首次出现的装备大型火器的部队，他训练士兵使用滑膛枪和轻型火炮，在战场上发挥毁灭性杀伤效果。这无疑是个巨大的进步，但这些只要有了人员、物资、资金和管理制度，实现起来也不算太难。然而，建立起有效的攻城战术实力大为不易，纳迪尔的摸索才刚刚开始。建造攻城大炮只是第一步，在一个幅员辽阔且运输物资主要依靠骡子和骆驼的国家，移动这些重型攻城武器几乎是无法完成的任务。在欧洲，运输大炮主要走可以通航的水路，纳迪尔在职业生涯的后期也开始尝试这种方法，可是伊朗高原中部实在缺少大型河流。10多年以后，即18世纪40年代中期，纳迪尔将大量火炮整合在一起。但是他老是在攻城战中表现不佳，最为重要的原因是这种不移动位置、进展缓慢、需要极大耐心才能取得胜利的攻城战术实在与他不安分的脾性不合。

尽管得到了俄国人的帮助，进攻占贾的战斗还是举步维艰，纳迪尔决定还像当初对付巴格达城一样，采取围城战术。趁阿卜杜拉·库普鲁鲁还在犹豫，不愿意离开自己位于卡尔斯的据点，纳迪尔留下足够的人手围住占贾，自己则去往第比利斯，与先行抵达的格鲁吉亚人一起围住了奥斯曼守城部队。

由于对战事的进展还算满意，俄国人与纳迪尔于诺鲁孜节（1735年3月21日）在占贾签订了一份协议，协议规定波斯与俄国的边界为苏拉河，所有俄国部队将在两个月之内撤出波斯领土。双方还同意结成永久性联盟，一方决不在另一方未同意的前提下与奥斯曼土耳其私下达成和解。俄国人自从1722年进入波斯以来已经损失了大约13万名士兵，他们主要死于疟疾和吉兰地区湿热环境所引发的其他疾病，巴不得早点离开。彼得大帝去世以后，沙俄的帝国主义扩张行径大幅放缓，取而代之的是保守性地维持里海地区不受奥斯曼人侵扰的政策。现在纳迪尔渐渐势强，俄国人几乎可以高枕无忧了。假如事态的发展不如预想，那么俄国人则会推出格鲁吉亚的瓦赫坦作为他们在高加索地区的代理人，但他们没有派出更多的部队来实现这种诉求，他们对纳迪尔在高加索地区开展的战斗已经相当满意了。

占贾协议签署完毕，纳迪尔再次试图将阿卜杜拉·库普鲁鲁和他的军队拉进战场，他派遣部队到卡尔斯附近做出各种挑衅行为。山中的积雪依旧很厚，行军异常艰难。在一次穿越深谷的行动中，波斯士兵不得不用手中的长剑劈开厚厚的积雪来开路。尽管发生了小规模冲突，但奥斯曼主力部队依旧不肯出战。[24]很明显，阿卜杜拉·库普鲁鲁不愿意冒险，托帕尔·奥斯曼和其他奥斯曼将领已经屡尝败绩，但他究竟如何打算，我们也无从得知，也许是在等待援军。最终，纳迪尔撤退了。

在阿帕兰，纳迪尔遇到了亚美尼亚教区的负责人克里特岛大主教亚伯拉罕。一直恭顺本分的亚美尼亚人此刻已经意识到他们陷入了波斯人与奥斯曼人的争战，由于没有自己的政治势力，他们在交战双方的眼里都是二等公民。除了宗教职责，大主教还必须代表他的人民，为他们争取利益。他在之后的几个月里经常见到纳迪尔，并在不久之后将当时的印象记录了下来。这份材料对于研究纳迪尔这段短暂又重要的人生经历几乎具有现代报告文学般的价值。纳迪尔给他留下的最初也是最鲜明的印象是他对任何事都要求速度与效率：

> 我走到他面前打了声招呼。他说："欢迎你啊，哈里发。怎么样，过得好吗？上马，哈里发，我们要走了！"他迅速骑上马与随从一起离开了。他的军队紧随其后。他从个人卫队中抽出一些士兵给我，我就跟着他们……[25]

几天后，纳迪尔让大主教回到位于埃里温以西的瓦加尔沙帕特的主教座堂修道院去，那里是亚美尼亚基督教的中心。纳迪尔随后去那里拜访了大主教，他到达修道院时是 1735 年 6 月 13 日。但此时他们之间发生了一起误会，可能会对双方的关系造成极坏的影响。大主教没能在纳迪尔到达的时候亲自迎接，而是在一天后才派遣自己的副主教去见纳迪尔。纳迪尔认为自己受到了侮辱。副主教回到修道院时悲痛欲绝、面色惨白，他说纳迪尔生气了，质问他大主教为什么没有亲自来欢迎他。

意识到自己犯了严重的错误，大主教陷入了恐惧和绝望之中。尽管他十分确信自己的处境已经相当危险，但觐见的成败关乎全体亚美尼亚人民的安危。他伏在教堂的地板上喃喃祷念对上帝的信仰，然后"怀着一颗慷慨赴死之心"走向了纳迪尔的大营。纳迪尔问他为什么之前没来，大主教"身似筛糠、泪如雨下"地恳求纳迪尔原谅他对于波斯宫廷礼仪的无知，还说如果这种罪过的惩罚是砍头，那么他应该一人承担。纳迪尔愤怒地转向他的首席书记员米尔扎·马赫迪 * 说："你为什么没有告诉哈里发？他一个外国人不懂我们的规矩。"万幸的是，纳迪尔决定宽恕大主教。他冷静下来，说："哈里发讲的是事实，他不了解我们的习俗。我们应该赐给他一件荣誉礼服。"[26]

纳迪尔送给亚伯拉罕大主教的荣誉礼服是一件绣着金线、皮毛镶边的丝绒斗篷。更为重要的是，纳迪尔签署命令，正式确认了大主教的首领地位并将瓦加尔沙帕特纳入他的保护范围。米尔

---

* 即米尔扎·马赫迪·阿斯塔拉巴迪，之后还成了他的正式史官。纳迪尔称呼大主教为"哈里发"是当时的风俗，源于对逊尼派穆斯林宗教首领的传统称谓。他们使用突厥语交流。

扎·马赫迪当场记下了命令的主要内容，以便和他的同僚起草正式文件。大主教形容米尔扎·马赫迪是一位"睿智谦虚、彬彬有礼、体贴入微、受人尊敬的人"。[27]

在这次接见中，纳迪尔还签署了命令：任何改信伊斯兰教的亚美尼亚人将失去他们的财产。这看起来相当残酷，但实际上对于亚美尼亚人来说是一种解脱。纳迪尔的政策扭转了在苏丹·侯赛因沙及之前多位君主在位期间任何改信伊斯兰教的亚美尼亚人可以得到他们亚美尼亚亲属全部财产作为奖励的极端做法（它不仅激励了亚美尼亚人皈依伊斯兰教，还可以借机压榨他们）。尽管对主教个人怀有好感，但他很可能是在造访瓦加尔沙帕特之前就已经决定要以政策的形式减轻亚美尼亚人的负担，给他们的生活以更多的确定性。亚美尼亚人数量众多且繁荣富足，确保他们的支持对于纳迪尔正在推行的以团结波斯境内非什叶派力量来巩固自己政治地位的政策非常重要。

初次会见结束后，纳迪尔让大主教回修道院做准备。当天晚些时候他亲自到访，迎接他的是盛大的仪式、十字褡、旗帜、蜡烛以及令人愉悦的恭维。大主教陪同他参观了整座教堂并向他解释了各个雕像的意义。纳迪尔则询问了绘画及建筑结构的情况，就座后，他示意晚祷仪式开始。纳迪尔对整个仪式赞许有加，稍后还允许女性亲属及后宫的夫人们前来参观。

第二天一早，他又来到修道院待了一会儿。这次，他将大主教有关建筑结构的讲解向同伴们做了介绍。他们一起吃了甜点，喝了果子露，还抽了水烟。走的时候，他召来大主教表示感谢，还说："别担心，别难过，别害怕，这间教堂是我们的（即在纳迪尔的保护之下）。你是一位受人敬佩的长者，你的座堂必会丰饶。"

他告诉大主教他会支付马匹的草料钱，然后跨上马出发，奔赴远处的下一个营地。[28]

瓦加尔沙帕特的插曲结束后，纳迪尔带领部队前往奥斯曼人占据的埃里温，并形成攻城战之势。纳迪尔坚信如果占贾、第比利斯和埃里温都岌岌可危，那么奥斯曼总司令必定会离开卡尔斯前来支援。[29]不久，有消息传来称阿卜杜拉·库普鲁鲁正带领 5 万名骑兵、3 万名步兵和 40 门大炮赶赴埃里温，已经渡过了阿尔帕查依河（即今天的阿胡良河，是土耳其和亚美尼亚的界河）。根据亚伯拉罕大主教的记载，纳迪尔听到这个消息时说："感谢真主，这一刻我已经等了太久了。"[30]他迅速精选出 1.5 万 ~ 1.8 万名士兵作为先锋部队出击拦截奥斯曼人，而波斯主力部队的 4 万名士兵则跟随在后。库普鲁鲁此时已经在埃里温以北的巴格阿瓦尔德（即今天亚美尼亚的耶格瓦尔德，还有人称之为穆拉德塔帕）扎营。

6 月 19 日奥斯曼人得到纳迪尔带领先锋部队正在靠近的消息，考虑到己方数量上的绝对优势，他们决定主动迎击。正如莎士比亚戏剧《亨利五世》中的法国王太子一样，一名奥斯曼骑兵将领在前一晚还吹嘘："我得好好收拾一下这帮波斯人，他们哪能躲得过我的铁骑？"[31]但库普鲁鲁可不是托帕尔·奥斯曼那种级别的将军，同时纳迪尔也从那位故去的将军身上学了点花招。

战斗在下午 2 点打响。纳迪尔（在一片树林和一个山谷中）安排部分人手打埋伏，同时另外 3000 名士兵*从波斯人前晚扎营的山区直接冲向奥斯曼人，目的是诱导奥斯曼人认为这是他们将要面对的全部波斯主力。这些部队领命后，纳迪尔又安排他最信任

---

* 3 支千人队，每队由一名千夫长率领。

也最精干的一支火枪手部队（大约有 2000 ~ 3000 人）去抢夺阿卜杜拉帕夏安置在一座小山上的几门重型火炮。这一大胆的举动着实吓坏了山上的奥斯曼人，他们四散奔逃。在奥斯曼士兵看来，大炮不仅有实战作用，更是代表胜利的图腾，丢失大炮引发的沮丧情绪迅速蔓延。同时，另一队波斯人向着土耳其部队左翼的另一处主要炮兵营地发起进攻，两军的中路主力部队也开始了交锋。土耳其大炮要么被敌人占领，要么自顾不暇。波斯大炮则趁机向土军中路发起了猛攻，参与助攻的还有至少 500 门小黄蜂火炮。土耳其人阵形大乱，开始撤退。纳迪尔伺机命令剩余的波斯骑兵和埋伏的部队共同发动进攻，将土耳其人的撤退打成了溃逃。纳迪尔更是亲自带领 1000 名轻骑兵对四散奔逃的土耳其人大肆砍杀。

追击中，一位名叫罗斯塔姆的波斯士兵跟上了阿卜杜拉·库普鲁鲁帕夏，他趁这位总司令沿着一条碎石路进入陡峭的河谷时抓住了他的缰绳。争斗中，库普鲁鲁摔落马下，头重重撞到一块石头上。罗斯塔姆下马割下他的头颅，带给了纳迪尔，另有几名土耳其高级将领被杀。逃亡的士兵们则被追杀了几英里，一直跑到阿尔帕查依河。当地的亚美尼亚人加入战斗，截住了逃跑的土耳其人，因而波斯人得以将他们全部抓获。

根据当时人们的统计，被杀或被俘的土耳其人为 4 万 ~ 5 万。这个数字也许有些夸张，但纳迪尔自己汇报称波斯士兵"将土耳其卫兵砍成碎片，一条灵魂也无法逃脱"，遭此厄运的还有"为数众多"的奥斯曼骑兵，还说"蒙真主的恩惠，敌人几乎全军覆灭"。亚伯拉罕大主教当时也在场，他写道，村庄附近散落着数千具尸体，第二天许多伤员来到瓦加尔沙帕特寻求庇护。大主教要求僧侣们照顾其中的希腊人和亚美尼亚人，尽管一些人最终不治，但大部分还是痊愈离开了。穆斯林士兵则被连夜送还给了驻扎在埃里温的奥斯曼守军。[32] 波斯人的伤亡几乎可以忽略不计，他们掳获了 32 门大炮以及大量的行李、钱财和牲畜。纳迪尔命人将土耳其将领们的头颅与身体重新接好，然后送还给卡尔斯和埃里温的奥斯曼守军以便安葬。

在之后写给戈利钦王子的信中（戈利钦王子不久前刚刚去了达尔班德，打算顺路回圣彼得堡），纳迪尔说道："自我征战沙场以来，从未如此幸运。"[33] 但他的战术与奥斯曼人的愚蠢，至少与运气一样重要。他仅用少部分兵力便战胜了奥斯曼人：波斯主力部队似乎根本没进入战斗。奥斯曼军队的人数既是优势，又是负担（幸亏库普鲁鲁只带了相对少量的亲卫队来参战）。庞大的部队体量拖累了战术的开展，而化整为零、训练有素且配合默契的波斯人则处处占据主动。同时，火器再一次发挥了重要作用。大主教之后写道，奥斯曼人也就开了三四炮，而波斯大炮（不包括小黄蜂火炮）发射了 300 多发炮弹。纳迪尔的大炮发挥了最大作用，得益于他先发制人控制了土耳其大炮的行动，这使得他在随后的战斗中可以运用己方大炮和小黄蜂火炮完全压制住土耳其人而没遇到任何反抗。*

纳迪尔则将胜利归功于作战部队的顽强与勇敢，以及他对装备和训练工作的关注。之后不久，亚伯拉罕大主教赞扬了他们的

---

* 小黄蜂火炮是一种大规模、高效率武器，由于口径较大，远超过普通滑膛枪的射程，它们可以在更远的距离射击敌人，而不会受到反制。同时移动性好，能够适应远征中各种崎岖狭窄的路面，而重型火炮则往往会受限甚至完全无法运输。但在战场上，骆驼不仅是一个巨大的目标，而且在炮火攻击下极易受伤，所以必须优先克制敌军大炮的火力。

坚毅——他们可以策马疾驰一整天，"像山鹑一样"跨过山坡。他们从不知疲倦，从不踯躅。他们破开岩石、清除积雪、挖开土地以便修筑通道，进而迎击强敌，英勇作战并取得胜利。他们携带大型枪械，每人随身背两支火药角，保证补给充分。很多人都穿盔甲——有的是链子甲，有的是胸背板甲，还有的是胸背大臂板甲（传统的四镜甲）。无论是骑兵还是步兵，都要接受持续的严格训练。如果一名士兵的战马跑死了，那么毫无疑问，他会立刻得到一匹新马。[34]

巴格阿瓦尔德战役是关键一仗，它改变了高加索地区的格局。纳迪尔随后下令在波斯军队战前一晚过夜的山头上立起一座纪念碑，外形就仿照他本人的那顶帐篷。此时，在伊斯坦布尔，另一位大维齐尔因为战败的消息而下台。失去所有希望的占贾奥斯曼守军也在 7 月 9 日投降，第比利斯在 8 月 12 日投降。纳迪尔向这两个城市派遣了总督，然后以私人的名义造访了第比利斯。埃里温继续顽抗，纳迪尔则围困了卡尔斯，切断了城市的水供应，逼迫奥斯曼政府求和。

除此以外，巴格阿瓦尔德大捷还缓解了一个极其严重的威胁：5 万多名克里米亚鞑靼人在克里米亚鞑靼汗的带领下已经抵达了达吉斯坦。库普鲁鲁之所以在春季选择按兵不动很可能就是在等待这支部队，他们的到来直接触发了奥斯曼帝国与俄国之间的战争。俄国政府极其反感鞑靼人在俄国位于黑海北部和东部海岸地区的领土内移动。俄军首先攻进克里米亚，并在 1736 年春组织更大规模的部队进攻奥斯曼帝国，占领了亚速。

在与奥斯曼人的谈判中，纳迪尔最初要求对方撤出卡尔斯，但最终还是同意用卡尔斯换回埃里温，后者在 1735 年 10 月 3 日向波斯军队投降。为了尽快安抚好纳迪尔，同时迫于俄国的压力，奥斯曼政府还同意命令鞑靼人撤回。纳迪尔象征性地进入达吉斯坦攻击鞑靼人，却只在路上遇到了一支列兹金部队，他们在当地最高的一座雪山顶上修筑了防御工事。[35] 而承自蒙古黄金家族的鞑靼人却不战而退，在纳迪尔尚未靠近之时便踏上了回家的漫漫征程。他们往返 1500 多英里，却颗粒无收。

1735 年夏，在高加索地区，纳迪尔在与奥斯曼人的对决中取得了决定性胜利，但似乎也是在这个夏天，另一个敌人造成了虽然微小却致命的伤害。很可能有一只携带疟疾病毒的蚊子叮咬了纳迪尔，最初他还可以掩盖一下病症，但之后几年症状越来越明显。

尽管凛冬降临，群山覆盖着厚厚的积雪，行军异常艰难，但纳迪尔依然率军出征列兹金人，继续摧毁敌人、高奏凯歌之旅。他对索尔哈伊所部穷追不舍，派遣阿富汗人和火枪部队不断袭击列兹金人，将他们建在山中的防御工事接连拔除。最终，纳迪尔于 1736 年 1 月在加兹库木克河谷击败了索尔哈伊，列兹金部落首领则继续逃向阿瓦里亚。其他列兹金酋长选择投降，一位酋长（艾哈迈德·汗）还将两个女儿和一个儿子送给纳迪尔以示屈服。[36] 但索尔哈伊依旧在逃。纳迪尔从未完全制服列兹金人的叛乱，总有漏网之鱼。纳迪尔从达吉斯坦的山区出发前往穆甘平原。

到 1735 年底，纳迪尔取得的胜利已经扫清了 1733 年夏巴格达战败所造成的负面影响，并且完全收复了波斯西部和西北部地区。正如他的史官稍后总结的那样，他已经"从敌人手中夺过胜利之匙，将波斯人民从耻辱与奴役的压迫中解放出来"。[37] 他已经平息了穆罕默德·汗·俾路支发动的叛乱，收复了除坎大哈以外所有阿富汗人入侵之前的波斯边境地区。即使不具备合法性，他也无可争议地拥有国境内的最高权力，令所有的敌人闻风丧胆。现在是时候争取与其成就相匹配的无上地位了。但和往常一样，纳迪尔要迂回处理。

1735 年夏，纳迪尔向波斯全境下发命令，要求贵族、高级教法学家、官员做好准备，一旦埃里温成功收复，他们就必须前往大不里士或者加兹温参加一场大会。这次大会的目的是探讨并决定政府的常规形式，纳迪尔称他一直忙于收复失地而未能进行这项工作。之后，他又发布了更加详细的命令，规定了参加人员和地点，即穆甘平原。[38] 今天的穆甘平原被伊朗和阿塞拜疆分成了两个部分，地势广阔平坦、草场丰茂：

> 如果有人在地上放一个苹果，那么从很远的地方就能看到它，因为在这片平原上根本没有任何石头，甚至没有任何曾经有过石头的痕迹。不过，这里还是长满了各种草原植物，飞禽穿梭，野猪像羊群一样移动。[39]

纳迪尔之所以选择穆甘平原，就是看中了这里地势宽广、水源丰富、草场茂盛，以便为前来参会的各路代表团的大量马匹和其他牲畜提供草料。然而，对于预期的 2 万名访客来说，穆甘缺少住所。纳迪尔命人用芦苇修建了 1.2 万间小屋。而一些更重要的建筑（包括一座有院子和拱门*的宫殿）则由木材搭建。他们还

---

* iwan，拱门是一种典型的波斯建筑形式，可以追溯至萨珊王朝时期。它是一种高大的拱形门廊，前开后收。

修建了清真寺、休息室、澡堂、巴扎以及一座小型城市需要的所有设施。这里离贾瓦德不远，北边是阿拉斯河，南边是库那河，正好在两条河交汇处的西侧。因此，桥不可或缺：一座建在交汇处上游（阿拉斯河上），一座建在交汇处下游。军队围绕阿拉斯河大桥单独驻扎，东侧的下游大桥则在两侧修建了由大炮把守的要塞，以防偷袭。[40] 纳迪尔必须确保万无一失。

此次大会被称作"忽里勒台"（qoroltai，是蒙古语，意为聚会）。采用这个词说明纳迪尔再次将自己和自己的统治与早期的亚洲征服者成吉思汗和帖木儿联系到一起。成吉思汗曾经召开忽里勒台向贵族大臣们展示实力，接受他们的归顺与效忠，参会人并未有实质的参会讨论行为。忽里勒台仅仅是宣布仪式，而非选举活动。[41] 纳迪尔在穆甘举行的忽里勒台也是原样照搬。最详细鲜活的记述来自亚伯拉罕大主教。

大主教担心再次破坏宫廷规矩，为了参加忽里勒台，他于1736 年 1 月 14 日便早早抵达了穆甘，在那里庆祝了亚美尼亚圣诞节。* 但是圣诞节庆典过后开始下雪，天气异常寒冷，草房子无法保暖。大主教去问军警头目（纳迪尔的军事警察首领，负责大会的准备工作）能否在纳迪尔到来之前转去条件更好的地方居住。尽管军警头目担心自己会因为无法提供舒适的居住环境而受到责罚，但他还是准许大主教离开了，他说他不能逼迫大主教留下来，毕竟他年事已高，身体也不好。大主教可以在纳迪尔抵达时再回来，并且不会受到惩罚——"因为汗王关爱他，任何时候都不会伤害他。"[42]

---

* 主显节宴会，旧历在 1 月 6 日，新历在 1 月 17 日举行。

倒霉的大主教没走几天就不得不返回营地，因为 1 月 22 日纳迪尔便到了。匆忙赶回来的大主教在 1 月 24 日一早觐见了纳迪尔，但这次他完全不用担心。当着现场所有贵族的面，纳迪尔对大主教礼遇有加。他感谢大主教带来的礼物，表示很高兴再次见面。他说："欢迎你，哈里发！你好吗？精神好吗？身体还不错吧？天寒地冻，路上受伤了吗？毕竟你也上了年纪。到很久了吧？"大主教迅速想了想，决定不提他短暂离开的事情，回答道："我的汗王，安拉保佑您长命百岁。当我见到您那张受真主眷顾、永远精力充沛的脸庞时，寒冬便化为暖春。感谢上帝，陛下您安然无恙、身体康健、精神愉悦。"纳迪尔哈哈大笑，嘱咐军事警察给他安排舒适的住所，还说："照顾好他，他是一位受人尊敬的长者。"[43]

令人吃惊的是纳迪尔对实际情况了若指掌，他希望属下明白他完全掌握人员的来往以及住所的质量问题。随后，纳迪尔问了大主教几个有关埃里温官员们执政情况的问题，还询问了农具及春播的准备事宜。或早或晚，大主教发现纳迪尔早已秘密派遣了一位官员进入各个村庄，检查第二年播种的准备工作。

大主教不确定纳迪尔是否在试探他的忠诚，还是纳迪尔只是出于对田地问题、亚美尼亚农民和收成预期（春播所需的种子和牲畜依旧短缺）的关注，但他如实回答了问题。纳迪尔安抚道："别担心，我知道事实如此。真主仁慈，你不必感到窘困。"[44]他随后允许大主教回到自己的住所，第二天还赠送给他一只羊食用。几天后，他又送给大主教两件华丽的圣衣，上面绣有耶稣生活的场景，很可能是从格鲁吉亚抢来的。

这段简短的记录表明纳迪尔的行政管理方式与苏丹·侯赛因沙和塔赫玛斯普时期习以为常的松散懈怠之风截然不同。纳迪尔是出了名的好记性，尤其注重细节。据说，他知道部队中无论级别高低所有军官以及许多普通士兵的名字，还有他们的服役情况和收入等。如果有人向他抱怨收入低，他会当场用手中的念珠计算，如果有人试图欺骗他，通常都会被发现。他在每座城市都安排了密探，给所有城镇和省份的总督都指派了一名监察官员，以保证总督们循规蹈矩并及时发回报告。这些官员必须尤其注意财务问题，保持忠诚。然而，如此高效管理的目的仅仅是为了保持必需的财政收入以及时供给部队薪资，而对国计民生和社会繁荣关注甚少。无论民众生活多么艰辛，士兵们总能及时领到薪饷。[45]

大主教在记述中提到了另一件事，足以说明纳迪尔对于统治细节近乎残酷的关注，也展现了地方官员鱼肉百姓的疯狂行径。在忽里勒台时，大主教举报纳希切万省的税务官米尔扎·礼萨经常欺压附近亚美尼亚村庄的村民（甚至用斧头砍掉了一个村民的头），还总是强抢新婚女子。他还准许自己的一名手下绑架并强迫一名基督教女信徒转信伊斯兰教，不顾女子父亲的反对强行娶她为妻。

米尔扎·礼萨、他的手下和那名女子都在忽里勒台，那个可怜的父亲也跟随到这里寻求帮助。他们一同来到纳迪尔面前对质，大主教指控了米尔扎·礼萨。纳迪尔立刻下令惩罚这名税务官，6位行刑人用棍子从脖颈到双脚狠狠地打了他。他还想替自己辩解几句，但都是徒劳。纳迪尔决定使用笞刑，因此他们开始杖打他的脚心。看到这个人如此痛苦，大主教后悔了。他想请求纳迪尔停止行刑，却不敢直说，只能顺从地举起双手，垂首落泪。

看到大主教不忍笞刑继续却又不敢直说，纳迪尔下令终止刑罚。他们把米尔扎·礼萨拖到他面前，他让米尔扎·礼萨列出抢来新娘的名单递给他看。他还下令将那名被绑架的女子送到大主教身边，这位手下别无选择。纳迪尔不仅让强娶女子的那人签字，还下发了一份离婚命令，称该女子依旧是一名基督教徒，理应嫁给基督教徒，绑架者不许提起辩解诉讼。然后，他把离婚令和该女子交还给那位父亲，她被匆匆地嫁给了"某个年轻人"。从没人问过女子自己的意愿。

　　大主教去探望了米尔扎·礼萨，帮他把名单整理出来，彼时他被人裹进一条羊皮毯来止痛。纳迪尔看这份名单时发现了内容前后不一致，他给米尔扎·礼萨3天时间如实上报完整的数目。最终，米尔扎·礼萨得到了宽恕，但失去了所有的职位，而且如果不是大主教求情，他可能连命都保不住。[46]这种惩罚措施在纳迪尔的宫廷中是家常便饭，尤其是牵涉税务问题时。

　　接下来的几天里，全国各地的大员不断抵达穆甘营地，包括纳迪尔的弟弟易卜拉欣、从马什哈德赶来的塔赫玛斯普·汗·杰拉尔、从赫拉特赶来的皮尔·穆罕默德·汗和塔基·汗·设拉子。每天，所有重臣、省督、市长、军官、贵族、部落首领和毛拉们都要在日出时分穿戴整齐，前往宴会厅。纳迪尔则在两三个小时后出现，和众人一起做礼拜。由3000名火枪手组成的卫队会在他住所周边的封闭区域内巡逻，他们通常围成两至三道警戒线，组织严密，每人持一把挂带上有金银装饰的巨型火枪。

　　如果说静默的火枪手不够震撼，那么现场通常还有300名军警、300名刽子手（后卫部队成员，手持银制战斧，主要负责处决犯人）、300名王子（汗王们的儿子，他们直接受命于纳迪尔，执行杖刑）以及大量哨卫（几千名强壮的持火枪卫兵，他们日夜换岗守卫纳迪尔的住所）。所有卫兵和战士按级别排列，以严整的军纪经过纳迪尔的身边。之后，大人物们便可以放松了，他们摔跤、赛骆驼，随后自行散去。纳迪尔回去休息时通常还要招来几位密友饮酒，包括塔赫玛斯普·汗·杰拉尔、伊斯法罕的哈桑·阿里·汗和米尔扎·扎吉。再加上纳迪尔的弟弟易卜拉欣，这些人共同为纳迪尔在忽里勒台的行动出谋划策。哈桑·阿里·汗和米尔扎·扎吉早在塔赫玛斯普退位前便参与了此类事务。

随着时间的推移，纳迪尔开始在晚间同其他代表团的成员进行私人会面，他以美酒招待他们，探听他们的口风，引导他们配合自己的计划——这与纳迪尔以往的酒宴完全不同，他还邀请了一些平时不属于这个小圈子的汗王。[47] 在他们离开以后，密探便暗中跟随至其各自的帐篷外，探听他们的交谈内容。

又过了几天，一座高至少 220 英尺的巨型帐篷从加兹温运抵。纳迪尔的手下在一块预留的封闭区域内立起了这顶帐篷，作为他的临时宫廷。帐篷呈紫红色，由 20 根立柱支撑，每根柱顶都有一颗西瓜大小的银球。[48] 2 月 14 日是斋月的最后一天，为了庆祝开斋节，所有人前往大帐享受美食和歌舞，参加特别觐见仪式。纳迪尔坐在一块从伊斯法罕专门定制而来的地毯上，这块地毯以黄金和来自巴林的名贵珍珠装饰，价格不菲。[49] 这并非一场闲散的表演。如此庆典和排场都是为了让忽里勒台的参会代表提前明白并且接受这个严肃的计划，提醒他们纳迪尔俨然已经成为沙阿，仅仅缺少名分。

第二天，例行觐见活动取消，代表们被邀请到距离纳迪尔的住所有些距离的一块空地上。包括塔赫玛斯普·汗·杰拉尔和米尔扎·马赫迪在内的纳迪尔的 7 名高级顾问命令军警们按顺序将代表带至他们面前，同时传令下去：纳迪尔希望他们自行协商，决定由谁来统治这个国家。国土已然安定，而他本人也累了，只想回到呼罗珊的卡拉特去。代表们应该从萨法维的王子*中间选出一人或者其他德高望重之人来统治他们的国度。**他们7人要求代表们在当天的晚些时候给出自己的答案。[50]

忽里勒台之前，便有风声传出称萨法维王朝可能会重新执政。[51]也许有一些脑袋不太灵光的参会代表或者一些依然期盼旧王朝回归的保守主义者在听到纳迪尔的口信时不免为之一震，甚至开始盘算现有的萨法维王子中谁适合被推选出来。而在大部分经历了阿富汗入侵时期恐怖与灾难的人看来，尽管纳迪尔统治作风强硬，但仍然是他们的救世主，是一位强者，是理所当然的选择。

所以虽然尚未提名，但可供提名的人选其实只有一位。在这座政治的舞台上，宏伟的帐殿、凶残的火枪手、祈祷仪式和各种演讲都是背景、是精心绘制的幕布。不同的是，火枪手、军事警察和其他暴徒可都货真价实，虚情假意的言语背后，火枪、长剑、战斧、哨棍也都不是道具。忽里勒台的前三周对于纳迪尔来说可不是虚度时光，他不仅在自己的小圈子里精心铺垫，更争取到了许多重量级的代表，他必定从中获得了巨大的成就感。

由于担心表现得不够积极，贵族们争先恐后在约定的时间之前便交出了答案。7名顾问勤奋地在各代表团之间穿梭往来，小心翼翼地收起他们的回复。过了好一会儿，直到太阳落山，他们依旧在人群中来回照应。然而，统计回复的内容并不需要任何记

---

* 一些承自女性血缘的萨法维王子也受召来到忽里勒台（Floor, *Nader Shah*）。

** 答案很明显，波斯已经有沙阿了（年幼的阿巴斯三世），但无人敢提。

忆力——它们都是一样的。代表们几乎异口同声，称他们不要别的沙阿，只要纳迪尔。之后，他们被允许散去。

也许就在此时，纳迪尔的一名密探在帐篷外偷听到首席毛拉米尔扎·阿卜哈桑说无论人们在大会上说了什么，他们心里都依然惦念着萨法维家族。他甚至诅咒其他任何意图篡取王位的家族。第二天，纳迪尔命人用绳索套住首席毛拉的脖子并带到他面前，当场勒死了他。[52] 如果此时尚有代表对忽里勒台的真正意图不甚明了，那么这件事一定打消了他们的疑惑。

次日贵族们先到纳迪尔的住处集合，然后被护送到开阔的平原上，在那里他们像以往一样被分成若干小组席地而坐。过了一会儿，他们按要求站成一个大圈，7 名顾问站在中央传达了纳迪尔的新口信。口信说，既然参会代表不希望他退休，那么他要提3 个条件才愿意继续执政。

第一个条件是如果将来出现一名前沙阿的儿子或其他亲属争夺王位，他们不得给予支持。第二个条件是波斯人必须停止诅咒欧麦尔和奥斯曼，并且禁止在阿舒拉节期间将自己鞭打得血肉模糊。* 由萨法维王朝的首任国君伊斯梅尔沙阿挑起的逊尼派与什叶派之争已经造成了波斯和奥斯曼土耳其之间大量的流血冲突。波斯人理应接受逊尼派教义，将伊玛目贾法尔（第六任伊玛目）奉为自己教派的领袖。第三个条件是他们必须保证在纳迪尔死后依旧效忠于他的亲属及子孙，接受他们继承王位，不得发起叛乱。最后一个条件说明纳迪尔不是一名攫取权力的独裁者，而是一个朝代的开创者。他的家族将成为整个帝国的核心。萨法维王朝则

---

* 为了悼念侯赛因殉难，在每年的悲痛月穆哈兰姆月举办相关活动。

不仅仅是暂时交出权力，而是彻底结束了。代表们被告知回去好好考虑这三个条件，这一天到此为止。[53]

2 月 17 日，代表们重新齐聚宴会厅，庆祝活动还像前几天一样继续进行。随后，纳迪尔邀请了几位最年长的贵族与他共进午餐。席间，他又复述了拒绝登基的若干理由，恳请他们再择人选，如此他便可以回呼罗珊颐养天年。汗王们则坚持由他出任沙阿，恳求、试探、恭维此起彼伏。纳迪尔说尽管他们当面甜言蜜语，但背地里仍有诸多不满——这是实话，因为他从他们那里抢走了大量金银财宝，杀戮和破坏也不在少数。他所经之处只留下断壁残垣和人心惶惶，这片土地已饱受蹂躏。他说这些魔鬼行径必须结束，人民必须从未来的压迫中解放出来：

> 汗王们回答："您说的是实话，但您也是不得已而为之，否则将无法站在那个崇高的位置上统御部队。如果您不似这般意志坚定，又如何能获得如此伟大的成就？因此，我们再次恳请您一如既往，因为真主已经赋予您统治这块大地的力量。所有人都亏欠您，所有人自当顺从您。任何胆敢违抗您命令的人都应受到审判和谴责，而服从您的命令则将荣誉加身，否则治理国家将无章可循。"[54]

决定性时刻终于到来。纳迪尔表示赞同他们的说法，愿意接受象征王权的羽饰。对他来说，这一刻不仅意义非凡，而且颇具个人特色：他的敌人再次发现自己其实毫无选择，却还要像自由表达意志一样给予纳迪尔想要的结果，尽管后者从未公开要求过。但也有许多人，准确地说是绝大部分人确实满怀热情：有人真心敬佩纳迪尔击败波斯的劲敌，取得巨大的胜利；有人在他的治下嗅到了自己的机会；有人则认为他是沙阿的最佳也是唯一的人选。人群中至少有一个人对眼前所见倍感沉重。大主教亚伯拉罕稍后写道："我轻声祷告'上帝啊，我有罪'，然后他们允许我们返回住所。"[55]

一份列明条件的协议起草完毕，代表们花了3天的时间签字盖章，日常觐见仪式照旧。2月21日，纳迪尔召来大主教和埃里温省的行政官员。他叮嘱他们要好好照顾大主教、他的子民以及瓦加尔沙帕特修道院，重申了自己对于他们的保护。大主教善良忠诚、德高望重，他们必须尊敬他并听取他的意见。纳迪尔不希望从大主教那里听到任何不满的声音。

纳迪尔敬爱这位老教士，也许正是因为他为人诚实、虔心敬主、简单直白。在这件事情上，纳迪尔表现出了不同于以往性格的一面，如果没有大主教的记述，我们可能无法获悉。无论自己灵魂深处如何，他还是能够在他人身上看到美德，他也会施展个人魅力，成功迷惑了巴巴·阿里·汗和塔赫玛斯普。

协议既已签署完毕，纳迪尔开始赠送礼物。他以官职或者地位的重要性为标准，送给高级代表们每人一件荣誉礼服。他送给大主教的套服包括一件金布厚外套和一块精致的黑色包头方巾。纳迪尔还是花了些心思的，当他再次见到大主教时：

> 他微笑着对大臣们说："我还担心哈里发不会戴方巾呢，他从来没有摘下过头上的黑色兜帽。"当他看到我把方巾系在兜帽上时非常高兴，说道："多漂亮啊！头上就适合戴黑色。"[56]

宗教条件是纳迪尔与忽里勒台的代表们所签协议中重要的组成部分。纳迪尔提出的这项要求具有隐含意义——比它当时表现出来的影响更加深刻。从表面上看，纳迪尔从一开始就打算挑战萨法维王朝从伊斯兰教什叶派获得的宗教支持，并强行终结什叶派的重要教法。他的统治将扫清既往的王朝与宗教传统。波斯与伊斯兰教逊尼派的重新结盟对波斯以外的地区同样意义重大，纳迪尔希望以忽里勒台代表接受宗教条件一事作为证明，向奥斯曼大使占贾·阿里帕夏示好。这种意图在之后不久便表现出来。纳迪尔又让代表们通过了一系列条款，这次的内容是一份针对奥斯曼人的和平协议：

（1）波斯人已经摒弃了之前的信仰，转而选择逊尼派，他们理应被公认为第五学派 * 贾法里派；

（2）既然现有四大教法学派的伊玛目在克尔白均享有属于自己的立柱，那么伊玛目贾法尔也理应拥有一根立柱；

（3）波斯朝觐领袖理应享有与叙利亚和埃及朝觐领袖相同的地位，接受指派并负责组织波斯人前往麦加朝觐；

（4）双方交换战俘，决不允许自行买卖；

（5）双方互派大使常驻对方宫廷，负责两国之间的常规事务，巩固和平进程。[57]

由于占贾·阿里帕夏除了承认两国之间的传统疆界，并未从

---

* 伊斯兰教逊尼派承认四大教法学派——沙斐仪派、哈乃斐派、马利基派和罕百里派，这四派名字均来自早期的教法学家。

他的主人那里获得任何进行谈判的授权，他只得建议纳迪尔派遣
一名特使前往伊斯坦布尔去传达这些新的主张。纳迪尔表示赞同，
占贾·阿里帕夏于 3 月 6 日回到自己的都城，一同到达的还有包
括新任首席毛拉在内准备开展谈判的波斯人。纳迪尔似乎认为此
次大会的主要工作已经结束了——他的儿子、新任呼罗珊总督
礼萨·戈利也获准离开，同时离开的还有亚伯拉罕大主教。[58] 在
新一轮人事任免中，纳迪尔的弟弟易卜拉欣全权负责收复阿塞拜
疆失地，米尔扎·马赫迪则成为纳迪尔的正式史官。加冕典礼在
1736 年 3 月 8 日举行，这是经由星相学家选定的黄道吉日。[59]

加冕典礼当天，纳迪尔一如往常接见了剩下的代表们。他的座
席边环绕着弟弟易卜拉欣、小儿子穆尔塔扎·戈利*、侄子阿里·戈
利、塔赫玛斯普·汗·杰拉尔、米尔扎·扎吉和其他大臣。米尔
扎·扎吉手捧一顶巨大的状如头盔并饰以宝石和珍珠的金冠，置于纳
迪尔的头顶。然后大家共同做礼拜，接着仆人们端来金盘，上面是用
金器盛着的玫瑰水和果子露。最后，贵族们以传统方式向新沙阿施以
跪拜礼。绝大部分人随后便离开了，年轻的姑娘、小伙儿表演了音乐
歌舞。半个小时后，最后一拨客人也离去了，又过了两个小时，略感
尴尬的纳迪尔摘下了那顶华丽的金冠，换上了他常戴的四角帽，围一
条白色长头巾。鼓号齐奏了三天三夜。[60] 总体来说，这场仪式不算奢
华，只是例行公事。这时有流言称年幼的阿巴斯三世已经遭到杀害，
而实际上他被送到呼罗珊与父亲塔赫玛斯普一起监禁。[61]

---

* 穆尔塔扎·戈利是朱哈尔·沙德所生，她是阿比瓦尔德的巴巴·阿里·贝
格的小女儿。18 世纪 20 年代早期，在纳迪尔的首位妻子，即巴巴·阿里的
大女儿同时也是礼萨·戈利的母亲去世之后，纳迪尔娶了朱哈尔·沙德。

对于纳迪尔在加冕典礼上的创举，没有任何先例可以从宗教层面上加以比较。[62] 这些政策既出人意料又富于革命性。面对因取代萨法维王朝接踵而至的合法性的困扰，纳迪尔大胆颠覆了"合法"这一传统观念，即将萨法维家族引入的什叶主义重要教义，同时也是他们一段时期内执政的最主要理论基础宣布为非法。绞死首席毛拉不仅是排除异己，一定还有其他持异见者，如果纳迪尔愿意，也可以将他们绞死。杀死波斯地区领袖级神职人员标志着同旧秩序的决裂，作为忽里勒台期间唯一一起流血事件显得格外引人注目。

纳迪尔促成的宗教协定以及首席毛拉之死都说明他不打算通过与萨法维家族的竞争来获得波斯地区什叶派信徒的支持。他是他们的主宰，而非继任者。相反，他首先依赖军队，士兵正源源不断地从逊尼派阿富汗人、库尔德人、土库曼人、俾路支人以及其他（天然对新宗教政策感到满意的）人群中招募而来；其次是合法性，但对于成功的军事领袖来说，胜利便是他们受到真主眷顾的有力证明。[63] 如同罢黜塔赫玛斯普一样，纳迪尔几乎并未施以暴力手段便举重若轻般再次取得了政治胜利。但是这次他已经作为摄政王统治了数年，不再需要游说支持或者散布流言。一切尽在掌控之中，他的地位已无法撼动。

尽管纳迪尔在穆甘表现得相当独裁，他的宗教政策却留给波斯地区虔诚的什叶派信徒一条退路。毕竟，贾法尔是一位重要的什叶派伊玛目，波斯人也并未像伊斯兰世界的其他地方一样被简单地要求立即改宗逊尼派：他们可以保留自己独立的宗教身份。对内，纳迪尔废止了特定的什叶派教规，尤其是萨法维王朝早期施行的一些极端做法。他还向乌理玛签署命令，要求一如既往地推崇伊玛目阿里，但今后不允许再称其为真主的代言人，因为这种做法导致了什叶派和逊尼派之间的长久敌视。[64] 对外，他将此政策阐述为彻底皈依逊尼派——这里略有差异。什叶派内部存在一种教规，能够很好地适应这种状况，即塔基亚（taqiye）或掩饰礼。通过塔基亚内涵的引申，什叶派信徒得以从迫害中幸存下来——他们被允许在表面上接受加害者的要求，私下里却继续自己的什叶派信仰。* 伊玛目贾法尔便是塔基亚理论的主要倡导者。在之后的宗教谈判中，奥斯曼方的一位谈判代表坚持认为整场谈判不过是一次大型掩饰礼。[65] 总体来看，纳迪尔的宗教政策并未在波斯地区挑起大规模对立，人们还是接受了。移除萨法维王朝才更加不得民心。

纳迪尔决定采取其他方式来废除萨法维统治的旧有制度。一些同期文献显示他甚至拒绝使用"沙阿"这一头衔，而是告诉民众称他为"仁慈的主"。[66] 另一个表现是他选择红色作为日常服饰的主色调，这点我们可以从他的画像看出来。萨法维王朝的沙阿从不穿红色衣物，唯一的例外是向罪犯宣布死刑时。这几乎是常识，所以纳迪尔很可能是故意穿红色来强化其处事公正的名声。[67] 纳迪尔还基于摄政时期亲自组建的工作体系，发展出一套与萨法维时期截然不同的行政体制。这些变革主要针对提升效率和税收最大化[68]，但也存在一些形式主义：大维齐尔的职位就一直空缺。

另一个更能说明问题的例子是纳迪尔对待妇女的态度。苏丹·侯赛因沙由于过度热衷寻求性伴侣，早已声名狼藉。一份文

---

* 这种观念及其起源时的社会环境与耶稣会中精神保留（mental reservation）的信条类似。

献称，可以想见，其他贵族也纷纷效法。但纳迪尔阻止了这股
势头：

> 甫一登基，他便发布了一份命令，称任何试图奸污他人
> 妻子或将已婚妇女从丈夫身边强行掳走之人都将被处以死刑；
> 无论出于何种理由，任何人都不得以暴力手段逼迫拥有漂亮
> 女儿的父亲们将她们过早嫁出。在侯赛因统治时期，身份尊
> 贵的男性可以随心所欲地夺取任何他们喜欢的妇女，无论结
> 婚与否。但纳迪尔本人严格监控上述法律的实施，在他统治
> 时期几乎无人胆敢触犯。[69]

我们再一次在纳迪尔的故事中看到他亲自出面干涉，以防止
或惩罚劫持或强奸妇女的行为（尽管至少存在一起突出的例外）。
这些政策将他塑造成一位公正的统治者，更加受民众的欢迎，并
且从另一个侧面使他的统治性质明显区别于萨法维家族，同时也
更深地反映出了纳迪尔的个人动机。

纳迪尔还结束了萨法维沙阿将王室继承人囚禁在后宫的做法。
相反，他赐予儿子们军事和地方行政权限，发展自身能力以便承
继大统。在穆甘时，纳迪尔便让塔赫玛斯普·汗·杰拉尔作为导
师跟随礼萨·戈利前往马什哈德，监督他平息巴尔赫和其他地方
的叛乱。当纳迪尔离开穆甘前往加兹温时，他的另一个十几岁的
儿子穆尔塔扎·戈利王子则跟随自己的叔叔易卜拉欣·汗去教训
西阿塞拜疆的一个部落，经此一役，男孩"满载征服者的荣誉归
来"[70]。此时的礼萨·戈利大约17岁，穆尔塔扎·戈利至少小他
两岁。如同他们的父亲，两人也早早开始了历练。

马什哈德作为纳迪尔在呼罗珊的权力中枢，亦取代伊斯法罕成了波斯的实际都城，这标志着从萨法维体制而来的另一个重大转变。并且，同样重要的是纳迪尔的孙子沙哈鲁拥有正统的萨法维血缘，大大增加了他的千秋大业的合法性。

曾经的什叶派信徒、而今已经全方位转投逊尼派的纳迪尔对两派的教义全无眷恋之情。[71]有人怀疑他根本没有宗教信仰，他只是很务实地在公开演讲中引用一些宗教套话。后来成为纳迪尔私人医师的法国耶稣会修士说，很难看出他究竟信仰什么，而那些了解他的人则说，他没有信仰。[72]俄国外交官肯定也发回过类似内容的报告，因为在谈及与纳迪尔同期执政的声名狼藉的无神论者普鲁士的腓特烈大帝时，女沙皇伊丽莎白似乎说过："这个荒谬的东西，他从不去教堂，他就是普鲁士的纳迪尔沙。"[73]

纳迪尔转投逊尼派的决定完全出于政治考量。[74]波斯之外，这种信仰的转变意味着他打算征服并统一伊斯兰世界内部，表现了他希望获得更高政治地位的决心，而如果他和他的帝国依旧维持什叶派信仰，则根本无法实现这个目标。纳迪尔的核心动机不包含任何信仰的驱动，而是对于征服已知世界的渴望，以达到帖木儿的成就。在一则故事中，一位圣徒曾经与他探讨过天堂中的信仰：

> 在圣徒描述完它的奇妙与幸福后，沙阿问道："天堂中有类似战争和战胜敌人之类的事情吗？"圣徒回复说没有，纳迪尔说："那有什么幸福可言呢？"[75]

总的来说，纳迪尔对宗教还是充满兴趣的，可以参见他造访瓦加尔沙帕特时的情景。几年后，他命令毛拉、亚美尼亚牧师和西方传教士组成一个团队，共同将基督教的《福音书》翻译成波斯文，还加入了《古兰经》注释。但是，那些希望借助犹太启示录来改变他的基督徒可要失望了，没有任何教义在宗教比较中付诸实践。有文献称，当人们将已完成的部分内容念给纳迪尔听时，他一并嘲笑了基督教徒、犹太教徒、穆罕默德和阿里，还说译文表明基督教信仰也同其他所有宗教一样，内在充斥荒谬的矛盾。他还吹嘘说自己要创立一个宗教，比人类以往笃信的任何一个宗教都要先进。[76] 他的法国医师写道，纳迪尔相信自己如穆罕默德或阿里一般伟大，因为他们亦是因成了伟大的战士才成就了伟大的人生，而他自己已经取得了和他们同样辉煌的军事成就。[77]

从纳迪尔对待宗教的态度，我们很容易看出他的幼稚、盲目和以自我为中心，这说明尽管他拥有卓越的无情天赋，却完全无法理解宗教。也许他造访瓦加尔沙帕特和纳杰夫也是出于某种遥不可及的精神渴望，也许早年间经历过苏丹·侯赛因沙在位时期流行于波斯地区的狭隘专横的什叶主义之后，他再也无法正视宗教制度，眼中只剩批判与蔑视。但是，有证据显示他曾签署命令试图要求各宗教派别保持克制，一改苏丹·侯赛因沙治下的极端什叶主义倾向，还制止了强迫犹太人改宗伊斯兰教的行为。[78]

最后，纳迪尔信不信真主？在他所处的成长环境中，伊斯兰教是日常生活中天然基本的组成部分——这一点可以从他的信件和讲演看出来，其核心内容均为神性。伊斯兰教以其核心概念简洁唯一而著称。打个比方，当纳迪尔在战斗之前做礼拜时，他不可能不诚心。他十分清楚做礼拜的目的是为了显而易见的好处、为了他的部队占据优势，所以当他礼拜时，他是认真的。面对危机时，人们才会发现在自己的内心世界中宗教信仰具有如此令人吃惊的活力，因此他不是第一个也不会是最后一个心怀疑虑的人。无论我们多么怀疑当时的人是出于自身的利益才会断定纳迪尔本人敌视宗教、反对传统什叶派教法教义，即便他真的信教，也对宗教中迷信与虚伪的做法持有极大的怀疑与蔑视，其间还夹杂着真实的疑虑，毕竟还没有任何人定的宗教对真主的意义给出了恰当的解释。[79]

如果说纳迪尔对民众的宗教信仰一视同仁，那么他对他们的愿望与利益也没有区别对待，甚至对家族成员、各路酒友以及创业元老亦然。他蔑视所有宗教异端、伪教徒、亲萨法维的城市居民和塔吉克普通民众，他坚信手握一支强大的军队就足以实施统治，军队可以依靠榨取赋税来维持自身的开销，同时胁迫任何反对力量臣服于他。毕竟，帖木儿就是这样做的[80]：必要时，帖木儿和他的蒙古继任者曾经屠杀平民并将整座城市夷为平地，让废墟变成草场，以便他们在此地放牧——帖木儿以这种方式征服了伊斯兰世界的大部分地区。

但这里有一个问题——时代变了。纳迪尔能够在战斗中取胜的关键因素是他高明地大规模使用了火药武器，这是极大的对敌优势。大炮和火枪价格昂贵，并且只能在城市中制造。接受训练之后能够正确使用火枪的士兵必须持续训练并获取薪饷。在帖木儿的时代，从城市打劫和纳贡当然盛行，因为一支主要装备长矛和弓箭的游牧军队离开城市居民也可以自由生活。但是，战胜了阿富汗人和奥斯曼人的纳迪尔可是离不开大炮和火枪的，而这些都是什叶派工匠们在城市中制造的。购买枪械和供养使用枪械的士兵需要的财富只能从什叶派商人和他们在城市间的贸易活动中产生，这笔财富只能来自税收。如果希望城市和其中的经济活动持续运转，那么从长远来看，收税必须获得大众的同意。尽管胁迫之下的同意和心怀不满的同意也是同意，但如果恐吓手段使用过甚，导致工匠和商人们为了交税而深陷债务，再也无法养家糊口，那么现金流、物资供给、大炮和火枪的制造都会受阻停滞。

帖木儿式的恐怖行径与定居者的怨恨最终无法共存。恐怖自有其骇人听闻的逻辑，如同药物成瘾一样，为了达到相同的效果，就必须采取越来越极端的杀戮与毁灭。产生于城市经济的财富与税收逐渐减少，叛乱则接连不断。纳迪尔很明白这个道理，但他认为可以通过对外扩张与劫掠战利品来抵消恐怖政策对经济造成的下行效果，支付给士兵的工资和购买装备的钱足以保证城市经济正常运行，或者至少他需要的那部分经济可以运转：战争工业（这些产业在 18 世纪三四十年代得到了大规模扩张）。但如果照此继续，军队会不会像一只永远喂不饱的寄生虫，残酷地将波斯啃噬为一片沙漠？纳迪尔的错误观念在于他认为永远能从那些勤奋的城市居民身上多榨出一点油水，不过，直到 1736 年他才终于意识到他几乎已经碰触到底线了。

离开穆甘之前，纳迪尔透露出其宗教政策的另一面，或许这才是它背后的主要驱动力。在可以预见的未来，部队需要源源不断的资金供给，任何熟悉欧洲王公们在新教改革中采取的措施的人都能够预料到事件的走向。纳迪尔召集作为代表来参加忽里勒台的全部毛拉，询问他们如何使用手中的巨额收益。他们告诉他，所有钱款都按照捐赠者的意愿应用于宗教目的：在清真寺主持礼拜的毛拉们的薪水、教法学院的日常开销、大量清真寺的维护费用，因为他们每日每时都要在其中进行礼拜，为国王的军队祈求胜利，为波斯帝国祈求繁盛。

纳迪尔告诉他们，他们的礼拜显然毫无效果，因为50年来国家不断衰退，几乎就要毁于侵袭和叛乱，直到真主胜利的法器（指他的军队）出现并前来解救，现在士兵们时刻准备为帝国的安全与荣耀牺牲自己的生命。他指着自己的士兵说，这些可怜的"教士们"衣食无着，他们必须得到供养，无论形式：因此作为帝王，他希望将绝大部分的宗教土地和收益没收充公，转而支付军队的费用。会后，他告诉贵族如果人民还想支持毛拉，那么将来他们只能花自己的钱了。[81]

表面上将国教由什叶派转为逊尼派并不需要同时征用宗教收益，但也可以理解。纳迪尔有诸多动机去铲除什叶派最极端的一些教义，而从失势的什叶派教士身上攫取巨额财富的想法显然是其中最具诱惑性的。政治上，教派的转变弱化了以往独享收益的旧有教派的合法性，使征用工作可以顺利开展；同时，征用工作又反过来削弱了毛拉们的力量，使他们无力反抗他的统治。

没收来的钱财也许不如纳迪尔期盼的那么多：执行不利，再加上阿富汗人已经洗劫走一批财富。现有的证据不足以做出最后的判断，但一份当时的估算报告显示，教士手中的土地和收益总价值接近300万英镑[82]，数额可谓巨大，大致体现了此前什叶派的全部财富。

纳迪尔在穆甘开创的统治制度在很多方面，包括强调行政效率、宗教政策世俗化、刻意疏远萨法维王朝的旧制度，尤其是军事实践领域，从现代眼光来看还算进步——尽管他的统治预示着19—20世纪一些不那么吸引人的国家主义的影子。[83]他依靠天赋与本能从某个混乱时期的一段模糊背景中脱颖而出，利用公众期待一位强大而富有魅力的领袖将国家拖出泥淖的愿望来接近权力，这种模式在现代似乎更加能够引起共鸣。其他具备现代外观特征的事物随后登场，最引人注目的是筹建海军。尽管一些措施还算进步，但纳迪尔在施政时几乎没有考虑过波斯地区普通民众的利益，哪怕他能稍稍意识到他们的利益即自己的利益——只有民众生活富足，税收才能持久稳定，那么事态的发展也将会有所不同。虽然他知道像帖木儿那样严苛的毁灭性统治无法持久，并且将会危及王朝的未来，但至少目前他还不打算放缓执政的节奏，他还要为他的战马寻找新的草场。

从此时开始，纳迪尔的名字正式出现在货币上，并在主麻日礼拜中诵读，这是伊斯兰国家的传统。与往常一样，他让一位诗人编写一句阿拉伯语箴言，同时还要用阿拉伯语体现出他登基的时间（希吉来历 1148 年 / 公历 1736 年）。这位诗人想出一句箴言，可以翻译成"已经发生的事情即最好的事情"，随后被铸上新的货币。不巧的是，这句箴言转换成首字母缩写形式以后产生了相反的意思——"已经发生的事情不是最好的事情"。聪明人拿这句话开玩笑，还有些戏剧针对箴言本身取乐。新式王家印章上也刻有铭文：

> 自国家与宗教之宝消失于原处，真主以雅利安人纳迪尔之名将其归还。[84]

加冕典礼结束了，庆祝活动一直持续至诺鲁孜节之后很久。纳迪尔的下一个军事目标是坎大哈，他与部队中的阿富汗将领们进行了多次长谈，内容主要涉及城市周边地形与进攻策略。最终，他于 1736 年 4 月 14 日离开穆甘平原的营地前往加兹温，并在那里停留了 3 个月。其间，他面向全国签署了一份法令，要求禁止传播传统什叶派中针对并冒犯逊尼派穆斯林的教义。[85]

纳迪尔已经得偿所愿，这个梦想也许自他还是达雷加兹一个玩泥巴的小孩时起便梦寐以求 —— 波斯王座。作为一个正常人，他不会没想过当初嘲笑过他和他贫寒的家庭的那些人现在会说些什么。然而，通常真的得到那些期盼已久的事物时，我们便会发现它和我们曾经的想象大相径庭。

到达德里的大门

> 我们最强烈的冲动，我们心中的暴君，不仅服从于我们的理智，亦服从于我们的良知。

> ——尼采

1736 年初夏，纳迪尔在加兹温品味王权无拘无束的滋味，摆在他面前的问题主要有两个：与土耳其人和解以及进攻坎大哈。两者之间当然互相关联，他不可能在西线战火不断的情况下贸然向东线大举进军。从一开始，此次远征的目标就不仅仅是坎大哈。3 月初，亚伯拉罕大主教在离开穆甘之前便听到了军营中的传言，他当面向纳迪尔提过这个意图。纳迪尔说："你知道吗，哈里发，我打算让你后天离开。"大主教回答："愿我仁慈的主啊您长命百岁，江山万年。我全心向主，造物之主。今天我看到您征服了伊朗，今后更希望在主的照拂下看到您征服坎大哈和印度斯坦*。"纳迪尔听到这话非常高兴，他大笑着说："说得好，哈里发，说得好！"**

早在 1734 年 2 月[1] 就有传言称纳迪尔意图进攻印度，而他本

---

* 即印度莫卧儿帝国。
** Barikallah, khalifay, barikallah, CAC, p.101.

人可能在更早（1730年）便有了类似的想法，因此他才会对莫卧儿宫廷提出莫卧儿皇帝不得为逃亡的阿富汗人提供庇护的要求。莫卧儿帝国在阿富汗逃亡者事件上的不作为成为纳迪尔入侵印度的最终借口。怀着征服印度的宏大目标，纳迪尔下令为远征坎大哈做好准备。但还有一些麻烦需要先得以解决。

自从前一年6月在巴格阿瓦尔德打败阿卜杜拉·库普鲁鲁以后，纳迪尔一直断断续续地和奥斯曼人保持联络并进行谈判。成文于穆甘并由伊斯坦布尔的波斯人在1736年8月递交的提案已经算不上什么大惊喜了。深陷对俄作战的奥斯曼苏丹早已焦头烂额，而随着形势的发展，奥斯曼与奥地利之间的战争也越来越不可避免。尽管奥斯曼人热衷于拆散波斯与俄国之间的同盟关系并与前者修好，同时纳迪尔提出的针对反逊尼派宗教行为的禁令也相当具有诚意，但奥斯曼人无法接受纳迪尔关于建立新的贾法里教派的提议。[2]波斯人提出互派大使、双方释放俘虏的要求迅速得到了解决。此外，奥斯曼人还做出了极大的让步，同意指派一名波斯朝觐领袖。

在奥斯曼帝国领土以外指派一名朝觐领袖来负责朝觐事宜，意义非比寻常（尽管奥斯曼苏丹曾在1728年给予阿什拉夫·吉尔扎伊类似的待遇）。职责所需，此人必然要获得与奥斯曼地方官员打交道的权限。这是宗教友好的一项重要标志，尤其是奥斯曼人非常明白朝觐者在内心依旧是未经宗教改革的什叶派信徒，他们会在旅途中朝觐奥斯曼伊拉克和帝国其他地区的传统什叶派圣陵。

但在麦加圣域内竖立新支柱，在逊尼派原有四大教派的基础上增加新教派的提议对于奥斯曼方面来说几乎不予考虑。其统治正是基于维护正统逊尼派教义这一原则，因此任何针对宗教教义的革新，无论出于政治目的还是利国利民，都是不可接受的颠覆行径。纳迪尔的提议即便得到对方的慎重考虑，也只会加重帝国民众对奥斯曼苏丹的怨恨情绪。一位奥斯曼谈判代表曾经挑衅似的对比过两国的宗教地位（暗示奥斯曼人应该放弃任何与波斯人妥协的想法），他说奥斯曼帝国多年来杀死数量超过千万的异教徒并在纯洁虔诚的基础之上建立了他们的王国，波斯王朝可没经历过如此的圣战。与此相反，他们表现得"像个善变的女子……或者像条毛巾，不断地转手"。[3]

波斯首席谈判代表说，如果苏丹同意建立贾法里教派的提议，纳迪尔甚至准备向奥斯曼苏丹自降身份，屈居于类似克里米亚鞑靼汗那样的地位。为了达成持久的和平，为了让之前的异教徒波斯人永久性改宗正统逊尼派，奥斯曼人难道不能忽略一下他们的传统吗？然而，奥斯曼人很顽固。在纳迪尔未能稳定波斯全境之前，他们不会考虑他的提议。为了拖延进展、避免分歧，他们建议派遣一支包括两位宗教学者的使团到访纳迪尔的宫廷，就贾法里教派的问题做出更加细致的调研。

1736 年 10 月，奥斯曼人和波斯人在伊斯坦布尔签署协议，承认纳迪尔为沙阿和双方在 17 世纪确认的疆界，并将谈判中达成的共识正式成文，唯独搁置了宗教议题。与奥斯曼人激战正酣的俄国人发现纳迪尔公然违背承诺非常愤怒，纳迪尔只得拒绝承认这份协议，告诉俄国人自己决不会在未经俄国同意的情况下单独与奥斯曼人和解。但奥斯曼帝国和波斯之间确实进入了一种停火状态，同时纳迪尔的宗教议题也在继续讨论，为下一阶段重燃战火留下了可能性。这正合纳迪尔的意，也许就是他一直想要的结果。在拟议条约中插入宗教条款完全可能是他故意为之，如此便可以让这场空洞的谈判无限期延续下去。这种态度与他之后在其他场合表现出来的针对宗教问题的观点是一致的。

纳迪尔本可以在 1736 年重新发动对奥斯曼人的战争。某种意义上，这个时间点很合适：俄国不断侵袭黑海北岸，催促他加入战斗。但他知道军事行动将给在此前的战争中早已家徒四壁的波斯人民套上更加沉重的负担。同时，如果他想利用宗教政策来实现征服整个伊斯兰世界的计划，就一定不能公开与基督教政权结盟。在重新挑起战火之前，他需要喘息的时间，等待国力恢复并寻找新的财源来供给部队。这才是他远征印度的目的。

在加兹温时，纳迪尔收到了其他消息：波斯人收复了波斯湾南岸的巴林岛。拜苏丹·侯赛因沙所赐，这座岛在 1717—1718 年落入阿曼苏丹之手。自从 1734 年纳迪尔任命拉蒂夫·汗为海军舰队司令并送他到布什尔组建舰队开始，波斯势力在波斯湾地区不断增强。当时的直接目的是为了确保抓住穆罕默德·汗·俾路支，他正躲在基什岛上，但纳迪尔的海军计划并非一时兴起。

获得船只并不容易，经过几次不成功的探索，甚至在 1735 年绕路巴士拉之后[4]，拉蒂夫·汗才在 1736 年驾驶一艘借来的舰船抵达了巴林。他们几乎没遇到什么抵抗，几场小型冲突后顺利接手了这座岛屿。塔基·汗·设拉子认为拉蒂夫·汗是自己的部下，他派人将小岛城堡的钥匙送给了纳迪尔，收到的赏赐是将巴林岛纳入他治下的法尔斯省的管辖范围。[5]这场胜利鼓舞了纳迪尔继续发展海军事业的决心。考虑到远征印度不仅路途遥远，而且路况崎岖复杂，海路自然进入了他的考量范围。

抵达加兹温的还有不那么令人愉快的消息。1730 年，巴赫蒂亚里部落违背纳迪尔的命令拒绝迁居，制造了不小的麻烦。随后，他们趁着纳迪尔进攻奥斯曼伊拉克之机抢劫伊斯法罕附近商道上的旅行者。[6]1735 年秋，巴赫蒂亚里部落在查哈尔朗格部一位年轻鲁莽的首领阿里·穆拉德的带领下彻底叛乱。短短几个月他便召集了 2 万人，包括鲁尔人和其他一些部落。他吹嘘说自己会击败纳迪尔，将塔赫玛斯普从呼罗珊的监牢中解救出来。

如同不能撇下奥斯曼的威胁悬而未决一样，纳迪尔也不能无视身后如此严重的叛乱，反而向东进军开始新的征服计划。他从加兹温出发向南，同时命令该区域的总督镇压反叛军。巴赫蒂亚里人尽力一战，但最终被击败，阿里·穆拉德逃回伊斯法罕以西群山中的防御工事。纳迪尔率兵追击，占领了巴赫蒂亚里人位于里鲁克的堡垒，还命人追捕躲在山洞沟壑中的难民，他们一共抓获了 3000 多个家庭。

大部分叛军投降了，不过阿里·穆拉德失踪了。直到一天，纳迪尔的斥候抓住一名妇女，有人看见她从山上下来取水。她非常勇敢，拒绝回答任何问题，但在 24 小时不许入睡的折磨下还是招认了她为阿里·穆拉德和他的家人取水的事实。随后，她带领纳迪尔的人前往他们藏身的山洞。阿里·穆拉德奋力抵抗了几天，最终他杀死了妻子和女儿以免她们落入纳迪尔之手，自己出来投降了。他被带往舒什塔尔面见纳迪尔。

很长时间以来，巴赫蒂亚里的叛乱早已让纳迪尔头痛不已，旷日持久地抓捕阿里·穆拉德的行动更是让他倍感受挫，愤怒异常。既然先前的仁慈无人领情，那么此刻考虑到出发攻打坎大哈和印度的计划迫在眉睫，必须保证国家在他远征的情况下继续保持稳定，他决定以一个极端的例子来展现他的残忍。阿里·穆拉德被挖去双眼，割掉耳朵和鼻子，砍断双手双脚。两天后，这个可怜的年轻人躺在一池子血水中说了一声口渴便死了。[7]几千名巴赫蒂亚里人迁居到呼罗珊，该族大量士兵编入纳迪尔的部队。

纳迪尔在10月15日带领20万士兵和随军仆从回到伊斯法罕，他们"吞食沿途的一切，像一群蝗虫"。人们举行了庆典，还燃放了烟火，但悲剧随着纳迪尔宣布赋税翻倍猛然降临。随着拷打和处决等刑罚的执行，财富不断被收缴上来，1.2万名士兵驻扎在城里，王宫外的广场上尸体堆积如山。英国人报告称这座城"几近毁灭"。荷兰人称，市政人员在纳迪尔到达前所做的一份统计显示当时伊斯法罕有人居住的房屋仅有8000间，然而，在苏丹·侯赛因沙时期有9万间，即使在阿什拉夫·吉尔扎伊占领时期也有4万间。[8]

纳迪尔的官员在波斯全境收缴货币、军需品、牲畜和其他可用于远征坎大哈的补给物资。在克尔曼，收税官鞭打商户和市民，甚至强占他们的房子，直逼到他们交出钱财。印度和波斯商人一共上缴了1500土曼的银币，由于许多驮兽被征用，商贸活动近乎停滞。[9]在阿巴斯港，大量食品被没收，商人纷纷破产。如同以往，纳迪尔对准备工作非常谨慎。士兵所需的个人物资提前堆在行军路线沿途的荒漠里。大量驮兽被征用，有的商队甚至遇到牲口突然被从商道上直接劫走，商人和货物全被丢在路边的情况。

按照以往的习惯，纳迪尔在大部队出征前赠送给士兵们金钱，赏赐给军官们荣誉礼服。11月11日塔基·汗从设拉子赶来，除了给纳迪尔带来了极其名贵的礼物，还为即将发动的战争奉上了一大笔来自法尔斯的贡献。纳迪尔奖给他最爱的宠臣一匹良驹和一件荣誉礼服。[10]全国上下都在大肆敛财、征用物资、没收牲畜，对民生和经济造成了重大损害。

身处萨法维王朝的中枢官僚机构所在地伊斯法罕，纳迪尔实施了影响深远的国家行政改革，如果能够完成，国家将实现重大的现代化变革。他虽然接管了旧有的萨法维官僚体系，但同时也塑造了自己的新型行政管理模式。省督们在征收完本地赋税以后，只能留下自己的用度，其余全部需上交中央财政。通过这个系统，纳迪尔成功地将王室直管土地与省督们或者其他人掌管的土地融合为一体。纳迪尔还运用他恐怖的名声、新任官员的监督工作以及探子堵上了所有想出言反对的总督和其他官员的嘴。还在伊斯法罕时，他就要求从法尔斯、伊斯法罕和阿塞拜疆开始，不加区别地对王室土地、宗教土地及其他受保护组织的土地类财产做系统性评估。改革从塔基·汗·设拉子治下的法尔斯省开始，他很可能就是这项创新的设计者，因而特意被传召到伊斯法罕参加启动仪式。总督和官员们必须按期汇报细致的税收与花销账目，如果账目报不上，他们会遭到严厉的惩罚。当然，这样做的目的在于扩大收入、供养军队。之后统治者的税收账目就建立在纳迪尔时期那些汇总的精确的税收记录基础上。从这些改革措施可以看出，军事革命制造的第一波推动力是及时大幅度地提高了行政和经济运行效率。[11]

军队在 1736 年 11 月 21 日穿过古尔纳巴德战场，离开了伊斯法罕。为了应景，纳迪尔特意戴上了一顶由黄金打造、嵌有宝石和珍珠的新王冠。由 8 万人组成的部队不仅兵强马壮，而且为了更好地适应长途跋涉与前方的复杂地形，全军主要（也许全部）骑马。除了真正的骑兵，纳迪尔给自己预留了几千名骑乘矮马或者骆驼的步兵火枪手、几百门小黄蜂骆驼火炮以及几门轮式大炮。塔赫玛斯普·汗·杰拉尔随后带领至少 3 万名士兵从呼罗珊跟上。

皮尔·穆罕默德·汗单独带走了另一支庞大的部队去教训俾路支人，他会在任务完成后前往坎大哈与主力部队会合。[12]

　　纳迪尔在 12 月 22 日抵达克尔曼，经过 9 天的疯狂掠夺后才继续行程。部队向东经过巴姆，于 1737 年 2 月 19 日到达盖雷什克。此处的阿富汗守军眼见纳迪尔的大炮炸穿了城墙便立刻投降，但由于草料短缺，向坎大哈进军的主力部队不得不放慢了行进速度。纳迪尔几乎给全军都配备了马匹，这样做的好处是行军速度快、机动性强；然而，动物比人还要多，为了保证士兵们都能骑在马鞍上，他们每天需要准备大量的草料、干草和其他食物。他们接近坎大哈的季节也不好，春草还没露头，而侯赛因·苏丹已经把前一年的草料全部烧毁了。部队只得掉头向北，前往哈扎拉部落去收集草料，而后再返回坎大哈，在阿尔甘达卜河西岸扎营。

　　就在他们抵达的第二晚，吉尔扎伊人意图发动一场突然袭击。但纳迪尔军中的一些阿卜达里阿富汗人事先收到了消息，他们自行设计拦截了一支正在靠近的吉尔扎伊骑兵。阿卜达里人趁着漆黑的夜色假装成吉尔扎伊同胞在帕什图恩迎上了对方，他们随即发动进攻，完全压制住了吉尔扎伊人。阿卜达里人砍杀了很多吉尔扎伊人。吉尔扎伊人伤亡惨重，另有一部分人在渡河逃跑时溺水，也有一部分人逃脱了。另一支吉尔扎伊队伍虽然接近了纳迪尔的营地，但卫戍士兵将他们击退，侯赛因·苏丹的人只得退回了坎大哈。[13]

　　尽管时值春季，北边雪山上融化的雪水造成河流水位暴涨，纳迪尔还是涉水渡河，逼近坎大哈。他们绕到这座城市背靠的高大山岭的南侧，在东边扎营，距离 1709 年吉尔扎伊叛乱的策划者米尔·维斯的墓不远。3 月 21 日，纳迪尔在此地庆祝了诺鲁孜节。[14]

坎大哈城如同赫拉特一般固若金汤。这也许是纳迪尔在其
军事生涯中面临的最艰巨的一场攻城战役,同时他一如既往缺少
必需的重型大炮来炸开面前厚厚的泥制城墙,只能退而展开围城
战。*如同围攻巴格达时一样,一圈塔楼包围了坎大哈,中间散布
着小型炮塔,它们之间的距离都在火枪射程之内。纳迪尔还派人
制服了周围的堡垒和城镇,牢牢护住了补给线。4 月 19 日他命令
部队向东南方稍稍撤退一段距离,随后开始修建一座包含市场、
广场、浴室、马厩、咖啡室和清真寺的新城,取名为纳迪尔阿巴
德。如同在巴格达时一样,修筑这些建筑的目的不仅是给士兵们
在漫长的围城战役中提供休闲的场所,更是为了扰乱被围者的心
神,等于明白地告诉对方,在这场游戏中波斯人打算玩到底。另
外,在长期的围城战中,有必要为部队提供健康的生活条件,否
则一旦疫病蔓延,部队甚至会变得比城中人更加衰弱。虽然发生
了几次小规模冲突,但总体来说侯赛因·苏丹的人还是在城内坚
守。他早就预料到了波斯人的进攻,因此准备了足够的物资。

　　夏天的时候,侯赛因·苏丹收到消息称由他的一个儿子与穆
罕默德·塞达尔·汗共同驻守的卡拉特吉尔扎伊城堡投降了,后
者曾经效力于马哈茂德和阿什拉夫,统率部队进攻波斯人,并
在 1731 年纳迪尔远征赫拉特时与之正面作战。纳迪尔对待侯赛
因·苏丹的儿子十分友善,但他认为穆罕默德·塞达尔·汗是个
危险的麻烦制造者,便干脆刺瞎了他的双眼。[15]

　　有文献称,一位来自呼罗珊的诗人来到坎大哈献上了一首赞

---

* 牢固修建起的印度和其他东部堡垒的泥制城墙相比欧洲军事堡垒全石制
或外立面石制的城墙,能够更加有效吸收攻城炮弹带来的破坏能量。

美纳迪尔的诗歌。他在接见厅当众朗读了自己的诗，但纳迪尔并不喜欢。纳迪尔甚至让宫廷侍者把诗人带到营地去转一圈，当作奴隶卖掉，但没人买。纳迪尔问诗人："你是怎么来的？"诗人回答说："骑驴。"纳迪尔随后让侍者把驴卖掉。很快，驴就以一个很好的价格卖出去了。纳迪尔把钱给了侍者并把诗人赶出了营地，一路上供人嘲笑。纳迪尔实在不是一位文艺爱好者。[16]

10 个月以后，缓慢的围城进程耗尽了纳迪尔的耐心，沮丧之余他开始变得多疑、易怒。他从不喜欢在一个地方待得过久，但这次可能是他自身的基础疾病暴发出了早期症状，也有可能是疟疾复发了。伊斯法罕的荷兰人早在 1736 年夏就报告过纳迪尔在加兹温时生病了，有时无法消化食物。消化问题肯定是在日后才显现出的一种病症，所以这个消息应该是真实的。纳迪尔一定会隐瞒自己生病的消息。[17]

1737 年夏，纳迪尔的部队不断壮大，因为许多部将凯旋，但等待他们的是纳迪尔的失意与坏脾气。有一位将领仅因为多花了些时间才占领附近的一座城镇便被撤职，还遭受笞刑惩罚。

在穆甘忽里勒台期间，纳迪尔对另一位将领表现出了与众不同的信任，那就是皮尔·穆罕默德·汗。作为表扬，纳迪尔还把他介绍给了亚伯拉罕大主教。皮尔·穆罕默德·汗自 1726 年引导纳迪尔的部队进入马什哈德以来不仅忠心耿耿，而且能力出众。他是纳迪尔攻占赫拉特后任命的第一任省督，坎大哈围城战期间他正在征讨俾路支斯坦。也许是因为秉持严谨认真、一丝不苟的态度，他花了太长时间。于是各种恶毒的消息纷至沓来，称皮尔·穆罕默德·汗意图谋反，纳迪尔命人砍了他的头。此时讨伐俾路支人的军事行动已经成功结束了，皮尔·穆罕默德的部队回到纳迪尔阿巴德的宫廷，接踵而至的却是他们前任统帅的头颅。[18]
对于斩首皮尔·穆罕默德·汗这件事，纳迪尔显然后悔了。但这
起事件只是个前奏，更大的失误将陆续出现。

　　1737 年底至 1738 年初，坎大哈的阿富汗人已经吃马匹了，
但他们手里依旧留有大量的基本物资。纳迪尔对此焦躁不已。有
传言称他打算将围攻坎大哈的任务交给其他人，自己带领主力部
队前往印度。为了巩固围城的军事力量，把老兵们腾换出来配合
此项计划，他在 12 月下令给各个省督，要求他们征募 1.8 万名 13
岁~25 岁的男子，并派送到坎大哈。按照计划，他们应该经马什
哈德和赫拉特，赶在诺鲁孜节时与他会合。伊斯法罕及周边的村
庄必须提供 1500 名男子。亲人被带走以后，他们的家庭深陷悲痛
之中。出发前的两个月里，这些男孩子必须每天持重型火绳枪进
行训练，这种枪的长度几乎和他们的身高相等，光是扛起来就已
经相当费力，更别说正确使用了。他们要么在城里扎帐篷，要么
住进教法学校，当然毛拉们早就被赶走了。当他们离开时，伊斯
法罕的居民终于大松了一口气，因为他们"在城里胡作非为，招
来所有人的怨恨"。[19]

　　在他们抵达以前，纳迪尔决定改变策略。1 月底他下令大举
进攻坎大哈的防御工事，部队勇猛地攻占了好几座外围的塔楼，
尤为重要的是一座位于山岭北部边缘山顶上的一座塔，这条山岭
正好贴在城市的西侧。占据了这个位置，他们就可以进攻山岭北
部顶点的另一座名叫查哈尔齐那或者钟塔的炮楼。这座塔不仅防
卫森严，而且有大炮驻守。拿下这座塔以后，他们便可以俯瞰坎
大哈的其他防御工事了。为了轰炸附近的城墙和塔楼，士兵们艰难
地将大炮拖拽上来。距离最近的一座名叫得得塔的塔楼连接着城市

的主防御圈，这里可是波斯人集中火力的攻击重点。[20] 通过一座塔接着另一座塔的稳步推进，波斯人慢慢接近了坎大哈城墙上最薄弱的部分。

　　持续不断的炮火袭击给得得塔造成了巨大的损毁，它的护墙全部坍塌，守塔的士兵完全暴露在波斯人的炮口之下，但波斯大炮还是无法彻底摧毁它，甚至无法打开一个足够大的口子。每天晚上，阿富汗人都极其迅速地修补好白天炮击中炸出的缺口。3月13日，900名突击队员打算趁着新一轮炮火攻势发动一次夜间突袭。其中300人是巴赫蒂亚里人，在阿里·穆拉德叛乱之后，他们一直急于为自己的部落挽回声誉，因此要求主导这次袭击行动。一同出发的还有数量相等的库尔德人和阿卜达里人：他们都是纳迪尔军队中最好战的士兵。纳迪尔通过这种组队方式刺激了这三支队伍彼此之间的竞争意识。

　　不幸的是阿富汗人预料到了波斯人的计划，向塔楼派遣了增援部队。袭击如期展开，波斯人在折损了200名士兵后选择了放弃。但他们并未气馁，立刻开始策划下一次袭击。[21]

　　1738年3月21日，纳迪尔和他的将领们在坎大哈城外庆祝了第二个诺鲁孜节，一如往常举行了宴会，派发了礼物。3月23日，巴赫蒂亚里人伙同其他部队为再次袭击得得塔做了最后的准备工作。这次行动的参与人员达到了3000人，每一名战士都是从大量志愿者中精心挑选出来的。他们小心翼翼地埋伏在战壕和山洞里，或藏身于岩石之后，既将阿富汗人纳入射程范围，又不让他们发现己方的行动。在发动袭击的前一晚，纳迪尔秘密来到野外，亲自为他的士兵做了动员。他许诺如果行动取得成功，每人奖赏1000卢比，外加入城后抢得的战利品；但也表示如果他们胆敢撤退，那么下场将是砍头，尸体则喂给苍蝇和野狗。这番话引起了士兵们的些许不满，他们不喜欢被人威胁，更厌恶这种不信任。

纳迪尔发现突袭部队中有一名成员是位毛拉，叫阿迪那·穆斯塔菲，来自巴赫蒂亚里部落。纳迪尔不想让他参与突袭行动，便说作为一名文士与毛拉，他不应该拿自己的生命来冒险，打打杀杀不适合他。但毛拉阿迪那坚持要参加，他说："让我为您牺牲吧！这世上的凡人之事才是毛拉与文士真正应该关注的。真主保佑，您将会见识我的勇敢。" [22]

据说，纳迪尔特意将袭击安排在主麻日，因为他之前收到了一份密报称塔楼的卫兵会去清真寺做礼拜，数量会大幅减少。[23] 结束了 3 月 24 日正午为突袭行动祈福的最后一次礼拜之后，查哈尔齐那塔发出了信号，巴赫蒂亚里人背着攻城梯开始冲锋。尽管许多人被射杀了，但他们还是成功地突破到塔楼脚下，立起梯子，爬上塔身，与守卫者展开肉搏战。第一个冲到塔顶的人正是毛拉阿迪那。经过一番殊死搏斗，巴赫蒂亚里人终于夺下了该塔并沿着城墙方向对另一座塔发动了进攻，其他增援部队也从藏匿地点拥出，跟上了他们。

塔楼接连失陷，波斯人在塔顶插上旗帜来标示他们的进展。阿富汗人尽管不断增兵加入战斗，但在被占塔楼中波斯火枪手从未间断的射击攻势下几乎全军覆没。最终，侯赛因·苏丹眼见无望，便与一小拨阿富汗人撤到了城堡中，留下城中的居民任人宰割。[24]

纳迪尔命令城墙上的大炮朝城堡开火，隆隆的炮声将早已心烦意乱的侯赛因·苏丹逼到近乎崩溃。隔天一早，这位吉尔扎伊领袖派出了他的大女儿泽纳布——"一位异常谨慎的公主"——带领几位阿富汗官员表达了阿富汗人的投降意愿。纳迪尔愉快地接受了。次日侯赛因·苏丹亲自向纳迪尔投降，保住了自己的性命。他及其家人随后被送往马赞德兰监禁。

在城堡的监狱中，波斯人发现了阿卜达里酋长佐勒菲卡尔和他的兄弟，他们是纳迪尔在1731—1732年围攻赫拉特时的对头。失败之后，他们找到侯赛因·苏丹寻求庇护，但未曾料到侯赛因·苏丹把他们扔进了地牢。纳迪尔也安排他们去马赞德兰。[25]纳迪尔的手下还发现一名15岁左右的男孩子被关在监狱里，他的名字叫作艾哈迈德·汗·阿卜达里——注定是个做大事的人（阿富汗地区第一个独立统一的王朝杜兰尼王朝的建立者）。纳迪尔把他编入行伍，不久之后，他便成为阿卜达里部队的司令。

宏伟的坎大哈城堡被夷为平地，居民们被迫迁往纳迪尔阿巴德，那里亦成为省城。* 侯赛因·苏丹所属的吉尔扎伊部落霍塔克氏族被要求迁往呼罗珊。他们接手了内沙布尔周边及此前阿卜达里阿富汗人占领赫拉特之后的领地，阿卜达里人则迁回了坎大哈附近。这些壮观的人口迁徙活动在4月中旬全部准备完毕。另一支吉尔扎伊主要氏族被允许留了下来，他们的一位首领在坎大哈被围之初便投降了纳迪尔，他后来成为全族的领袖，负责统治卡拉特吉尔扎伊城堡。[26]大量年轻的吉尔扎伊战士充入纳迪尔的卫队。阿富汗的吉尔扎伊势力全面崩溃，吉尔扎伊人征服伊斯法罕的耻辱也已得报，最后一块从苏丹·侯赛因沙手里丢掉的波斯领

----

* 纳迪尔阿巴德之后更名为坎大哈，但现代城市之下依旧是纳迪尔的士兵在1738年修筑的基础。山岭下的旧城不复兴旺。

土也收了回来。

纳迪尔召来毛拉阿迪那，奖给他一个大口袋，走回去的路上毛拉才发现袋子里居然全是黄金。他觉得肯定是发生了什么误会，拎着袋子又回来了。纳迪尔告诉他，即使袋子里装满名贵的珠宝，它们也配不上他。[27]对纳迪尔来说，从毛拉们手里拿钱才是常态，给毛拉钱的事还真是少见，但不到一年的时间，纳迪尔会亏欠毛拉阿迪那更多。残破的得得塔虽然已经面目全非，但它诚然是通往德里的走廊。尽管纳迪尔已经收复全部的波斯失地，但他的野心还远没有被满足。

攻下坎大哈以后，纳迪尔休整了两个多月，1738 年 5 月 19 日他迎来了一位伊斯坦布尔派来的大使。这位大使带了 2 名顾问、700 名仆人和随行人员，花了一年的时间途经伊斯法罕和克尔曼才完成了旅行。他不幸感染了天花，在伊斯法罕耽搁了一些时日。抵达纳迪尔阿巴德时，他献上了几匹阿拉伯良驹和许多名贵的礼物作为奥斯曼苏丹对纳迪尔加冕的祝贺。但同时他也向纳迪尔转达了苏丹不接受贾法里教派以及在天房中建立第五根立柱的提议。

纳迪尔礼貌地与奥斯曼大使交换了意见，向他解释宗教问题是和平协议的基础。随后他赠送给对方名贵的礼物，并派遣一位波斯大使陪同返回伊斯坦布尔继续谈判工作。[28]大使们长途跋涉数千英里，赠送礼物之后再踏上返程，这场装模作样的表演还将继续进行。

前一年，在卡拉特吉尔扎伊发生了一场小规模战斗，之后一些侯赛因·苏丹的手下跨过坎大哈省的疆界，逃进了莫卧儿国境之内。而且显然，波斯方面发过消息给莫卧儿宫廷要求他们不得收留阿富汗逃犯，但莫卧儿政府也许是不愿意，也许是无法配合。1737 年 5 月 [29]，纳迪尔派遣另一位大使前往德里去表达这一主张，但没有收到回复。大使仅被允许逗留 40 天，但日子一天一天过去了，他没有发回任何消息。有流言称他和一位舞娘好上了，因此拖着不回来。然而，更加可信的原因应该是穆罕默德沙和大臣们不知道该如何处置他，便留着不让他走，也不加理睬。

1738 年 5 月 21 日，纳迪尔带领军队离开纳迪尔阿巴德向喀布尔进发。不久之后，他们跨过波斯与莫卧儿帝国的传统疆界（在莫戈尔附近），于 6 月 11 日抵达加兹尼。几支此前远赴坎大哈以北地区征服某些哈扎拉部落的部队也赶来会合。他们杀了很多人，抢了很多妇女，但遵循以往宽待女性的原则，纳迪尔释放了所有哈扎拉妇女。在去往喀布尔之前，纳迪尔花了一些精力制服加兹尼周围群山中的阿富汗人。[30] 他还有很长的路要走，必须尽最大努力保证补给线的安全。像往常一样，他以仁慈的态度对待主动投降的人，但对那些并非象征性地反抗一下或者出尔反尔的人则相当严苛。

尽管纳迪尔没能收到自己的大使寄来的信件，但很多文献都记载他与莫卧儿宫廷保持大量的书信往来，让他能够从围攻坎大哈的焦虑中稍微分分神。[31] 内扎姆·穆尔克是莫卧儿印度的资深政客，但在 18 世纪 20 年代初期穆罕默德沙执政早期一次失败的政权改革之后，他从宫廷生活中退了出来，返回德干执政。内扎姆·穆尔克的家族来自中亚的撒马尔罕。人们认为他是贵族中图兰尼派或称中亚派的领袖。有文献称阿瓦德的土邦王萨阿达特·汗也在这一时期与纳迪尔通信。萨阿达特·汗来自呼罗珊，是波斯派的领军人物。还有印度斯坦派，军队总司令汗·多兰便是其领袖之一。*

　　派系之间、大人物之间的斗争相当激烈，因而在过去的几十年间爆发了多次内战。此外，莫卧儿帝国还苦于一系列其他相关问题。一个是这些权力过大的贵族以及其他一些权臣利用自身的职务之便将大片的莫卧儿领土占为己有。他们只热衷于为了自己的利益而执政（比如德干的内扎姆·穆尔克），将自己的私人领地变成独立的领地。到 1738 年，穆罕默德沙只拥有相对很小的一块领土为自己直接管辖。随着大量领土渐渐以这种方式半独立于莫卧儿帝国，地主们和其他地方领袖随心所欲扩大自己的独立范围：有时候联合其他大贵族，有时候反对他们，但总是违背莫卧儿帝国的利益。[32] 荒诞的是，许多大地主之所以能够变得如此强大，正是得益于莫卧儿帝国在此前一个世纪大力提高农业生产效率的结果，比如各种灌溉工程及鼓励农民种植经济型作物。莫卧儿的统治结构衰退和瓦解的进程在不断加快。

　　莫卧儿帝国快速衰落的最大受益者是马拉地人。他们是西南方一群好斗的印度武士，趁着莫卧儿行政能力的下降，他们逐渐占领了一些区域。1738 年，马拉地人甚至洗劫了德里的郊区，逼迫穆罕默德沙割让了马尔瓦省。面对这些麻烦，穆罕默德沙控制一个派系去对付另一个来维系自己在宫廷中的地位，但他和他的高官们根本没去解决更深层次的问题。[33] 莫卧儿的统治者只会对眼前的事物与挑战做出反应，却没有针对正在削弱帝国的种种现象采取更加深层的措施。

---

* 限于篇幅，我所描述的印度政治派系和政府的概况难免有些过于简单。随着时间的推移，贵族间的联盟一直在不断变换，派系的组成当然不会总是与贵族的出身相关。

纳迪尔收到的信件（如果真有这些信件）正是莫卧儿帝国衰败的表现之一，派系分裂正将它推向覆灭。[34]有文献称内扎姆·穆尔克和萨阿达特·汗都曾直白地邀请纳迪尔入侵印度，特别是几年后有关内扎姆背叛自己主公的故事流传甚广。在纳迪尔与穆罕默德沙之间传递那些毫无意义的信件时，信使显然可以携带其他消息。一方面，除非存在某种形式的背叛，纳迪尔与内扎姆通信的意义何在？另一方面，内扎姆也不至于叛逆到直接邀请纳迪尔。也许内扎姆仅在信件中向纳迪尔致敬，表达了自己具备良好的职位与能力，可以解决当前两国之间的争议，一定可以让纳迪尔满意的决心。但是，考虑到内扎姆对穆罕默德沙有效忠的义务，这种做法已经算是背叛了，因此人们也很可能会倾向于在白纸黑字以外加入其他一些演绎的成分。信件中流露出的不睦之意一定使纳迪尔非常高兴，但入侵印度的计划早就确定了。这些信件不会产生任何影响，如果它们的作者认为自己能够讨好纳迪尔，那他们可就错了。

接近喀布尔时，另一支代表团前来觐见纳迪尔。他们是城中的贵族，前来归降。莫卧儿帝国派驻喀布尔与白沙瓦的总督此前恳求过德里的大员们将拖欠了5年之久的部队薪饷至少先给付一年之数，他才能够抵抗纳迪尔的进攻，守住喀布尔。德里的汗·多兰收到这条绝望的消息时不以为意，他说时间还有的是，薪饷的事可以再等等，等过了雨季，孟加拉的税赋收上来再说。[35]总督苦等无果，便将大部分部队撤回了白沙瓦。也有些人宁死不屈，在长官的带领下占领了城堡，决定坚守。

纳迪尔对城堡狂轰滥炸了几周，城中的居民纷纷央求他不要因为一小撮顽固的家伙而迁怒于他们。据说在此期间，纳迪尔下令将 80 名士兵开膛破肚，因为他们围观一位印度妇女惨遭强奸，却未加以阻止。同时，纳迪尔的轻型火炮几乎无法伤及城堡，但缺乏重型大炮的劣势得到了意外的补偿，一门莫卧儿自家的大炮在发射时产生巨大的后坐力，震塌了一座塔和一大截城墙。[36] 不久后，城堡和整座城市最终投降，此时已是 6 月底。

纳迪尔写信给穆罕默德沙，抗议对方在处理阿富汗逃犯事件上的无能。在解释占领喀布尔的行为时，他说自己不得不亲自追查逃犯的下落，但同时也提到了他对待喀布尔居民的仁慈宽厚与秋毫无犯。尽管事实就摆在眼前，他还是强调了自己与穆罕默德沙的友谊。一名波斯信使带着这封信前往德里，不幸的是他还没走到目的地就在贾拉拉巴德附近被杀害了。[37]

纳迪尔带领人马从喀布尔出发，向北抵达恰里卡尔地区*进行休整，那里有丰富的牧草、水源和其他必要补给。小股部队出动去制服周边的阿富汗部落，同时很多人在纳迪尔进军印度的事件中看到了个人致富的机会——大量新兵应召入伍。军队在 9 月初再次出发前往甘达马克、贾拉拉巴德和白沙瓦。一个世纪后，不列颠帝国军队正是在这条路线上备受折磨、饱尝耻辱，最终败给了吉尔扎伊阿富汗人。

听说自己的信使被杀，纳迪尔马上命令一队火枪手快马加鞭奔赴贾拉拉巴德。他们打得守军措手不及，闪电般夺下了该城，抢走大量谷物并实施了惩罚性屠杀。但杀害纳迪尔信使的阿富汗部落首领逃进了附近山中的据点。波斯人继续跟进，双方在阿富

---

* 靠近巴格拉姆的现代机场，这里在 20 世纪 80 年代的苏联-阿富汗战争以及 2001 年美军协助北约打击塔利班组织时期都是重要的战略位置。

汗人挖在山坡上的壕沟里发生了激战，最终波斯人夺取了据点。男人全部被杀，妇女被囚禁带离，包括首领的妻子们和姐妹。[38]不远处，在贾拉拉巴德南部还有另一处据点——托拉博拉山洞群。2001 年 12 月，美军与盟军部队计划在此地杀死或抓住奥萨马·本·拉登的行动失败。

主力部队在贾拉拉巴德稍做休息，他们在城西南方几英里的巴哈尔索夫拉扎营。1738 年 11 月 7 日，纳迪尔的大儿子礼萨·戈利王子遵照纳迪尔的命令从巴尔赫赶来与父亲会合。纳迪尔乐于见到儿子和孙子们，尤其在年纪渐长以后，他经常命令他们来看望自己。纳迪尔召来礼萨·戈利是为了自己不在时安排他为波斯摄政王。

礼萨·戈利在 1736 年纳迪尔加冕前不久被任命为呼罗珊省督。纳迪尔指示他去讨伐阿富汗山脉以北、阿姆河以南地区的安德胡伊和巴尔赫的叛乱，那些地区是波斯帝国的传统附庸。他还派塔赫玛斯普·汗·杰拉尔跟随引导这个年轻人，避免他冲动犯错。年轻气盛的小伙子和忠诚干练的"老野牛"在 1737 年晚春挺进安德胡伊。6 周后叛军投降，他们是一股分裂的阿夫沙尔部落成员，一些人在攻城之初便转投到了王家部队。这段插曲表现出这样一个事实：尽管纳迪尔已经取得了巨大的成功，但许多阿夫沙尔本族的亲戚和部落成员依旧记着纳迪尔早些年在阿比瓦尔德制造的种种不和，仍心怀怨恨，不承认他与他的统治。

离开安德胡伊，礼萨·戈利带领他的小队人马奔赴巴尔赫，不久该地也投降了。但礼萨·戈利不想在此地停留，他打算违背纳迪尔的命令，继续向阿姆河施压；而塔赫玛斯普·汗不仅没有按要求约束他的行为，反而鼓励他再接再厉。[39]8 月，礼萨·戈利带领 8500 名士兵渡过了阿姆河。他们向卡尔希进发，这是一座非常重要的城市，隶属于布哈拉的乌兹别克汗王阿卜勒菲兹。波斯人摆出了攻城的架势。阿卜勒菲兹从花剌子模、苦盏、塔什干、撒马尔罕和其他地方召来援军，解救卡尔希。

纳迪尔最害怕的事情终于发生了，但礼萨·戈利和塔赫玛斯普·汗不打算停手。在一场战斗的初期，乌兹别克人发起冲锋，波斯人不断后退，但随后波斯大炮投入了战斗。乌兹别克人和他们的军马都不适应火炮制造出的噪声和震荡波，纷纷被杀，幸存者逃回了城里。礼萨·戈利必定大喜过望：对于一位 19 岁的年轻人来说，这实在是令人陶醉。但他很快便收到了纳迪尔的命令，让他撤回阿姆河对岸。这些命令措辞决绝，纳迪尔愤怒地指责塔赫玛斯普·汗·杰拉尔将他的儿子带入歧途，并再次提醒他当初的命令是不可超过巴尔赫。他在信中称后者为"哎，老皮条客……"，还威胁说要砍了他的头。[40]

同时，纳迪尔写信给阿卜勒菲兹，表示绝对尊重汗王对布哈拉的主权，到冬天时波斯人将会退到阿姆河南岸。但即便如此，这对好汉还是闲不住，他们在兴都库什以北的昆都士扎营，甚至又向东跑进巴达赫尚山区，直到纳迪尔再次命令他们返回巴尔赫。回来的路上，他们收到了立刻经昆都士和喀布尔前往贾拉拉巴德的召唤。

看到礼萨·戈利归来，纳迪尔没有责难于他，他是那么宠爱自己的儿子。[41] 他为儿子的勇敢和年纪轻轻便充满军事热情而感到骄傲。他检阅了从巴尔赫返程的部队，赐给他们几匹自己心爱的阿拉伯战马、一些新式武器和装甲，并将绝大部分士兵编入自己的军队。对塔赫玛斯普·汗·杰拉尔，纳迪尔就严厉多了，一见面便斥责了他，但塔赫玛斯普·汗当众表达了愧疚之情，最终赢得了纳迪尔的原谅。

对于阿姆河的形势，纳迪尔有其他顾虑。他听说花剌子模的伊尔巴茨二世正在筹措土库曼大军准备进攻呼罗珊（这里的省督是纳迪尔年轻的侄子阿里·戈利）。纳迪尔打算在征服印度之后再亲自侵入河中地区：他不希望任何人，即便是亲生儿子，从他手中夺走征服伟大的帖木儿的家乡这一荣誉。他授权礼萨·戈利在他离开时代管波斯全境，赐予他将王族羽饰佩戴在右侧的权力，以示君权。*纳迪尔给他下达了严格的防守命令，即使面对伊尔巴茨主动来袭；严密监视萨卜泽瓦尔的塔赫玛斯普和其他萨法维王室成员；有情况及时与纳迪尔留给他的大臣和顾问们商量。他必须听从他们的建议，不得替换他们，这些命令在即使与纳迪尔失联超过 6 个月的情况下依旧有效。礼萨·戈利在 11 月 17 日离开，返回巴尔赫。[42]

纳迪尔既宠爱又信任他的儿子。许多父亲溺爱孩子，尽管没人能做到如此程度。纳迪尔信任他的家庭成员，他们是他信任圈子中最核心的部分。随着时间的推移，他在绝大部分空闲时间里与女人和家人待在一起。[43]他反对像萨法维家族那样将王子们禁锢在后宫，他愿意安排他们积极参与帝国的管理。安排礼萨·戈利做摄政王正是这一观念的合理延伸。这种做法对于繁荣纳迪尔的新生王朝不失为一条更好、更合理的途径，而另一种做法从各个方面都令他反感，也包含风险。确实应该有人在他不在时统治波斯，帝国内部的这种责任分割比其他责任分割方式都更为安全。

* 纳迪尔的二儿子穆尔塔扎在两天后获得了相同的荣耀。

但对于他年轻的儿子来说，这份责任诚然很重。永远有用心险恶的人致力于扩大分歧和误解。正如围攻坎大哈不利时纳迪尔表现出来的沮丧，他变了，也许迫于统治的压力，也许是疾病的早期症状。他越来越暴躁易怒，越来越多疑。

纳迪尔没有安排塔赫玛斯普·汗·杰拉尔陪礼萨·戈利回去。他也许认为尽管礼萨·戈利表现得有些冲动，但他已经足够成熟，不再需要一位导师了。回到阿姆河前线以后，礼萨·戈利对花剌子模的伊尔巴茨可能带来的威胁保持监视与警觉。但土库曼部落出于相互敌视与意见分歧最终走向了分裂，大军作鸟兽散。礼萨·戈利同他的堂兄弟阿里·戈利将司令部设在阿比瓦尔德以后，便回了马什哈德。[44]

礼萨·戈利王子离开后的第二天，纳迪尔的军队再次移动，他们在贾拉拉巴德东部扎营。这时，纳迪尔收到消息称莫卧儿帝国的喀布尔和白沙瓦总督终于下定决心坚守并保卫自己的辖省，尽管他依旧缺乏来自德里的支持。他在开伯尔山口集结了 2 万名阿富汗士兵，堵住了去往白沙瓦的路。尽管波斯军队更加强大，但在开伯尔狭窄的山谷中他们的人数优势根本无法发挥。正面进攻完全是让士兵送死，纳迪尔开销不起，而且在阿富汗山区遭遇战败，后果很可能是灾难性的。如果波斯人丢了脸或者表现出劣势，那些现在还算友好或者顺从的部落也许会立刻翻脸。根据以往的经验，纳迪尔决定想办法绕过这个障碍。一位当地向导告诉他，经恰托比小径有一条地势艰险但可以通至峡谷以南的路线，波斯人可以从那里包抄莫卧儿守军，从后部攻击他们。

1738 年 11 月 26 日，波斯人拔营，转移到开伯尔山口西北 20

英里处的巴里卡博。纳迪尔在此处分兵，将绝大部分人马留给了穆尔塔扎王子。他花了些钱收买当地的部落首领，获得了他们的默许，然后派 1.2 万人堵住通向开伯尔山口的主要道路来掩饰自己的真正计划，暗地里却亲自率领 1 万名轻装备骑兵按照既定路线向南出发。他让士兵在傍晚稍做休息，然后趁着月色再次上路，以便在几个小时之内趁着一片昏暗爬过小径中最陡峭的岩石山壁。清晨时分，他们出现在巴扎山谷，接着掉头向北。莫卧儿指挥官听说波斯军队从贾拉拉巴德出发逼近开伯尔山口，正在安排他的人正面对抗纳迪尔的部队，就在此时纳迪尔的部队经过将近 50 英里的长途跋涉，突然出现在他们身后，打了他们一个措手不及。莫卧儿战士尽管大吃一惊，但还是疯狂地投入了战斗，直到眼见司令和其他几位将领被俘，他们才作鸟兽散，丢下了阵亡和受伤的战友。通向白沙瓦和旁遮普平原的大路畅通无阻。[45]

大军穿过开伯尔山口，休整了 3 天后，纳迪尔立即向南奔赴已经敞开大门的白沙瓦。直到 1739 年 1 月初，波斯人才得以扎营休息。

在白沙瓦期间，纳迪尔收到一个万分悲痛的消息：他的弟弟易卜拉欣在讨伐高加索地区列兹金人的叛乱时不幸被杀。易卜拉欣显然是受到了礼萨·戈利在阿姆河取得成就的刺激（也许在更早的时候，这个男孩就已经使他的叔叔震惊不已），他决定在高加索的群山中为自己寻求荣誉。他从格鲁吉亚、希尔凡和其他一些地方召集部队，直接进山攻击列兹金人。他赢得了一场主要战役的胜利，但随后同自己的火枪手卫队在一片树木茂密的山谷里中了埋伏。山谷中地形狭窄，他们处于劣势，无法开展进攻，易卜拉欣被几枚子弹击中。最终，一枚子弹射穿了他的胸膛，他跌落马下。一名卫兵扶他躺下并喂他喝水，但他还是很快死去，全军覆没。列兹金人一开始还妥善处理了易卜拉欣的遗体，但随后把它从棺材里拉了出来，吊在一棵树上烧毁了。

纳迪尔伤心欲绝。他和弟弟共同经历过许多困难的时期，即便易卜拉欣并非总能谨慎处事，但他永远忠心耿耿。既然对他的家庭造成了伤害，那么这仇就必须报。达吉斯坦就此被列入未来的征服目标名单，排在印度和中亚之后。[46]

1739 年 1 月 6 日，纳迪尔离开白沙瓦，打算横渡印度河——旁遮普 5 条河流中的第一条。一座船桥早已在阿塔克修筑完毕，军队在渡河之后赶赴拉合尔，之后接连渡过另外几条河流，所向披靡。纳迪尔的部队在旁遮普大肆杀戮劫掠，烧毁了多座城市。

到达拉维河时，纳迪尔发现前路被拉合尔总督设下的壕沟和堡垒挡住了。1 月 21 日他绕过了这些障碍，从一个令人意外的方向袭击了总督集结起来防御城市的部队。第二天战斗继续，而此时总督却提出了和解要求。有人怀疑在内扎姆·穆尔克的怂恿下，总督只是象征性地阻挡了一下纳迪尔夺取拉合尔的脚步。但他的投降挽救了整座城市免遭洗劫，如果说他对波斯人的抵抗确实聊胜于无，也只是因为他想保护拉合尔，不愿意为了德里那个软弱的政权而牺牲它。对纳迪尔来说，他也很乐意从路上挪走这个障碍。他让全城交出20拉克卢比*，并让这个明智的总督继续执政。[47]

纳迪尔占领喀布尔的行为引起了德里的恐慌，穆罕默德沙召内扎姆·穆尔克回到宫廷。但实际掌权的人是汗·多兰，内扎姆的建议得不到重视。征募援军的信件飞向整个印度北部地区，马

---

* 1 拉克等于 10 万卢比，20 拉克相当于当时的 25 万英镑。

拉地人也收到了。尽管马拉地人的领袖巴吉·拉奥曾经多次跟穆罕默德沙对着干，他还是派出了一支部队，但他们没有抵达德里。另一支答应出战却没有露面的部队属于内扎姆·穆尔克的儿子。但萨阿达特·汗响应号召从阿瓦德出发，保证尽快带领部队到达德里。再次受到意见分歧和派系斗争的影响，组建一支军队并跨过北印度遥远的距离去正面对抗已经逼近的波斯人这一进程开展得很慢。

莫卧儿军队在 12 月 13 日离开德里，据说他们在行进途中占地 2 英里宽、15 英里长。但在 1 月 12 日以后，军队就没有再前进半分，而是停在了城北的夏利马尔花园。穆罕默德沙在月底时亲自加入队伍，而携带大量仆从与侍者奔向波斯人的莫卧儿军队最终也就走到了德里城以北 75 英里的格尔纳尔。全军在那里停了下来，2 月中旬扎下大营。[48]

纳迪尔在拉合尔时便得知莫卧儿军队已经从他们的首都出发了。他在 2 月 6 日离开拉合尔，16 日到达锡林德时收到消息称穆罕默德沙在格尔纳尔，部队由 30 万士兵、2000 头大象和 3000 门大炮组成，但实际上，加上所有的部队服务人员，莫卧儿营地的总人数可能高达 100 万。[49] 纳迪尔派出由 6000 名库尔德人组成的先遣小队进行调查，如果可能，尽量带回可以提供莫卧儿部队更具体位置的俘虏。他们出发以后，波斯人继续前进。纳迪尔的后宫和士兵们的行李则留在安巴拉由专人看守。主力部队继续前进，并于 2 月 19 日在距离格尔纳尔的莫卧儿大营仅 35 英里的沙赫阿巴德扎营。

当晚，库尔德人袭击了格尔纳尔的莫卧儿火器营，抓住了几个守卫。然后他们立刻向北返程，把俘虏交给纳迪尔。他发还命令让库尔德人深入探查莫卧儿大营周边的地形，22 日主力部队移动到塔内萨尔。纳迪尔让他的儿子穆尔塔扎王子留在此地指挥大军，自己带着几个人去了萨拉阿兹姆阿巴德，离格尔纳尔仅 12 英里。他们在一座老旧的砖式堡垒遇到了些许抵抗，但当纳迪尔搬出大炮时，守军立刻投降了。纳迪尔接见了再次押回几名莫卧儿俘虏的库尔德斥候团主要成员，更加清楚地了解了敌军的位置。[50]

巨大笨拙的莫卧儿军营覆盖了城北格尔纳尔平原的广大面积，周边围了一圈 16 英里长的泥墙。* 巨型大炮装点着城墙。军营的东边环绕着一条运河，北边是茂密的森林，从道路的两侧延伸出广大的范围，一直通到波斯人扎营的萨拉阿兹姆阿巴德。但莫卧儿大营里存在食物短缺、疫病横行等问题，甚至有一些部队因为讨薪引发骚乱。[51]

纳迪尔不愿意向这个对方的优势位置发动进攻，他也不满意现有的进攻方案，因此他不断谨慎地派出斥候探察周边的地理情况。纳迪尔的斥候部队可以在周边数英里的范围内自由驰骋，帮助纳迪尔详细构思计划、及时得知敌军动向，这是他最喜欢的方式。与此相反，莫卧儿人似乎没派出任何巡逻部队。不时会有一些离开大营去寻找草料的人，但都逃不过被波斯人砍杀的命运。这种事第一次发生时，幸存者包括一些伤员慌慌张张地跑回大营，四处喊着："纳迪尔来了！纳迪尔来了！"[52]

据说，波斯轻骑兵只出现过一次，就吓坏了魂不守舍的莫卧

---

* Fraser（pp.152 and 20）说是 7 卡斯，1 卡斯等于 4000 码。这样一圈下来少于 16 英里（Lockhart 1938, p.133 说是 14 英里）。Mohammad Mohsen Siddiqi（p.7）说是 5 帕拉桑，1 帕拉桑是一个人在 1 小时内的步行距离，长度一般计算为 3 至 3.5 英里。

儿部队。波斯人戴着高 18 英寸、围以山羊皮或绵羊皮的四角纳迪尔帽，肩上披羊毛披风，身穿开口衬衫，故意露出胸膛，下身着短马裤和皮靴。每人装备一把长剑、一条火绳枪和一柄战斧。[53]纳迪尔的骑行步兵和步行士兵的穿着也类似，区别是他们穿一件红色长外套，腰上绑一根束带，没有披风。重型骑兵穿锁甲和板甲，金属头盔的顶端有一根尖铁，它的作用是改变剑的攻击方向。

纳迪尔决定从东侧靠近莫卧儿营地。2 月 23 日一早，波斯军队向东南方进发，渡过莫卧儿军营以北的运河以后，在昆吉普拉东北方扎营，他们的身后是亚穆纳河。纳迪尔带着几名精选的护卫骑马离营去查看格尔纳尔平原。[54]

格尔纳尔和穆罕默德沙的军营东侧与昆吉普拉村之间有三四千米的开阔平原。从这片平原望出去，纳迪尔可以看到在风中飘扬的莫卧儿旗帜以及泥墙上的大炮。他决定从这个方向接近营地，引莫卧儿人正面迎战，双方就可以在平原上开战，否则，他就向南进军到巴尼伯德和德里。但纳迪尔相信从侧面发起袭击可以引莫卧儿人出战。

纳迪尔回到波斯大营召集他的军官们，首先他许诺会奖励在战斗中勇猛杀敌之人，随后他问他们如果战场失利，他们节节败退，那么在这离家千里的地方，他们打算如何自救？最好的办法当然是为了荣誉共同血战到底。他命令他们休息时甲胄不得离身，夜里也要随时待命。当晚，波斯人收到消息称萨阿达特·汗已经到达格尔纳尔以南 20 英里的巴尼伯德。[55]尽管脚伤尚未痊愈，他还是火速从阿瓦德赶来。纳迪尔派遣了一支骑兵去拦截他。

此时的波斯军队总人数大约是 16 万人，包括随军商贩和仆人。尽管许多人配备了武器，所有人都骑马，但真正的战斗部队只有 10 万人，据说部队中还有 40 个俄国人和 3 个英国人。但后者着实存疑。如果有俄国人，那肯定是工程师、桥梁专家、火器专家或其他方面的顾问。为了在数量上给人留下更加深刻的印象，随军妇女的服饰与男子无异，唯一的区别是她们戴面纱。除了来自伊斯法罕的部队、在坎大哈和巴哈尔索夫拉与他们会合的部队，军队中还有许多阿富汗部落成员。其他人则留在后方守卫纳迪尔沿路夺取的地区。[56]

2 月 24 日清晨[57]，纳迪尔兵分三路，右路交给塔赫玛斯普·汗·杰拉尔，中路交给他的儿子穆尔塔扎（由一群经验丰富的将领协助），左路交给了法塔赫·阿里·汗·卡亚尼和一位阿夫沙尔将领卢图夫阿里·汗。[58]穆尔塔扎收到的命令是沿着西南轴向前进，在格尔纳尔附近扎营。塔赫玛斯普·汗和卢图夫阿里·汗负责保卫他的侧翼，前者负责对付任何来自莫卧儿大营的阻挠。部署好以后，纳迪尔得知萨阿达特·汗从派去追击他的波斯人手中逃脱了，并在前一天夜里 10 点左右奋力赶到了莫卧儿军营。经历了漫长等待的莫卧儿大军和随军人员为他的到达举行了热烈的庆祝活动。

但萨阿达特·汗带来的两三万人马排成了长长的行列，许多落后的人在第二天一早才抵达莫卧儿营地。拦截部队的波斯人进攻了对方的后卫部队，抢走了行李。萨阿达特·汗在 2 月 24 日一早觐见了穆罕默德沙，然后回到自己的帐篷休息[59]，不久他得知后卫部队遭到袭击，500 头满载物资的骆驼被波斯人抢走了。萨阿达特·汗立即起身召集人手，骑着大象离开了军营去救人并寻回行李。长途跋涉已经让他们筋疲力尽，只有 1000 名骑兵和数量相似的步兵跟着他，第二轮召集命令发布后也仅有 4000 人响应，大炮也没带上。

萨阿达特·汗正午时分从军营出发，横跨平原时攻击了第一拨波斯人，他们可能是前些天作为先锋部队的库尔德人。象征性抵抗了一下以后，这些人分散开来，如同他们接受过的训练那样假意逃跑，引着萨阿达特·汗和他的人追着他们射击，向东离大营越来越远。马掌重重敲击着地面，踏起厚厚的尘土，莫卧儿人几乎看不到波斯主力部队已经摆好阵形在前边等着他们。萨阿达特·汗传回消息给其他莫卧儿将领 [60]，告诉他们波斯人正在撤退，敦促他们出营助自己一战。

萨阿达特·汗的消息在莫卧儿军营中引发了不同意见。穆罕默德沙希望他的军官们出营援助萨阿达特·汗，但内扎姆·穆尔克是典型的谨慎派，他说："轻率是魔鬼。"按照莫卧儿将领们原本的打算，战斗不是在那一天发动，而是两三天以后。仅此一次，汗·多兰同意内扎姆·穆尔克的意见：部队还没做好战斗准备，不可能按照传统集结大炮并部署到前线。他指责萨阿达特·汗的冲动，还说任何派去支援他的部队不过是徒增折损。

穆罕默德沙早已经对汗·多兰掌控军营不满，他指责汗·多兰是一个"自负的懒汉"。受到这场争论的刺激，汗·多兰穿戴齐整爬上自己的大象，做好了战斗准备。一大群期盼已久的贵族和骑兵加入了他的队伍，包括他的兄弟和几个儿子。伴随着鼓号齐鸣，这一支八九千人的队伍出发了，主要成员是骑兵，还有一些装备火绳枪的步兵、几门大炮和一些背着火箭桶的勇士。下午时分，更多的莫卧儿部队离开军营加入汗·多兰的行列。连纳迪尔都在战后写道："黑压压一片，全是他们的人。" [61]

　　波斯主力部队跑得并不远，当纳迪尔看到萨阿达特·汗的人马从莫卧儿大营出来时，便命令士兵停下，他很乐于见到他们。他离开此前的位置，但命令将领们不要移动。他的人搬来小黄蜂骆驼火炮，按照他的标准展开阵形。[62] 他本人戴头盔、穿甲胄，带领 1000 名阿夫沙尔骑兵作为自己的护卫。

　　纳迪尔选出了 3 支小队，每队 1000 人，分别由库尔德、恺加和巴赫蒂亚里骑兵组成，他们装备重型滑膛枪和大量小黄蜂火炮。他嘱咐他们下马，隐匿在昆吉普拉西侧的花园里，借城墙和树丛

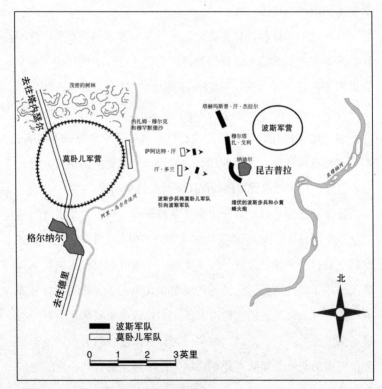

地图 3　1739 年 2 月 24 日，格尔纳尔战役

藏身，埋伏好等待汗·多兰的部队。他从自己最信任的火枪手部队中选出两支小队，每支各500人，命令他们骑着马引诱敌军继续向东跑，一支迎上汗·多兰，引他们到昆吉普拉，另一支迎上萨阿达特·汗，引他们折回波斯人的中路。部署好以后，纳迪尔一边"恳求慷慨的造物主给予他支持"，一边向敌人冲去，他的红穗旗在头顶上方飘扬。

萨阿达特·汗放慢速度等着汗·多兰的人跟上来，但这两位将军彼此妒恨已久，根本无法配合作战。波斯火枪手将他们引向两个不同的方向。汗·多兰光顾着追，没有适时统筹部队。至此，两位将军都已经远离莫卧儿军营，无法再获得任何援助。

萨阿达特·汗快追上时，纳迪尔的火枪手突然后撤，向波斯中路部队跑去，那里已经架好了骆驼火炮，子弹也上膛完毕。当莫卧儿士兵靠近时，心中窃喜的火枪手们迅速移动，等到尘土渐渐消散，所有波斯中路士兵一齐开火。浓浓的硝烟在成行的士兵中间腾起，萨阿达特·汗的人纷纷跌落马下。幸存者暴躁地冲过来，挥舞着长矛和长剑开始攻击。近身战进行得异常艰难，穆尔塔扎·戈利的人马很是吃紧。纳迪尔从左翼看到了这个情况，捎口信给他的儿子，让他下马祈祷胜利。*穆尔塔扎照做了，然后再次翻身上马。波斯人开始向萨阿达特·汗的小股部队侧翼包围过去。

当汗·多兰靠近昆吉普拉时，正在逃跑的骑兵也渐渐散开了，埋伏好的波斯火枪手和骆驼炮手开火反击了。汗·多兰的部队面对波斯人的突然袭击彻底陷入了混乱。子弹还在穿梭，枪口闪出

---

* BW说纳迪尔自己也下了马，脸紧紧贴在地上祈祷（p.164）。

的冷光即使隔着浓厚的硝烟也清晰可见。[63] 倒下的人越来越多，他们的反击丝毫不起作用。一些幸存下来的人伺机逃走，还有一些人奋力冲向了波斯人，但汗·多兰的绝大部分士兵还没来得及靠近就被射杀了。纳迪尔躲在火枪手和骆驼炮手身后一直没动，凝视着他们操控滚烫的枪械：开火、装弹、再开火，就像他们平时接受的训练。

在莫卧儿军营里，穆罕默德沙听到了密集的波斯炮火的声音。他督促内扎姆·穆尔克去支援汗·多兰，但尽管余下的莫卧儿部队也离开了大营并占据了运河边的位置，他们却再也没有向前走一步，据说内扎姆对一切行动请求全都视而不见，坐在他的大象上啜饮咖啡。也许他还记着几年前在朝堂上汗·多兰和他的同党嘲笑过他的事，他们说："看德干的猴子怎么跳舞。"[64] 内扎姆决定让汗·多兰和他的人自生自灭。

莫卧儿大象和象轿是一片乱战中最突出的部分，自然会吸引波斯火枪手和小黄蜂炮手们的火力。尽管贵族们给大象套上了金属护甲，轿厢也是装甲的，但滑膛枪从近距离射出的重型枪弹还是可以轻易击穿铁甲。汗·多兰的兄弟发现了这点，他在跳下坐骑时被杀。[65] 汗·多兰的长子也被杀，另一个儿子被俘。汗·多兰本人多处受伤，还被一枚滑膛枪子弹击中了面部，他瘫倒在象轿里失去了意识，血流如注。许多人逃回到运河，但仍然有 1000 名最勇敢的战士下马奋战，最后他们把战袍的下摆系在一起共同赴死。[66] 一些忠心耿耿的随从聚集在汗·多兰的大象周围，赶着它穿过硝烟、尸体和各种混乱回到了安全地带。随汗·多兰出战的许多莫卧儿贵族被杀了，其他人则被俘。

将近两个小时后，中路的战斗依旧激烈。在这里，大象上的

△ 13. 纳迪尔沙入侵印度期间，阿夫沙尔代表团与莫卧儿皇帝的使者谈判。

▽ 14. 描绘德里红堡接见大厅的水彩画。这幅图展示了接见大厅的红色遮阳篷，篷的下方是为皇帝离开而准备的轿子，图中不同的人物履行不同的职责。

△ 15. 从河对岸绘制的德里红堡水彩画

▷ 16. 这幅画描绘了纳迪尔沙发现他的士兵在德里暴乱中丧生大为震怒的场景。

△ 17. 约 19 世纪中叶绘制的金色
清真寺水彩画

◁ 18. 印度莫卧儿王朝的皇帝穆罕
默德沙

△ 19. 这幅画描绘了印度德里红堡接见大厅中的孔雀王座，它由皇帝沙·贾汗用黄金和珍宝打造，之后被纳迪尔沙掠夺回波斯。这幅画于 1879 年从印度博物馆转移而来，现存于英国维多利亚和阿尔伯特博物馆。

△ 20. "光之海"钻石，是纳迪尔沙从德里劫掠回的战利品之一，可能是世界上最大的粉色钻石。

△ 21. 纳迪尔沙在达吉斯坦铸造的银币，左边是正面，右边是反面。

△ 22. 波斯沙阿卫队中手持长矛的波斯骑兵

△ 23. 这幅插图描绘了纳迪尔沙率领军队对抗伊尔巴茨的场景。

Cavalier Ghezelbach. Epoque Séfévide
Qezelhash cavalryman, Safavid period

△ 24. 一名奇兹尔巴什士兵

△ 25. 波斯长剑。除了火枪，波斯步兵还配备了用于近距离战斗的长剑。

△ 26. 这幅来自乔纳斯·汉韦著作的插图反映了西方人对于晚年纳迪尔沙的看法，图的背景是一座由头骨搭成的塔楼。

△ 27. 1747年艾哈迈德·沙阿·杜兰尼建立了独立的阿富汗政权。

△ 28. 泰穆拉兹二世，1762年逝世于圣彼得堡。

◁ 29. 恺加王朝创始人阿迦·穆罕默德沙

▽ 30. 本杰明·辛普森爵士于 1881 年拍摄的坎大哈老城堡废墟照片。坎大哈是阿富汗第二大城市,位于该地区南部。这座古老的堡垒在 1738 年被纳迪尔沙摧毁。

△ 31. 大不里士是高加索南部波斯帝国政治和军事力量的中心，图为大不里士的城门。

△ 32. 由俄国画家绘制的瓦加尔沙帕特的主教座堂

将领们同样是易于瞄准的目标。萨阿达特·汗的部队尽管严重减员，但仍然坚决战斗。就在这时，驮着他侄子的大象受伤了，这头发了疯的动物像一辆失控的超大碰碰车冲向了萨阿达特·汗的大象，两头大象在乱军之中纠缠在一起，它们显赫的主人们则在象轿里绝望地支撑着。萨阿达特·汗还继续坚持战斗，他向下方的敌军射箭，但最终波斯部队中一位呼罗珊同乡在向他呼喊致敬之后沿着从大象身体侧面坠下来的一条绳子爬了上去，说服他投降了。其余将领不是投降就是逃跑了。两个半小时的时间里，波斯人一路砍杀，赶着战败的莫卧儿士兵跑回到他们营地的大炮射程范围之内。

天色渐暗，纳迪尔带领人马停在一个安全位置，遥望躲在运河后面的莫卧儿部队。至少1万名印度人被杀，而波斯方面大约400人阵亡，700人受伤。纳迪尔非常满足，他克制住冒险跨过运河进入莫卧儿火力射程去进攻对方余部的冲动。他感谢真主赐予他胜利，并将穆尔塔扎改名为纳赛鲁拉（意为"真主的胜利"）来纪念他参与了此次战斗。[67]他派部队包围住莫卧儿军营，摆下围攻的阵势，阻止物资进入和人员逃出。

萨阿达特·汗被俘和汗·多兰阵亡的消息在莫卧儿军营中引起了巨大的恐慌，秩序彻底失控了。那些被杀或被俘的贵族们的帐篷、牲畜和其他财产被洗劫一空。当汗·多兰被抬回来时，随从们甚至找不到合适的地方让他躺下。[68]他很快就死去了，但在死前他的死敌内扎姆·穆尔克为了报复他之前的羞辱，来看望并嘲笑了他。

虽然纳迪尔仅打败了一部分莫卧儿的军事力量，但战败的耻辱、贵族们死伤众多和萨阿达特·汗被俘等都对莫卧儿王朝的声誉造成了毁灭性的打击。然而，更糟的还在后面。这场灾难是如何发生的？无论在军事上还是其他方面，莫卧儿帝国脱离现实世界已经有一段时间了。无法随机应变以及为需要花费长时间填装弹药的大炮提供了绝佳攻击目标的大象就是证明：为了炫耀，有人认为它们是男性的象征。当对付拥有足够经验、不惧怕它们的对手时，它们便成了负面资产。[69] 几乎没有哪一支莫卧儿部队经过训练达到波斯人的火枪技能水平，军队中持用火器士兵的比例也低得多。尽管交战双方都使用了与欧洲相比都算得上大口径的武器，但绝大部分莫卧儿火器都是火绳枪，而许多波斯人却装备了更为精巧、具有燧石点火装置的滑膛枪或卡宾枪。这种枪械更易于在马背上使用，开枪速度更快。组成骑兵部队的许多莫卧儿贵族鄙视用其他武器作战，他们只崇尚剑，作为同样推崇贵族主义的欧洲同仁必定对此印象深刻。当时就有人认定波斯人具备军事效率的先进性，他写道：莫卧儿人作战勇猛，但"弓射出的箭无法抵抗火枪射出的子弹"[70]，准确地总结了纳迪尔军事改革的效果。

印度部队的补给也跟不上。士兵们需要自己支付食物、装备和火绳枪械的费用，因此他们通常只携带两三发分量的火药和子弹。纳迪尔总是煞费苦心准备作战物资，他要给士兵提供一切所需，保证他们装备完好。弹药充足、训练有素可以保证他们在长时间的火器对决中取胜。

在格尔纳尔战役中波斯人的伤亡数量不算少，这说明莫卧儿士兵还是奋力一战了。尽管他们勇敢坚韧，但得到的指令糟糕至极。军官们没能做到正确使用大炮、协调统筹、互相支援，总的来说，他们更热衷于维护个人声誉，而对追求共同目标置之不理。

再加上他们把自己摆在一座异常脆弱且极不稳定的战斗平台上，那就像任何怀有恶毒幽默感的敌人特意给他们设计的一样。[71]

纳迪尔的战场指挥是他的典型风格，即主要依靠一小股他最信任的部队，将他们编成小规模战术部队，许多人直接由他指挥。* 多年以后，这场战斗被认为是他军事成就的巅峰荣耀。一些评论者通过减少与他对战的莫卧儿士兵的数量及过分强调他们的组织无序来夸大取胜的轻而易举。** 尽管莫卧儿军官的指挥无方给纳迪尔创造了便利条件，但胜利的果实依旧来源于他的精心策划、部队的严明纪律和他当时的沉着指挥。这是一场重大的决定性胜利。

2 月 24 日傍晚，纳迪尔命人带萨阿达特·汗来见他，询问他如何能够轻松地从莫卧儿皇帝那里收缴到赎金以便返回波斯。萨阿达特·汗建议他召内扎姆·穆尔克来商量。纳迪尔派人去觐见穆罕默德沙，特意让他手持一本《古兰经》以示和平。穆罕默德沙还想继续战斗，但他的顾问们劝他说部队已经折损了大量贵族将领，无法再继续战斗，同时波斯人的封锁也使得莫卧儿军营中食物短缺的情况愈加严峻，几乎已经演变成饥荒。纳迪尔的使臣请求皇帝派内扎姆去商谈。第二天傍晚，内扎姆·穆尔克在几位

---

* 纳迪尔打败莫卧儿人使用的战术类似 1722 年阿富汗人阿马努拉·汗在古尔纳巴德击败鲁尔人阿里·马尔丹·汗的策略。1761 年，入侵的阿富汗人在巴尼伯德战役中也派出了骑马的火枪手，重现了纳迪尔在格尔纳尔战斗中部署火枪手的方式。由 Gommans 验证的阿富汗人的军事革新（Gommans 2001）其实大多归功于纳迪尔沙，毕竟他们最伟大的领袖艾哈迈德·沙阿·杜兰尼是在纳迪尔的军队中学会军事战术的。

** 尤其是 Sarkar 和 Lockhart。

贵族的陪同下离开军营去见纳迪尔。

　　一位亲历者汇报称，走在路上时莫卧儿代表们穿过战场上的波斯士兵去哄抢早先战败的莫卧儿人抛弃的行李箱。当他们抵达约定地点时，天已经全黑了。内扎姆和其他贵族骑着装甲大象，从头到脚挂着板甲和锁甲。[72]

　　据另一位目击者称，纳迪尔热情地欢迎了内扎姆一行人，随后两个人进行了长时间的会谈。纳迪尔首先发问，为什么他的特使被扣押，为什么他之前发出的信息没有得到回应，为什么他不得不花费重金率军进入印度来亲自提出这些问题。内扎姆回答，帝国无法满足纳迪尔的要求，但他们之所以保持沉默，部分原因是想亲自面见纳迪尔以获得亲吻他双脚的殊荣。

　　纳迪尔微微一笑，随后抛出一长串波斯对莫卧儿帝国的指责。他说莫卧儿皇帝欠波斯人民一笔表彰奖励，因为他的皇位是帖木儿送到德里的。穆罕默德沙的祖父曾经请求并得到过波斯人提供的1万名骑兵的军事援助，但从未支付任何酬劳。波斯和莫卧儿曾经签署过一项互助协议，即如果一方遭到袭击，另一方必须给予援助，但波斯多次遭受战争的毁灭，莫卧儿帝国却从未提供当年许诺的帮助。为了从奥斯曼土耳其人手中收复波斯诸省份，纳迪尔挪用了大笔资金，他现在最感兴趣的事就是把这些钱找补回来。谁有钱呢？

　　这些指责显然是赤裸裸的凭空捏造，是毫无依据的狮子大开口，但内扎姆无法争辩半分。他附和称这些都是正当的要求，愿意代表纳迪尔同皇帝进行交涉。他对纳迪尔说他的命是纳迪尔的，他完全服从纳迪尔的命令。纳迪尔称赞内扎姆说话得体，表示他会宽恕皇帝和他的军队。他让内扎姆告诉皇帝两位君主应该在第二天安排一场两军之中的私人会面。[73] 双方暂时同意莫卧儿皇帝应该赔偿纳迪尔一大笔贡品，以便他们返回波斯。

2月26日穆罕默德沙乘坐一顶华美绝伦的轿子，按照安排来见纳迪尔。塔赫玛斯普·汗·杰拉尔带领一名护卫在半路迎接，他向《古兰经》起誓决不会伤害皇帝。当他们抵达波斯军营时，纳赛鲁拉王子迎上前并亲自引领穆罕默德沙进入军营，一直走到纳迪尔的大帐，纳迪尔正在帐外等候。两人在一张长榻上落座，侍者端来咖啡。为了表示友好，纳迪尔亲自把杯子递给了穆罕默德沙，他还要求用突厥语进行交谈来强调双方共同的土库曼血统。穆罕默德沙此时表示愿意将他的帝国献给纳迪尔，纳迪尔回答："我向您的皇权与帝国致敬，尽管我是它的主宰，但只要您能满足我的要求，我便将它归还于您。"[74] 仆人们送来正餐，纳迪尔特意将自己的食物与穆罕默德沙对换，证明没有下毒。会谈在友好的气氛中进行，穆罕默德沙在傍晚时分返回自己的军营。

格尔纳尔的惨败没有唤起莫卧儿贵族团结一致抵御外敌的决心。莫卧儿军营中一场争吵正在上演，内容是由谁来顶替已故的汗·多兰空出的职位，争抢的焦点是财政大臣。内扎姆·穆尔克把这个位子留给了自己的儿子，但此举惹恼了一些年轻的贵族，因此穆罕默德沙为了平息他们的不满情绪，决定任命内扎姆·穆尔克本人为财政大臣兼部队总司令。然而，这个决定激怒了萨阿达特·汗。他告诉纳迪尔只要他亲自带兵进入德里，就必定可以从穆罕默德沙手里获得比内扎姆应允的数额更大的财富。唯一的妨碍就是内扎姆·穆尔克，如果纳迪尔能伺机抓住他，那么此后就一切尽在掌握了。[75] 纳迪尔对萨阿达特·汗的建议表示感谢，但显然不需要这样做，他千里迢迢是奔着洗劫德里而来的，怎会被这种谎言欺骗？萨阿达特·汗把行李和侍从都搬到了纳迪尔的营地，标志着他已经改换阵营。

随着时间的推移，双方的贵族进行了更加频繁的会面，莫卧儿军营中的饥荒愈加严重，贡品却迟迟没有到位。一些士兵壮着胆子从军营跑了出去，他们要么被杀，要么被俘，要么发现回程已经被盗匪挡住了。最终食物断绝，人们开始挨饿。[76]3 月 5 日纳迪尔再次召来内扎姆，他表示穆罕默德沙应该再来一次，前次商定的贡品数额必须大幅提高。内扎姆先是反对，因而被扣押在纳迪尔的军营，不过最终他还是同意给穆罕默德沙写封信，请求他再次拜访纳迪尔。

穆罕默德沙如约于 3 月 7 日再次到访，这回他还带来了妻妾、大批的侍从和行李，并表示"留下才是明智的"，陪他来的还有大量莫卧儿贵族。纳迪尔让穆罕默德沙一直等到黄昏，还派了火枪手"保护"他的安全，而后才出来见他。从此，他成了纳迪尔的囚徒。[77]第二天，纳迪尔慷慨地付给士兵、侍从和其他随军人员 3 个月的薪饷。士兵们闯进莫卧儿军营，搬走大炮，带走了剩下的贵族和官员。由于粮食短缺又无人领导，留守在莫卧儿军营中的大量士兵被告知他们可以回家了。纳迪尔的一位官员指出军营里还有许多牲畜和优良的马匹：莫卧儿士兵已经得到了宽恕，也获准离开军营，不再需要他们的马匹了。纳迪尔答道：

> 我满怀尊重宽恕这些人，而士兵们的生计全靠他们的战马，绝大部分人已经身陷贫困与不幸，如果再失去马匹，他们及其家人将只得挨饿，以乞讨为生。如此对待他们不符合

人道精神，我们怜悯他们，因此不要再欺侮他们了。

莫卧儿部队就此解散。[78] 许多人在途中被游荡的波斯匪徒、强盗或者村庄里的农民袭击、抢劫，甚至杀死。

3月12日纳迪尔同穆罕默德沙启程前往德里，随从人员跟在2英里后。3月18日他们到达夏利马尔花园。塔赫玛斯普·汗·杰拉尔和萨阿达特·汗率领4000名波斯骑兵，持纳迪尔与穆罕默德沙阿的命令先行要求治安官给他们打开城门，以便检视沙·贾汗的城堡宫殿。3月19日，穆罕默德沙被派遣回城准备纳迪尔的欢迎仪式。萨阿达特·汗回到夏利马尔花园陪伴纳迪尔进城，纳迪尔本人则在1739年3月20日进入德里。[79]

8

波斯废墟

也许真的存在一种黑暗力量，它紧紧盯着我们，引我们走上一条危险的毁灭之路，这是一条我们可能根本不会踏足的路，但假若我们当真走上了这条路，那必定是由于这种力量在我们的内心伪装成了我们自己的模样，甚至变成了我们自己，否则，我们既不会听从它的摆布，又不会任它在我们内心深处开展它的秘密工作。

——E. T. A. 霍夫曼

纳迪尔在德里只停留了不到两个月的时间。其间，他同俘虏皇帝穆罕默德沙以及他的贵族们举行了庆祝典礼，安排儿子纳赛鲁拉迎娶了一位莫卧儿公主，他与歌手努尔·白纠缠暧昧了一番，更将富有经验又聪明睿智的医师阿拉维·汗收为己用，来医治自己日益严重的病情。但最主要的工作（参见序言）是在抵达德里的第二天发动的大屠杀以及收缴了巨额的黄金、白银、珠宝和其他财物，总计 7 亿卢比。很难想象这批财富的数额。我们可以这样类比一下，法国政府在七年战争（1756—1763 年）期间的总花费，包括付给奥地利政府的赔偿及陆战和海战的全部花费，大约是 18 亿里弗，约等于当时的 9000 万英镑。粗略估计纳迪尔从德里劫走的财富总额是 8750 万英镑，两者比较接近。* 与之形成鲜明对比的是，当时一位英格兰地区的普通工人如果运气好，一年能挣 20 英镑。

格尔纳尔的胜利以及对德里的征服使纳迪尔跃上了一个全新的舞台，成为名扬世界的人物。这个消息随着商人们的脚步传遍了伊斯兰世界，许多人认为一个由波斯引领统治的新时代已经开始。欧洲各大公司驻印度代表处、各宗教团体纷纷就己方的资本情况发回报告，同时他们亦被急切地追问有关这位波斯君主以及他的成就的更多消息。伦敦出版宣传单页报道他的征服行动。纳迪尔本人更是在几个月之后派大使向奥斯曼和俄国宫廷赠送了贵重的珠宝** 和大象以炫耀自己取得的巨大成功。[1] 短短几个月之内，介绍纳迪尔沙的书籍以欧洲所有主要语言出版，即便不算家喻户晓，他的名字也深深为至少一代受教育人群所熟知。*** 德里标志着纳迪尔的成就巅峰。

尽管离开德里之前，纳迪尔恢复了穆罕默德沙的王位，但他很可能设想过在下一阶段重返印度，自己或者派一个儿子在那里建立永久的波斯统治。离开德里之前，他还决定吞并印度河以西的莫卧儿领土，算是为此目标做个铺垫，相应的举措还包括波斯

---

* 这场浩大的扩张战争造成了无法偿还的债务，加上此后一笔数额更大、用于独立战争中支付给美洲殖民者的款项，共同引发了财务危机，预示着法国大革命的爆发。18 世纪的 9000 万英镑约等于现在的 54 亿英镑。

** 赠送给俄国的珠宝只是莫卧儿宝藏的一小部分，却是今天圣彼得堡修道院收藏中最昂贵的那部分展品。

*** 1796 年阿瑟·韦尔斯利，即之后的威灵顿公爵带着 Jones 的 *Histoire de Nader Chah* 前往印度。拿破仑也读过纳迪尔的征战实录，拜伦在《唐·璜》中也提到过他。

湾的海上军事扩张。更明显的一点在于 1739 年底他提出了统治全境内的货币改革：召回之前的所有银币，改铸成可与印度卢比通用的普通货币。[2] 一方面，货币的统一反映了波斯与印度之间业已存在的贸易模式：自古以来，绝大部分波斯贸易向东发展都会受到印度商人的控制。另一方面，新货币有力地体现出建立一个印度-雅利安帝国的可能性，先发制人阻止印度次大陆的欧洲殖民扩张。[3] 根本不需要过多地探讨人们是否希冀这种结果，或者这将对谁产生好处，这个观点本身已经足以挑起争论。

纳迪尔在德里时屠杀了将近 3 万人，显然不会给波斯在此地的永久统治揭开吉利的序幕。这起事件本身其实预示着波斯的未来，而非印度。大屠杀之前的纳迪尔与他的诸多前辈不同，他只是偶尔使用暴力作为最后的手段，他的统治后期则暴行累累。下达如此残忍的命令使得纳迪尔此前一直怀有的那种顾虑显得很荒谬。德里大屠杀不仅其事件本身令人震惊，还将纳迪尔本人推上了一个新的位置，之前被认为是不可接受的残忍变成了可能（特别是当沮丧或者疾病令他失控的时候），甚至是常态。不同于此后种种政治恐怖行径，纳迪尔可以安慰自己德里大屠杀是不得已而为之，事实也证明如果不施以颜色，这座城市将失去控制，收缴贡品则更加无从谈起。但它确实是纳迪尔暴力观的一个转折点。

纳迪尔沙在 1739 年 5 月 16 日离开德里。他带领人马在夏利马尔花园留宿了一夜，在这里他重申了自己关于释放女性俘房的命令。纳迪尔于 5 月 17 日继续向北进发，士兵们则冒着酷暑护送他的财宝安全返回波斯。军队驱使数以万计的骆驼和骡子驮着这些财宝，当然还有至少 300 头大象。巨额的黄金和白银被铸成大块锭子，每块中间留一个孔方便绳子穿过。每峰骆驼在鞍两侧各绑一块这样的大锭子。[4]此外，还有许多箱珠宝和大量新铸的钱币。

这些黄金和珠宝是他远征印度的主要目的。它们不仅让纳迪尔付清了士兵的薪资，还给了他底气去宣布在波斯地区免除3年赋税，更给了民众和经济一个恢复的机会，也为下一阶段的战备工作提供了足够的资金——远征中亚和达吉斯坦，最终重燃与奥斯曼帝国的战火。

但首先他必须保证这笔财富安全返回。驮兽数量众多，难以保护周全，并且全国上下无人不知波斯军队正在运送一笔巨额财富。农民和路匪趁着夜色接近队伍的侧翼和后部，尽可能驱赶役兽离开——波斯人靠近拉合尔时，已经丢失了大约1000匹驮兽。纳迪尔报复性地焚烧了附近村庄，他的军队更是沿途大肆破坏。[5]经过格尔纳尔战场时，他给了城主5000卢比用于在波斯军营的原址上修建一个新的村庄，并命名为法塔赫阿巴德——"胜利之地"。5000卢比根本不足以修建一座村庄，但纳迪尔需要省下他的钱以便取得更多的胜利。

在纳迪尔离开以后，德里的幸存者做了一个评估。穆罕默德沙虽然依旧是皇帝，但莫卧儿帝国的声望已经遭受重创。其效果可以类比1762年西班牙帝国在不列颠占领哈瓦那事件中受到的打击，或者1942年英军将新加坡拱手让给日本人。[6]然而，

> 即便遭受如此严重的打击，它足以提醒人们末日审判的号角早已吹响，却依然丝毫不能将这些人从深沉懒惰的睡梦中唤醒。他们已经饱受骄傲的美酒与自负的荼毒，彼此心怀歹意，交谈中充满了嫉妒与恶意。[7]

在这场宫廷斗争中，内扎姆·穆尔克终于爬到了顶峰。他的两个死对头汗·多兰和萨阿达特·汗都死了，他还得到了汗·多兰军队总司令的职位。没有人可以挑战他的权威，很长一段时间里他必定认为自己的计谋和与纳迪尔的联络促成了此时的成就。他到底有没有勾结纳迪尔？我们可能永远也无法知道。相较其他贵族，内扎姆在收缴贡品的过程中占尽便宜，而纳迪尔在离开印度前提醒穆罕默德沙提防内扎姆真可以算是一个虚实相间的黑色幽默了。

但自纳迪尔走后，穆罕默德沙便再也不宠幸内扎姆·穆尔克了。很快内扎姆就不得不返回德干去处理儿子们之间的纷争，其他人接手了他在宫廷中的职位。80 多岁时，干瘪的内扎姆已经时日无多。几年后他也死了，至此与伟大的奥朗则布皇帝身处时代的联系便彻底断掉了。莫卧儿帝国没有采取任何措施来挽回颓势，它的敌人则不再幻想它具有强盛的国势与反抗的意志。阿瓦德、德干和孟加拉已经取得了实际上的独立。穆罕默德沙在 1748 年打退过一次阿富汗人的进攻，但不久就去世了，那时纳迪尔也已经去世。此后 10 年，德里变成了阿富汗人和马拉地人争抢的一件玩具。最终，阿富汗人在 1761 年的巴尼伯德战役中战胜了马拉地人，占领了德里。

从德里回来的路上，纳迪尔从锡林德开始偏离了之前的路线，转而向北爬上更高的喜马拉雅山脚以躲避酷暑。这意味着他绕过了拉合尔，然而，拉合尔总督为了阻止进一步的破坏还是特意出城送来了价值 1 克若尔的贡品。此时，酷暑使得部分士兵濒临死亡——"他们头顶的钢盔像一座燃烧的火炉。"[8] 渡河变得更加困难，因为处处是洪流。在强渡奇纳布河时，铁锁由于不堪重负而断开，"震耳欲聋"的河水迅速突破了船只排成的桥。桥上的士兵被水冲走，大部分溺水身亡。部队不得不移动到下游去收集船只和皮筏，再慢慢将人和牲畜渡过河，因此耽搁了不少时间。

当纳迪尔下令找回他的士兵和他们的行李时，耽搁的时间更长了。他声明任何人只能携带一定数量的钱币或者财物离开印度，珠宝则必须上交。一些人宁可掩埋他们的战利品或者把它们扔进河里，也不愿意交出来。也许一些珠宝至今还在那里。纳迪尔的这种做法可以解释为他希望士兵们依靠薪饷过活，否则，恐怕许多人会中途逃走。然而，抛开这种合理化的解释，他的动机就是贪婪：急于占据德里的全部财富。当所有士兵最终抵达西岸时，他们都比以前更穷了。纳迪尔本人于7月14日渡河，部队鸣炮纪念这一时刻。[9]

随后，纳迪尔的部队冒着大雨接连渡过了杰赫勒姆河和拉瓦尔品第河，无视尤苏塞部落的攻击向印度河奔去。纳迪尔注意到这是一支新鲜的兵源，他从中征募了人手进入自己的军队。大象也有问题，它们的食量太大了。纳迪尔命令手下赶着它们到大部队的前方去以缓解草料不足的情况，但还是有75头大象死在了从喀布尔到赫拉特的途中。[10]离开印度河以后，士兵们骑马经过了白沙瓦和开伯尔山口。他们在1739年12月2日抵达喀布尔。

喀布尔即将成为纳迪尔新占据的印度河以西领土的行政中心。主权的变更十分重要，他必须为新领地的政府做好各项安排。为此，所有阿富汗部落的首领都在纳迪尔抵达后不久便赶到了喀布尔来表示敬意。他们带来了4万名部落成员，毫无疑问听到了纳迪尔在印度取胜的消息后，他们认为只要为他效力，就能得到金钱回报。军队在征募工作结束后带着大量财物和印度大炮继续向赫拉特行进。纳迪尔还从主力部队拨出一支数量可观的队伍，一边护送财物，一边为即将开始的远征中亚的战斗做准备，他自己则留下相对较少的人马。纳迪尔维持了莫卧儿王朝任命的原喀布尔与白沙瓦总督的职位，后者在 1738 年 11 月的开伯尔山口战役中败给过他。

然而，一位显赫的贵族领袖未按照纳迪尔的召唤前往喀布尔：他就是信德省的总督胡达亚尔·汗。尽管此前他也曾热情与纳迪尔通信，鼓动他入侵印度，但当他得知穆罕默德沙把他的省份送给纳迪尔之后改变了心意。[11] 纳迪尔的印度事务还没处理完。

胡达亚尔·汗认为纳迪尔已经安全返回了喀布尔，不太可能再次顶着严寒折回山区处置他。但是仅仅过了 6 天，纳迪尔便再次离开喀布尔，打碎了这个乐观的预期。他的人马穿行在山间小道上[*]，在极度严寒中下降到凶险的库拉姆山谷，22 次跨过湍急的山间河流，丢失了大量的驮役牲畜。[12]1740 年 1 月 5 日，终于来到温暖的山脚地区的波斯人长舒了一口气，在与当地部落发生了几场冲突过后，他们抵达了印度河边的德拉伊斯梅尔汗。纳迪尔接受了当地印度地主的投降，然后乘船沿着印度河驶向下游的德拉加兹汗，然而，胡达亚尔·汗依旧没有响应召唤。

纳迪尔移动到下游的拉尔卡纳时收到消息称胡达亚尔·汗已经向南逃去。各处的地方长官都热情欢迎纳迪尔的到来，对他的

---

[*] 上库拉姆山谷也连接这座偏远的山脉，2001 年 12 月至 2002 年初的几个月间，盟军战机和特种部队曾对此地发动过攻击，结果很复杂，目标包括躲藏在托拉博拉山洞、查湾克利和沙哈库山谷的基地组织和塔利班的残余力量。

权威表示臣服。他让纳赛鲁拉王子留在拉尔卡纳照看行李，自己带一支精选骑兵继续沿印度河而下追击敌人。在沙哈达德普尔，胡达亚尔·汗派来的一名信使为纳迪尔带来了礼物并告诉他，他的主人已经逃到了偏远的乌马科特城堡，它地处荒漠中心，很难接近。

纳迪尔毫不畏惧。2月26日他命令部队筹措草料，然后带领他们立刻出发，花了一天一夜的时间穿过乌马科特大沙漠。胡达亚尔·汗已经藏好了财物，为下一阶段的逃跑做好了准备，但当他看到纳迪尔的部队已然接近并卷起滚滚烟尘时立刻慌了神。纳迪尔坚定的意志支撑着他熬过阿富汗山区的严寒，在短短两个月之内行军2000英里来到信德省南部炙热的荒漠。胡达亚尔·汗意识到纳迪尔决不会放弃。纳迪尔带着手下迅速控制住了他，套上锁链以后还逼他交代了藏匿财宝的位置。这批财宝中有几件价值连城的宝物，它们原本属于苏丹·侯赛因沙，吉尔扎伊人洗劫伊斯法罕时将它们带走了。有人在纳迪尔接管坎大哈之前把它们带出城贱卖，被胡达亚尔·汗悉数买下。纳迪尔随后带着胡达亚尔·汗和这批财宝回到拉尔卡纳。[13]

在拉尔卡纳休整期间，拉合尔总督应纳迪尔的召唤前来觐见——"在这个强权政府和印度斯坦政权之间存在完美的和谐"[14]——为了支援他在信德省的行动，阻止敌人逃跑。这位总督还带来了自己的儿子，这个小伙子很得纳迪尔的喜爱，虽然父子俩理应效忠于莫卧儿皇帝，但他们表现得像纳迪尔的臣子一样。不过，另一位本该露面的访客却迟迟没有出现。

也许是考虑到亚历山大在东征时同时从莫克兰和印度平原走了陆路和海路，纳迪尔也想测试一下从海陆连接自己位于印度的

新领土的可行性，他在几个月前就命令塔基·汗·设拉子带领
2.5 万人从法尔斯出发前来信德与他会合。少部分人走陆路，大
部分人乘坐舰艇向东沿着海岸行驶。荷兰人捐了一艘大船，另有
几只波斯湾岸边的小船被征用。尽管遇到的困难都类似，但塔
基·汗不是亚历山大。他的人缺少补给和淡水，还在莫克兰沙漠
附近的基什岛被俾路支部落打败。这次远征是一场彻彻底底的失
败，4 月 16 日损兵折将的塔基·汗回到了阿巴斯港。[15] 当纳迪尔
得知此事时，他严厉地命令塔基·汗来纳迪尔阿巴德（坎大哈）
见他。

尽管塔基·汗一败涂地，但身处拉尔卡纳的纳迪尔还算心
情宽和。他的声望正盛，当地人又是令人满意地顺从。他在这里
休息了一段时间，隆重庆祝了诺鲁孜节，最后还决定让真心悔过
的胡达亚尔·汗官复原职，为了纪念这一时刻还给他改名为沙
赫·戈利·汗（意为沙阿的奴仆）。纳迪尔决定将信德省一分为
三，只给了胡达亚尔·汗统治该省东南部分地区即印度河三角洲
周围的特达的权力。和波斯俾路支斯坦接壤的部分划给了波斯的
总督，北部地区则交给了在德拉伊斯梅尔汗向他投降的达乌德普
特拉部落。胡达亚尔·汗必须每年向纳迪尔上缴 10 拉克卢比，他
的儿子还得亲自带领 2000 名骑兵编入纳迪尔的军队。[16] 像往常一
样，纳迪尔愿意给战败的对手一个再次效忠自己的机会。

在拉尔卡纳期间，巴尔赫总督给纳迪尔送来了大量蜜瓜。纳
迪尔非常喜欢这种蜜瓜，要求在他的整个旅途中都维持常规供应，
从赫拉特到梅尔夫和巴尔赫，宫廷中的成员都可以享用。他还收
到几匹礼萨·戈利王子送来的阿拉伯良驹，他的儿子显然明白父
亲对宝马的热爱。穆罕默德沙派了一名特使携带礼物来觐见纳迪

尔，纳迪尔干脆选了几匹阿拉伯马和200峰骆驼驮着蜜瓜作为回礼让这名特使带回了德里。[17]毫无疑问，他肯定留下了最好的马：何必把它们浪费在一个像穆罕默德沙这样的蠢货身上呢……一番征战过后终于有了休整的时间，他享受着南方温暖的气候，病症也在新医师阿拉维·汗的照管下有所好转。甜美的蜜瓜、心爱的儿子送来的宝马、乌马科特的财宝、周围人的恭敬与崇拜，作为印度征服者的纳迪尔对一切都很满意。

"身怀上天的眷顾、手握所罗门大权"[18]的纳迪尔在4月中旬离开拉尔卡纳，同时他也让沙赫·戈利·汗回到自己的封地并赠送给他一匹阿拉伯马作为礼物。他提前派人送信给已经前往德黑兰庆祝诺鲁孜节的礼萨·戈利王子，要求他回赫拉特同自己会合。纳迪尔宣布将赫拉特定为自己远征阿姆河以东地区的大本营，他要求统治全境范围内的各处都必须运送牲畜、补给和士兵来此地。他于1740年5月4日抵达纳迪尔阿巴德。

抵达之前，纳迪尔发现前沙阿塔赫玛斯普连同他的儿子伊斯梅尔和阿巴斯都被礼萨·戈利王子下令谋杀了。在纳迪尔阿巴德时，纳迪尔见到了塔基·汗，剥夺了他设拉子总督的官职作为对其失败的海军扩张计划及在莫克兰战败的惩罚。但纳迪尔还从塔基·汗那里听到了一些他不在时摄政王礼萨·戈利所作所为的消息。塔基·汗最终还是留在了宫廷。

塔基·汗在过去两年与礼萨·戈利发生过多次冲突。尽管礼萨·戈利是波斯全境的摄政王，塔基·汗却在法尔斯省和其他南部地区有意与其分庭抗礼。两人互相厌恶，争端不断。有一次，塔基·汗用幼子替代长子送去礼萨·戈利的宫廷作为代表，这使得礼萨·戈利大为光火。当这名幼子行至伊斯法罕时，礼萨·戈利下令剥夺其随从的马匹和全部财物，并打发他们回阿巴斯港。[19]

塔基·汗交给纳迪尔的密报必然包藏祸心。礼萨·戈利开除了几名纳迪尔派来的顾问，还沉醉于残忍专横的刑罚，经常因为一些微不足道的小事置人于死地。他榨取里海丝绸贸易的利润中饱私囊，尽管从某种意义来说这项贸易算是王室特权。然而，他无法插手经波斯湾港口的丝绸贸易，因为那里受塔基·汗控制。凭借从丝绸贸易中获取的利润，礼萨·戈利得以征募并装备了一支 1.2 万人的火枪部队。他们的军服由奢华的金布制成，枪支更饰以黄金和白银。

此外，礼萨·戈利在纳迪尔远征印度期间成功地维持了波斯的安全稳定，完成了他最主要的职责。他与塔基·汗的不和部分源于他发现后者趁机压榨并敲诈百姓。但礼萨·戈利还是在父亲不在时犯了一个致命的错误。在 1739 年的春季和秋季，曾有两轮谣言在波斯地区流传：纳迪尔死在了印度，因此礼萨·戈利效仿纳迪尔在 1736 年的加冕仪式，再次在穆甘平原召开大会，目的便是称王。礼萨·戈利为自己打造了一个全新的嵌满宝石的羽饰，为新硬币铸好了模具，还刻好了一方新印章，一切都证明他已经为登基做好了准备。[20]

根据最权威的记载，负责在萨卜泽瓦尔看守塔赫玛斯普及其子的人是穆罕默德·侯赛因·汗·恺加*，他前往马什哈德向礼萨·戈利请命杀死他的囚徒们，他说如果有关纳迪尔已死的消息

---

* 穆罕默德·侯赛因·汗正是在 1726 年底法塔赫·阿里·汗·恺加死后带领恺加部落成员继续效忠塔赫玛斯普的那位恺加首领。

得到证实，萨卜泽瓦尔的民众就会揭竿而起，攻击看守萨法维王子们的卫队，再次推举塔赫玛斯普为沙阿。相比大众而言，礼萨·戈利还是能够及时掌握纳迪尔的征战进程的[21]，但1739年春通信一度中断了，秋天时通信再次中断，此时纳迪尔正在从旁遮普返回的路上挣扎。礼萨·戈利身边不乏热衷于搬弄是非的佞臣。他们告诉他即使他的父亲回来，也必定不会为塔赫玛斯普及其儿子们的死感到惋惜。

开始梦想成为沙阿的礼萨·戈利犹豫不决，但不久便应允了谋杀计划。穆罕默德·侯赛因·汗回到萨卜泽瓦尔。塔赫玛斯普正在后宫，当恺加来的时候，他已经感到了某种异样：他拒绝出来。妇女围在他身边，惊恐地哭泣。数次要求塔赫玛斯普出来未果后，穆罕默德·侯赛因最终进入了后宫，他把前沙阿推到墙角，在一片妇女的哀号声中用一根绳子结束了他的生命。随后，穆罕默德·侯赛因一剑砍死了塔赫玛斯普9岁的儿子阿巴斯。塔赫玛斯普的幼子伊斯梅尔想跳进一口井里逃跑，但被人拉了上来，他大哭大喊着要父亲要兄长。当他看到他们"像带血的郁金香一般躺在地上"时，他扑在父亲身上放声痛哭。穆罕默德·侯赛因·汗无视其家人的苦苦哀求，命令一名随从杀死了伊斯梅尔，还砍下了小男孩的头。事件发生的时间不详，有新证据表明这起谋杀发生在1739年5月或者6月初，正好在礼萨·戈利收到格尔纳尔大捷的消息之前。[22]

礼萨·戈利的妻子法蒂玛女亲王是塔赫玛斯普的妹妹，但是很长一段时间里她对哥哥及其孩子的遭遇并不知情。据说她在一次庆祝纳迪尔在格尔纳尔取得胜利的宴会中看到年迈保姆在哭泣，至此才知道到底发生了什么。她自杀了。[23]

在印度时，纳迪尔收到过多封令人担忧的汇报，详细描述了儿子的言行，但大多喜忧参半，其恶劣程度完全无法和这起谋杀相比。他从纳迪尔阿巴德出发，在6月5日到达赫拉特。纳迪尔竖起一项巨型帐篷，上面饰以从印度带回来的宝石与珍珠，帐篷里更是堆满了各种宝物，还有一张新造的孔雀王座的复制品。自从离开印度，他就安排了一系列装饰镶嵌任务，包括马鞍、箭壶、盾牌和长剑，用的当然是穆罕默德沙的宝石。这些物件也摆在帐篷里。旅行者与当地居民可以从帐篷外观赏这些宝物。几天后，他的第三个儿子伊玛姆·戈利、孙子沙哈鲁、侄子阿里·戈利专程来迎接他，但礼萨·戈利没有露面。

纳迪尔招待这几位年轻的王子在此地逗留了几天，其间他送给他们镶嵌了名贵宝石的臂章与腰带。阿里·戈利已经成年，他的岁数与礼萨·戈利相仿。纳迪尔将马什哈德总督的职位授予他也已经有一段时间了，纳迪尔还打算安排他在1736年底迎娶一位格鲁吉亚公主——凯瑟温公主。自从弟弟易卜拉欣死后，纳迪尔对这个侄子愈加喜爱，像对待亲生儿子一般，他交给阿里·戈利从军事到行政管理等职责。然而，阿里·戈利不像礼萨·戈利那样进取心十足，他在马什哈德吃喝玩乐，根本不关心政务。纳迪尔还向侄子保证，在征服中亚之后，他会立刻前往达吉斯坦为易卜拉欣报仇。礼萨·戈利还是迟迟未到。最后，纳迪尔只得留下阿里·戈利陪自己并准备离开赫拉特，让纳赛鲁拉和其他王子先回马什哈德。[24]

事已至此，纳迪尔感到之前一些被他视为年轻气盛的冒失之举实则是礼萨·戈利想取而代之特意拟定的行动。尽管谣言已经传了很久，但当纳迪尔当真开始对儿子的种种行为表现出不满时，塔基·汗之流便立刻开始煽风点火，加深他的疑虑。礼萨·戈利明知父亲想亲自征服中亚，却故意违抗命令，自行打过河去；他还处处大讲排场；开除了纳迪尔指派给他的顾问；谋杀了塔赫玛斯普一家；最后居然拖着不来欢迎父亲，所有这些事件都指向了同一个目的。

1740 年 6 月 20 日，纳迪尔带领军队离开赫拉特。5 天后他在赫拉特以北 60 英里处扎营，这时礼萨·戈利才赶到。不幸的是，纳迪尔的儿子没有表现出他应有的谦逊，而是带着盛大的排场和 1.2 万名装束鲜艳的火枪手隆重登场。纳迪尔静静地检阅完部队，公开对儿子的到来表示欢迎，但是此番景象极大地加深了他对礼萨·戈利的怀疑。纳迪尔不喜欢华丽隆重的排场[25]，因为这让他想起伊斯法罕、苏丹·侯赛因沙和塔赫玛斯普。

检阅过后，纳迪尔下令解散这支队伍，将士兵分成小队编入自己的部队。然后，他与礼萨·戈利聊了聊摄政期间的情况，试图安慰刚刚失去卫队的儿子。他解释帝国不能存在两支部队和两个宫廷——人民不会理解。他告诉礼萨·戈利浮夸的排场不适合他，他应该保持低调，避免引人议论。随后，纳迪尔态度严厉地训斥了他杀死塔赫玛斯普的行为。他撤销了礼萨·戈利摄政王的职位，任命纳赛鲁拉在马什哈德接手这一职位，礼萨·戈利将跟随他远征中亚。心高气傲又刚愎自用的礼萨·戈利受到了极大的侮辱。[26]

3 天后纳迪尔经安德胡伊前往巴尔赫，到达时已近 7 月底。他提前从德里派出了几队印度匠人前去造船以便他的军队渡过阿姆河。当 7 月他到达时，已有千余艘船准备妥当。8 月 10 日，纳迪尔命令一支先锋队携带物资和大炮从基里夫渡河。大部队向下游移动到克尔基时，纳迪尔派礼萨·戈利带领 8000 名士兵提前两天先于主力部队前往查哈尔渚，同时出发的还有阿里·戈利，他带兵在河北岸与礼萨·戈利保持相同的速度。正如他经常派出来自互相仇视的部落、具有竞争关系的小队去攻击同一个劲敌一样，纳迪尔在两兄弟间建立了竞争关系，以此残酷地警告礼萨·戈利他的地位不是必然的，而是要靠自己争取的。当主力部队抵达查哈尔渚时，纳迪尔亲卫队 1.2 万名强壮老练的火枪手加入了河北岸的部队共同保卫桥头。他的工程师们已经修好了一座船桥，桥两端各有一座堡垒护卫，这是他们在敌方领地内的惯常做法。其余部队以及纳迪尔的后宫和警卫人员在 9 月 6 日通过了大桥。

这时，布哈拉的阿卜勒菲兹派他的维齐尔来拜见纳迪尔，试图避免战事。纳迪尔听完他的意图后表示他的主人必须亲自前来表达敬意。阿卜勒菲兹愿意妥协，但无法约束他的乌兹别克附庸国，他们已经在布哈拉集结大军准备一雪前耻，报复 3 年前肆无忌惮的礼萨·戈利。惴惴不安的阿卜勒菲兹带领部队驻扎在布哈拉西南的卡拉库勒。9 月 11 日，一些人进攻了纳迪尔的部队，但完败于纳迪尔的大炮和小黄蜂火炮。这一打击足以浇灭乌兹别克人狂热的激情，因此阿卜勒菲兹在 9 月 12 日带领大臣和附庸国的首领们宣布投降。[27]

阿卜勒菲兹被允许继续统治他的汗国，作为波斯的附庸国。纳迪尔命人在布哈拉的清真寺内宣读启示，将自己的名字铸上钱币，但未允许士兵抢劫战利品。他征募了数万名乌兹别克士兵并将他们派往呼罗珊。他吞并了阿卜勒菲兹位于阿姆河以南的全部领土，但在 10 月 6 日他又送还了羽饰和印章，并立对方为沙阿。同时，纳迪尔派人前往撒马尔罕去取帖木儿棺墓上覆盖的巨型玉石板，目的是把它运到马什哈德。玉石板在途中断成了两半。[28]

纳迪尔的健康再次出现了问题，每当身体不舒服时他就会变得暴躁、忧郁，极易陷入愤怒。他的印度医师阿拉维·汗可以在一定程度上缓解这些症状，建议他从饮食方面做出调整，尤其是要求他少喝酒。纳迪尔从来都不是个听话的病人，但这似乎没有影响阿拉维·汗完成他的工作——当纳迪尔烦躁时，阿拉维·汗会及时回应他、斥责他，除了医疗帮助还为他提供其他建议。纳迪尔会花上一段时间来反省，他总会感激医师的坦诚直率，两人关系和好如初。阿拉维·汗是少有的能约束纳迪尔的人之一。夹在患病的父亲与蛮横的儿子之间，宫廷生活的气氛相当紧张。[29]

征服图兰（中亚）的行动对纳迪尔具有极其重要的象征意义，他选择通过联姻将成吉思汗的血脉融入自己的家族来巩固这一成果，正如通过纳赛鲁拉的婚姻引入帖木儿的血脉。阿卜勒菲兹没有其他选择，只得同意。他挑选了两个女儿，年长的嫁给礼萨·戈利，年幼的嫁给阿里·戈利。但礼萨·戈利听说年幼的公主更聪明、更漂亮、更招人喜爱，因此他恳求纳迪尔把她嫁给他。纳迪尔拒绝了，还说这种要求是对阿卜勒菲兹的侮辱。礼萨·戈利厌恶阿里·戈利，憎恶他处处与自己平起平坐。他任性地回答，既然自己的意见完全不被重视，那干脆不结婚了。既愤怒又无奈的纳迪尔只得自己娶了年长的公主，按照约定把年幼的公主嫁给了阿里·戈利。[30] 这件事进一步加剧了父子之间的敌对情绪。

纳迪尔从布哈拉派人送信给花剌子模的伊尔巴茨二世，要求他前来归降。伊尔巴茨二世却杀了所有信使。纳迪尔准备接下来攻打希瓦汗国。向查哈尔渚出发时，纳迪尔想起了他贫苦的童年生活以及长年遭受土库曼奴隶主劫掠的呼罗珊。途中，他听说一股由土库曼人和乌兹别克人组成的部队奉伊尔巴茨的命令正在向东疾驰，他们的目的是破坏阿姆河上的船桥。纳迪尔立刻丢下行李，连夜挑选了一队骑兵奋力奔向船桥。他们在清晨时分抵达大桥，确认全员都过河后远远地扎下营地。第二天，他的斥候发现西方升起了滚滚黑尘，说明土库曼人来了。纳迪尔毫不犹豫，立即点齐人马跟随他迎击正在接近的敌军。两股骑兵迅速靠近，波斯人不断加速，疾驰的同时端起了他们的长矛。土库曼人被"波涛汹涌般的胜利之师完全压制"，他们四散奔逃。[31]

此役之后，纳迪尔带领人马休息了几天，余部也追了过来。部队在查哈尔渚休整期间，礼萨·戈利请求纳迪尔允许他返回马什哈德。纳迪尔的史官谨慎地将理由记录为他急切地希望见到自己的兄弟纳赛鲁拉。然而，真正的原因当然是礼萨·戈利不愿意留在父亲的宫廷。毫无疑问，纳迪尔也正在寻找解脱的机会，他就势放走了他。塔基·汗也在这段时期离开了——他成功地说服了纳迪尔让他官复原职。塔基·汗似乎得益于这种恶毒的氛围——他时来运转，礼萨·戈利则滑向深渊。他肯定在那些令人不安的交谈中嘲讽过礼萨·戈利的开销。人们都认为塔基·汗是沙阿的首席顾问、宠臣*——纳迪尔从来不理会他人对塔基·汗的批评。可能是更早一些的时候，阿里·戈利也返回了马什哈德[32]，新娶了妻子又深受伯伯的喜爱，还同时羞辱了礼萨·戈利，他也很心满意足。

---

* 没有证据显示两人之间存在同性爱情关系（根据 Hanway, vol.4, p.269, 纳迪尔反对同性恋）。这确实是难得的亲密友谊，几乎不像是真的。然而，在今天的伊朗，两位男性朋友在公开场合表现出对彼此的感情是十分正常的，不会有人妄加评论。

10 月 19 日军队离开查哈尔渚，大炮和物资再次装船运走。部队则沿着阿姆河河岸向下游前进，他们踏起的滚滚沙尘厚到只能依靠声音来辨别身边的人，许多人都患上了眼疾。为了预防袭击和埋伏，纳迪尔将部队分成 4 个部分，分别走在前部、后部和行李两侧，长长的队伍组成一个巨型空心四边形来保护位于中心的财物。任何离开队列的人，无论出于何种原因，军事警察都会追上去，抓住他的头往马鞍上撞作为惩罚。纳迪尔还派出了巡逻小队，他们与主力部队保持一定的距离，时刻准备去支援任何可能受到袭击的部队。土库曼人跟上来好几次，但当他们看到波斯人整齐的队伍中毫无弱点可以利用时，便放弃了。[33]

当他们抵达花剌子模边境上的代韦博云峡谷时，纳迪尔命人修建一座带防御工事的仓库来存放物资，因此耽搁了几天，他希望伊尔巴茨出来迎战。尽管约穆特部土库曼人不断进犯，发动了几场激烈的冲突，但都算不上大战。伊尔巴茨一直在哈扎拉斯普的城堡中坚守，为了阻止纳迪尔运送大炮，他命人淹了周边的田地。纳迪尔到达时已是 11 月 6 日。然而，伊尔巴茨的态度依旧强硬。又过了几天，纳迪尔得知伊尔巴茨的家人和财物都在汗加，这座城市是花剌子模五座城堡中的一座，他迅速向该城移动，试图引诱伊尔巴茨出城。

策略奏效了。当纳迪尔快到汗加时，他得知伊尔巴茨出动了。一支由约穆特部和泰克部土库曼人组成的前锋部队首先追了上来，纳迪尔毫不迟疑，迅速带领自己的卫队正面迎敌。土库曼人死伤惨重，悉数被俘。伊尔巴茨在汗加重新组织人马，然后率领一支由乌兹别克人和土库曼人组成的混编部队再次出击，其中包括装备火绳枪的步兵和几门在 1716 年从俄国人手里抢来的大炮。在纳迪尔的攻势之下,伊尔巴茨的部队迅速瓦解溃散。伊尔巴茨逃回了汗加城堡。纳迪尔打算攻城。波斯火炮对着城墙轰了 3 天,波斯工程师在城市地下数次引爆了地雷。

当波斯人在 11 月 14 日发动进攻时,绝大部分乌兹别克守军投降了,伊尔巴茨本人在第二天被拖了出来。纳迪尔本想对他宽大处理,但被杀害的特使的亲属提出了抗议。懦弱的伊尔巴茨妄图推卸责任,他说自己根本不知道特使被人杀害了。纳迪尔说:"如果你连自己领土上这寥寥可数的几个人都管不住,那也不配活下去了。"他命人割断了伊尔巴茨的喉咙,还处死了他身边二三十个令人厌恶的大臣和奴隶主。[34]

伊尔巴茨死后,花剌子模的另外几座城堡也投降了,只有希瓦例外。城中大员们坚信自己城墙坚固,同时他们也不愿意释放城中的大量波斯奴隶,土库曼人把他们抢来的目的就是耕种周围的土地。纳迪尔来到城外,摆下攻城的阵势。短短 4 天之内,波斯人就放干了城墙外壕沟里的水,引爆地雷在城墙上炸出了几条裂口,因此在 11 月 25 日他们已经做好了发动进攻的准备。看到大势已去,担心继续抵抗会引来大祸的希瓦人投降了。

纳迪尔在城中和周边区域发现了大量奴隶,绝大部分像他一样来自北呼罗珊。他送给他们钱、物资和马匹,下令在阿比瓦尔德以南为他们建造一座名为希瓦格巴德的新城。奴隶中还有许多俄国人,他们是 1716 年彼得大帝远征花剌子模的幸存者。纳迪尔也赐给了他们钱财和马匹,他们随后成功地返回了俄国。纳迪尔征募了 4000 名乌兹别克青年进入他的军队,同时他指定阿卜勒菲兹的一位亲戚塔希尔·汗为花剌子模总督。在希瓦的外国人中,纳迪尔发现了两名英国商人——汤普森和霍格。纳迪尔给他们签发了护照，让他们继续在境内做生意，还告诉他们如果遇到麻烦，可以直接来找他。他们记录道即使是纳迪尔军中最低阶的士兵也穿着丝绸衣服，揣着大把的印度钱币。[35]

尽管贪婪的纳迪尔依靠攫取钱财来供养他的部队，但他依然对商人和贸易十分感兴趣。有证据显示，从印度回来以后他愈加重视对贸易活动的保护。他积极维护商贸路线的安全。这一时期商人们的活动还算正常。一系列事件显示，无论是遭到抢劫还是受到官员们的刁难，商人们每次提出赔偿要求时，纳迪尔的态度总是开明的。事实如此，他并非徒有虚名。[36]

一则故事赞扬了纳迪尔致力于维护道路安全的做法。一位从喀布尔出发的波斯商人在呼罗珊省的内沙布尔附近遭遇抢劫，便向纳迪尔诉苦。纳迪尔问他抢劫发生时附近是否有其他人。此人回答说当时没有其他人。纳迪尔问："没有树木、石头或者灌木丛吗？"商人说："有啊，有一棵大树，我就是在树荫里休息时遭到袭击的。"纳迪尔命令两个刽子手每天早晨去鞭打那棵树，直到它要么交出丢失的财物，要么说出劫匪的名字。刑罚开始了，每天早上树都遭到一顿毒打。然而，不到一周的时间，所有被抢的物品在某个早晨回来了，它们妥当地出现在了大树脚下。看到大树遭到毒打，劫匪的内心相当恐惧，想象着万一哪天东窗事发自己会遭受怎样的惩罚，因此干脆放弃了这笔财物。当手下人将这个结果告诉纳迪尔时，他笑着说："我就知道鞭打那棵大树会产生这种效果。"[37]这则故事还说明纳迪尔强化了村长们的责任，要求他们维护自己地盘内道路的安全。

11月29日，纳迪尔签署命令宣布：从今以后，信件及法令中不得再称他为仁慈的主，而应改称为世界之万王之王、世间罕见之人、波斯统治者以及印度斯坦、花剌子模与乌兹别克领土的王权授予者。[38]

万王之王在 12 月 9 日离开希瓦，经查哈尔渚和梅尔夫返回马什哈德。他一如既往地谨慎，提前数个星期就派人沿途挖井，以便军队横跨沙漠时能够及时获得水源。[39] 在梅尔夫期间，他让一个恺加人替换了之前的阿夫沙尔总督，还处死了几个人，其中就包括拉希姆·苏丹，据说他积极怂恿礼萨·戈利王子杀害萨法维王子并自立为沙阿。

纳迪尔从梅尔夫出发造访了他的老领地：阿比瓦尔德、卡拉特、达雷加兹、卡博坎和哈布尚。他下令在自己的出生地修建一座纪念碑，纪念碑的拱顶上插一柄金色长剑，表明"宝剑从此处而出"。[40] 显然，办事的人询问了他的出生日期以便刻在碑上，但他让他们刻下当天的日期就可以了，这暗示他自己也不知道答案。其间，他还向军官们发表了一场演说，描述了自己小时候的生活、穷困的家境、仅有的一头驴和骆驼以及如何喂养它们。他说："现在你们看到，真主是多么眷顾于我，让我成就今日之伟业。由此，你们也必须明白不要欺侮穷困之人。"[41]

在卡拉特时，纳迪尔下令在已有建筑的基础上修建新建筑，包括广场、浴室、清真寺和用于存放从印度带回来的财宝的金库、一座黑色大理石陵寝和一座宫殿。工人们还改进了供水系统，修建了更多的花园。纳迪尔还去希瓦格巴德向新迁居至此的移民们发放了食物、钱币和衣物。最后，他在 1741 年 1 月 17 日回到马什哈德。

纳迪尔在马什哈德停留了不到两个月，这里既是呼罗珊的中心、他的传统地盘，又是波斯的主力兵源地，自然成为他的都城。[42]

比起伊斯法罕，他在马什哈德感到更加自在。当他得知商人们故意抬高粮食价格卖给士兵时，他一笑置之。其间，儿子和侄子们赶来。下次远征的目的地是达吉斯坦。为了备战，纳迪尔检查了收益账目。这次审计工作导致多名税务官员被处死。

纳迪尔履行了自己在印度和中亚许下的诺言，向伊玛目礼萨的圣陵捐赠了大量礼物，包括灯具、地毯和一把镶嵌名贵宝石的华丽锁具。从撒马尔罕的帖木儿陵寝运来的玉石板终于到了，他望着它出神了好一会儿。也许是看到玉板在运输途中断裂感到不安，也许是终究觉得偷窃帖木儿大帝陵墓覆板的行为太过荒唐，这不是他第一次也不是最后一次刚决定摆一回浮夸的排场却旋即改变了主意。尽管纳迪尔十分向往帝王般的自大张扬，内心却略感不安，这是极少数能让他犹豫的事情了。他宣布不再用这块玉板了，取而代之的是一块镶嵌宝石的金板，这块巨型玉石板又慢悠悠地回到了撒马尔罕。[43]

纳迪尔还在马什哈德为自己修建了另一座陵墓，有人戏谑般地在上面涂鸦了类似的话：他在世界各处停留，最适合自己的地方却空着。字迹很快就被擦掉了，因为人们担心纳迪尔知道以后会大开杀戒、惩罚众人。然而，他得知此事之后控制住了自己，没有在他最爱的都城惩罚任何人。[44]

与此同时，纳迪尔还考虑了在波斯湾建立舰队的计划，但他乐于远程操控并指定其他人来执行他的命令。他的波斯湾舰队司令是1736年为他夺回巴林的拉蒂夫·汗。1737—1738年，拉蒂夫·汗远征阿曼，帮助阿曼苏丹对抗当地的叛军。波斯人大获全胜，但是塔基·汗参与了第二次远征，与苏丹和拉蒂夫·汗发生了争执，他随后毒死了拉蒂夫·汗。

拉蒂夫·汗死后，远征迅速失利。塔基·汗擅长财务工作与宫廷谋略，而非海军建设与军事策略。一些波斯守军战败，波斯舰队中的阿拉伯水手趁机叛乱、哄抢物资，转而做了海盗。叛乱者在 1739 年 1 月的一场海战中战败，但波斯人还没来得及在马斯喀特挽回颓势便被纳迪尔派去了信德，塔基·汗的这次远征最终灾难性地在莫克兰收场。

遭遇惨败之后，阿拉伯水手再次造反，他们试图利用塔基·汗的失败赚取一些好处。这次叛乱很严重，但到了 1741 年叛乱者要求谈判。纳迪尔决定在波斯湾计划中加大投入。控制马斯喀特和霍尔木兹海峡对于从海路连接印度领土至关重要，同时可以从进出波斯湾的所有贸易活动中渔利，包括与奥斯曼控制的港口之间的贸易。为了实现这些目的，纳迪尔决定与英国东印度公司签约，他要求对方在苏拉特建造船只，该地位于印度西海岸的坎贝湾，是东印度公司建造自己所需船只的地方。[45]

首批船只在 1741 年交付，品质优良、价格昂贵。因此，纳迪尔打算在布什尔建立自己的造船厂，但苦于缺乏娴熟的造船工匠。另一个难题是波斯湾海岸几乎不出产任何木材，纳迪尔只得从北方 600 英里以外、森林茂密的马赞德兰运输木材。由于多数地区根本不通路，木材不得不依靠人背肩扛来运输，大量工人劳累致死。[46]

1741 年波斯人与海盗和叛军发生了更大规模的冲突。然而，1742 年初的几个月间，波斯舰队已经拥有了 15 艘坚固的舰船，绝大部分产自苏拉特。一艘大船的龙骨曾经被拖到纳迪尔位于布什尔的船坞中。阿曼湾持续不断的争端为波斯人的介入创造了先决条件。崭新的波斯海军舰船上飘扬着白底红剑的旗帜。[47]

在 1741 年初的马什哈德，另一项吸引纳迪尔注意力的计划是即将到来的达吉斯坦之战，一来是向杀死自己弟弟易卜拉欣的列兹金人复仇[48]，二来也为下一步重新挑战奥斯曼人做好铺垫。1741 年 3 月 14 日，他离开马什哈德前往达吉斯坦，还提前支付给士兵一年的薪资。他将代理呼罗珊政府的权力交给了纳赛鲁拉，让礼萨·戈利和伊玛姆·戈利跟随自己出征。他们在哈布尚附近庆祝完诺鲁孜节，继续向阿斯塔拉巴德进发。有文献指出纳迪尔在诺鲁孜节期间戴了一顶全新的华美王冠，与以往一根黑色鹭羽表现王权不同，这次是一条镶嵌宝石的环状带子绑住了四根羽毛。四根羽饰不仅象征波斯、印度、中亚这些已经征服的地区，更意味着奥斯曼帝国才是他选定的下一个也是最终的目标（在荡平列兹金人之后）。然而，纳迪尔生性不喜欢这种奢华的王冠，仅戴了一次便束之高阁。[49]

纳迪尔的史官说尽管纳迪尔在呼罗珊时庆典不断[50]，但平静的宫廷生活表面下暗潮汹涌。另一份文献显示，礼萨·戈利在马什哈德时批评过纳迪尔：

> 我的父亲想征服全世界，为了这个目的他不断压榨我们和整个波斯，到处挑起战争。然而，我们无法逃离他的控制，无论是我们、波斯，还是邻近的国家和君主，除非死神制止他。

当然，随从将礼萨·戈利的话汇报给了纳迪尔。[51]

到达阿斯塔拉巴德之前，军队在冒雨穿过戈尔甘峡谷时遇到了不小的麻烦。因为不得不来回渡河，许多士兵和牲畜溺水身亡。纳迪尔的财宝也丢了不少，价值大概 50 万土曼。水位还在上升，把营地扎在一座小山上并拒绝撤离的纳迪尔被水团团围住。他坐在移动王座上看着水升了上来，又升了上来……然后落了下去。纳迪尔坐着一头大象来到安全地带，手下人则忙着寻找冲到河谷下游的物资。他们收集物资、掩埋遗体，两三天以后军队抵达阿斯塔拉巴德。[52]

部队在阿斯塔拉巴德休整期间，一支派往达吉斯坦对付列兹金人的阿卜达里部队向纳迪尔传回了喜讯——他们降服了几个部落，尽管许多阿卜达里人在撤退时死在大雪中。他送给阿卜达里指挥官和士兵们 20 万卢比和荣誉礼服作为奖励。[53]根据以往的经验，纳迪尔深知眼前的达吉斯坦之行布满荆棘，但这个消息相当振奋人心。

军队从阿斯塔拉巴德出发，穿过马赞德兰茂密的森林前往萨里。行军路线是先穿过萨瓦德地区，再经由一条小径翻过厄尔布尔士山脉，随后下山来到德黑兰。像往常一样，纳迪尔亲自带领一队人马远远地跟在主力部队之后。在旅途中他更乐意和姬妾们待在一起，而非廷臣或者军队中的高级将领。考虑到绝大部分时间里他都在行军，这就意味着无论是在清醒时还是睡觉时，他都喜欢女性的陪伴。这种倾向在他之后的人生中变得愈加明显。

当他和姬妾们一起行军时，身边只有宦官保护，守卫通常在行宫前方 1 英里以外的区域内戒备。妇女骑着白马边走边唱，大约共有 60 人（包括正妻、妃子、女仆、歌手和舞女），另有 60 名宦官。[54]1741 年 5 月 15 日，当他们正在攀爬一条狭窄、茂盛的山谷时，身边突然爆发出一声巨响。一枚子弹擦过纳迪尔的肩膀，击中了他正握着缰绳的拇指，随后子弹射进了马的脖子，几乎是脊椎的位置。这头受惊的牲畜应声倒地，纳迪尔也跟着摔了下来。一场暗杀行动就藏匿在距离行军路线20步之内，借助茂密的森林作为伪装，骗过了提前为保障移动行宫的安全而搜查过地面的守卫，趁纳迪尔经过时向他开火。

据说，纳迪尔能够描述出袭击者的面貌，因此他必定在对方开火之前就已经看到了他。也许是由于刺客本人在纳迪尔的对视下慌了手脚，也许是纳迪尔拉了缰绳或者加快了速度，无论如何，刺客失手了。当纳迪尔缓过神来，守卫们也赶了上来，刺客在妇女的一片尖叫声中逃走了。近在咫尺的礼萨·戈利赶紧过来帮忙。然而，他是正在从地上挣扎起身的纳迪尔最不想看到的人——纳迪尔怒吼着让他滚开，不要出现在他眼前。纳迪尔换上另一匹马，来到刺客开枪的地点，不过没有找到丝毫踪迹。礼萨·戈利和守卫们也进行了搜查，但过了一会儿茂密树林里难以穿透的灌木丛便阻碍了进一步的追查工作。

纳迪尔伤得不重，简单地包扎伤口之后，他继续上马前往当夜选定的扎营地点。但第二天，他与其他人保持了距离，没有像往常一样前往接见厅。如此3天之后，他才召集齐将领们，描述了刺客的样貌——高个儿、深肤色、胡子稀疏。他问他们是否知道军队中存在这样一个人。他们都回答没有。士兵们前往附近村庄搜寻疑犯并带回了一些人。一些人试图贿赂士兵以避免被带到纳迪尔面前，士兵们向纳迪尔报告说这是心虚的表现。然而，他回答说不是，放了这些人吧：敢于行刺他的人必定胆识过人，就像他自己一样。

画师应召从伊斯法罕赶来按照沙阿的描述绘制疑犯的画像，

随后画像被张贴到全国各处。他还下令，一旦找到这个人，必须毫发无伤地带到他面前：纳迪尔宣布，只要他诚实地交代这起阴谋，他将会被赦免。德拉瓦尔·汗·泰玛尼的两个儿子告诉纳迪尔他们之前的一个仆人符合刺客的描述。他是一名勇敢的神枪手，"能在黑暗中击中一条蛇的颈骨"，但他前段时间失踪了。纳迪尔命令两兄弟找出这位神枪手。[55]

纳迪尔跨过厄尔布尔士山脉的分水岭，带领军队来到德黑兰。纳迪尔命令礼萨·戈利留在此处，可以自由活动并收取该省的税赋，却派了守卫监视他。[56] 礼萨·戈利又一次失宠了，纳迪尔已经怀疑他的儿子参与刺杀行动。他在德黑兰接见了俄国大使克鲁申金。大使在报告中提到，纳迪尔在讨论时决定限制礼萨·戈利的行动自由，任何事也无法让他改变主意。他比以往更加难以沟通。他对待奥斯曼人不像之前那么友好了，但克鲁申金也无法确定他是否还会和俄国保持友好。[57] 纳迪尔随后离开德黑兰，在6月初抵达加兹温。

由于弟弟易卜拉欣命丧达吉斯坦，纳迪尔正在为他复仇的路上。然而，此刻他正在失去越来越多最年长、最亲密的亲人和伙伴，或者说他们离开了他。据说，在他童年时期与他共同经历贫穷与羞辱的最敬爱的母亲在他远征印度时过世了。纳迪尔的母亲一直身处后宫，极少出现在同期任何一份描述纳迪尔生活的文献中，这种模糊的状况可以从她的去世日期都无人记录这个事实得到印证。纳迪尔的史官甚至没有将这件事列入正式文献，也许是出于纳迪尔本人的授意，这不属于他的人生，他的人生应该饱含激动人心的作为与胜利，而非一些私人故事。但是另一份文献显示，母亲的去世深深触动了纳迪尔，她不仅是纳迪尔童年时最亲近的人，更潜移默化地影响了他对女性的态度。许多人无论外在多么波澜不惊，实际上在失去双亲时内心经历了巨大的迷失与孤独，这件事必然对此时纳迪尔内心世界发生的变化产生了一些影响。显然，纳迪尔听到这个消息时"伤心欲绝"、潸然泪下。从印度回来之后，他在母亲的陵墓基础上修建了一座清真寺。[58]

至于他过去的同伴和文官，1734 年征战达吉斯坦时就已经退居二线的塔赫玛斯普·汗·杰拉尔正在喀布尔和信德照管纳迪尔的印度领土。格尔纳尔之战的得力助手纳赛鲁拉正在马什哈德。曾经最爱的儿子礼萨·戈利已经失宠，正羁押在德黑兰。他最宠爱的小丑塔基·汗在设拉子。

此时在加兹温，自从军队离开德里之后就一直帮助他缓解病痛并劝诫他远离暴怒的印度医师阿拉维·汗向纳迪尔申请前往麦加朝觐。纳迪尔在德里时就应允过他朝觐的事，尽管不情愿，也只得让他去了。阿拉维·汗尽了自己最大的努力来缓解纳迪尔的病情，还帮助他调整自己的坏脾气，显然此举非常奏效：纳迪尔曾经连续 14 天没有下令鞭打、处死他人或切除器官。但从此时开始，纳迪尔的统治愈加失去了支持、建议和限制。尚在加兹温时，他得知尽管他的阿卜达里部队打败了部分列兹金部落，其他一些部落却袭击并报复了格鲁吉亚地区。这个消息激怒了纳迪尔，他再次发誓要报复达吉斯坦的诸多部落。他声称要把所有部落首领待字闺中的女儿都变成娼妓，还将砍掉 5000 颗列兹金人头为他的弟弟报仇。[59] 随后，他又派了一队阿富汗人前往格鲁吉亚恢复秩序。

当纳迪尔抵达希尔凡时，列兹金首领们脑海中浮现出上次战争的情景，再加上眼见此次赶来的15万精兵*，大部分人早已胆战心惊。他们纷纷下山，亲吻纳迪尔王座的基座以示臣服。一直到8月中旬，纳迪尔和手下都待在库梅克，越来越多的列兹金人前来投降。其中就包括顽固、从未投降过的索尔哈伊。纳迪尔大度地招待了这些首领并赠送给他们礼物。他在库梅克停留了整整一个月，也许他觉得自己只需要等待，所有列兹金人都会来求和。

驻扎在库梅克期间，一位廷臣从马什哈德赶来，告诉纳迪尔一股乌兹别克人在花剌子模发动了叛乱，占领了希瓦；他在前一年年末才为该省精心安排的行政措施全部被推翻了。**他命令纳赛鲁拉带领人马镇压叛乱。9月他再次出发，克服艰苦的条件沿着狭长的山中小径，探察位于达吉斯坦最偏远的角落阿瓦里亚山区最后一个列兹金抵抗中心，其中心是洪扎赫城堡。那里几乎没有平地，也没有任何可供两名步兵并排前进的小路，尽管正值盛夏，地面大多覆盖着积雪。[60]

现在，几乎全部的列兹金部落都已经投降了，得益于纳迪尔抵达前阿卜达里人奋战的成果，他几乎没遇到任何抵抗便收获了他们的臣服。他离胜利仅一步之遥。但这次纳迪尔背离了自己的原则：时间拖得太久了。他再次受到病痛的折磨，也许是看到叛乱部落表面上的顺从而心生自满，也许是分心于对儿子的怀疑和担忧，他并没有像5年或者10年前那样积极推进战事。当士兵们投入最严酷、最焦灼的一场战斗去进攻山顶上地形最复杂区域中的最后一座堡垒时，他们已经暴露在初冬的寒冷天气中，这显然

---

* 军队主力是阿富汗人、乌兹别克人和印度人（Bazin, p.289）。

** 实际上，希瓦的叛乱在一年内就失败了，叛军全部被驱逐。1743年夏，希瓦百姓派出代表前往梅尔夫觐见纳赛鲁拉并正式投降（JN, vol.2, p.136）。

已经为时过晚。也许纳迪尔无法面对最后一击需要的付出，他只想待在更舒适的地方。也许他觉得这次远征到目前为止都进行得相当顺利，最后一座堡垒可以留待下次解决。9 月底的狂风、大雪和暴雨也在劝说他撤兵。为了过冬，军队向东后撤到达尔班德和里海边的低地附近。[61]

纳迪尔撤走之后，负隅顽抗的格拉卡塔格列兹金人证明了自己也并非等闲之辈，他们袭击了一队穿越山地林区前往达尔班德与纳迪尔会合的新募部队，还抢走了一些马匹和牲畜。这些新入伍的士兵全部来自刚投降的其他列兹金部落，其族人还按照要求从原先定居的山谷迁出到呼罗珊。许多村庄遭到了焚毁。这种做法（标志着纳迪尔早先对投降的部落居民成功施行的怀柔政策转向反面）让列兹金全族心灰意冷，他们认为即便投降了，纳迪尔也不会宽恕他们，因此他们只得继续战斗到死了。格拉卡塔格和其他一些继续抵抗纳迪尔的部落更加坚信自己的决定。

在制服部落的过程中使用暴力手段，面对阿瓦里亚叛乱又显得力不从心，祸根由此种下。6 年前惨败的记忆还留在列兹金人的脑海中，同时征服印度让纳迪尔的声望达到了顶点，他那令人恐惧的威胁使得列兹金人一开始便服服帖帖。然而，现在他撤走了，他们开始琢磨纳迪尔是否真的如此所向无敌。越来越多的列兹金人投入抵抗的行列，在分析过纳迪尔上次远征高加索使用的战略之后，他们变得愈加危险。他们决定不在开阔地带正面与之交锋。

据说在纳迪尔撤到达尔班德的当晚，营地遭到了袭击，放肆的列兹金人甚至冲入了后宫，抢走他的姬妾和财物。抢钱、抢妇女是高加索各个部落的年轻人最热爱的一项活动。这件事彻底激怒了纳迪尔，他下令处死了一批玩忽职守的军官和守卫，发誓不制服叛军决不罢休。部队于 10 月 16 日才在达尔班德扎营，25 日便启程离开了。他监督手下人在乡间每隔两三个小时行军步程距离就修筑一座堡垒，然后于 11 月 19 日返回达尔班德。[62]

事已至此，一次本可以实施快速惩罚性打击的机会悄然溜走，纳迪尔在达吉斯坦的麻烦与沮丧情绪与日俱增。在部落抵抗活动愈发强劲的背景下，部队的物资补给成了最大的困难。达吉斯坦资源匮乏、地形崎岖、人口稀少，即便当地人还算友好，也根本无法为纳迪尔的大部队提供任何补给。山丘、谷地和森林则为游击队员袭击他的后勤部队提供了理想的藏匿条件。显然走海路运送物资到达尔班德是个可行方案，但波斯人在里海地区没有大船。

纳迪尔试图从俄国借船，但俄国人拒绝了，因为他们知道船只必然是有去无回。无论如何，当看到纳迪尔的战场已经如此靠近自己的疆界，同时他还越来越怀疑并仇视他们的大使时，俄国人坐不住了。至少名义上还算同盟，俄国人允许他们的商贩为波斯人带来了一些补给，但只是做做样子，而且价格奇高。俄国政府接管了运送这些物资的船只以便更加有效地控制。1742 年夏，纳迪尔成功地安排英国商人约翰·艾尔顿船长帮助他从吉兰运送一船大米到达尔班德，这艘船是在喀山为英俄贸易公司建造的，因此俄国人更加愤怒了。* 在大使克鲁申金的强烈建议下，俄国人向捷列克河边境和基兹利亚尔的堡垒派遣了增援部队，还加强了

---

* 艾尔顿继续为纳迪尔效力，他成功地帮助纳迪尔在里海营建了一支小型舰队，到 1745 年时已经拥有 2 艘 18 门火炮护卫舰和 4 只稍小的船。然而，自认为拥有里海一切事务所有权的俄国人越来越愤怒。最终，艾尔顿于 1751 年在吉兰遭到暗杀。

阿斯特拉罕的军事力量。[63]

　　1742 年 1 月奥斯曼使团抵达了纳迪尔位于达尔班德以北的军营，他们带来了针对纳迪尔在 1738 年 5 月从纳迪尔阿巴德发往伊斯坦布尔的消息的回复。奥斯曼政府的态度没有转变，苏丹无法接受贾法里教派。纳迪尔另写了一封回信，不过这次的口气近乎威胁。这封措辞讲究、充满外交智慧的信首先回忆曾经的波斯帝国包括安纳托利亚的诸多省份、中亚和印度。虽然萨法维王朝失去了这些省份，而纳迪尔自加冕以来一直致力于收复这些领土，让它们回归波斯统治，但只有奥斯曼苏丹的领地是例外。纳迪尔依然期待苏丹可以接受第五教派的提议，如此两国便可以重拾曾经的友谊，消除嫌隙。如果苏丹不同意，纳迪尔将怀着兄弟般的友好情谊亲自前往土耳其与苏丹相见，通过会谈来解决这些重要议题，"达到共同满意的结果"。纳迪尔脑海中的会谈当然是与穆罕默德沙和阿卜勒菲兹进行过的那种会谈。[64]

　　为了表明自己在这场争论中的态度，同时强化宗教政策的重要性，纳迪尔再次召集全国的宗教领袖来到达尔班德，就宗教庆典活动签署了一项新的法令。相比以往，这次的口吻相当地"逊尼"：先对四大哈里发赞许有加，包括通常被什叶派诅咒的前三位哈里发，然后指责波斯的第一位萨法维沙阿伊斯梅尔一世挑起了分裂伊斯兰教的争端。文中提到齐聚一堂的圣贤和教法学家们共同向他建议修正这种观念。全体国民都必须摒弃这种错误的教义，坚定地在祈祷中向所有四位哈里发致敬——"否则，就要冒触犯天怒以及我们自身可怕的憎恨的危险。"[65]

　　在纳迪尔再次撕裂与奥斯曼人的关系之前，列兹金之战必须告一段落。纳迪尔没有表现得像往常一样精力充沛：似乎他对自己的病症忧心忡忡，更厌恶当地潮湿的气候。5月，他率领部队前往塔巴萨兰打击叛军。然而，他们不断遭到列兹金人"打完就跑"战术的骚扰。他变得愈加失望。

为了修建一处安全基地以抵抗持续不断的突袭，7月纳迪尔新建了一座带防御工事的军营，这座军营在达尔班德西北方，离海岸稍远。他将之命名为雅利安废墟，即波斯废墟，很难说这个名字可以鼓舞士气。讽刺之处在于这个名字将最终成真，比纳迪尔当初的想象更加真实。

纳迪尔的部队渐渐在塔巴萨兰的山脚处占据上风，在烧毁叛军的村庄之后，他们尝试再次进攻阿瓦里亚。然而，8月6000人组成的先锋部队在一条狭长的山谷中遇伏战败，重现了当年纳迪尔的弟弟遭人杀害的惨败情状。暴怒的纳迪尔处死了几名负责的军官。9月，另一支由他亲自率领的部队在专门安排了3000人用斧子砍树开路的条件下依然被击退了。同时，另一支波斯部队则成功占领了古莱氏人的格拉卡塔格据点，逼迫这个部落最终投降。古莱氏城堡被夷为平地。即便这算是个好消息，但阿瓦里亚和洪扎赫城堡仍旧负隅顽抗。相比前一年，纳迪尔只能算是原地踏步，10月他愤怒地返回了雅利安废墟。[66]

夏季的某一天，手下人为纳迪尔带来一个名叫尼克·格达姆的人。此人在赫拉特附近被捕，他承认自己曾经试图在萨瓦德山暗杀纳迪尔。他正是德拉瓦尔·汗的儿子在枪击事件之后按照纳迪尔的描述指认过的那个人。

纳迪尔向尼克·格达姆许诺只要他说出真相就饶他不死，而胆敢有半句谎言，则立刻身首异处。他说出了自己的故事，他曾经是礼萨·戈利的某些仆从的朋友。在纳迪尔从印度返回波斯时，这些人告诉礼萨·戈利，尼克·格达姆是一位神枪手。他还为礼萨·戈利表演了自己的枪法。礼萨·戈利问他是否能为自己完成一个任务，他回答自己必定完成任务，"即便付出亲生孩子的性命"。据说礼萨·戈利是这么问的："你能趁沙阿骑马时杀掉他吗？"他还说当时有很多人在场，包括穆罕默德·侯赛因·汗。

尼克·格达姆要求给他一个小时思考，回来时他坚定地说他有能力做到并愿意开始行动。他原本打算在纳迪尔出征中亚之前动手，但苦于没有机会。然后，他病了一场。最终，他在萨瓦德山茂密的树林中看到了机会。他本可以成功的，但真主认为纳迪尔的生命尚未走到尽头。[67]

纳迪尔告诉尼克·格达姆他可以如约宽恕他，但鉴于他过于精准的眼力，他不得不失去自己的眼睛。[68]事毕之后，纳迪尔派人去德黑兰将自己的儿子押回雅利安废墟。为了避免引起礼萨·戈利的怀疑，他还同时从马什哈德召来了纳赛鲁拉、伊玛姆·戈利和沙哈鲁。王子们先在德黑兰会合，然后一起赶赴达吉斯坦。1742 年 10 月他们抵达达尔班德，快走到纳迪尔的军营时，他们收到命令称礼萨·戈利留在原地，其他三位王子可以直接进军营。

纳迪尔像往常一样热情欢迎了纳赛鲁拉、伊玛姆·戈利和沙哈鲁，但当礼萨·戈利第二天到来时，遭到的则是彻底的冷遇。进入父亲的军帐之前，他按照要求摘下了佩剑、弓箭和箭壶，但当他进来时，纳迪尔看到他的腰间还别着一把匕首。纳迪尔大叫："取下他的武器！"愤怒的礼萨·戈利从刀鞘中抽出匕首，想往地上摔，不过身边的一名随从立刻抢了过来。纳迪尔嚷嚷着说儿子疯了，命人把他带走，看管起来。[69]

　　之后几天[70]，纳迪尔的近臣们轮番上阵劝说礼萨·戈利向父亲道歉，请求他的原谅，包括米尔扎·扎吉、哈桑·阿里·汗和首席毛拉。然而，王子很固执，他拒绝承认自己有错。他说他从来没有设计杀害他的父亲，而他的父亲却总想置他于死地。据说，他还批评了父亲远征达吉斯坦的决定，他认为这场战争毫无意义，部队在前进和撤退之间虚耗，补给也完全跟不上：波斯人民成了父亲好大喜功的受害者。至此，根据尼克·格达姆的供述，再加上密探的汇报，纳迪尔基本上已经相信他的儿子有罪了。但他无法决定该如何处罚他——是杀、挖眼睛还是流放、囚禁，就像对待塔赫玛斯普那样。即便事情已经到了这个地步，他还是愿意原谅他，但是傲慢的礼萨·戈利决不会主动请求宽恕。

　　纳迪尔试图再次与儿子沟通，但礼萨·戈利矢口否认自己要杀害父亲并篡夺王位，他说如果真有这种打算，他早就趁纳迪尔远在印度时加冕为王了。为什么要等到父亲回来重掌大局之后再杀他呢？在愤怒与心软之间摇摆不定的纳迪尔只想劝儿子请求他的原谅并宣誓效忠，但最终未果。纳迪尔越逼问，礼萨·戈利就越强调自己是无辜的。两人的火气都越来越大。最后，纳迪尔威胁说要挖出他的双眼。据说，礼萨·戈利回嘴嚷道："挖出来吧，然后塞进你妻子的阴道里。"[71]

　　纳迪尔的廷臣们还在努力修复父子之间的裂隙，他们说也许有人恶意散布谣言，如果礼萨·戈利被挖去双眼或者处死，对国家来说将是一个巨大的损失，因为其他继承人都没有他这样的才能。然而同时，为了平息纳迪尔的怒火，他们也不得不说万一王子真的有错，也必须受到处罚。遗憾的是，宫廷中再没有人具备阿拉维·汗那样的个人能力，可以将沙阿从近乎疯狂引导到相对理智的状态。最终，纳迪尔下令挖掉儿子的双眼并呈给他看。行刑结束后，纳迪尔看到了它们，立刻忍不住哭了起来。

如同萨瓦德山枪击事件之后，纳迪尔躲回了后宫，三天没有出来。当他再次来到接见大厅时，他申斥廷臣中间居然没有一个人愿意为王子求情，他说："雅利安人都没有同情心和正义感。"他陷入深深的悲痛，大哭道："什么样的父亲？什么样的儿子？"[72]

9

骷髅塔

> ……然而，我被束缚在
> 一轮烈日之上，就连我的泪水
> 也像滚开的铅水一般。
>
> ——李尔王

行刑后第三天，纳迪尔去看望礼萨·戈利。他将王子的头靠在自己的胸膛上不断亲吻，痛哭流涕。在场诸多廷臣也纷纷落泪。礼萨·戈利全程沉默不语，直到最后他才说："你应该知道，虽然失去眼睛的人是我，但就此失明的人是你，你亲手毁了自己的人生。"[1]

总的来说，礼萨·戈利不太可能蓄意策划谋杀他的父亲。*最无法令人信服的一个指控是称他早在纳迪尔从印度返回之前，即两人于 1740 年 6 月在赫拉特会面之前便开始行动了。如果礼萨·戈利早就决定对他的父亲下手，他难道不应该在会面时表现得更低调谨慎一些吗？毕竟在当时的困难情境下，他带着那么华丽的排场在父亲面前炫耀，招致纳迪尔的不快，这种举动着实粗

---

* 许多同时期的观点也是如此，包括 Mirza Mahdi，Pere Bazin 和之后的 Sir John Malcolm。

浅。而礼萨·戈利对父亲真正产生不满也更有可能始于斯，因为纳迪尔褫夺了他摄政王的王位，还解散了他的个人卫队。

最合理的解释是早在礼萨·戈利摄政伊始便有一群大臣围拢在他身边，当纳迪尔在印度战死的传言被证实为假时，他们决定杀害纳迪尔，由礼萨·戈利取而代之，这样才符合他们的利益。这群人中，穆罕默德·侯赛因·汗·恺加（杀害塔赫玛斯普全家的凶手）和德拉瓦尔·汗·泰玛尼的几个儿子是最活跃的。他们选中尼克·格达姆执行刺杀任务时已经完全控制了他，即便他拒绝合作，他们也可以杀掉他灭口。但他失手了，这群人立刻惊慌失措。刺杀以失败告终后，纳迪尔军营中的几名泰玛尼部落成员闻风而逃，这引起了纳迪尔的怀疑。对密谋者来说，从纳迪尔的怒火中脱身的唯一办法就是将所有罪责都推给礼萨·戈利。纳迪尔与儿子之间的嫌隙为他们的预谋提供了便利。因此他们把尼克·格达姆押送给纳迪尔，编好了一个降罪于礼萨·戈利的故事。尼克·格达姆不得不配合，否则他的孩子就性命不保。他不仅勇敢，而且成功地说服了纳迪尔。这个计划达到了预期的效果，而礼萨·戈利在面对父亲时采取的强硬得近乎挑衅的态度更是加强了这种效果。

但当儿子被挖去双眼，他自己也怒气渐消时，纳迪尔才意识到即使礼萨·戈利并非完全无辜，也至少受到了他人的蛊惑与协助。一些同谋因为杀害塔赫玛斯普及其家人的行为已经被处决，于是纳迪尔把其余的人也全都杀了，包括德拉瓦尔·汗的儿子们。[2]但他饶过了穆罕默德·侯赛因·汗·恺加，也许是为了避免在阿斯塔拉巴德的恺加部落中引起麻烦，但也有人认为如果纳迪尔真的迁怒于他，那么一场可能爆发的叛乱根本无法阻挡纳迪尔下手。

穆罕默德·侯赛因·汗得以幸免的原因可能是在谋杀了塔赫玛斯普之后与纳迪尔达成了一笔交易，他作为纳迪尔的奸细留在了礼萨·戈利的圈子里。必然存在告密者。一位在 1744 年 5 月见过穆罕默德·侯赛因·汗的人说，他"对国王充满信心，还获得了一个相当自负的头衔——'高贵全能的首相之最、王国的伙伴、离王位最近的人'"。[*3]

礼萨·戈利并非完全有罪，但也不是完全无辜。在父亲从印度返回之后，羞辱与怒火使得他希望父亲死掉的想法与日俱增。他必定或多或少知道身边的人在谋划什么——他当然不会去父亲面前揭发他们，尽管他明明可以这样做。礼萨·戈利并不蠢，他也不是第一个放任手下图谋不轨的王子，因此他假装不知情，甚至连自己也骗过了。

几年后，纳迪尔过世了，他的宫廷史官米尔扎·马赫迪终于可以将有关前主人的真实想法记录下来，这是一个前所未有的机会。他写道：

自从纳迪尔沙统治伊始到他从花剌子模归来并再次出征达吉斯坦，他一直致力于帝国的治理与司法工作的开展，雅利安的民众甚至愿意为他献出自己的生命[**]。然而，此后他彻底改变了理政方式。在一些负面情绪的教唆之下，这位郁郁寡欢的君主相信了心怀恶意的间谍，他居然挖出了最优秀、

---

* 穆罕默德·侯赛因·汗还是楚吉的父亲，她是纳迪尔后宫中最得宠的女人之一。纳迪尔与楚吉很有可能举行过正式婚礼。

** 显然伊斯法罕的居民未必如此，但更多人是愿意的，包括伊朗国内的许多少数族裔。

最勇敢的儿子礼萨·戈利的眼睛。这股残忍的冲动过后，懊悔接踵而来，纳迪尔沙变成了疯子。坏消息从帝国各地接连传回，加剧了他的愤怒。[4]

有人预言，纳迪尔的统治最终必将失败，因为他永无止境的征服欲望，而波斯的经济根本无法支撑如此宏大的计划，比起他超凡的军事天赋，他缺乏一位政治家和国家领袖应该具备的理政能力。但人是懂得变通的，像纳迪尔这种睿智的人，他们会环视周围并适应环境。尽管在某种程度上纳迪尔看起来比较保守落后，但他在战事方面摒弃了固有方式，以一种惊人的原创性采用了新的方式，算得上是一个明智的选择。他可以适应和调整自己的方式以期实现长远而成功的统治，并将一个繁荣、广阔的帝国交给儿子或者孙子，这并非不可能。在印度时，他宣布过免税政策，这至少说明他知道自己的做法与目标之间的差距。

在理性思考历史事件的成因时，我们太容易忽略广泛分布在人类社会中的随机性、偶然性、原因和结果的混乱本质。大事可能是从最微不足道的一件小事发展而来的。* 我们有时太过高估这些原因，进而在历史记录中形成了一种绝对决定论，但实际上它属于"制作历史"的精神过程，不属于事件真正的发展过程。过分决定论下的历史记叙通常无法重塑人类经验的真正特性，其中有选择、机会、突发奇想和偶然性，它们即便不是决定因素，却

---

* 如果尼克·格达姆在马赞德兰的森林里射杀了纳迪尔，那么礼萨·戈利将在1741年春继位。当时的社会普遍对礼萨·戈利的能力评价很高，人们有理由相信他既继承了父亲的军事能力，又重视商贸与经济的发展。礼萨·戈利也许真的可以带领帝国进入一个全新、更有发展的阶段。

也相当重要，而事件的成因总是存在其他一些可能。纳迪尔原本有机会，他的战争机器急需钱和战略物资，他本可以此为契机在波斯全境实现行政现代化和经济改革，以欧洲为例，这些变革都发生在军事革命之后。他有这种选择，或者更准确地说是许多选择，一经采用，都能推动这些进程。

尽管我们看到开端是朝着那个方向的，他却没有选择这样做。一是因为他的病情。但是阿拉维·汗成功地控制了他的病情，缓解了他的痛苦，还在行政方面给予他指引。如果他能找到另一位阿拉维·汗来治疗自己，那么他也许就能够度过 18 世纪 40 年代初的危机。然而，事与愿违，更深层次的原因——精神上的极度痛苦，源自儿子礼萨·戈利。挖去儿子双眼的行为彻底动摇了纳迪尔的心智，那是支撑他之前全部的自信、促成他成功的关键，它们被击入深渊，他已经不再是当初的那个人了。* 相反，他走上了一条充满仇恨、恐怖和愤怒之路，最终以近乎疯狂收场。

为什么礼萨·戈利失明一事会如此深刻地动摇纳迪尔的方向？也许有人会说因为他爱自己的儿子。或者从一开始，他的人生目标便是提携整个家族并建立一个王朝，结果他却亲手毁了这个目标。或者他曾经将自己的君主制及帝国建设的目标定义为明确的反萨法维模式，他唯一重复的便是萨法维君主最臭名昭著的

---

* 阿卜杜·卡利姆·卡什米利写道，在早期征战中会虔诚地公开祈祷的纳迪尔却在达吉斯坦中止了这种做法，这表明即便不是丧失了全部的信仰，也至少有一种厌恶世人的情绪侵入了他的宗教行为（p.164）。

酷刑之一——阿拔斯大帝也挖去了亲生儿子的双眼。*也许我们还可以隐约将儿子失明的事件与纳迪尔父亲的死联系起来。随这件事而来的最猛烈的打击似乎是由于这件事毁掉了他渴望给予儿子父亲般关爱的美好愿望，这种关爱在他还是一个幼童时便被命运剥夺了。出于局外人的自我认知，纳迪尔始终与家族维持着紧密联系：共同对抗充满恶意的外部世界。如今他亲手打碎了这个同盟。

这些想法说出了部分真相。我们唯一可以肯定的是他早已情绪低落、病痛缠身，剜眼酷刑可谓"恰逢其时"，它毁掉了纳迪尔最倚赖的某些支柱，但关于其产生作用的方式我们也许永远无法说对。存在主义者、精神病专家维克多·弗兰克尔在谈到自己作为奥斯威辛幸存者的独特体验时曾引用过尼采的说法，即一个人如果知道为何而活便能够承担一切灾难，而那些丧失中心目标感的人则无法幸存。5 在雅利安废墟挖出礼萨·戈利王子的双眼，相当于纳迪尔在自己精神动力的源泉中下毒。

酷刑之后，礼萨·戈利的双眼得到了妥善的包扎和治疗，纳迪尔把他送到卡拉特的城堡中监禁。1742 年末寒冬将至，满含愤怒与怨恨的纳迪尔将达吉斯坦的种种矛盾怪到了俄国人头上。俄国人不仅限制纳迪尔部队的物资补给，还阻止他进攻列兹金人。甚至此后在高加索地区形成了一种由俄国人向列兹金人提供武器

---

* 更加古老的原型是菲尔多西的《列王纪》中罗斯塔姆杀了自己的儿子苏赫拉布：从海里的鱼到平原上的野马 / 一切野兽都能认得自己的幼仔 / 然而被那可悲的傲慢蒙蔽了双眼的人 / 却无法分辨出儿子和敌人（译自 Jerome W. Clinton, *The Tragedy of Sohrab and Rostam*, p.119）。

弹药来对抗纳迪尔的惯例。[6]更早一些，俄国人曾担心纳迪尔会进入捷列克河以南的边境地区。现在，愤怒焦躁、满怀仇恨的纳迪尔打算夺取俄国边境城市基兹利亚尔并宣称它曾是波斯领土。还有人猜测他也许会在车臣人的帮助下再接再厉，甚至进入克里米亚。

1742 年 11 月，纳迪尔率领部队从雅利安废墟出发，目标是北方的俄国边境。设想一下他的部队与俄国人正面交锋的情景，光是想想便令人激动不已。纳迪尔从未与按照欧洲战争制式装备和训练的敌人发生过战斗，有些人想当然认为他的部队必定会输给西式战争体制：18 世纪中期西式战争体制包括复杂的训练、统一的制服、线性战术和程式化作战行动。但我们可以看看 1806 年的耶拿之战。在这场决定性的战役中，代表 18 世纪西式体制的普鲁士军队被现代化的法兰西体制打败，后者强调简化的训练和制服、作战速度、参战人员数量、合理且传达准确的指挥，更注重轻骑兵和小规模战斗（包括骑兵和步兵）、一支能够在决定性战术时刻到来之前拖垮敌人的重装炮兵部队、一支在关键时刻给出致命一击的强大重骑兵部队。有关后者的描述与纳迪尔沙的军事体制非常吻合。在许多方面，18 世纪末期改变了欧洲战争方式的这些改革将西方军队带向了东方模式（尽管各有原因，但并非有意模仿）。1742 年 11 月，刚经历过达吉斯坦战役的纳迪尔部队并非处在巅峰状态。然而，谁又敢说假若纳迪尔的部队真的与俄国人发生战斗，结果一定会如何呢？

在纳迪尔向北进军后不久，他收到消息称奥斯曼人正在向高加索地区调动军队。又有两名奥斯曼大使来到了他的营地，他们带来苏丹的最新回复，对方再次回绝了纳迪尔的宗教提议。纳迪

尔在回信中又一次威胁他将亲自与苏丹解决这个问题。他还派人
送信给巴格达的艾哈迈德帕夏，命令他放弃这座充满争议的城市。
此前多次交手的两人也算是彼此了解。在写给纳迪尔的回信中，
艾哈迈德帕夏没有直接拒绝对方的要求，而是搪塞了几句，还送
了阿拉伯良驹作为礼物。*

　　1743 年 2 月 10 日，终于意识到对俄作战毫无胜算，同时奥
斯曼宿敌还紧跟在后的纳迪尔决定再次向南移动，前往穆甘平原。
他在身后的达尔班德留下了大批阿富汗人守城。之前的舒适天气
不再，取而代之的是大雨和风雪。许多从山中流出的小溪现在汇
聚成了奔腾的洪流，横在行军路线上；牲畜死于寒冷的天气和体
力不支；补给严重匮乏，还有一部分遗失在浑浊的洪水中；人也
死了不少。幸存下来的可怜士兵们花了 40 天才抵达穆甘平原上
的库那河。如果这时还有人穿着印度丝绸，那他已经是满身碎布
条了。[7]

　　这一年纳迪尔军营中的诺鲁孜节必定十分冷清，但至少在结
束了达吉斯坦战争后，部队终于能感受到一丝轻松。尽管列兹金
人没有在战场上对抗过波斯军队，但实际上波斯人已经输了，列
兹金抵抗中心依旧活跃。在与纳迪尔交过手的众多部落与族群中，
列兹金人是唯一逼迫他撤退的，他们的存在就是一种挑衅：一堂
游击战课，在历史上循环往复地被忘却和重复，从拿破仑在西班
牙到美国在越南。

---

* 一些亲奥斯曼的学者认为艾哈迈德帕夏对待纳迪尔过于友好，有打算
交出巴格达的嫌疑。为了嘲笑他的不忠，他们给他起了个外号叫"内扎
姆·穆尔克"，说明在这一时期人们普遍相信内扎姆·穆尔克背叛了穆罕默
德沙（Olson, p.189）。

4 月，纳迪尔带领军队再次向南出发。穿过大不里士后，他们于 5 月 18 日在马里万扎营，他在该地见到了纳赛鲁拉、伊玛姆·戈利和沙哈鲁，他们再次从马什哈德赶来拜见他。跟着他们一起来的还有一位德里派来的大使，他带来一扇由檀香木制成、装饰华丽无比的大门以及其他礼物。会合之后他们一起来到萨南达季。为了应对巴格达之战，纳迪尔派人将包括上百门新浇铸大炮在内的重型武器经哈马丹运往克尔曼沙阿。[8] 即将到来的是一场对抗奥斯曼人的决定性战役，纳迪尔能否成为伊斯兰世界的主宰就取决于这场终极之战了。准备工作都是大决战级别的。

纳迪尔军中的一位款项支付人员记录了 1743 年初远征开始时他掌控的士兵数量，人员是按照征募地区划分的。参考汉韦在一年后的描述，基本还原了纳迪尔军队的巅峰状态。按照这位款项支付人员的算法，人员总量达到令人难以置信的 37.5 万人，像以往一样，其中只有少部分的什叶派波斯人。其中包括 6 万土库曼人和乌兹别克人、7 万阿富汗人和印度人，还有 6.5 万人来自呼罗珊、12 万人来自波斯西部（库尔德斯坦、哈马丹、洛雷斯坦、法尔斯和胡齐斯坦）、6 万人来自阿塞拜疆和高加索。总数可能包含了仆从和随军平民，但是其他信源认为士兵们是自行支付仆人费用的，因此为了记录士兵的薪资情况，这些海量人员即便不全是，也应该大部分指的是战斗部队。[9] 总人数不包括大量的省级卫戍部队士兵，比如纳迪尔留在后方达尔班德的阿富汗人，以及正在克尔曼沙阿集结的全新而强大的炮兵部队，他们都是单独计算的。

纳迪尔明白要持续对付奥斯曼人，需要大量训练有素的步兵火枪手、能够包围并控制奥斯曼伊拉克乡村和小城镇的轻骑兵，以及用来攻打大型城市的昂贵的攻城大炮。纳迪尔在过去的几个月里一直忙着督促省督们向西部省份派遣部队来补充达吉斯坦的损耗，为新的征程做准备。一支如此规模的军队意味着要付出巨大的代价。它的规模比奥地利和普鲁士的军队数量以及几年后在欧洲拉开战幕的七年战争的主力参与者的总和还要大。[10]花费也相当不菲。

有证据表明，得益于从印度掠夺来的巨额财富，纳迪尔在德里签署了免税3年的政策，同时从1736年开始军队就远离波斯本土，经济因而出现了短暂的复苏，在伊朗的一些地区甚至出现了繁荣景象。[11]然而，尽管纳迪尔可能动用了印度战利品来支付部分或者全部中亚战争的费用，达吉斯坦战争的花费很快就再一次让他的官员们运用毒打等手段来攫取巨额税金。他完全知道后果会如何；也许他再也不在乎了。在某种扭曲的层面，他也许正希望借此举惩罚全国一解他毁掉了自己儿子的气。

巴格达之战的准备工作让1740年之后就已不断尖锐的矛盾演变成了更大的灾难。税务官逼迫百姓廉价变卖自己的房屋和财产，害他们陷入赤贫。经济由于缺乏现金而停滞，大量民众家破人亡，还有人为了躲避税务官的追捕而逃进荒漠和山区。大量人口向西迁往巴格达和巴士拉，或向东迁往印度。据统计，与1722年之前相比，18世纪40年代的贸易总额下降到了只有此前的20%[12]，人口数量则下降了至少33%。自从1736年纳迪尔去往坎大哈开始，波斯境内一直相对平静，但紧迫的征税、民众的不满和绝望迅速引发了新的叛乱，就像18世纪30年代那样。

纳迪尔显然是以在13—14世纪摧毁过波斯的成吉思汗[13]和帖木儿的所作所为为自己的行为辩护。据说曾经有一支带着字条的箭射入了他的帐篷，指责他的专制统治和反宗教行径，质问他到底是魔鬼还是神，是暴君、国王还是先知。纳迪尔回答："我既不是神，也不是魔鬼、暴君或者先知；我是真主派来的使者，惩罚这极度邪恶的一代人。"他命人记下他的话，连同那张字条一起挂在营地。[14]

另一个具有相同意义的证据是纳迪尔选择红色作为衣服的主色——王权施行刑罚时的传统色彩，萨法维沙阿只有在判处犯人死刑时才穿红色衣服。选择红色作为大帐和士兵们制服的主色，似乎都是这种理念的延伸，目的就是灌输敬畏、恐惧和顺从的思想。[15]

为了给即将开始的奥斯曼伊拉克战争打开局面，纳迪尔派遣先头部队占领了巴格达和巴士拉的周边地区，包括萨马拉、纳杰夫、卡尔巴拉和阿拉伯河。从西南省份赶来的总督和部队领命包围巴士拉。7月1日纳赛鲁拉带领其他王子，护送大部分行李和弹药补给前往哈马丹，纳迪尔在安排好如何将粮草运送给前线军队之后不久也跟了过去。部分奥斯曼官员闻风而逃，而包括许多库尔德首领在内的其他一些人则向波斯人投降了。艾哈迈德帕夏知道不能在空旷地带与纳迪尔正面交锋，因而他选择打防守战。8月5日，当纳迪尔抵达基尔库克时，这里的卫兵早已弃城逃进了城堡。纳迪尔的新式攻城大炮和臼炮也在几天后运抵，它们开足火力向城堡的四面城墙从早轰到晚，然后奥斯曼人投降了。纳迪尔宽恕了他们。不久后，一支波斯部队还夺取了稍靠北的埃尔比勒，控制了通向摩苏尔的道路。[16]

还在基尔库克时，纳迪尔收到了一条来自奥斯曼苏丹的挑衅消息，这是一份宗教法令，准许其穆斯林信众杀死并奴役波斯人，它还宣称波斯的新教派违背真正的信仰。纳迪尔原本希望借助与艾哈迈德帕夏的接触以及占领了绝大部分奥斯曼伊拉克的事实来换取一份停战协定，没想到等来了奥斯曼人的蔑视。这样做着实勇气可嘉：随着基尔库克的失守，伊斯坦布尔的反叛势力蠢蠢欲动，9 月 23 日年迈的大维齐尔被迫交权。纳迪尔率领部队前往摩苏尔，9 月 14 日一到就开始攻城，军营设在东南方底格里斯河的东岸。[17]

波斯人刚到摩苏尔，便与主动出击的奥斯曼守军展开了一场激战，他们击败了对方，还几乎切断了对方在底格里斯河上的退路。波斯人在该城的上游和下游都搭建了桥，纳迪尔还命人修建了 14 座保护架，用来保护负责攻击摩苏尔城墙箭塔的炮兵。他带来了 390 门火炮，包括轻型火炮和 230 门臼炮。这次，他终于不缺合适的攻城武器了。在它们就位之后，波斯炮手们对着摩苏尔城整整轰了 8 天，臼炮开动之后对城内的建筑造成了极大的破坏。*许多守军是基督教徒，一些人是城里的当地人，另一些是来自附近被纳迪尔劫掠焚毁的村庄的难民，难民中还有穆斯林和雅兹迪人，他们饱含悲愤之情，积极地投入守城之战。如同在达吉斯坦时一样，纳迪尔对待普通民众的严苛做法招致了强烈的抵抗。常规炮击结束之后，纳迪尔又集中火力对准了城墙的西北角，最终他们依靠火力成功地摧毁了一座防御塔并在城墙上打开了一道大口子。然而，守城卫兵在指挥官的带领下迅速行动，成功地用新砖补上了缺口。

---

* 不同于这一时期发射实心铁弹且弹道较平缓的普通火炮，臼炮使用装填火药的空壳弹，弹道呈角度较大的抛物线，当它接触目标时，引线便会引爆。现代迫击炮尽管弹道也较高，但已经是完全不同的武器了。

波斯人还在炮火的掩护下于摩苏尔城墙下方挖了地道，当他们引爆地道中的火药时，破坏力惊人。但在一个关键部分，由于埋完地雷之后的矿井没有得到妥当回填，结果爆炸的部分威力沿着矿井向后方传导到一条壕沟，波斯部队正集结在此等待发动进攻，许多波斯人被炸死或者受伤。即便在爆破任务完成较好的地方，守城卫兵也能迅速运送物资堵住城墙坍塌的部分。纳迪尔十分沮丧，他命人在摩苏尔周边的村庄继续烧杀劫掠，却给了城市几天喘息的时间。随后，他派出数千名士兵背着 1700 架攻城梯展开了更大规模的进攻。这些人先利用梯子跨过壕沟，再爬上城墙，但一露头便立刻被守城卫兵砍倒了。攻城战失利，纳迪尔损失了5000 人。

事情发展到这个阶段，纳迪尔试图与对方谈判，但是奥斯曼指挥官十分傲慢，同时卫戍部队尽全力在纳迪尔的使者面前将内城装饰得尽可能一如往常，因此当他问起他们对城市的印象以及居民是否还愿意继续抵抗时，答案相当令人沮丧。谈判还在继续，出人意料的是纳迪尔让奥斯曼一方拟定和平协议。波斯首席毛拉主持谈判，他暗示奥斯曼指挥官如果能送给纳迪尔几匹自己马厩中的好马，那么事情会进行得更加顺利。奥斯曼人不仅照做了，还同意将和平协议转交给伊斯坦布尔的大员们。波斯人赞扬了摩苏尔卫戍部队的英勇。奥斯曼苏丹来信称如果纳迪尔退回到奥斯曼-波斯边境，他将与艾哈迈德帕夏探讨和平协议的事。1743 年10 月 20 日，纳迪尔带领部队离开摩苏尔。他们在路过基尔库克之后才扎营，尽管还在奥斯曼领土上，但离边境已经不远了。当这个消息传到伊斯坦布尔时，听者无不欣喜若狂。[18] 不过，巴士拉之战还在继续，从摩苏尔撤下来的攻城大炮都送去了那里。

　　究竟发生了什么？他已不再是那个曾经花费一年多时间围攻坎大哈、追着胡达亚尔·汗跨过整条印度河的纳迪尔了。身在奥斯曼伊拉克的纳迪尔统御着军事生涯中最大规模的一支部队，包括远征印度时最能打硬仗的那群老兵。仅在摩苏尔，他就拥有超过 20 万人。完全可以说，这支部队无论从规模还是素质都几乎是当时世界上最强大的一支军事力量。[*] 为了战胜奥斯曼人，纳迪尔斥巨资进行了精心准备。这场旨在将铁链套上奥斯曼苏丹的脖颈，让他像德里和布哈拉的统治者那样俯首称臣，以期实现纳迪尔在 1732 年娃娃沙阿阿巴斯三世登基时许下的诺言的战役[19]，却在围攻摩苏尔仅 40 天之后就宣告结束了。

　　有人解释说，这种突然的反向转变起因于希尔凡和达尔班德的叛乱，奥斯曼人安插了一名自称是萨法维王室成员的冒牌货故意给纳迪尔捣乱。同时，他还要担心花剌子模愈演愈烈的形势和塔基·汗在阿曼的失利。[**] 但到 1743 年 10 月这些麻烦已经相对减弱或者消失。纳迪尔不认为它们已经紧迫到必须立即返回波斯去解决的程度，直到 1744 年 1 月他才再次跨过边境。另一种解释是他及其手下被英勇的摩苏尔守卫部队打得心灰意冷[20]，然而，正是这批波斯人见识过更加惨痛的溃败，也坚持过更长时间的围城战。

　　纳迪尔的手下在摩苏尔遭逢重大损失，大炮没有如他预期的那样实现快速取胜的效果。毕竟他花了大价钱装备炮兵部队，这种结果实在令人失望。纳迪尔从来就不擅长打攻城战，这太需要

---

[*] 尽管欧洲最先进的一些国家在攻城武器方面可能更加具备优势。

[**] Lockhart 1938（p.231）甚至认为纳迪尔受到了另一份密报的影响，密报中称中国皇帝打算入侵河中地区。

耐心了，每一步都必须缓慢推进。他从来就没有耐心，只偏爱勇猛、富有胆识和当机立断的行动。同时，病痛很可能再次加重了他的痛苦，无疑更是雪上加霜。然而，此前没有任何困难让他动摇过追逐的决心或者草草结束既定的战略。唯一说得通的解释就是离开雅利安废墟之后他的心已然不在了，他不再有决心和专注的意志去引领自己集结起来的巨大军事力量。他决定结束摩苏尔围城战的时间正好是一年前他挖掉儿子双眼的时间，这也许并不是一个巧合。

这是一个关键转折点，它以一声悲鸣而非巨响实质性地终结了纳迪尔漫长的征战生涯。决定结束战争的正是他自己，并非其他原因。无论是手中已然铸就的宝剑，还是集结装备完毕、训练有素的部队都在等待：他们的素质、数量惊人，几乎战无不胜，并且愿意陪他去任何战场。绝大部分奥斯曼伊拉克领土已经落入他的手中，他完全可以静待其他城市相继陷落。他知道一些奥斯曼伊拉克居民其实是支持他的，同时总督艾哈迈德帕夏本人对奥斯曼帝国的态度也绝对谈不上忠诚。奥斯曼政府或许会从伊斯坦布尔另派一支部队来对付他，但那都是被他打败过的部队（还将再败一次）。由于吃了数次败仗，同时首都总处于动荡之中，只要再继续施加压力，那么马哈茂德苏丹的统治必定岌岌可危。成功开进伊斯坦布尔的设想完全可行，至少和 1737—1738 年波斯军队被困在坎大哈时还计划着开进德里一样可行。更大的荣耀正在伊斯坦布尔等着纳迪尔：新的财富和领土，甚至哈里发的头衔以及一统整个伊斯兰世界的至高权力。然而，他亲手毁掉了原本可以继承这种荣耀同时也是自己最疼爱的儿子。精神崩溃之后的纳迪尔放弃了最终的奖励，他选择将注意力从重要的抉择中抽离出来，沉湎于战马或者其他庸俗的东西。

纳迪尔离开了军营和军队，带着姬妾和一小股骑兵卫队前去瞻仰了位于卡兹梅因、穆阿扎姆、卡尔巴拉和纳杰夫的几座什叶派圣陵。他的几位正妻慷慨地向圣陵捐赠了钱物。拉齐亚女亲王是苏丹·侯赛因沙的女儿，她捐出巨款用于修缮卡尔巴拉圣陵。朱哈尔·沙德是巴巴·阿里·汗的女儿，她捐出了更多的钱为纳杰夫清真寺的拱顶镀金。*[21] 这些记载于当时文献中的捐赠事项罕见地表现了纳迪尔妻子们在他生活中的形象。据说她们两人之间并不和睦，因此才在捐赠时相互攀比。我们完全可以理解这两人之间糟糕的关系。朱哈尔·沙德（她的姐姐则是纳迪尔的第一位妻子）是阿夫沙尔总督的女儿、纳赛鲁拉的母亲，在她早年与纳迪尔相识之时，他还是一名火枪手、阿比瓦尔德的一名小军官。拉齐亚女亲王是沙阿的女儿，来自纳迪尔厌恶的伊斯法罕宫廷，更重要的是（至少就我们所知）她膝下无子。**

朱哈尔·沙德捐出更高的额度说明她在后宫占据上风，但显然这时纳迪尔最宠爱的是其他更年轻的女子。我们对纳迪尔妻妾们的生活以及他与她们的关系知之甚少，这着实令人沮丧。相关记录扭曲了我们对于纳迪尔人格的认知。我们对身材高大、声音洪亮、性格骄傲的纳迪尔了解甚多，但当他躲进帐篷深处或者后宫中时，他便从我们的视野，甚至从同时代人们的视野中消失

---

* 这座拱顶位于圣域的中心，这里曾经在 2004 年夏被穆格塔达·萨德尔领导的军事力量占领，后又被美军包围。
** VOC 记录称 1731 年 1 月她在马什哈德为纳迪尔生过一个孩子，但对这个孩子我们一无所知。要么这个故事是编造的，要么这个孩子早早夭亡了。

了。* 现有的一些线索勉强可以让我们做出些微猜测，但也仅此而已。有的人也许在后宫表现得像他们向往的暴君一样，却无法在外部男人的世界里如此。因此，有人猜测纳迪尔可能正好相反，当他放松下来时，他也许会和女人们调笑，拿白天打交道的那些人或者事来逗趣，让她们用舒缓的音乐和轻柔的声音抚慰他。当然，她们的欢笑有时也很脆弱，尤其在最后这段时期，女人们也必然会像其他人一样发现他变得难以对付了。也许仍然有人觉得他在身边时也一样自在，就好像是他陪伴着她们一样。然而，对此我们不得而知。[22]

在卡尔巴拉时，纳迪尔曾经围绕圣陵公开举行过徒步仪式。他无法在此地找到寻求已久的答案。在纳杰夫时，纳迪尔将伊拉克和自己帝国全境内的穆斯林学者和教法学家，无论什叶派还是逊尼派，全部召集在一起。在私下接见一名由艾哈迈德帕夏派来监督并参与此次活动的巴格达代表时，纳迪尔向他解释了他们的目标：

> 在我的帝国有两块地区——阿富汗与中亚，那里的人称呼雅利安人为异教徒。不信主是令人憎恶的，在我的统治范围内有人称呼其他人为异教徒，这非常不合时宜。现在，我任命你作为我的代表去消除所有这些关于异教的指责，且不惜一切代价要在三股人群共同在场时见证它的实现。你要向我回复你全部的所见所闻，然后将你的汇报呈给艾哈迈德·汗。[23]

---

* 唯一的例外是我们得以透过帐篷帷幕一窥他在生命尽头的情状。

奥斯曼代表随后写道，尽管纳迪尔依旧英俊，他的脸庞却显出衰老之态，眼珠已经泛黄，还失去了不少牙齿*，看起来像个80岁的老头。[24] 显而易见，疾病和多年来的紧张压力改变了他的面容。这一时期，他的医师是法兰西耶稣会成员达米恩神父，主要负责处理肝功能失调的问题。联系之后的一些症状，不难猜测他已经得了黄疸，可能还是源于早年间的那场疟疾。

纳杰夫会议的许多工作目标是相互重叠的。据纳迪尔描述，它的职能是在帝国的全部高级宗教人士之间公开开展一次宗教调停工作，其基本要求一如既往：摒弃最极端的反逊尼教义，从外在仪式上遵从逊尼派主张。消除此类纠纷可以极大地改善军队中逊尼派与什叶派的争端，更不用说在全国范围内的总体影响了。纳迪尔还打算以此向奥斯曼人证明他已经带领波斯帝国皈依了正统逊尼派，并希望得到奥斯曼权威的了解和认可，消除早先伊斯坦布尔谕令的影响。

在讨论阶段，首席毛拉表现出对正统逊尼派的全盘顺从。一些逊尼派学者表示怀疑，他们窃窃私语：以前总是诅咒前三位哈里发的波斯人不可能仅因为懊悔而得到宽恕。然而，纳迪尔默默施加的压力加上首席毛拉的圆滑沟通已经足以（至少从表面上）达成一份协议和一份授权证明了，当然所有代表都签了字。为了给整个事件赋予更加神圣的意义，签字仪式选在了阿里圣陵的拱

---

* 其他信源也提到过纳迪尔的坏牙（BW p.170），可能部分原因是他爱吃甜食（Bazin 在描述营地情形时提到，plate 8, p.242，即便与沙阿的厨师和医师在一起，他的甜点师也占据了一块显眼的位置）。Adbol Karim Kashmiri 说纳迪尔的白齿掉光了，所以他根本不咀嚼，而是直接吞咽食物，这加重了消化系统的问题。

顶之下。但文本中依旧包含了一些语意不详的措辞，比如一句引自伊玛目阿里亲口叙述的话既可以理解为前两位哈里发都是合法的，一生直到死亡都怀着真正的信仰，也可以理解为他们处事不公又暴虐，一生直到死亡都与真正的信仰相左。签字仪式结束后，奥斯曼代表注意到首席毛拉引领礼拜的方式不同寻常。被问起时，首席毛拉解释这种礼拜仪式遵从了贾法里教派。此举引起了这个巴格达人的不满，这个争议性的问题之前并没有被提及。他开始怀疑尽管表面上波斯人皈依了正统逊尼派，但实际上他们隐藏了自己依旧深深信仰并实践之前教法规定的事实。[25]

纳迪尔集合了所有神职人员，让他们至少在表面上达成一致，但当他们回到各自居所后，一切又恢复如初。这次会议没有改变任何事。唯一引人注目的是一场针对伊斯坦布尔的成功的军事行动，纳迪尔本可以迫使奥斯曼苏丹投降并取而代之，作为整个伊斯兰世界的哈里发而化身为真主在人世间的投影。然而，从摩苏尔开始他便偏离了这条路线。纳杰夫举办了一场没有新娘的婚礼。

这段时期，纳迪尔一直在同艾哈迈德帕夏协商和平协议的事宜。我们不知道完整的细节，但至少了解其中包括波斯人撤出奥斯曼伊拉克；据说，纳迪尔不再坚持在天房中增加第五根支柱的要求[26]，但依旧主张对贾法里教派的认可。协议最终谈妥，条款被转交给奥斯曼苏丹等待通过。纳迪尔下令解除对巴士拉的围困，12 月 8 日波斯人撤兵。尽管重型大炮在 11 月底运抵，发动了轮番轰炸和多次进攻的波斯人依旧像在摩苏尔一样铩羽而归。纳迪尔还撤回了埃尔比勒的部队，让他们驻扎在边境上，像他本人一样没精打采地等待和平协议的消息。他本以为苏丹会认可贾法里教派，至少让他在撤退时有点脸面。然而，现实总不遂人愿。1744 年 1 月 30 日他启程前往克尔曼沙阿，波斯多地如火如荼的叛乱彻底激怒了他。[27] 随后他赶往哈马丹并在城北不远处扎营，在逗留的这段时间里，他通过接收报告和部署部队的方式对付叛军。1744 年 3 月 21 日的诺鲁孜节也是在此地庆祝的。英国商人乔纳斯·汉韦在 3 月 28 日抵达营地，停留了大约 10 天。[*] 之后，汉韦描述了营地及其生活情况。

纳迪尔的营地形制基本类似。[**] 中间是接见大厅，这座大帐的作用是会见来宾、签署命令以及供沙阿的官员办公。沙阿从早上 7 点开始到晚上 10 点都在此地主持工作，中间只有短暂的休息时间。1744 年纳迪尔在饮酒方面已经收敛了许多[28]，也许这种转变从阿拉维·汗做御医的时候就开始了。考虑到他越来越喜欢与妻妾和孩子们待在一起，他可能已经完全停止举办年轻时最喜欢的全是男性参加的这种饮宴活动，现在他很规律地在公务结束之后直接从接见大厅返回后宫。接见大厅的篷布是棕红色的，由三根巨柱支撑，每根柱头上都有一颗镏金的球。无论天气如何，大帐的正门永远敞开，其内部装饰简单朴素。大帐前是一大片用来行

---

[*] 返回英格兰之后，汉韦在 1753 年发表了一本著作，尽管这本书充满谬误、抄袭和偏见，但依然是多年间英语世界有关纳迪尔统治情况的标准信源。几年后，汉韦写了一本书描述其在英格兰的旅行，并与塞缪尔·约翰逊就饮茶风尚的问题进行了激烈的交锋（汉韦不同意；约翰逊喝过大量的茶）。约翰逊似乎说过这样的话，汉韦由于在外旅行而获得的些许名声，因为在家旅行而全部失去了（Taylor 1985 p.54）。然而，汉韦直到 1786 年去世始终保有一个好人的名声，同时他还是一个精力充沛的慈善家（除了一般善事，他还在伦敦帮助愿意忏悔的妓女建立了弃儿医院和妓女收容医院）。

[**] 参见 Bazin 的纳迪尔军营地图，plate 8，p.242。

刑的空地，空地前方有一扇由卫兵把守的门，应沙阿召唤前来觐见的人都要从此门进入。门的另一侧又是一大片空地，三面都被侍卫军的帐篷包围。在这片空地的一侧，侍卫军帐篷的后面是王子们的帐篷群。另一侧则立着两面巨大的丝制王家旌旗，其幅面之宽、重量之巨，需要至少 12 个人才能移动。如果在早晨移动这两面巨旗便意味着拔营，在一天行军结束之时它们的摆放位置则标志着新的扎营地点。旌旗外围是预留的军营市场，成排的帐篷都属于军中小贩和往来的商人。

接见大厅 50 步开外的另一侧是沙阿的私人住所，早晚都有数千名白头巾卫兵轮值把守。这里还有另一间较小的帐篷，是沙阿的私人接见厅，它后面便是通往后宫的门。后宫被一圈栅栏包围着，往里还有另一圈屏障，它们之间有黑人宦官组成的卫队巡逻。一共有 60 名宦官。两道屏障以里是沙阿的起居帐篷、就寝帐篷以及姬妾们的帐篷，她们中很多人是共享一顶帐篷的。后宫帐篷群的一侧是另一个相似的小帐篷群，里面住的是沙阿的舞娘、歌姬和女乐师。以上几片帐篷群构成一个整体，处在整个营区的中心位置，其他官员、士兵和仆从的帐篷环绕在周围。汉韦并未得到过纳迪尔的接见，只在某一天看到过他从后宫走向接见大厅。他衣着简朴，却佩戴大量名贵的宝石。[29]

尽管在营地期间汉韦只见识到纳迪尔的一小部分军队，但是他给出了 20 万人这个总数。他还详细描述了军队的人员构成和士兵的装备情况。绝大部分人佩有一支火枪*和一把长刀，而乌兹别

---

* 汉韦暗示这些枪是燧石击发或者类似火绳击发类，因为他说一些火枪是火绳枪，这是在贬低枪管的质量，但其他信源（和留存下来的样本）都说明这些武器制作精良、质量稳定可靠。

克人和其他一些轻骑兵仅有一支长矛、一把弓或者一支短枪、一把长刀。他还说士兵们要自己支付服装的费用，而且只能从纳迪尔处购买，因此才能从外形上达到类似制服的效果。我们从荷兰东印度公司的档案了解到纳迪尔频繁订购大量的士兵服装。总的来说，波斯人以枪法准为荣，在给火枪装填火药时也会准确称重，除非战斗正酣。阿富汗人装备了长矛，因此汉韦认为他们都非常勇敢。一共有5万名阿富汗人、6000名乌兹别克人、6000名土库曼人和6000名俾路支人。侍卫部队包括1000名"长者的儿子"、2000名"贵族的儿子"和1万名年轻侍卫。据汉韦说，这三支卫队是"士兵中最有教养的"，他们在萨法维时期就是骑兵的组成部分。白头巾卫兵则是步兵，他们只负责在军营和行军时守卫纳迪尔，似乎不参与战斗。

汉韦认为火枪手是步兵*，一共1.2万人。他说火枪部队是由纳迪尔亲自组建的：他们衣着精良，配备大口径重型火枪。他还以高人一等的姿态表示他们"相比欧洲的骑兵，差强人意"。汉韦还列出了4万名黑卫士，他们也是步兵，外表"平淡无奇"，还有2万名可能是骑兵的阿夫沙尔人。这张表很有趣，因为它是按照部队类型划分的，不像前文提到的1743年款项支付人员的那种分类方式。但其中不包括巴赫蒂亚里人、鲁尔人、恺加人和库尔德人，而对于这些人，我们从其他文献可以得知他们在军队中人数众多。这份表也没有提到重要的小黄蜂火炮和其他火器。汉韦也知道他列出的各部分数量之和比他给出的20万总数少了一些：他没提到

---

* 从纳迪尔远征印度的情况来看，他们有时候是骑马的步兵，甚至偶尔也在马背上作战（参见第5章）。

的组成部分肯定就是少的那部分。[30]

汉韦对波斯与欧洲在风俗习惯方面的区别很感兴趣，他之后又写了很多关于这方面的内容。他极为迷恋祖国的标准与习惯，甚至到了顽固守旧的程度。他花了大量篇幅批评波斯的妇女地位，还记录了自己与一位毛拉就这个问题而进行的探讨。这位毛拉告诉他"他们的法律允许多妻制，也不限制男人纳妾的数量。别人总觉得他是一位非常正直的男人，因为他只娶了一位妻子，而且没有纳妾……"。汉韦记录了婚姻是如何缔结的，他写道"绝大部分女性通常在 16 到 18 岁就会婚配"，却又加了一句"……婚姻没有给予她们任何自由，对于妇女来说，无论从何种角度来看，她们都只不过是供其主人消遣与纵欲、类似仆人一般的存在"。

然而，汉韦也对同一时期他认为享有更多自由的欧洲妇女不满，他本人认为妇女天生是弱者，是为照顾家庭和服从命令而存在的，而男人是神为她们选择的保护者和监护人："当荒谬的教育（原文如此）不能使她们的虚荣心得到优先对待时，爱情将成为一个女人心中主导性的激情……"考虑到汉韦也算是一位活跃的实干家，也许他在伦敦时就曾与一些日后成为著名学者的女性有过深刻的交往。他总结道：

> 如果在基督教世界更多的女性能够从小接受教育就好了，那么在欧洲妇女反抗丈夫的行为将会与亚洲人欺凌妻子的做法一样被视为严重的罪行，尤其是后者（原文如此），必然会让她们不寒而栗。[31]

当纳迪尔从奥斯曼伊拉克回到波斯领土并在哈马丹附近扎营

时，从 1743 年秋伊始便在冒牌的萨法维王朝萨姆王子的领导下四
处举事的达吉斯坦和希尔凡的叛军就已经被剿灭，汉韦也是在这
时见到了纳迪尔。早期的几场胜仗过后，叛军甚至组织起一支 2
万人的队伍。然而，当纳赛鲁拉王子奉纳迪尔的命令带领增援部
队从哈马丹赶来支援地方总督时，叛军的好运也就到头了。1743
年 12 月 20 日，王家部队在沙马基附近与叛军展开战斗并取得了
胜利。当时格鲁吉亚附近正爆发另一场叛乱，因此萨姆王子逃到
了那里。但效忠于纳迪尔的格鲁吉亚人在 12 月 30 日打败了叛军，
萨姆王子也在不久后被俘。他被囚禁起来，等候纳迪尔的发落。[32]

　　1744 年 1 月中旬，阿斯塔拉巴德与设拉子几乎同时爆发了
叛乱，收到消息的纳迪尔不得不考虑尽快返回波斯。不幸的乔纳
斯·汉韦正好在叛乱发生几天前坐船抵达了阿斯塔拉巴德，他亲
眼见证了这些叛乱。他丢失了全部货品，还险些被俘、被杀，不
过他还是成功逃走了，最终他逃到了纳迪尔的军营，希望能为
自己的损失争取一些补偿。* 叛军的首领是被流放的法塔赫·阿
里·汗·恺加的儿子**，他的父亲在 1726 年被纳迪尔取代，之后被
塔赫玛斯普杀死。叛军包括 1000 名约穆特土库曼人和 2000 名恺
加人，主要是步兵。在萨姆王子来信的激励下，他们于 1 月 28 日

---

* 汉韦提到，他在旅途中遇到的所有人，甚至离军营不过几英里的人都在
抱怨纳迪尔的贪婪政府给国家造成了巨大的灾难与贫困。他们管沙阿本人
叫 "无赖"（qorum saq，vol.1，p.240）。而实际上这个词的意思是 "给自己
的妻子拉皮条，戴绿帽的人"。汉韦在加兹温遇到的一位商人抱怨这个国家
已经完了，纳迪尔靠着波斯人的部队完成了他伟大的征服之举，此时却用
一群异族的鞑靼人军队来统治波斯人。

** 指的是穆罕默德·哈桑·汗·恺加，不要和他的敌人穆罕默德·侯赛因·汗
搞混。穆罕默德·哈桑·汗是恺加王朝创始人阿迦·穆罕默德沙的父亲。

夺取了阿斯塔拉巴德。纳迪尔命令他的旧部——1500 名驻扎在阿比瓦尔德的骑兵——在他们的队长巴赫布德·汗的带领下去剿灭这场叛乱。战斗打响时，一些恺加人临阵倒戈，叛军立即作鸟兽散。法塔赫·阿里·汗的儿子逃回了他的流放地，等到纳迪尔死后才再次出现。

巴赫布德·汗和战斗结束才姗姗来迟的纳迪尔的总督穆罕默德·侯赛因·汗·恺加一起对阿斯塔拉巴德实施了疯狂的报复。他们每人立起一座高 40 英尺、由白色石头垒成的圆锥形尖塔，叛军成员和其他人的头颅被一个个嵌入其中。这是帖木儿经常施行的一种暴行，因此阿斯塔拉巴德的人头塔很可能是在纳迪尔的直接命令下建立的。穆罕默德·侯赛因·汗利用这次混乱大肆屠杀恺加部落内部的反对者和敌人，巴赫布德·汗根本无法阻止他。当汉韦 5 月底再次回到这里时，屠杀还在继续。阿斯塔拉巴德周边乡村一片死寂。[33]

这段时间，花剌子模也是动荡不断，乌兹别克人与约穆特部土库曼人、这两者与撒拉部土库曼人之间都发生了进一步的冲突。袭击、抢劫、破坏充斥整个地区。纳迪尔指派的代理汗王向他求助，因而纳迪尔命令他的侄子阿里·戈利从马什哈德出发。[34] 阿里·戈利直到第二年才基本平息了花剌子模的叛乱。

然而，纳迪尔原先的宠臣塔基·汗在设拉子发动了一场更为严重的叛乱。经历前次的海战惨败之后，1743 年塔基·汗终于在马斯喀特取得了一场胜利。由于阿曼苏丹的统治对象再次暴动，他像以往一样向塔基·汗求助。按照他和波斯人签订的协议，对方有义务帮助他巩固统治和权力，作为报答他承认波斯对阿曼地区的主权。征战进行得十分顺利，塔基·汗本人在当年的晚些时候渡过波斯湾，抵达南部海岸。马斯喀特城依旧处在苏丹臣民的控制之下，但波斯人到来之后略施小计便获得了控制权。1743年7月最后一伙叛军同意谈判，波斯全面接管阿曼。

不幸的是，纳迪尔忽略了留在阿曼的战舰和部队的给养问题。在塔基·汗于1743年11月返回阿巴斯港之后，从此前的叛军那里缴获的用以维持波斯在阿曼驻军日常开销的那笔钱已经花光了。最终，驻扎在马斯喀特的波斯守军向死灰复燃的叛军投降。他们的首领几乎占领了阿曼全境，1744年底当选为苏丹，建立了赛义德王朝。一支几乎被人遗忘的波斯守军直到纳迪尔死后还坚守在朱利法，但那时的舰队船只要么已经损毁，要么留在港口腐蚀殆尽。[35]1743年夏，布什尔船坞中正在建造的一艘大船中途停工，并且再也没有重启建造事宜。*

塔基·汗丝毫不顾及阿曼局势的走向，他在1743年11月风风光光地返回了阿巴斯港。为了攫取更大的权力他预谋已久，离间纳迪尔与礼萨·戈利的关系也必定是其计划的一部分。1743年12月—1744年1月，由于希尔凡、阿斯塔拉巴德和花剌子模都发生了叛乱，形势看起来对他十分有利。然而，促使塔基·汗造反的原因其实与纳迪尔很有关系——要么向他提出了一个完全无法筹到的金额，要么下令抓捕他。[36]无论如何，他谋杀了纳迪尔的妻弟卡勒布·阿里·汗，然后公然在1744年1月16日带领6000人的叛乱部队向设拉子出发。一路上不断有杀害了纳迪尔税务官的部落成员加入他们，到达设拉子时，塔基·汗已经组织起

---

* 直到1811年它在布什尔依然留有残骸，是纳迪尔的雄心壮志留下的悲伤回忆。

了一支庞大的部队。他占领了这座城市，但不久纳迪尔便派来了围剿他的部队，他们与地方上依旧效忠的部队会合。

设拉子的叛乱影响极大，因为它是波斯地区最重要的城市之一，是纳迪尔帝国中心一个富裕省份的省会。从集结前去夺取设拉子的王家军队的数量就能看出这次任务的重要性——一共有4万名士兵。四个半月后，尽管全城居民倾尽全力对抗他们的沙阿派来的士兵，但是设拉子依然被攻陷了，攻城部队得到命令可以自由劫掠。塔基·汗试图趁乱逃跑，但很快就被抓住了，他及其家人一起被送到伊斯法罕。设拉子城以著名诗人萨迪和哈菲兹闻名于世，自从1730年纳迪尔赶走阿富汗人之后，他下令兴建了新的花园，栽植了数千棵树木。而今，巨大的破坏随处可见，成百上千的人被斩首，花园被夷为平地。原先种满郁郁葱葱树木的地方立起了两座令人毛骨悚然的人头塔，一如阿斯塔拉巴德。抢劫刚一结束，全城就暴发了黑死病，1.4万余人染病死亡。[37]

当塔基·汗来到伊斯法罕时，迎接他的是一场充满嘲讽的欢迎仪式，成群的市民围着他大笑。当年感情尚好时，作为彼此的密友，纳迪尔一定保证过绝对不会杀塔基·汗。而此时他下令处罚手段要极尽疯狂，同时还不能违背他的诺言。塔基·汗遭受了宫刑，还被剜掉一只眼睛：纳迪尔严令动刑必须谨慎，决不能弄死他。留下塔基·汗的一只眼睛则是为了让他看到接下来发生的事：他的几名亲属和好友被处死，包括他的弟弟和他的三个儿子；他最心爱的妻子被赐给士兵，当着他的面被强奸，"有悖于以往纳迪尔对待女性的态度"。[38]

从纳迪尔利用女性身体羞辱从前好友这件事，我们就可以看出他已经完全偏离了自己的人格与以往的信仰，变得厌恶世人、内心充满恶意。纳迪尔对塔基·汗的不满也许并不只源于这次叛乱，还因为他陷害了礼萨·戈利，并且直接参与了导致王子失明的其他一系列事件。塔基·汗的家人和仆从都被变卖为奴，他本人随后戴着镣铐被送往纳迪尔的宫廷。

当塔基·汗抵达时，纳迪尔的怒气似乎已有所消退。尽管经历了种种不幸，但塔基·汗还是活了下来，依旧有本事讨好他的旧主人。虽然处境窘迫，但他还是讲了一个笑话。之后，纳迪尔将塔基·汗家族中幸存的人从奴隶行列中释放出来，并派他担任喀布尔总督。一些历史学家对这种转折表现出了极大的惊讶，毕竟之前的酷刑历历在目。然而，如果纳迪尔真的曾经发过誓饶塔基·汗不死，那么喀布尔对他来说是最稳妥的地点，因为那里远离一切试探与可能，背叛纳迪尔的阴谋只会发生在塔基·汗的家乡法尔斯省，而现在他的周围全是纳迪尔最强悍、最忠诚的同盟阿卜达里阿富汗人。阿富汗首领们看待一名颜面尽失的独眼宦官时，心中恐怕是轻蔑远远大于同情。[39]

这段时期，纳迪尔一直在等待伊斯坦布尔传回有关他与巴格达艾哈迈德帕夏商定的和平协议的消息。实际上，奥斯曼政府已经在1744年2月告知艾哈迈德帕夏他们无法接受这份协议，不过，无论是前者还是后者都不敢通知纳迪尔。3月，纳迪尔得知奥斯曼人扶植了另一个冒牌的萨法维王子——萨菲王子。此人也像之前那个一样自称是苏丹·侯赛因沙的儿子，但也像萨姆王子一样根本不是萨法维王朝的子孙。萨菲王子从卡尔斯写信给波斯西北部省份的潜在支持者，鼓动他们以他之名发动叛乱。一些信落到了纳迪尔手上，重新点燃了他对奥斯曼人的怒火。他带领军队再次向西北进发。他命人挖掉了另一个冒牌王子萨姆王子的一只眼睛并把他送到卡尔斯,还轻蔑地说既然另一个假王子也到了,那么这对假货兄弟应该见见彼此。[40]

当纳迪尔向北行军时,他收到了一条好消息。格鲁吉亚古老王室的亲王泰穆拉兹和他的儿子希拉克略截获了一笔由奥斯曼人赠送给众多列兹金部落首领的巨额财富,奥斯曼人本想借此策动对方叛乱。纳迪尔将格鲁吉亚领土内的卡特利与卡赫季的管理权赐予泰穆拉兹和希拉克略作为奖励。在将自己的部队与纳赛鲁拉王子的部队统编之后,7月23日纳迪尔把行李留在距离阿胡良河20英里处,然后在卡尔斯城外扎营。8月21日行李和重型战略物资运抵,接着纳迪尔修建了常规的堡垒和壕沟围住了这座城。波斯人开始了另一场攻城战。纳迪尔试图改变一条河的流向以切断奥斯曼守军的水源(上次围攻这座城时他也使用过这个办法),但这次奥斯曼人成功地阻止了他。10月9日他取消了围城攻势,原因显而易见:寒冬将近,卡尔斯的冷是出了名的。[41]有人怀疑这次退兵如同之前在摩苏尔时一样,真正的原因是纳迪尔精神忧郁、肢体痛苦和其他诸多不适。早些年,他曾经在冬季更加恶劣的条件下攻城略地。

但向东撤兵后,纳迪尔没有就此罢手,他兵分四路再次趁着冬季奇袭了列兹金人。波斯人俘获了大量马匹和其他牲畜,烧毁了许多村庄。列兹金部落没有预料到会有人袭击,因此纳迪尔部队引发的灾难迅速促使绝大部分首领选择投降。1745年1月14日,他回到达尔班德。他从该地出发,返回了库那河以南已经准备就绪的冬宫。几周后临近诺鲁孜节时,他又回到了河北岸,因为那边有更好的草场,他在那里停留了将近3个月。[42]这些几乎漫无目的的举动反映出纳迪尔已经失去了奋斗的目标。

6月纳迪尔带领军队返回西南方，但他在途中病倒了，只能让仆人用轿子抬着。在医师们的努力下，他渐渐痊愈，军队也在埃里温扎营。他得知两股奥斯曼部队正在靠近波斯边境：一支冲着他直接向卡尔斯赶来，另一支则向南逼近摩苏尔。纳迪尔派纳赛鲁拉带领大股部队去对抗第二支敌人，他自己则准备对付第一支。拔营之前，他为自己的儿子伊玛姆·戈利和侄子易卜拉欣·汗举行了婚礼，然后体面地派遣两人前往呼罗珊和哈马丹出任总督。随后，他派人向东送走行李，并在8月7日离开埃里温向西出发。斥候告诉他奥斯曼军队已经离开卡尔斯。是夜，波斯军队在上次的战场巴格阿瓦尔德扎营，10年前他曾经在这里大败奥斯曼人。第二天奥斯曼军队在耶干·穆罕默德帕夏的带领下抵达距离波斯军队只有七八英里的地方，随后他们开始修筑武装营地。[43]

8月9日[44]，奥斯曼人出营列队，10万名骑兵和4万名禁卫步兵一起向波斯人发动了进攻。据说他们是按照欧洲形制列阵和战斗的[45]，但是对于其他细节我们不得而知，不过在耶干·穆罕默德帕夏从18世纪30年代末出任奥斯曼大维齐尔期间，他一直与充满传奇色彩的法国叛徒博纳瓦勒保持紧密的工作联系，后者奉苏丹之命负责奥斯曼军队的改革。博纳瓦勒改进了火器，将禁卫部队重组为更小的战术分队，还优化了他们的火枪训练方式（也许是部分得益于这些改进措施，巴尔干地区的奥斯曼部队在1739年决定性的格罗茨卡战役中打败了奥地利，导致奥地利人随后放弃了贝尔格莱德）。奥斯曼人前进时，禁卫步兵排至少两列处在中路，火器散置在各队之间（不像以往的传统做法那样放在前面）。骑兵安排在两翼，负责保护步兵的侧方。

　　这意味着相比上次在巴格阿瓦尔德战场上遇到的奥斯曼人，纳迪尔这次面对的可能是更加强大的对手。然而，他自己的步兵训练也改为强调小股作战单元，同时还加强了射击纪律。至于是他还是博纳瓦勒、耶干帕夏更胜一筹，我们拭目以待。在安排人手迎战进攻的奥斯曼人时，纳迪尔命令步兵只向敌人发射一轮子弹，然后持长刀冲锋，发起近战。*这种做法可以抵消持火枪的禁卫步兵具备的任何优势。

　　两支军队离得越来越近直至相遇，但是双方的骑兵都向后撤。剩下步兵奋战了一段时间之后，双方各有进退，随后两方将领又派遣增援部队继续投入战斗。据说，与以往的习惯不同，纳迪尔在这次对奥斯曼人的战斗中几乎全程都是从军营内的大帐发出命令，从获得战况进展的消息到传达指挥命令全部由通讯员完成。但一上午过去了，他的通讯员依旧告诉他战斗还没有分出胜负，因此他决定亲自参与其中。[46]纳迪尔穿戴上盔甲、骑上马，带着一支由4万名阿卜达里骑兵组成的亲卫队气势汹汹地杀向了奥斯曼军队的侧翼。当时战斗正酣，纳迪尔的两匹战马都在他的胯下被杀，不过他的出现还是激励波斯人再次发动攻势。奥斯曼人的防线终于开始松动，1.5万名来自小亚细亚省份的非常规作战部队的士兵临阵逃跑。奥斯曼主力部队也将信将疑地撤回到军营周围的壕沟安全地带。纳迪尔追了上去，但在日落时分他还是带领人马返回了自己的营地。

　　接下来的几天里，纳迪尔不断派出作战小队，阻碍奥斯曼人试图输送给卡尔斯城的任何补给，并且将耶干帕夏和他蠢蠢欲动

---

* 这种战术在17—18世纪也曾被苏格兰高地人广泛使用。

的士兵围堵在营地之内。两军之间发生了一些小规模冲突，但奥斯曼人始终无法突破纳迪尔套在他们周边的禁锢。有文献表明曾经发生过一场火器大决战，波斯火枪显现出了优势，开火既快又准，奥斯曼枪手纷纷被杀；奥斯曼炮车的轮子和轴杆则大多被波斯的炮火炸散了，因此绝大部分大炮"……哑了，变成一堆废铜烂铁横在地上"。[47]

至此，奥斯曼人已经接近叛乱的边缘，有逃兵跑到了波斯一方，告诉他们奥斯曼军队准备撤退了。奥斯曼人在一天夜里悄悄开拔，留下了营地中矗立的帐篷和燃烧的灯火，不过波斯人紧紧跟上，再次围住了他们。[48] 就在这个节骨眼上，8月19日纳迪尔收到儿子纳赛鲁拉的信，称他在摩苏尔附近大败一支由奥斯曼人和库尔德人组成的部队。纳赛鲁拉自豪地要求向奥斯曼本土继续进军，并把一切胜利算作纳迪尔的征服。

纳迪尔命人将纳赛鲁拉的信转交给耶干帕夏，希望他明白继续反抗是徒劳的，但当信使抵达敌军大营时，奥斯曼人中间爆发了一阵激烈的争吵，似乎发生了骚乱。尘埃消散以后，人们发现耶干帕夏死了，也许是自杀，也许是被自己的部下所杀。失去首领又深感绝望的奥斯曼人一窝蜂似的四处逃窜，士兵们互相嚷着："快回去，快回去，穆罕默德的子民！"[49] 波斯人追上去四下砍杀，死伤无数，幸存的也都被俘。纳迪尔释放了受伤的俘虏，派人送他们去卡尔斯，余者都被送去了大不里士和德黑兰。在战斗和之后的骚乱中，奥斯曼人总共损失了约2.8万人，其中1.2万人被杀。波斯方面损失了8000人，绝大部分死在首次战斗的最初阶段。[50]

尽管纳迪尔在8月9日亲自带领阿卜达里人发起了一场决定

性的冲锋，但这几乎是他油尽灯枯之前的最后一次爆发了。波斯
火器的表现则尤为出色，标志着波斯军队在训练和装备方面的巅
峰。有文献提到，在此前三年波斯人执行过一项再装备方案。[51]
奥斯曼人也试图将军队战斗力提升到一个新的级别以应对最终的
决战，结果还是失败了。纳迪尔此时真正拥有了能够征服世界的
军队，他骄傲地说，纳赛鲁拉要求进军并征服奥斯曼安纳托利亚
的提议决不是自不量力的吹嘘。但这场战争是防御性的，是针对
奥斯曼入侵做出的反应，不是波斯帝国开疆拓土的一步。纳迪尔
已经丧失了战斗意志。

　　战后休整期间，纳迪尔将新《和平协议》和伤兵们一起送到
了卡尔斯，之后又派遣了一名大使前往伊斯坦布尔商讨协议。他
首次声明自己已经决定放弃要求对方认可贾法里教派以及在天房
里增加第五根支柱的主张；不过作为回报，他要求得到巴格达、
巴士拉、纳杰夫、卡尔巴拉、奥斯曼库尔德斯坦和凡城。[52]尽管
奥斯曼人最初倾向于驳回纳迪尔的新提议，但是波斯大使的到来
似乎在一定程度上改变了苏丹的想法。也许大使暗示了领土要求
是可以谈的。毕竟在遭遇了如此惨败之后，苏丹几乎不敢想象与
波斯进行了多年的战争竟可以如此顺利地结束。他派遣一名奥斯
曼大使前往纳迪尔的宫廷。此时纳迪尔已经悠闲地经过哈马丹，
并在 12 月 28 日抵达伊斯法罕。[53]

　　不幸的是，纳迪尔没有以向奥斯曼苏丹要求和解的态度来对
待于水火间苦苦挣扎的百姓。现在的他已然沉迷残忍与贪婪，一
到伊斯法罕他便马不停蹄地靠鞭笞市民来夺取财物。按照在接下
来的几个月里他每到一处都会运用的一种常见的核算方式，他为
伊斯法罕总督设定了 1 万土曼的指标，并且派人鞭打总督本人直

到后者交代富户们的姓名。一名当时刚刚来到伊斯法罕的亲历者趁纳迪尔正在接见大臣时在宫殿门口站了一会儿。其间，侍者陆续领出了一些人，他们有的鼻子、耳朵被切掉，有的脑浆流出，还有的被勒死了。[54]

1746年2月2日纳迪尔离开伊斯法罕，7周后到达马什哈德。每到一处，他都会查看账簿、询问官员，还会召来周边地区的其他一些人来见他。对每一个人，他的标准开场白都是："你吃了我多少钱？现在在谁手里？"[55]许多人惨遭折磨，被割去肢体。一些人被狠狠地杖打头颅以至于他们的脸黑紫得"像一头狼"。纳迪尔超凡的记忆力和才智渐渐演变为近乎疯狂的愤怒，尤其在接二连三地面对谄媚官员的恐惧与琐碎的借口时。他的行为强横到极点，所有人甚至是最忠诚的人也无法感到安全。

以往纳迪尔在马什哈德总会比在其他地方更宽容，然而，这次他处死了100位官员和市民，还要求全城在一年内上缴50万土曼（相当于当时的93.75万英镑）的巨额款项。他命人收拾好放在梅尔夫巨型仓库中的火炮，为再次进攻中亚做好准备。3月21日纳迪尔庆祝诺鲁孜节，赏赐了大量昂贵的荣誉礼服，但是此刻很少有领奖者在内心感到轻松。[56]

当他待在马什哈德时，锡斯坦爆发了新一轮叛乱。为首的是锡斯坦总督法塔赫·阿里·汗·凯扬尼，纳迪尔正是在1726年从他的父亲马利克·马哈茂德手里夺走了马什哈德。他在收到一封宫廷传召并得知自己的省份必须上缴一笔与伊斯法罕和马什哈德相同的巨额税款之后选择了起义。省里的许多人，尤其是大量俾路支人选择加入他的队伍。克尔曼总督也以相似的理由发动了起义，但部分忠诚的部队死守在城市的堡垒中，因而增援力量能够相对轻松地在短时期内扑灭这场叛乱。[57]

4月12日，纳迪尔从马什哈德出发前往卡拉特、阿比瓦尔德和达雷加兹，算是一次故地重游。他视察了卡拉特的建筑和防御工事，提出了改进措施。显然，停留在此的几天里他过得很快活，还在金库里存入了价值450万土曼的金币和银币。再加上从印度运回来的已经存储在这里的金银财宝，卡拉特变成了一颗满载着无数财富的微尘，飘在一场席卷帝国全境的贫穷与不幸的巨大风暴的中心。他参观了已经完工的诞辰纪念碑，表达了自己的喜悦之情。在马什哈德又休整了一段时间后，纳迪尔向西进发。[58]

前往加兹温途中，纳迪尔及其随从在德黑兰以西40英里的库尔丹遇到了奥斯曼大使，他正迎面赶来。奥斯曼苏丹指示这位大使以1639年首次确定的疆界为基础寻求两国之间的和平，同时结束贾法里教派的议题。5次会谈过后，谈判者基本按照苏丹的想法讨论出一份协议的初稿，1746年9月4日，协议正式签署。在签约仪式上，纳迪尔少见地华丽亮相。他坐在重新打造的孔雀王座上，全身满载着印度的辉煌：他的帽子、腰带和衣服全都镶嵌了钻石。

这份协议的内容包括：采纳双方意见以避免任何可能威胁和平的行为、释放所有囚犯、互派大使、波斯帝国承诺停止一切针对逊尼派穆斯林的行为并尊崇前三位哈里发、奥斯曼帝国承诺允许波斯人前往麦加自由朝觐。同时，既然战争之火已经熄灭，宝剑也收入鞘中，协议还表示希望真主的祝福降临到两个帝国及两位君王的家人身上。[59]

纳迪尔派遣两位心腹大臣将协议送往伊斯坦布尔，其中一位是他的正式史官米尔扎·马赫迪。他们还携带了送给苏丹的礼物，包括表面嵌满珍珠的黄金王座和两头听到音乐便会起舞的大象。[60]
或许，纳迪尔赠送王座是想表达他慷慨地恢复了苏丹对其领土的
统治，尤其是东部省份。然而，倒不如说大象跳舞是为了庆祝纳
迪尔放弃了打败奥斯曼苏丹并成为伊斯兰世界霸主的计划。

纳迪尔从库尔丹出发向南，路上他收到消息称锡斯坦的叛乱
还在蔓延，同时呼罗珊也出现了骚乱的新迹象。12月初他抵达伊
斯法罕，疑虑与愤怒将他推向了狂热的深渊。他的士兵毫无顾忌，
冷血洗劫了全城和周围的村庄。他们把没钱交税的人推上街头殴
打，一次二三十人。哭喊声再次响彻伊斯法罕：似乎这座城被敌
人攻占并遭到洗劫。每一天宫殿门口都堆着 30 余具尸体，要么是
被纳迪尔下令勒死的，要么是被士兵杀死的。[61]

离开伊斯法罕之前，纳迪尔在对宫殿中的财物进行登记造册
时发现少了一块地毯。他指责管理者造成了贵重物品的丢失，但
管理者否认自己有任何失职行为。纳迪尔命人严刑拷打，最终他
招认说自己的前任几年前将这块地毯卖了。纳迪尔又逼问是谁如
此胆大妄为、倒卖王室财产。又一番毒打过后，这位管理者提到
了 8 位商人——2 个印度人、2 个亚美尼亚人和 4 个犹太人。商
人们被抓起来严刑拷问，最后每人被挖掉了一只眼睛。这番残忍
的拷问未能引出更多的信息：可以确定这些商人都是无辜的，但
他们还是被颈链铐在了一起。第二天纳迪尔在宫殿门前的伊斯法
罕广场上生起一个火堆，8 个人一齐被推进去活活烧死了。[62]

10

回到原点

如果只施展一次残忍手段便可以一劳永逸，我们可以说
这是正确地使用了残忍（如果可以用这种方式来讨论什么是
邪恶）……之后便不再持续，而是尽可能转向个人利益。错
误地使用残忍则意味着尽管开始时是偶一为之，但随着时间
的推移，它不仅没有消失，反而愈演愈烈。那些采取第一
种手段的人在民众和神的帮助下发现了巩固个人地位的方
法……另一些人则无法始终保有权力。

——马基雅维利

1746 年末，严重的身体疾病使纳迪尔的精神问题不断恶化。
他在伊斯法罕找到了一位新的主治医师——法国耶稣会修士佩
尔·巴赞，他一直照看纳迪尔直到纳迪尔遇害。据这位不情不愿
地接受了指派的巴赞描述，纳迪尔原本体质不错，但受到一系列
失调症状的折磨，其主因是"水肿"，他的身体内部积满了液体。
他无法消化食物，经常在餐后 1 小时左右呕吐；他还严重便秘，
肝功能紊乱，经常口渴。这些症状的病因很可能是纳迪尔在此前
受到疟疾感染而复发的肝脏问题和黄疸，年轻时的过度饮酒也加
重了病情。巴赞着实力有不逮，在请示后他获得了一个月的时间

寻找和筹备治疗用药。尽管纳迪尔病痛缠身，但巴赞依然将他描述为高大强健，长着一张黝黑的椭圆形脸庞、鹰钩鼻，嘴唇薄厚适中、下嘴唇略微凸出，眼睛不大却目光凌厉，表情生动，声音坚定而洪亮，在必要时他也可以压低音量，甚至温柔交谈。[1]

帝国的问题也随着纳迪尔身体功能障碍的恶化而不断涌现，越发尖锐。东部省份的叛乱愈加密集，急需他亲自去平复局面。1747 年 1 月 23 日纳迪尔离开伊斯法罕，经亚兹德和克尔曼向东前往呼罗珊。从锡斯坦传来各种消息。当地的叛乱首领法塔赫·阿里·汗·凯扬尼被俘后被杀。然而，另一支叛军逃进了哈杰山中的堡垒，以此为据点继续向纳迪尔示威。纳迪尔派侄子阿里·戈利带领 4 万人前去围剿，之后又派了塔赫玛斯普·汗·杰拉尔。

纳迪尔对金钱的渴望越发强烈，他甚至将手伸向了家族内部和故交好友。他已经没收了阿里·戈利弟弟的全部财产，还要求格鲁吉亚亲王泰穆拉兹和希拉克略上缴高得惊人的贡赋。他还列了一张长长的处决清单，情势几近失控，没人知道谁将会成为下一个倒在他盛怒之下的人。他要求阿里·戈利缴纳 10 万土曼 *，塔赫玛斯普·汗缴纳 5 万。由于他们二人都没有及时回应，纳迪尔越来越多疑，已经失控的他甚至接连发出命令要求他们彼此去抓捕对方，理由也相当疯狂：他们中只有一个人是忠诚的，这个人终将获胜，而在这个过程中只有两种结局，要么杀死对方要么被杀。

阿里·戈利和塔赫玛斯普·汗·杰拉尔没有理会纳迪尔愚蠢

---

* 计划从锡斯坦居民手里收取，他们此时仍在叛乱。

的计划，而是就自己的窘境交换了意见。他们都认为现在的处境很艰难，因此决定继续合军在一起，这样比单独行动更安全。对于从纳迪尔宫廷不断飞来的命令，他们能拖就拖、能躲就躲，形势渐渐明朗，他们已经接管了锡斯坦地区的叛军。这可比以往任何叛乱都更加严重——这些人是久经沙场的将领，手下带的全是经验丰富的老兵。他们还同纳迪尔身边大量最亲密的廷臣和官员保持长期的友谊和亲属关系。纳迪尔必定倍感痛苦，毕竟他曾经对侄子如此宠爱、百般纵容。

阿里·戈利似乎认为对纳迪尔最为忠诚的阿富汗部队是他造反路上最大的障碍。1747 年 4 月他前往赫拉特拜见阿卜达里部落的首领，取得了一定的进展。塔赫玛斯普·汗·杰拉尔尽管也知道纳迪尔正在通缉他，但他不能像阿里·戈利那样自在地与叛军相处。他曾经是纳迪尔最信赖的军官，两人共同出生入死，经历过多场大战，而那时阿里·戈利甚至还没出生呢。塔赫玛斯普·汗似乎透露出了希望重新效忠的想法，他还试图说服阿里·戈利改变主意。阿里·戈利则毫不犹豫，他知道没有回头路可走，干脆毒死了"老水牛"。[2]

独裁与残暴几乎已经成为常态，纳迪尔在去往呼罗珊的路上愈加肆无忌惮。3 月 21 日他在克尔曼城外庆祝了诺鲁孜节，"繁荣与吉祥之兆一如往常"，但在搜刮财富的过程中依旧伴随拷打与酷刑，尽管百姓早已陷入赤贫。由于前一年发生过叛乱，纳迪尔对克尔曼心怀怨恨，他处死了很多人。又有两座嵌满人头、令人毛骨悚然的尖塔被立了起来，随后军队在 3 月底离开了克尔曼。据医师巴赞说，纳迪尔的身体状况有所好转，不过似乎病情还是不时反复，之所以会出现这种情况是病程本就如此，而非巴赞用药的结果。[3]

这时，任何转折都有可能让纳迪尔回想起以往犯过的错误。军队在卢特荒漠开展报复活动时由于缺水而折损了大量的人员和牲畜，随后纳迪尔带领人马抵达了呼罗珊的塔巴斯，他在这里接见了16个儿子和孙子。他盯着他们看了很久，毫无疑问他必定是想起了另一个已经被他毁掉的儿子，然后苦涩地自问下一个背叛他的人会是谁。纳迪尔让最为年长的三个人（纳赛鲁拉、伊玛姆·戈利和沙哈鲁）接手王位，但是一个接一个地问下来，三人都借口自己太年轻、能力不足而且缺乏经验要求他继续执政。在场的人都认为纳迪尔并非真心想让出王位，他只想借此机会看看是否有王子会被诱惑，如果有任何人透露出希望接班的意愿，必定会被立刻抓起来。尽管纳迪尔多次上演希望回卡拉特养老的戏码，但这次或许是他真心考虑要如此了。然而，主动放弃自己辛辛苦苦赢得的权力是他绝对做不到的。纳迪尔带着他的军队和暴徒离开塔巴斯前往马什哈德，他们在4月底到达目的地。一经抵达，另一轮可怕的敲诈、殴打和酷刑开始了。[4]

马什哈德发生的每件事都在加重纳迪尔的焦虑和愤怒。叛军拦截了他的信使，他收到的全是坏消息。包括纳迪尔身边的近臣与侍从在内的许多人都希望阿里·戈利能够取胜，将国家从混乱中解救出来。处处都是阴谋，人人被怀疑；他的细作至少向他汇报了部分内容。一些大臣在向纳迪尔汇报情况时故意夸大其严重性，目的就是让他更加沮丧和愤怒，这已经成为他们恶毒的乐趣。这时，毒打和死刑的威慑力已经渐渐减弱，还生出一种混合着极深怨恨的宿命论。他傲慢地将敌人放在自己身边，理由是离他越近反而危险越小，因为他可以监视他们，而这些敌人却洞悉了他的脆弱。此时纳迪尔再也没有早些年在呼罗珊时的兄弟易卜拉欣或者像塔赫玛斯普·汗·杰拉尔那样忠诚的将领可以依靠了。即便在家乡，纳迪尔也是极为孤独的：他再次成为一个局外人。

在绝大多数人看来，纳迪尔已经耗尽了 10 年前他加冕为王时人民赋予他作为君王的信任。在传统观念里，君王的主要职责是施政公允并维持秩序。[5] 在纳迪尔执政初期，人民十分庆幸这位君王具备强大的军事影响力，既可以赶走国家的敌人，又能够收服叛乱的省督。尽管纳迪尔处事严苛，但许多人都认为必须如此，而且他们也感觉到他处事公正。他的军事胜利充满传奇色彩，人民都相信它们就是真主显灵。纳迪尔是令人敬畏的，但只有作奸犯科之人和国家的敌人才有理由去惧怕他。

而在纳迪尔统治的最后几年里，一切都变了。他经历了一系列可怕的机能与精神衰退，与从前的自己相比仅剩下一具躯壳了。他的所作所为残忍至极，超乎任何真实甚至想象的罪恶。无辜者与有罪之人一起受罚 [6]，受害者范围如此之广以至于没有一个人能感到安全。他再也不是受真主眷顾、在凡人眼中具备沙阿应该有的全部品质的那个人了，他像一个疯狂的盗贼，贪婪地吞食民众的财产。他的军队再也不是帝国的保护者和公共秩序的卫士了，相反，他们像一群暴徒，将本应由他们来保护的人民推向赤贫、背井离乡和奴役的深渊。在这种氛围下，沙阿甚至疏远了自己最亲近的同伴和亲戚，那么他的统治长久不了。

纳迪尔也意识到了身边的危险，他让纳赛鲁拉、沙哈鲁带着其他王子和他的后宫躲回卡拉特。但可能是联想到礼萨·戈利遭受的惩罚，有些人将这种行为解读为他囚禁了王子们，进而引发了更多的不满。[7] 骚乱也愈演愈烈。纳迪尔的老对手哈布尚的库尔德人宣布他们起义并为阿里·戈利而战，他们洗劫了纳迪尔位于马什哈德和哈布尚之间的马场。纳迪尔对马的喜爱人尽皆知，这显然是库尔德人与阿里·戈利精心策划的一场阴谋，目的就是引他出马什哈德。纳迪尔带着1.6万人去攻打库尔德人。一些库尔德人逃进山里，其余的退回到哈布尚的城堡里。1747年6月19日傍晚，纳迪尔在距离法塔赫阿巴德城七八英里远的一座小山丘上扎营。[8] 准备再次出击并制服哈布尚库尔德叛军的纳迪尔回到了原点。

除了库尔德人，纳迪尔在自己的军营也无法安心。他不信任自己的管家萨利赫·汗，更不放心卫队首领穆罕默德·戈利·汗·格雷格鲁。后者来自阿夫沙尔部落，属于王室成员，军队中的其他将领都非常尊敬他，他本人以往的表现也算出众，反应迅速、做事果断。他率领一支1000人的亲卫队，这些人都来自纳迪尔的母族阿夫沙尔部落。纳迪尔知道他对自己不满，据说穆罕默德·戈利曾用密信偷偷联络阿里·戈利。[9] 正巧穆罕默德·戈利·汗的阿夫沙尔小队当晚值班。最后一幕的演员居然是亲人、呼罗珊阿夫沙尔人和库尔德人，与他职业生涯的最初几年，他在阿比瓦尔德给自己撑开一片天地时的身边人是如此相似，可以说颇为引人注目。双方在早些年各种争执、背叛和谋杀中结下的怨恨其实从未消除，只不过被掩盖了。当他的权势日微，连在自己的军营里都成了孤家寡人时，旧债就该还了。

纳迪尔决定当晚扫除穆罕默德·戈利·汗和其他军官带来的威胁。多年来，他辛苦维系军队中的平衡——波斯人与非波斯人、什叶派与逊尼派。他从不过于依靠某个部落、教派或者团体，这样才能激发他们相互竞争的热情。现在，他召唤在军队中统御4000名阿富汗人的艾哈迈德·汗·阿卜达里来私人接见厅旁边的帐篷相见。和艾哈迈德·汗一起来的还有其他几名阿富汗将领。

　　纳迪尔告诉阿富汗人他怀疑他的守卫意图不轨。他表示自己还是信任阿富汗人，让他们第二天一早去抓捕卫队首领，如果有任何人胆敢反抗，格杀勿论。艾哈迈德·汗·阿卜达里虽然年仅24岁，却是一位极富天赋的将领。他能有今天的成就全拜纳迪尔所赐，是纳迪尔在1738年攻陷坎大哈城堡时把他从地牢里解救出来的。他必定明白纳迪尔打算血洗波斯将领。他的手下绝对效忠沙阿，他们与军队中的波斯人不睦已久，包括亲卫队成员。艾哈迈德·汗发誓听从纳迪尔的命令并带领阿富汗人离开了。

　　这里我们不禁要问究竟是怎么回事。纳迪尔的做法说明他知道自己处于危险之中。尽管他已经不太理智了，但自我保护的欲望通常可以极大地促进人们清晰思考。如果他当着阿富汗人的面直接召来受怀疑的将领，那么这个问题当场就可以得到解决。为什么他没有立刻命令阿富汗人抓捕卫队首领？雷厉风行是贯穿其一生并多次取得胜利的重要因素。然而，在如此危急时刻他给了敌人一整夜的时间先发制人。我们不得不怀疑尽管他下令将敌人一网打尽，但这并非他全部的想法，他还另有一份心思，觉得路已经走到头了，因此故意露出破绽让对方杀死自己。

　　有人偷听到纳迪尔与阿富汗人的交谈并告诉了穆罕默德·戈利·汗。他找来萨利赫·汗，两人决定趁阿富汗人动手之前先发制人，当晚就杀掉沙阿。他们召集了70多名军官、贵族、守卫和其他一些他们认为可以相信的人。

　　纳迪尔当天晚上没有睡在自己的帐篷里，而是睡在楚吉那里，楚吉是穆罕默德·侯赛因·汗·恺加的女儿，她得宠已久。据说，他一整天都被一个梦困扰，多年前在他成为沙阿之前曾在梦境中见过相似的场景。那时他梦到一群贵族来找他，其中一人给了他一把剑，告诉他波斯帝国就托付给他了。现在纳迪尔再次梦到了那个人，但这次他说："从这个无能者的腰带上摘下宝剑，他不配做君主。"梦中纳迪尔极力想保住自己的宝剑，但徒劳无果。早上纳迪尔跟一位大臣描述了他的梦，他甚至考虑躲回卡拉特[10]，但大臣宽慰他说没什么可怕的。

当楚吉晚上见到他时，她都能感受到他的焦虑与不安。他摘下帽子放在地上，露出满头白发。头发与长期染黑的胡子形成了反差。[11]纳迪尔已经十分困倦了，但他仍不愿意宽衣入睡。他和衣而卧，并告诉楚吉他就小憩一会儿，如果他睡沉了，一定要叫醒他。

当谋反者来到后宫入口时，绝大部分人拒绝再向前走一步。只有萨利赫·汗、穆罕默德·汗·恺加·埃拉瓦尼和另外一个人共同杀了一名挡住去路的黑人宦官，他们下定决心一起走了进去。

吵闹声惊醒了楚吉，一看到萨利赫·汗冲进帐篷，她立刻叫醒了纳迪尔。纳迪尔从床上跳下来，拔出佩剑，怒气冲冲地大声叫喊，但不幸被绊倒了。他一倒到地上，萨利赫·汗立刻用长刀砍向他，刀砍在了脖子和肩膀中间，砍掉了纳迪尔的胳膊。然而，这时萨利赫·汗吓呆了。纳迪尔躺在地上汩汩地流着血，他想站却站不起来，他恳求他们放过他。穆罕默德·汗·恺加比萨利赫·汗更坚定，他走上去用长刀砍下了纳迪尔的头。[12]

纳迪尔一死，军营立刻大乱。谋反者洗劫了后宫和沙阿的帐篷，抢走了他们能带走的一切，还杀了两名大臣。* 刺客首领本打

---

* 楚吉肯定活了下来，否则我们就无法获知纳迪尔最后一晚的详细情况了，信源只能是她。巴赞说刺客们没有动纳迪尔后宫的女人，只是带走了黄金和珠宝（p.322）。

算掩盖事实直到天亮，但他们无法制止抢劫。清晨时分，阿富汗人骚动起来，他们在艾哈迈德·汗的带领下一起来到王族居住区，却发现前路已经被数倍于他们的守卫挡住了。阿富汗人不相信纳迪尔已经被杀，一番冲突过后他们冲进了帐篷，发现纳迪尔的尸体倒在一片血泊之中，一名老妇人正在擦洗他的头颅。阿富汗人杀出军营，打算返回坎大哈。出军营不远他们便遇到了一支运送财宝的队伍，是穆罕默德·戈利·汗派人把刚抢来的东西送往马什哈德的。阿富汗人洗劫了他们，抢走了包括光之山钻石在内的大量财宝，然后回家了。

艾哈迈德·汗·阿卜达里知道他在行伍中的那些老伙伴在接下来的一段时间会很忙，根本无暇顾及赫拉特和坎大哈的事情。因此一返回坎大哈，他便召集阿富汗各部落的首领，自立为首位阿富汗沙阿，人称艾哈迈德·沙阿·杜兰尼。他的统治相当成功，建立了独立的阿富汗政权，尽管之后征服北印度的行动只维持了较短的时间。

回到法塔赫阿巴德的军营，谋杀和之后的打斗发生时都躲在后宫外面的穆罕默德·戈利·汗把纳迪尔的头送给了阿里·戈利，想告诉他任务已经完成。在这个丑恶的证据送达之前，一支巴赫蒂亚里部队赶到了卡拉特去盯住纳迪尔的财产和家人。巴赫蒂亚里人包围了城堡。几天后，某个送水人将一把梯子落在了一座塔外——也许并不是粗心，阿里·戈利的人马得以进入了城堡。他们进来以后，纳赛鲁拉、伊玛姆·戈利和沙哈鲁立刻上马逃跑，向梅尔夫方向疾驰而去。敌人追了上去，在 30 英里之外的地方抓住了伊玛姆·戈利和沙哈鲁。纳赛鲁拉继续逃命，途中还用剑将一名追兵击落马下才终于逃到了梅尔夫。但守城卫兵中有人认出了他，他们抓住他并送回了卡拉特。之后，纳赛鲁拉、伊玛姆·戈利和沙哈鲁被送到马什哈德，两位年长的王子在那里被处死。此时，曾经的黄金青年、可怜的失明的礼萨·戈利已经在卡拉特被杀害了。

年仅 13 岁的沙哈鲁幸免于难，由于是真正的萨法维王子，他被秘密囚禁了起来。阿里·戈利觉得遇到麻烦时可能会用得上他。纳迪尔其余所有的儿子和孙子（有 20 多人）都被杀害了，甚至是最小的婴儿。最小的两个孩子，一个三岁，另一个不过 18 个月，也被毒杀。然而，杀戮没有就此结束。为了彻底断绝再有人追随纳迪尔，阿里·戈利命人将后宫所有怀孕妇女的肚子都剖开。纳迪尔遇害后两周，阿里·戈利改了个名字登基称帝：阿迪勒沙阿，意思是公正的沙阿。[13]

波斯的悲惨岁月没有随着纳迪尔的死而结束。接下来的 50 多年里，国家都在经历内战，变得四分五裂。阿里·戈利的沙阿生涯不到一年便结束了：他沉迷享乐，而非巩固政权。同时，军队在呼罗珊横冲直撞，再次实践了他们的前主人曾经教过他们的各种野蛮行径，导致马什哈德周边发生了饥荒。

阿里·戈利任命在法塔赫阿巴德组织谋杀纳迪尔的卫队首领穆罕默德·戈利为自己的亲卫队队长。然而，随着新任沙阿越来越不受欢迎，马什哈德的居民开始挨饿，穆罕默德·戈利再次计划谋杀他的主人，不过这次阿里·戈利收到了密探的提醒。他拘捕了穆罕默德·戈利并挖去了他的双眼。据说，穆罕默德·戈利随后被推进了后宫，纳迪尔幸存的妻妾们一起生活在这里。看到他时，她们争先恐后地用剪子、锥子等针线工具往他身上扎。直到她们累得再也扎不动了，他才死去。[14]

最终，阿里·戈利的亲兄弟易卜拉欣逼迫他退位，还挖掉了他的双眼，但很快兄弟两人便被其他的权力追逐者杀死了。动荡和暴动继续：沙哈鲁在 1748 年 10 月被一群官员和贵族拥立为王，但不久就被废黜，还被挖去了双眼。后来他再次被推上王位，在阿富汗的艾哈迈德·沙阿·杜兰尼及其继任者的支持下作为沙阿继续统治这个早已支离破碎的帝国。这个可悲、失明的傀儡沙哈鲁就这样一直统治到了 1796 年。在高加索地区，纳迪尔的另一位高徒希拉克略则在格鲁吉亚建立了一个独立的王国。

短短几年内，军队中的许多成员以及绝大部分应纳迪尔之命迁到呼罗珊的居民都返回了自己的家乡。其中就包括来自洛雷斯坦的小氏族赞德部落。其中一位首领卡利姆·汗·赞德最终在波斯西部确立了自己的统治，这片区域从 1765—1779 年都大抵处于和平之中。他从未宣称自己为沙阿，而是以摄政王的身份统治着设拉子。1779 年他死后，内战再起，这次阿斯塔拉巴德的恺加人笑到了最后。1726 年被塔赫玛斯普处死的法塔赫·阿里·汗·恺加的孙子阿迦·穆罕默德最终在 1796 年登基为沙阿，建立了一直统治到 1925 年的恺加王朝。

与 1722 年不同的是，1747 年时的外国势力并未借纳迪尔之死从波斯地区的混乱形势中渔利，相反，他们放任波斯内部势力竞相追逐最高权力。恺加人最终取胜时，阿迦·穆罕默德·汗开始考虑重新确立波斯的传统边境。1795 年 9 月阿迦·穆罕默德再次进攻格鲁吉亚，不过这次胜利维持的时间不长。他的野蛮行径再次影响了俄国人的利益，一支俄国军队在 1800 年吞并了这块领土。在 19 世纪初期的一系列对俄作战中，恺加王朝失去了波斯在高加索地区的许多领地，之后迫于英国的压力，恺加人还不得不放弃夺回赫拉特的努力。

纳迪尔如一个幽灵般笼罩着恺加王朝，发出无声的谴责。恺加人接受了丧失领土的事实，开始集中精力实施改革，但他们无法维持一支强大的现代化军队，因而改革者再雄心勃勃也难逃失败的结局。[15] 他们躲进波斯地区险峻的天然屏障之后，采取了类似萨法维王朝后期消极的统治模式，摒弃了世界舞台上的竞争，选择偏安于一隅。尽管身为统治者，但他们允许殖民势力蚕食波斯的主权，以至于恺加王朝最后几位沙阿的权力受到了极大的限制，英国人和俄国人纷纷在波斯境内划定了各自的势力范围。

纳迪尔将国家推入了战争，但如果他的王朝能够拥有持久、可控的军事发展，即更具智慧的管理方式（当时的民众普遍认为如果礼萨·戈利继位，他们有理由相信可以带给他们希望），那么国家结构的发展、各项变革和现代化都必然会伴随军事扩张的脚步而实现，就像法国、普鲁士以及 17—18 世纪的其他欧洲国家那样。也许还会发生其他变化：波斯人对伊斯兰世界的掌控，长远来看或许还可以消除什叶派与逊尼派之间的分歧，甚至获得难能可贵的与西方世界平等发展的机会。在欧洲，由于需要与邻国进行军事、文化竞争，发展中的各国不得不在 19 世纪将更为广泛的社会阶层纳入发展之中，这种做法引发了新一轮的经济繁荣，刺激了经济的高速发展，最终实现民主。而波斯拥有成形已久且实力强大的巴扎商人和手工业者阶层（他们与什叶派乌理玛联合，最终促成了 1905—1911 年的立宪革命）[16]，理论上比这一地区的其他任何国家都更利于经济、社会或政治的腾飞，没有什么能够令人信服的理由让我们相信那些发生在欧洲的各种进步抑或相似的变革不能发生在这里。

　　这些话听起来似乎有些夸张，但到 1743 年纳迪尔已经取得了举世瞩目的成就。他战胜了莫卧儿帝国，几乎可以比肩奥斯曼苏丹，还统御着一支即便不是世界最强也算得上亚洲最强的军队。无论喜欢与否，在这段时期内军事专制通常是经济、政治和社会发展的先导因素。假如纳迪尔及其王朝能够成功实现转型，那么今天他在伊朗历史上的形象将可以相比俄国历史上的彼得大帝而被人们铭记于心：一位带领国家走上新的发展道路，虽残忍但精力充沛的君主。*然而，事实就是事实，1742 年之后纳迪尔的统治举步维艰、暴虐苛刻，最终走向灭亡。统治的宏伟愿景从未实现，他错失了机会，波斯再次陷入混乱与停滞。

　　最终，评价帝王总要以他们统治的实际效果来看，而非可能发生什么。约翰·马尔科姆爵士在 19 世纪初写道：两代人之后，波斯人依旧在骄傲地谈论纳迪尔的丰功伟绩，对于他晚年的种种暴行，人们的态度是惋惜大于恐惧。尽管他恶行累累，但人们还是对他心存感激，因为他重新唤起了波斯人对伟大先祖的追溯之情，重新实现了国家的独立。[17]

　　从 1726 年底占领马什哈德到 1747 年去世的 20 多年间，纳

----

* 纳迪尔决无可能像彼得一样遵从一套自觉的西方化政策，同时纳迪尔也不像彼得那样重视经济发展。但如果纳迪尔能在 1741—1742 年的危机中把握住国家发展的机遇，再坚持几年也许也会实现。彼得则有更多的时间，从 1682—1725 年他一共执政 43 年，对比纳迪尔的 11 年（如果把 1732 年塔赫玛斯普被废黜后纳迪尔作为摄政王统治的时期也算上，可以说是 15 年），彼得的大部分最具进步意义的改革都发生在他统治的后期，在他于 1697—1698 年访问德国、荷兰、英格兰和奥地利之后。两人还有其他可比性，尤其是他们都专注于军事，对儿子都非常残忍，总怀疑别人会背叛他们。彼得的长子亚历克西斯在 1718 年被囚禁后遭折磨致死。

迪尔赶走了阿富汗人，恢复了波斯的边境，在德里与巴格达之间建立了强大帝国。其间，他骑行超过2万英里*，打了20多场重要战役，除了一场仗，其余全部取胜。考虑到他从一片完全模糊的背景中脱颖而出，控制了如此广阔的疆域和如此规模的军事力量，可以说他的政治功绩在波斯历史上是绝无仅有的，即便在世界历史上也无出其右者。他的成功带来了无限的可能，他的胜利确保伊朗作为一个国家存活了下来：这是他的统治存留下来的一个长久影响。然而，纳迪尔的执政末期是一场彻底的失败和灾难，这不仅是针对他还在世时强加给数百万人民的痛苦以及他自己的屈辱结局，还包括由于统治瓦解而错失的发展机会和政权崩溃后延续数年的动荡。为了体现纳迪尔死后的混乱状况与民族耻辱，后世人倾向于将礼萨·戈利在受刑后的话改为："你挖出的不是我的眼睛，而是波斯的眼睛。"[18]

---

* 只是粗略保守的估计。纳迪尔一生的骑行距离很可能几乎是地球的周长，其中还包括一些陆地上最崎岖、恶劣的地形。

注　释

前　言

1. 这个观点由 Jeremy Black 在他的著作 *Warfare in the Eighteenth Century*（London 1999, p.38）中提出。

2. 由纳迪尔入侵印度引发的一个重要且值得思考的引申，即另一种可能性，参见 Subrahmanyam 2000（p.365 记载了东印度公司对纳迪尔征服德里的反应），下文也可见，第 8 章，注释 6。

3. Bayly, pp.1 and 13. 文中展现出了一种更深层次的厌恶感："18 世纪是伊朗历史上一个恐怖的时期，无论阅读或者解析都令人毛骨悚然，生活在此时是多么可怕……我建议尽量简短地处理这个恐怖的时代。"（Roger Stevens, *The Land of the Great Sophy*, London 1971, p.30）这是一篇优秀的外交文章，相信一些人在读过纳迪尔的故事之后都会赞同 Stevens 的观点。但是，如果想要真正理解历史，我们就必须像对待光明的一面那样去正视它的阴暗面。

4. 尽管也有例外，比如正直的约翰·马尔科姆爵士的 *History of Persia* 就公正记录了纳迪尔的生平，纠正了乔纳斯·汉韦呆板刻薄、吹毛求疵的记录："在描写东方的君主时，我强烈地感到必须要让公众明白作者想表现出的对自由的追求、对暴虐与各种形式的专制的憎恨，而不是仅限于记录这些人物的概况，这种历史才是作者辛勤工作的目标。"（Malcolm, *Two Letters*, p.530.）

5. 这种观点一直存留至当代历史，例如 Spear 1990, Vol.2, pp.72–3。

6. Malcolm, *Two Letters*, p.531.

7. 参见我即将发表的文章 Basile Vatatzes and his History of Nader Shah。

8. 比较明显的是 Parker 1988，也可见 John A Hall 1986, p.140 及注释。

9. 例如 Bernard Lewis, *What Went Wrong*, London 2002, pp.20–1，由于一系列计算错误而得出的"1730 年结束的土耳其-伊朗战争，比较落后的伊朗取得了胜利"的结论并不正确，没能很好地反映出 Lewis 对 18 世纪早期这一地区各种事件的理解。战争不是在当时结束。尽管任何分析也未能表明当时的工业化程度已经接近西方的水平，但是波斯人不比土耳其人落后。

序　言

1. Hanway, p.174; Fraser, p.178; Sarkar, p.60; Brosset, Vol. Ⅱ, Part Ⅱ, p.360. 来自希拉克略二世的信。

2. 在描述 20 世纪以前发生的事件时，我称之为波斯；提及现代时，我会称之为伊朗。因为巴列维王朝的首位国王礼萨沙（礼萨汗）从 20 世纪 30 年代起坚持使用"伊朗"作为国名（伊朗人一向使用"伊朗"这个名字称呼自己的国家）。波斯这个名字则起源于伊朗的一个省——法尔斯省，古代波斯国王和波斯语皆起源于此地。

3. Blake 1991, p.68.

4. Blake 1986, p.171; JN, Vol.2, p.73.

5. 描述孔雀王座的文章很多。我的主要依据是：Jean-Baptiste Tavernier, *Travels in India*, trans. V.Ball, Ed W. Crooke (London 1925), Vol.1, pp.303–5。AAN 中描述不同，但宝石的数量和尺寸基本一致，还有钻石的名字叫光之山。

6. JN, Vol.2, p.74.

7. Hanway, p.175; JS, p.27; Fraser, pp.179–80; Floor 1998, p.307. 还有一种说法是萨阿达特·汗死于几个月前的脚伤感染（Lockhart 1938, p.145n and p.135n），但是一个脚部坏疽溃烂的将死之人不太可能陪同纳迪尔进入德里，并在几个小时后死亡。

8. Sarkar, p.60.

9. Fraser/Mirza Zaman, p.120; Lockhart 1938, 145n; Hookham, p.77. "天选的主宰（Sahebqeran）"这个头衔被帖木儿之后的统治者广泛使用。

10. Abd ol-Karim Kashmiri (BW), fol.83a.

11. Fraser, p.179.

12. Sarkar, p.7; Lockhart 1938, p.122. 尽管多次经历异族的入侵和征服，波斯文学和宫廷文化却广泛传播并影响了整个东部伊斯兰世界，从伊斯坦布尔到布哈拉、德里甚至更远，是当之无愧的思想帝国。

13. Malcolm, *History of Persia*, Vol.2, p.85. 我规范了引文中的名字和头衔。

14. ARM, fol.174a; JN, Vol.2, p.76.

15. ARM, fol.174a; JS, pp.27–8; Fraser, p.181.

16. Fraser, pp.181–2; Hazin, p.298.

17. BW, fol.81b; AAN, p.745.

18. Fraser, p.183.

19. ARM, fol.174a; Fraser, p.183.

20. Malcolm, *History,* Vol.2, p.83.

21. JN, Vol.2, pp.77–8; Sheikh Hazin, p.299; Sarkar, p.65; BW, fol.82a.

22. ARM, fol.174a; BW, fol.82a; Fraser, pp.186–7.

23. JN, Vol.2, p.79; Sarkar, pp.66–7; Hanway, Vol.4, p.178.

24. Hanway, Vol.4, p.178; AAN, p.747; Floor 1998, pp.307–8. Floor提到一封汇报信，来自荷兰东印度公司驻德里代表，称妇女被长期幽禁并"受到屠夫们随意的折磨"，但是这封信是在大屠杀刚刚结束时寄出的，荷兰代表还未听到妇女获释的消息。

25. BW, fol.82b; ARM, fol.175a.

26. Lockhart 1938, pp.148 and 148n; Floor 1998, pp.307–8. 不同的文献提到不同的贵族，但是内扎姆·穆尔克比其他任何人被提及的次数都多，陪他去的可能是穆罕默德沙的维齐尔卡马尔·丁·汗。

27. Avery, p.40; BW, fol.83a–83b; ARM, fol.174b.

28. BW, fol.83b; Floor 1998, p.308.Floor也承认命令一经下达，屠杀立即停止。

29. Sarkar, p.66; Lockhart 1938, p.149 and 149n; Subrahmanyam, p.362; Floor 1998, p.307.

30. Lockhart 1938, p.147; Blake 1991, p.162.

31. ARM, fol. 174b.

32. Fraser, pp.186–9.

33. Hanway, Vol.4, pp.184–6. Mirza Zaman 说内扎姆最终按要求付了 1.5 个克若尔，Fraser 192–3。

34. Hanway, Vol.4, p.186.

35. Fraser, p.200n.

36. JN, Vol.2, p.81, Fraser, pp.189–90; Riazul Ialam 1982, pp.77–8.

37. ARM, fol.176a; Lockhart 1938, p.152.

38. Fraser, pp.201–2.

39. Fraser, pp.220–1; Lockhart 1938, pp.152 and 152n. BW, fol.84b 说是 80 克若尔，还有人说是 111 克若尔（Subrahmanyam, p.362，引自 de Voulton）。荷兰东印度公司报告称 10 万克若尔，可以理解，这肯定是某人搞错了数量级（Floor

1998, p.308）。

40. ARM, fol.176b.

41. ARM, fol.175b; JN, Vol.2 p.79; Fraser, p.197.

42. Malcolm, *History*, Vol.2, pp.46/47. 马尔科姆的一个引用来自出处不详的波斯文抄本。

43. Fraser 198–9; Mohammad Bakhsh/Ashub, quoted by Lockhart 1938, p.151.

44. Subrahmanyam 在这一章令人折服的反事实推导中，选取了纳迪尔在进入德里之前与穆罕默德沙初次会面的场景，意在说明纳迪尔可能曾经决定要吞并莫卧儿的领土。在我看来，他很可能想等到控制住德里和城内的财富之后，再图大计；但是更加远大的战略考量几乎相似，都出现在两份文档中（Subrahmanyam, p.361）。

45. JN, Vol.2, pp.81–82; Fraser, p.207; Riazul Islam 1982, Vol.2, pp.79–83.

46. Fraser, p.225.

47. Fraser, pp.206–7; Sheykh Hazin, p.301.

48. Fraser, p.208; Brosset, p.361.

49. Fraser, pp.208–9.

50. Fraser, p.221; BW, pp.165–6 and pp.92–3; Lockhart 1938, p.154n.

51. Fraser, pp.209–10. Gombroon Diary, 19/30 September 1739 证实纳迪尔从德里携带了数量巨大的财富去往喀布尔，但是没有一个印度奴隶。

52. Hanway, Vol.4, p.196.

53. Cf. Stefan Zweig *Ungeduld des Herzens*："想尽快摆脱因为看到他人的不幸而感到痛苦的焦躁心情。" Hanway, Vol.1, p.250 称波斯军队的正常男女比例是十比一。

54. BW, fol.85a onward.

55. 按照波斯文文本的字面翻译是"我劈开的部分"，意为她的阴部。Abd ol-Karim Kashmiri 把故事的这个部分当成一个下流笑话。

56. Lockhart 1938, p.154, quoting Mohammad Bakhsh（'Ashub'）。

1 萨法维王朝的衰落

1. Lockhart 1938, p.18 认为纳迪尔的出生日期更早，在 1688 年。但是 Peter Avery 在 *Nadir Shah and the Afsharid Legacy in The Cambridge History of Iran*, Vol.7, p.3 认为 Lockhart 的看法是采信了米尔扎·马赫迪·汗·阿斯塔拉巴迪的 *Jahangosha-ye Naderi*, JN 的一个副本，可能在这一问题上产生了误

导。关于这份核心文本，Avery 找到的最好的手抄版本上给出的日期是伊历 1110 年穆哈兰姆月 28 日，对应公历的 1689 年 8 月 6 日；另一份可靠的资料现存莫斯科，由同时代的 Mohammad Kazem Marvi 记载，他也赞同这个日期。Ernest Tucker 有一篇文章 Explaining Nadir Shah: Kingship and Royal Legitimacy in Mohammad Kazim Marvi's Tarikh-i alam-ara-yi Naderi, in *Iranian Studies* 26：11–12, 1993，却质疑了这个观点（p.104n），尤其指出最近出现的里亚希版本的 Mohammad Kazem 文本赞同更早的日期。争议依然存在，（如同 Tucker 强调的）只能依靠对原始抄本更加深入的研究才能解决，但是支持更早日期的人必须要解释为何 1705—1715 年有关纳迪尔的记载出现了明显的缺失，以及米尔扎·马赫迪在叙述纳迪尔早期生平时组织材料的方式（JN, pp.3–4；Anvar edition, pp.27–8；参见我即将发表的文章 Basile Vatatzes 及第 10 章中关于纳迪尔死时的年龄）。

2. Vatatzes, p.12.

3. JN, Vol.1, p.1.

4. 或者可能是纳兹尔·戈利，意思是"供奉还愿的奴仆"，说明他的父亲曾经祈求一个儿子，为了感谢真主，所以给他起了这个名字（参见 Minorsky, *Esquisse*, pp.3–4, and Avery, p.5–6）；为了简单好记，我从头到尾都称他纳迪尔。这段细节的主要来源是 JN, Vol.1, pp.2–3。作为纳迪尔的专职史官，米尔扎·马赫迪记录的纳迪尔出生的细节一定出自纳迪尔本人和最亲近的家庭成员。

5. *Cambridge History of Iran*, Vol.7, pp.580–1. 我按照惯例使用 Turcoman 来指奇兹尔巴什和波斯境内的其他突厥部落，使用 Turkmen 来指干草原地带的突厥部落，比如约穆特部、泰克部、撒拉部等。后者生活在呼罗珊北部的边境地区，他们是逊尼派穆斯林，拥有明显、独特的文化属性。

6. Vatatzes, p.131；关于他的读写能力，参见 Rostam ol-Hokama, p.344。

7. Lambton, *Landlord and Peasant*, p.lxv（一部了解伊朗农村生活的经典文本）；Floor, *The Economy of Safavid Persia*, pp.2,8；Tapper, *The Tribes in 18th and 19th Century Iran in The Cambridge History of Iran*, Vol.7, p.507。这幅部落生活图景经过了必要的简化。这个词本身包含了复杂的含义，波斯语中意为"部落"的词有好几个，它们的意思有平行有重叠。部落还分成支系和氏族，他们结成的联盟有时候可以变成永久关系。Tapper 在 *Frontier Nomads of Iran* 中展开解释了游牧生活中的各种复杂问题。Beck 1986, pp.42–59，通过对 Qashqa'i 部落起源的研究，详细阐述了这个议题。Gommans 1995 则分析了这一时期部落经济生活的复杂性。

8. Lambton, *Landlord and Peasant*, pp.160–1.

9. Reza Sha'bani 注意到尽管有些观点认为纳迪尔晚期对伊朗人民实施残酷统治是因为他本人并非伊朗族裔，但是总体来看他算是完全伊朗化的（Reza Sha'bani 1986, pp.116–22）。加冕典礼上的宣誓词也支持这种观点，他称自己为"伊朗人纳迪尔"。

10. AAN, p.7. 大阿亚图拉霍梅尼在童年时代的游戏中也有过类似的经历，参见 Baqer Moin, *Khomeini* (London 1999), p.2. "即使年龄最小，我的父亲也总要在游戏中扮演沙阿。"

11. Hanway, Vol.4, pp.3–4 及相关的注释。

12. *Cambridge History of Iran*, Vol.7, pp.7–8.

13. JN, Vol.1, p.3.

14. Avery, p.7.

15. AAN, p.12, Avery, p.9; Fraser, pp.74–5 中也提到了这次胜利。

16. Vatatzes/Legrand, *Voyages*, pp.205–6.

17. AAN, p.12.

18. 引自 Arutin Effendi 的记录，Ernest Tucker 在他未发表的博士论文 Religion and Politics in the Era of Nadir Shah: The Views of Six Contemporary Sources, Chicago 1992, p.83 中引用此文，Fraser（pp.79–80）也提到纳迪尔遭到了苏丹·侯赛因沙的廷臣们的侮辱，但具体内容大相径庭。

19. 伊本·赫勒敦的 *Muqaddimah*。伊本·赫勒敦的分析近期才被广泛采纳，比如 Hall 1986, Ernest Gellner, Jos Gommans，见参考书目。但是伊斯兰教兴衰循环的概念，尤其是波斯历史，有着更深刻的文化共鸣，明显的例子是 Kathryn Babayan 译的菲尔多西的《列王纪》（2002, pp.21–32）。

20. Ibn Khaldun, *Muqaddimah*, Vol.1, pp.353–355. 这份伊本·赫勒敦模式的摘要建立在他最著名、最简洁的一篇文章之上，但没有全面表现出这一理论的复杂性和微妙之处。

21. 伊本·赫勒敦认为这种循环一般会经历三代人，带入早期他所研究的那些朝代可能是准确的，但在他之后的那些王朝，尤其是依靠配备火器又忠诚的奴隶官僚和奴隶士兵的朝代，三代显然还太短。当某一历史阶段出现了长期深刻的社会变革、新技术兴起和贸易形式转变时，循环进程决定论就显得没那么具有说服力了。

22. Babayan 2002 分析了奇兹尔巴什复杂的文化起源。

23. 即波斯、奥斯曼帝国和莫卧儿帝国（Hodgson, *The Venture of Islam*, Vol.3）。

24. 王子们在后宫中的生活细节可以参见 Krusinski, Vol.1, pp.65–70。Krusinski 尽力避免传播他的记载，反而使他的记载更加可信，这种生活确实对王子们产生了负面影响。

25. Gommans 1995, p.2, p.6 及注释。

26. Lambton 1977; Bayly 1989.

27. Mathee 1999, p.241.

28. Mathee 1999; Gommans 1995, Floor 2000 and *Dutch Trade*：我汇总了 2002 年 9 月 4—7 日在伦敦大学亚非学院召开的萨法维时期的伊朗与世界研讨会上 Rudi Matthee，Edmund Herzig 和 Stephen Blake 发表的成果，这个议题能够总结成如此精练的摘要，还要感谢威廉·弗洛尔提出的宝贵建议。

29. Bayly 1989, p.23; Floor 2000, p.2. 这个数字只能估算，Floor 认为阿富汗人入侵之前有 900 万人口。Bayly 的论文观察范围更广，更引人注意，他认为到 18 世纪奥斯曼、萨法维和莫卧儿帝国由于无法应对各种经济和社会变革几乎已经"被掏空"了，但在萨法维的问题上缺乏可信度，不如其他资料（p.30）。Foran 提出了一个相似的观点，做了更加深入的探讨，但是极度依赖不客观、非波斯语的资料。

30. *Tadhkirat al-muluk* 是 1726 年阿富汗新王命令廷臣们编写的一部规范国家运行、明确官僚制度（及税收预期）的指南，很好地体现出尽管王朝衰败了，但萨法维行政系统本身相当成熟且富于弹性（ed and trans. V Minorsky, London 1943）。

31. 这些词来自 Malcolm, *History of Persia*, Vol.1, p.594，不过还有一系列波斯及其他文献也提到相同的故事，cf. AAN, p.18 and Krusinski, Vol.1ps 62–64。

32. "……什叶派教士可以参与政事了"，Babayan 2002, pp.484–485 and note，以及她即将发表的文章 In Spirit We Ate of Each Other's Sorrow: Female Companionship in Seventeenth century Safavi Iran 引用了 Mir Abu Talib Fendereski 和 Rasul Ja'farian 的研究；还有 Arjomand 1984, p.158，Bayly 1989, p.45，Lockhart 1958, p.38. 还可参见后文注释 61。实际上，有证据显示苏丹·侯赛因沙一如既往地资助了苏菲派人士（Morton 1993, p.243n）。Arjomand（p.158）也认为苏菲派没有被完全镇压。

33. Krusinski, Vol, p.75. 对于当时的人来说，政府中出现一位强势的女性是政权衰落的另一种表现。听取了 2004 年 9 月牛津大学的一次研讨会上 Afsaneh Najmabadi 的评论后，我又一次检视了玛丽亚姆女亲王这个人物。Rudi Matthee 的名篇 *Pursuit of Pleasure* 证实了萨法维宫廷的酗酒传统。

34. Rostam ol-Hokama, pp.203–204 and 209. 也许人们会惊讶于这些妇女与大贵族们的婚姻行为，尤其是他们必须把孩子当成自己的继承人，Krusinski 证实了这一点（Krusinski Vol.1, pp.121–122）。临时婚姻（今天叫作 sighe）是什叶派一î颇具争议的规则，它将纳妾及通奸行为合法化，从来没有被查禁过。

35. e.g. Krusinski, Vol.1, pp.119–122；以及上文引用到的 Rostam ol-Hokama。

36. 比如，1739 年 11 月 Gombroon diary 的作者积极评价纳迪尔具备 "超凡的见识与判断"，因为纳迪尔结束了萨法维王朝将王子们关在后宫养育的传统。当时的波斯毛拉们普遍赞同一夫一妻制，反对纳妾，参见 Hanway, Vol.1, p.265。这些事件都极富争议，但是倾听不同的声音依然重要，还要注意它们之间的相互影响，不能基于之前的一些偏见或者理论系统做出过度解读。参见 Matthee 2005 pp.3–4, and Edward Said, *Power, Politics and Culture* (London 2005), pp.113–115；also, pp.57–59, p.63 and pp.365–366。

37. Floor 1998 p.19, p.24.

38. Lockhart 1958, p.42, quoting Mohammad Khalil Marashi. 我 没 有 广 泛 引 用 Marashi 的文献，因为他在这些事件发生多年之后才做出记录，但这个故事是那种人人都会记住的真正趣闻。

39. 我想到了 Sartre，参见 *L'Être et le Néant*, Paris, Gallimard 1943, pp.154–156。尽管萨特也如此主张，但他显然走得更远：作为完全随机的存在，即使在任何特定时刻，相信自己拥有实质统一的人格都只是一种幻想。

40. JN, p.4–AAN 认为更早；但是 Mohammad Kazem 的年表不太可信。

41. Hanway 断言纳迪尔在娶妻之前就杀害了巴巴·阿里（Vol.4, p.5），不足取信。如果纳迪尔杀害了巴巴·阿里，那么他的儿子们日后是不会成为纳迪尔的军官的（参见 Lockhart 1938, p.21）。

42. Lockhart 1958, p.46–47.

43. Krusinski, Vol.1, p.127.

44. Krusinski, Vol.1, p.123.

45. Chronicle of Sekhnia Cheikidze, in Brosset, Vol.2, 2me Livraison, pp.26–27.

46. Krusinski, Vol.1, pp.116–119；Floor 2000 完整地描述了道路治安的下滑；pp.33–35。

47. Krusinski, Vol.1, p.152（Krusinski 这一版本的作品有页码错误，p.149–52 页码重复）; Avery, p.12。

48. Krusinski, Vol.1, p.147–150.

49. 有些文献显示米尔·维斯是因为造反被抓而送到伊斯法罕的，Lockhart 就持这种观点（Lockhart 1958, p.85 and note），但是 Krusinski 反对（Krusinski, Vol.1, pp.153–154 and p.163），像古尔金这么铁面无情的人是不可能毫无理由就把米尔·维斯送到宫廷去的。

50. Krusinski, Vol.1, p.158.

51. ZT fol.203b; JN Vol.1, pp.ii–iii.

52. Krusinski, Vol.1, p.206.

53. AAN, p.20.

54. AAN, p.35 onwards; Avery, p.13.

55. ZT fol.205a; JN vol.1, p.vii.

56. ZT fol.205a; JN vol.1, pp.vi–vii; *Cambridge History of Iran*, vol.6, p.317; Floor, 1998, p.40.

57. ZT fol.205a.

58. Krusinski vol.2, pp.44–46. 对犹太人的迫害参见 Moreen 1990, pp.14 and 26–29。

59. Arjomand 1984, p.158–159; Algar 1977, pp.289–290; Babayan 2002, pp.484–485.

60. EG Browne, *Persian Literature in Modern Times*, Cambridge 1924, p.404，引用了通卡邦的 Mohammad Ibn Soleiman 的著作 *Qesas ol-'Olama*，后者声称这些故事在 19 世纪 "广泛流传"（还可参见 Lockhart 1958, p.73n）。

61. 最著名的支持者是当代伊朗宗教思想家 Abdolkarim Soroush，他认为世俗化政策可以使主流宗教信仰更加繁盛，而从国家层面加强宗教法规的执行力度则会疏远民众。政治世俗主义反映了 "对宗教基本真理的复杂信任，并非政治因素对宗教的玷污和亵渎"，尽管听起来可能有些自相矛盾（Ali Ansari, *Iran, Islam and Democracy*, London 2000, p.75 中做了引用）。阿亚图拉侯赛因·阿里·蒙塔泽里曾经是阿亚图拉霍梅尼指定的接班人，也是目前伊朗最受尊敬的宗教人士之一，他在一段采访中也表达了相似但更加谨慎的观点（发表于 2000 年 1 月 20 日《中东镜》第 15 页）。Lambton 1977 相信 18 世纪的宗教阶层因为和苏丹·侯赛因沙政权关系紧密而失去了民众的信任。

62. Von Hammer, vol.14, p.87.

63. Lettre de Pere Bachoud, *Lettres Edifiantes et Curieuses Ecrites des Missions*

Etrangères, vol.IV, Paris 1780, pp.113–124，信中显示沙马基遭到洗劫是在1722 年 8 月，但显然是一个编辑错误，因为本信写于 1721 年 9 月；其他作者也认为劫掠行为发生在 1721 年，Lockhart 1958, p.127; Dickson, p.504n。

64. Floor 1998, pp.46–51.

65. 这种厌恶的态度在这段时期一些文献来源中多有表现，作者们普遍反感法塔赫·阿里·汗——Vatatzes 也是其中之一，Vatatzes, *Persica*, Book Ⅱ passim。

66.（Lockhart 1958, p.121）；Clairac vol.1, pp.143–146; ZT fol.205b.

67. ZT fol.205a; Krusinski vol.1, pp.99–101. 两段文字中两位可靠的同时期的作者都认同这就是萨法维王朝的问题所在，绝对值得重视。其他同时期作者，比如 Mohammad Kazem p.20 和 Vatatzes p.14 也在总体上持类似判断。纳迪尔的史官米尔扎·马赫迪看待苏丹·侯赛因沙的态度也比较温和，他指责大臣们的贪腐无能和他国的恶意入侵（参见 Tucker 的评论，Tucker 1992, pp.141–142）。

68. Floor 1998, pp.57–60; ZT fol.205b.

69. ZT fol.207a; Lockhart 1958, pp.134–136.

70. ZT fol.205b.

71. Krusinski, vol.2, p.21.

72. Lockhart 1958, pp.137–142; ZT fol.207a.

73. Floor 1998, p.88; Krusinski vol.2, pp.22.

74. 小黄蜂骆驼火炮已经存在了很长时间，但阿富汗人将它们大量应用在传统的佯装逃跑的战术中是创举。关于 18 世纪晚期阿富汗的军事发明，可以参见 Jos Gommans, *Mughal Warfare*, London 2002。

75. Matthee 1996 令人信服且全面地论证了萨法维王朝根本不是"火药王国"，他们根本没有完全转入新型战争模式，即需要大量配备火器的士兵参与战斗。

76. Lockhart 的 *Fall of the Safavi Dynasty* 有一个重要缺点（Dickson 也没有注意到），他罕见地未能证明自己的观点，即萨法维部队处于一个严重衰退的状态（在之后的一篇文章中，他曾试图弥补这个缺点——Lockhart 1959。但是不久 Haneda 以其过时为由排除了这篇文章，Haneda, p.506）。Lockhart 认为部队战斗力低下的主要原因是"传统"派系、部落成员和"现代"常备军之间的不和：但是早期的萨法维君主都成功地协调了这些彼此无关的势力，之后的纳迪尔也做到了，通过促使部落成员各为政且相互竞争的方式来保证他们对自己的忠诚。

77. Krusinski, Vol.1, pp.100–1.

78. Sheikh Hazin, pp.118–19.

79. Floor 1998, p.105; Krusinski, Vol.2, pp.49–50; Clairac, Vol.1, pp.276–7. 尽管 Lockhart 1958, pp.152–3 并没有在脚注中提到 Krusinski，但是显然他文中的多处细节来自后者的记载，他应该写明。Dickson p.506n 在这一章中批评 Krusinski "陷入没有被充分证明的肤浅认知"，是错误的；其他部分也一样，只要 Dickson 去翻翻 Krusinski 的文献，就完全可以避免这个错误；从 Lockhart 的叙述可以明显看出 Krusinski 的文献是他的主要参考资料。

80. Lockhart 1958, p.118; Krusinski, Vol.2, p.75.

81. Floor 1998, p.125（Lockhart 错把日期写成 5 月 6 日：Lockhart 1958, p.159n）。

82. ZT, fol.210b; Krusinski, Vol.2, p.80.

83. Krusinski Vol.2, p.90；Mohsen fol.207b，Mohsen 本人就在城中，见证了可怕的食物短缺和食人现象。

84. Clairac Vol.1, pp.327–31.

85. Krusinski, Vol.2, p.95–6.

86. Lockhart 1958, p.172，引自见证者 Joseph Apisalaimian。

87. ZT, fol.207b.

88. 人口统计数据来自 Floor 2000, p.3。

2　塔赫玛斯普·戈利·汗

1. 准确日期难以确定，如果巴巴·阿里如 Mohammad Kazem 强调的那样，死于 1716 年，那么纳迪尔占领卡拉特的时间应该更早。AAN 中关于这段时期的记载难以让人满意（可以比较 Avery, pp.10–13）。

2. AAN, pp.15–16; Tucker 1993, p.104.

3. AAN, pp.41.

4. AAN, p.44; Avery, p.18. Vatatzes 也认同纳迪尔最初与马利克·马哈茂德结盟（pp.70–71）。

5. 这个描述出自几年后荷兰东印度公司官员之口，Floor, *Nader Shah*。

6. BW, pp.46–47.

7. Vatatzes, pp.74–75. 根据 Vatatzes 的说法，这位总督是一名库尔德首领。这种说法部分得到了米尔扎·马赫迪（JN, Vol. 1, pp.8–9）的支持，书中还提到纳迪尔计划暗杀马利克·马哈茂德的阴谋失败以后，他便利用一次打猎的机会杀害了另外两名同党，希望能够挑起这两人下属之间的斗争。更多内容可以参考我即将发表的文章 Basile Vatatzes and his History of Nader Shah，里面有关于这段历史的详细讨论。

8. ZT, fol.212a.

9. ZT, fol.210b.

10. Lockhart 1958, p.103（伍林斯基代表团）和 p.123（杜里代表团）。

11. 有关这一时期伊斯坦布尔的外交综述，请参考 Lavender Cassels, *The Struggle for the Ottoman Empire, 1717–1740*。

12. Vatatzes, pp.52–53 and 57; Lockhart 1958, p.188.

13. Lockhart 1958, p.233.

14. Krusinski, Vol. Ⅱ, pp.101–2.

15. ZT, fol.208a.

16. ZT, fols.210b and 211a.

17. ZT, fol.209a; Krusinski, Vol. Ⅱ, p.108.

18. Krusinski, Vol. Ⅱ, pp.147–8.

19. Krusinski, Vol. Ⅱ, p.150; Krusinski 对于此次事件的记述最为详细，同时 Mohsen(fol.209a) 也证实了基本事实。

20. Krusinski, Vol. Ⅱ, p.152; ZT, fol.209a（Mohsen 认为马哈茂德是因为精神错乱吃了自己的排泄物）；还可以参见埃里温的 Abraham p.51。

21. ZT, fol.209a.

22. ZT, fols.212a,212b; Avramov, p.93 (Avramov 认为纳迪尔有"大约 5000"人）；Vatatzes,pp.77–9. Vatatzes 认为纳迪尔按比例减少了编队人数并指定了 4 名千夫长，从而夸大了他的军队人数，事实上他只有 2000 至 3000 人。这也解释了 Avramov 的数字为何如此夸张。此后会面的情形基本依据 Vatatzes 的描述，同时他认为会面发生在萨卜泽瓦尔，而非哈布尚。

23. ZT, fol.211a.

24. Avramov, pp.91–2.

25. ZT, fol.212a and 212b.

26. Avramov, pp.94 and 99; JN, Vol.1, p.39; ZT, fol.223a; AAN, p.66. 米尔扎·马赫迪没有提到 Avramov 所说的这封信，但是 Mohsen 也暗示过信的事情，这个因素可以使米尔扎·马赫迪的记述更加合理。Kazem 则认为纳迪尔直接参与杀害了法塔赫·阿里·汗的行动，但是 Avramov 的描述正好说明这种想法是不正确的。还可以参见 Avery, pp.25–7; Lockhart 1958, pp.309–10 and 513。像往常一样，一旦各种来源之间产生冲突，米尔扎·马赫迪的说法总是更有说服力。

27. ZT, fol.216a.

28. Fraser, p.97n.

29. JN, Vol.1, p.40.

30. Avramov, pp.96–7. 后文中大臣的评论在 p.97。

31. 希腊人 Vatatzes 是一名信使，请参见我即将发表的文章 Basile Vatatzes and his History of Nader Shah。理解这一时期俄国在波斯的各种干涉行为也很重要，参见 Lockhart 1958, pp.345–50。

32. Avramov, p.98；这笔交易发生在 1727 年 1 月，马什哈德被攻陷之后。

33. JN, Vol.1, p.40，马什哈德的叛变行动也得到了 Mohsen 的佐证，参见 Mohsen, fols. 212b and 216a。

34. JN, Vol.1, pp.47,50–1; Avramov, p.95.

35. JN, Vol.1, p.42.

36. Vatatzes, p.96.

37. Malcolm, *History of Persia*, Vol.2, p.106.

3　与阿富汗人作战

1. JN, Vol.1, p.43.

2. JN, Vol.1, p.44.

3. Avramov, p.99.

4. JN, Vol.1, pp.45–6.

5. Floor 1999, p.277.

6. Tucker 1992, 附录：*Nadir's Concepts of Political Legitimation*; Layla Diba 1998, pp.140 and 141; and Diba 1987, pp.88 and 96。事实上，纳迪尔在参加 1736 年加冕典礼时就已经戴了这种帽子（根据克里特的亚伯拉罕的记载，p.96），当时称作塔赫玛斯，说明它早在 1732 年塔赫玛斯普退位前就已经出现了。

7. AAN, p.23.

8. JN, Vol.1, p.47.

9. JN, Vol.1, p.52.

10. 参见 Matthee 1996, p.395 关于这一议题的讨论。

11. JN, Vol.1, p.53.

12. JN, Vol.1, p.52.

13. Avramov, p.101；Floor, *Nader Shah* 确认 1729 年 11 月塔赫玛斯普回到伊斯法罕时，是纳迪尔控制着御印。

14. Avramov, pp.101–2.

15. Avramov, p.102.

16. JN, Vol.1, p.65; Avramov, p.102.

17. Vatatzes, pp.131–2. 文中对于佯装撤退的战术做了特别详尽的描述。1739 年的格尔纳达战役中，纳迪尔的部队曾采用这种战术将莫卧儿人引诱到陷阱里。亚伯拉罕大主教于 1735—1736 年在纳迪尔的军营停留过，他也提到"骑兵和步兵都坚持不懈地进行严格训练"（p.118）。

18. Vatatzes, p.133.

19. Vatatzes 描述的纳迪尔部队大概是在 1728—1729 年，此时的骑兵使用传统武器，步兵才装备滑膛枪，但在之后的 1736 年亚伯拉罕大主教的描述明确了骑兵也是装备滑膛枪的（p.118）。

20. JN, Vol.1, p.70.

21. JN, Vol.1, p.73.

22. 纳迪尔在几封亲笔信中提到过战斗的情况，也说过赢得侥幸之类的话，有些帮助但并不详细。Mohammad Kazem 记录的纳迪尔的战斗情况比米尔扎·马赫迪的更详细，但准确性有待商榷。

23. Hanway, Vol.4, p.253.

24. Abraham of Crete, p.118.

25. Gommans 2002. See also V.J.Parry, *La maniere de combattre*, in Parry and Yapp 1975.

26. Hanway, Vol.4, p.31n and Vol.2, p.253. 奥斯曼和波斯人在此后使用的重型武器可以参见 Elgood 1995, pp.49,120–1。一些类似步枪的火器在更早一些的时候就已出现了，但是数量不多，而且很可能是用来打猎的（尽管印度的马拉地人曾在战斗中组织过小规模的装备步枪的优秀枪手，参见 Cooper 2003），绝大部分火器还是滑膛枪。称呼这一时期装备滑膛枪的步兵为步枪手是不准确的。

27. Parry and Yapp 1975, p.18, and Mathee 1996, p.389 and passim. 18 世纪 20 年代纳迪尔掌权以后，火枪在高加索地区的列兹金人中间已经得到了普及（Bachoud, p.118），但是库尔德人和呼罗珊的阿夫沙尔人还未适应火枪，大部分时间里他们依旧使用长矛和长剑（JN, Vol.1, p.12）。Matthee 认为萨法维波斯在大规模引进火枪的过程中落后于奥斯曼土耳其和沙皇俄国。Murphey 2003 认同之前所谓的 18 世纪初奥斯曼军国主义的观点，但是他主张军事改革发生在出现了火药粉化工艺的 1420—1440 年，在之后的 300 年间几乎没有变化（pp.107–108 and notes），这就很难让人信服了。军事改革是无法定义其发生的确切时间的，它并非某种单一的技术变革的结果，而是一系列复杂、长期的大量战略战术、科学技术、文化、社会、经济和执政等因素相互作用的结果。黑火药配制技术和燧石点火装置的改进都仅仅起到了部分作用：让将军们发掘出新武器和新技术的潜在威力需要一定的时间，改变武器的使用方式远比改进武器本身重要得多。

28. Parker 1988, and Parry and Yapp 1975, p.24.

29. Krusinski, Vol.2, p.170.

30. Lockhart 1958, p.286. 奥斯曼人的立场基于沙俄-土耳其分割条约，只要塔赫玛斯普承认割让领土，他们还承认他是波斯的合法统治者。

31. JN, Vol.1, p.xxvi; ZT, fols.209a–209b.

32. Clairac, Vol.2, p.331.

33. Clairac, Vol.2, pp.333–340; von Hammer, Vol.14, p.153; JN, Vol.1, p.xxvi; ZT, fol.209b.

34. JN, Vol.1, p.xxvi; ZT, fol.209b.

35. 阿什拉夫同时与俄国也签订了条约。参见 *Cambridge History of Iran*, Vol.7, p.322。

36. Krisinski, Vol.2, pp.196–198; Lockhart 1958, pp.298–299; Dickson, p.511. Dickson 接受了阿什拉夫的人种等级概念并制定了一个类似的条目——基本毫无证据——就像一幅愚蠢的漫画，表现出了他对于 Lockhart 的种族态度的想象。

37. 这个观点来自 Bill Beeman，我们在海湾 2000 互联网论坛活动的电子邮件讨论中交换过意见，这套理论的更多详情参见他 1986 年出版的 *Language, Status and Power in Iran* 一书，反抗外族入侵的人民抵抗运动还发生在蒙古时期，参见 Jürgen Paul, *L'invasion Mongole comme revelateur de la societe Iranienne*（pp.46–47 and passim），选自 Denise Aigel 编辑的 *L'Iran face a la domination Mongole* Tehran 1997。哈马丹也是当时著名的反抗运动中心。

38. JN, Vol.1, p.75; Adle, p.240.

39. Hanway, Vol.4, p.27; AAN（p.108）认为是 4.4 万人，但是这个数量过大。Sheikh Hazin 说阿富汗人的数量比波斯人的两倍还多（p.193）; Fraser 的数据是 3 万阿富汗人对 1.6 万波斯人（p.95）。

40. AAN, p.110.

41. 人类历史上的战争具备普遍性，其经典解释可以参见 Michael Howard, *The Invension of Peace* (London 2000), p.1 and passim 以及 Tim Blanning 写在 *The Origins of the French Revolutionary* 中的精彩导言（基本关于战争的起源）。

42. Hanway, Vol.4, p.28.

43. AAN, p.111.

44. JN, Vol.1, p.76; AAN, pp.110–113; Hanway, Vol.4, pp.28–29; Sheikh Hazin, p.193; Adle passim; Lockhart 1958, pp.330–331. 米尔扎·马赫迪的观点（在 Jones 的译本中被省略掉了）是队伍中有欧洲枪手在操作波斯大炮，这并非不可能，他们也许得到了俄国人的支援（Adle, p.239 and Lockhart 1938,p.36n），但不太可能是法国人。

45. Richard Holmes, *Redcoat* (London 2001), p.254: quoting Lt. George Gleig.

46. JN, Vol.1,p.77；争执的原因出现在 Sheikh Hazin, pp.193–194。

47. Sheikh Hazin, p.194.

48. Sheikh Hazin, pp.196–197.

49. Cf. Hanway, Vol.4, p.30.

50. AAN, pp.113–115; JN, Vol.2, pp.48–49.

51. JN, Vol.1, p.81；Mohammad Kazem（p.117）也提出了这种观点，认为纳迪尔在战斗伊始会使用条幅标语和音乐来激励他的士兵。

52. Ibn Khaldun, *Muqaddimah*, Vol.2, pp.48–49.

53. Lockhart（1958, p.333 and 1938, p.38），书中认为阿什拉夫被引诱离开了阵地，但是信息来源不明。米尔扎·马赫迪非常明确地指出阿富汗人留在了他们的战壕（JN, Vol.1, p.82），与其他文献的记载一致。

54. JN, Vol.1, pp.82–83; AAN, pp.116–118; Hazin, p.197; Hanway, p.31; GD,24 Dec/4; Floor, *Afghan Occupation*, pp.161–162. 后续事件的时间有些混乱。Lockhart 1958, p.333n 认为，Gombroon Diary 中记载阿什拉夫离开伊斯法罕的时间是 11 月 13 日，是可信的，因为东印度公司代表当时在场（Lockhart 的 *Nadir Shah* 认为阿什拉夫离开伊斯法罕是在 11 月 13 日，那是战斗结束后的第三天）。但是事实上，GD 上写的是 11 月 15 日（根据格鲁吉亚历法的校正后），而不是 11 月 13 日，而且 GD 的记录明显是错的，这很好理解。VOC 的伊斯法罕日记在日期问题上更加仔细，同米尔扎·马赫迪的记载一样，认为阿什拉夫是在战斗结束回到伊斯法罕的几个小时后就逃走了，即 11 月 13 日。

55. 关于这个日期，所有的记录，包括 Gombroon Diary 的记载都是统一的。

56. Hanway, Vol.4, p.34；这一事实得到了 Mohammad Kazem 的支持（p.119）。

57. Hanway, Vol.4, p.35.Mohammad Kazem 的记录也几乎相同（p.120）。

4 与奥斯曼人作战

1. GD,14/25 February and 5/16 July；引自英国东印度公司驻伊斯法罕的代表。

2. Hanway, Vol.4, p.270.

3. Floor, 1998, p.262 and *Nader Shah*; GD, 24 December/4 January,14/25 February and passim.

4. AAN, pp.120–1.Hanway 认为纳迪尔娶的是塔赫玛斯普的姑姑，这是错误的，Vol.4, p.36。随后有流言称纳迪尔未经塔赫玛斯普同意便娶了他的妹妹，GD 30 April/11 May 1730。

5. Sheikh Hazin, p.198; JN, Vol.1, p.86; Hanway, Vol.4, p.36; Fraser, pp.99–101.

6. Rostam ol-Hokama, Vol.1, p.382.

7. 非常感谢 Kathryn Babayan 让我阅读她尚未发表的文章 "In Spirit We Ate of Each Other's Sorrow": Female Companionship in Seventeenth-century Safavid Iran。讽刺文章（Aqa Jamal Khwansari *Aqa'ed on-nisa*, ed.Mahmud Katira'i, Tehran 1970）和朝觐长诗（*Safarname-ye Manzum-e hajj*, ed.Rasul Jafarian, Qom, 1995）均出自这篇文章。

8. JN, Vol.1, p.88; ZT, fol.215a.

9. JN, Vol.1, pp.90–1，出自《古兰经》的一个典故（80：34–8）。

10. JN, Vol.1, p.90; Sheikh Hazin, pp.199–200; GD 的报告称纳迪尔要求英国东印度公司从海上拦截逃跑的阿富汗人，GD 24 December/4 January；他也向荷兰提出过相同的要求。

11. Sheikh Hazin, pp.200–2.

12. JN, Vol.1, pp.102–3; Lockhart 1958, p.338n.

13. JN, Vol.1, p.92; Riazul Islam 1970, p.139 and 1982(Vol.2), pp.37–8。文中有派往莫卧儿帝国的特使所携信件的摘要。

14. JN, Vol.1, pp.91–93 提到了纳迪尔在设拉子的停留。像往常一样，Jones 译文（米尔扎·马赫迪的记录）中的时间是需要纠正的。哈菲兹的诗经常被用来企求神谕，无论是在纳迪尔之前还是之后，所以让书翻开到一个正好的位置是件非常简单的事。请愿者的事出现在 AAN, p.126。

15. JN, Vol.1, p.96；米尔扎·马赫迪认为将以上省份割让给纳迪尔的正式文件是在博鲁杰尔德完成交接的。关于当时伊斯法罕的民众就纳迪尔的意图与 jiqe

的议论（甚至歪曲）可以参见 Floor, *Nader Shah*。VOC 报告是了解伊斯法罕情况的最佳途径。但是，你一定会注意到文中对纳迪尔怀有特定的偏见（考虑到他以恐吓手段索要大笔现金，这点毫不意外），同时对于战场事件的描述也不太可信，相关内容还是应该相信 Mohsen、Mirza Mahdi 和 Mohammad Kazem，毕竟他们在绝大部分时间里是跟随纳迪尔出征的。

16. Clairac, Vol.3, pp.105–9 (Gardane's *Relation*).

17. JN, Vol.1, p.95.

18. JN, Vol.1, p.98; AAN, p.134; Tucker 1992, p.210.

19. JN, Vol.1, p.99; Abraham of Erevan, p.59.

20. JN, Vol.1, pp.104–6.

21. Olson 1975 探讨了 Patrona Khalil 叛乱的多个成因。

22. JN, Vol.1, p.109.

23. JN, Vol.1, p.111.

24. Avery, p.29; AAN, p.161.

25. JN, Vol.1, p.114.

26. Abraham of Crete, pp.48–9; Floor, *Nader Shah*; 以及 Perry 1975 对于强制移民有全面的论述。

27. JN, Vol.1, p.100.

28. JN, Vol.1, p.117.

29. JN, Vol.1, p.120.

30. JN, Vol.1, p.124.

31. JN, Vol.1, p.135; Abraham of Erevan, p.64.

32. ZT, fol.215b.

33. ZT, fol.215a.

34. JN, Vol.1, p.138.

35. JN, Vol.1, pp.139–40; ZT, fol.215b; Hazin, p.218; Horne letter of 15/26 March 1732, in the Persia Factory Records, India Office Collection, British Library, G/29/16 Part 1, fol.50, para 21; von Hammer, Vol.14, pp.253–4.

36. ZT, fol.215b; Horne letter para 22; AAN, p.224.

5 政 变

1. JN, Vol.1, p.142.

2. JN, Vol.1, pp.143–5. 米尔扎·马赫迪在这段时期是纳迪尔的秘书，宣言很可能由他起草。

3. Malcolm, *Two Letters,* p.533.

4. Ibid.

5. Ibid.

6. Fraser, pp.227–8 and 230–1. 突厥人和波斯人"战斗与豪饮"的传统在 Matthee 2005, notably pp.48–49 中有详细描述。

7. Floor, *Nader Shah.*

8. JN, Vol.1, pp.140–1; Floor, *Nader Shah.*

9. Floor, *Nader Shah.*

10. JN, Vol.1, p.151, 尽管 Floor, *Nader Shah* 认为到达日期是 8 月 26 日，AAN, p.185 中关于塔赫玛斯普的故事确认了到达日期。

11. Fraser, p.106（这沓信件在 p.105 提及）; Hanway, Vol.4, p.71。

12. Floor, *Nader Shah*; JN, Vol.1, p.152; AAN, pp.231–3; Hanway, Vol.4, p.71; ZT, fols.215b and 223b; GD 17/28 September 1732. 各种文献中关于塔赫玛斯普退位的细节略有不同，米尔扎·马赫迪像往常一样将纳迪尔放在了最佳位置，他提到了醉酒，但是将事件描述为纳迪尔利用这个机会劝说塔赫玛斯普就奥斯曼和平协议一事改变心意。他说当沙阿明确表示决不更改的时候，纳迪尔才下定决心逼他退位。其他文献则认为政变是精心策划的，纳迪尔故意灌醉了塔赫玛斯普。对于事件发生的时间，各方没有统一的说法，也没有写明酒席持续了多长时间（基本可信的 Mohsen 说是三整天），只能说不是 1732 年 8 月的最后几天，就是 9 月初的几天。

13. Arutin Effendi, quoted in Tucker 1992, p.86.

14. JN（Vol.1, p.153）中是 9 月 7 日（17 Rabi I）; Floor（*Nader Shah*）认为是 9 月 8 日。

15. Floor, *Nader Shah*; ZT, fol.216b.

16. AAN, p.234.

17. GD 3/14 October 1732.

18. Floor, *Nader Shah.*

19. Bazin, p.317.

20. Fraser, pp.227–30. 这段文字的记录者 Cockell 此时正处在与纳迪尔和他的官员们谈判的压力之下，他同 James Fraser 一样受雇于东印度公司。到 1742 年

Fraser 的书出版之时，纳迪尔正在从东印度公司购买船只，因此 Cockell 和 Fraser 有关纳迪尔的记录都笼罩了一层美化的光环，否则不会是这样的。

21. Hanway,Vol.4, p.268；有关纳迪尔在性生活方面的名声，可以参见 Malcolm, *History,* Vol.1, p.85n。

22. Floor, *Nader Shah*；早在 1730 年春就有传闻说纳迪尔希望塔赫玛斯普主动将王室和宫廷从伊斯法罕迁往加兹温。

23. Floor, *Nader Shah.*

24. AAN, pp.143–5 (Tucker 1992, pp.211–12).

25. Vatatzes, p.97.

26. JN, Vol.1, pp.155–6.

27. JN, Vol.1, pp.157–8.

28. JN, Vol.1, p.162. 米尔扎·马赫迪说这位工程师是德国皇帝派来的，但是更可靠的观点是这个德国人是沙俄政府派来的。彼得大帝曾大力鼓励擅长技术贸易的德国人移民到俄国。

29. Mirza Mahdi（Vol.1, p.163）说是 3 万人，但这个数字偏大，比 Hanway（Vol.4, p.81）记载的全部巴格达守军的人数还超出了 1 万人。

30. JN, Vol.1, p.164.

31. Abraham of Erevan, pp.77–8.

32. Floor, *Nader Shah*；VOC 的记录更加恰当，比米尔扎·马赫迪认可的 11 万更加合理（*Durre-ye Naderi*, given by Lockhart 1938, p.71）。前文引用的波斯大营的总人数也来自 Floor. Emin（p.5）和 Mohsen（fol.216b），文中也确认了巴格达的遇难人数。

33. Hanway, Vol.4, pp.83–4.

34. Jean Nicodeme 的见闻实录出自 von Hammer, pp.517–18。

35. VOC 文档称穆罕默德·汗·俾路支有 4000 匹马和 1.2 万名步兵（Floor 1938, p.80）。

36. Von Hammer, p.521.

37. Von Hammer, pp.522–3. 米尔扎·马赫迪称奥斯曼援军来自营地周围的战壕，但是 Nicodeme 的说法更加可信。奥斯曼一方的目击者实录来自 Clairac（Vol.3, pp.288–99 and 307–11）及 Hanway 的记录，比较偏袒他们（Hanway, Vol.4, p.85），文中特意称托帕尔·奥斯曼本可以利用一条底格里斯河支流的原有水道打一场防守战，但他坚持向波斯人发起进攻。比起其他历史事件，了解一场战争的真实情况是最为困难的。关于战争场景的描写往往太过着力于剔除所有的疑惑，反而给出了一幅不准确的图景。

38. JN, Vol.1, p.169.

39. Fraser, p.234.

40. Jean Nicodeme 的见闻实录来自 von Hammer, p.524，还有托帕尔·奥斯曼的个人报告，Clairac, Vol.3, pp.307–11。Mohsen 说 2.3 万名波斯人被杀（fol.216b）。

41. Hanway, Vol.4, p.91.

6　纳迪尔沙

1. Hanway pp.93–4; JN, Vol.1, p.170.

2. JN, Vol.1, pp.171–2.

3. Floor, *Nader Shah*.

4. Floor, *Nader Shah*.

5. *Cambridge History of Iran,* Vol.7, p.303.

6. 参见 Floor 1983。郁闷的荷兰东印度公司从伊斯法罕发出报告称伊斯法罕人才不会参与叛乱，因为"伊斯法罕人比吃饱了饭只会盛装打扮妓女欢心的懦夫和他们的姘头可聪明多了"（ibid., p.82）。沮丧的荷兰东印度公司代表 van Leijpsigh 有时会忍不住大发雷霆。他在伊斯法罕的朋友大部分是商人（参见 Floor, *Dutch Trade in Afsharid Persia*），他讨厌跟官员打交道。他本该享受一次休假。

7. JN, Vol.1, p.173；也可参见 Floor, *Nader Shah*。

8. Fraser, p.231 提及这个故事时还说纳迪尔的母亲在 1737 年依旧健在，但未直接说这件事就发生在那一年。比较合理的推测是这件事发生在纳迪尔加冕典礼之前。

9. JN, Vol.1, p.181; Hanway, Vol.4, p.99 以及 PRO State Papers 91/16，fol.30 中纳迪尔写给 Hesse-Homburg 伯爵（他后来成为高加索地区俄军的司令）的信。

10. PRO State Papers 91/16; Emin, p.6 确认艾哈迈德帕夏几乎要投降了。

11. JN, Vol.1, p.183.

12. JN, Vol.1, pp.186–7; GD 3/14 February 1734（信源是塔赫玛斯普·汗·杰拉尔的一封信，他当时在场）; Fraser, pp.112–3; Hanway, Vol.4, p.111（Hanway 的叙述基本遵循 Fraser）。VOC 记录称根本没发生过战斗（Floor 1983, pp.84,85

and 85n），但是他们的记录与其他文献提到的仓皇逃跑的情形是一致的，显示叛军并未坚持作战。

13. JN, Vol.1, p.193; Floor 1983, pp.90–1; GD 8/19 May 1734.Fraser 认为他在监狱中上吊自杀。

14. Floor, *Nader Shah*.

15. JN, p.191; Lockhart 1938, p.81（引用了来自英国东印度公司驻伊斯法罕代表 Geekie 的一封信）; Floor, p.45。

16. *The Koran,* Penguin Classics, trans.N.J.Dawood (1990), p.236.

17. Abdollah Mostowfi, *The Social and Administrative History of the Qajar Era,*2nd edition, Vol.1, pp.13–4.在此我非常感谢Peter Avery 为我提供并翻译了这篇故事。

18. Malcolm, *History of Persia,* Vol.2, pp.290–1.

19. JN,Vol.1, pp.193–4; Floor, *Nader Shah*; Lockhart 1938, p.83 and 83n; Cambridge History of Iran, Vol.7, p.324（涉及与俄国人的讨论）。

20. JN, Vol.1, p.195；纳迪尔占领沙马基、围攻占贾的消息传到圣彼得堡，俄国政府将这份报告交给了其他国家的代表。不列颠使团在 1734 年 12 月 24 日汇报至伦敦，由 Rondeau（1731—1739 年任大不列颠驻沙皇俄国大使）转交给 Harrington，现存公共档案局，国家档案 91 号，Vol.17, fol.183。不久，一份由纳迪尔个人记述的巴格阿瓦尔德战役的情况资料被翻译后以同样的方式送至伦敦（参见下文）。

21. JN, Vol.1, pp.196–7.

22. Lockhart 1938, p.86.

23. JN, Vol.1, pp.202–3；考虑到波斯人的面子，米尔扎·马赫迪可能对伤亡数字做过调整。

24. 参见国家档案 91/18 fols. 237–8 中纳迪尔的个人记述；JN, Vol.1, p.211；以及 Abraham of Crete (CAC), p.28。

25. CAC, p.30.

26. CAC, p.32.

27. CAC, p.102.

28. CAC, pp.34–5.

29. JN, Vol.1, p.211；下文提到的奥斯曼人数来自纳迪尔的个人记述，国家档案 91/18 fols,237–8。

30. CAC, p.35.

31. CAC, p.38.

32. CAC, pp.37–41；有关奥斯曼人的伤亡数字可以参见国家档案 91/18 fols.237–8；JN, Vol.1, pp. 213–14；Hanway 认为仅有 2 万名土耳其人被杀，但是他毕竟不在场（Vol.4, p.120）。纳迪尔的官员们给 VOC 的统计数字是 3 万名（Floor, *Nader Shah*）。

33. Public Records Office, State Papers 91/18. 之前的引用也源自这封信。

34. CAC, p.118.

35. JN, Vol.1, p.221.

36. JN, Vol.1, p.224. 在他离开之前，鞑靼汗 Qaplan Girai 曾指定艾哈迈德·汗为达尔班德总督，索尔哈伊为希尔凡总督（JN, Vol.1, p.222），但是即便在纳迪尔讨伐之前，列兹金人也没有实际控制这两座城市。

37. JN, Vol.2, p.2.

38. ZT, fol.217b; Lockhart 1938, pp.96ff.

39. CAC, p.77.

40. CAC, pp.56–7 and 57n; JN, Vol.2, pp.2–3; ZT, fol.217b. 米尔扎·马赫迪认为参加忽里勒台的代表总数为 10 万人，但是 Mohsen 的 2 万人更加可靠。

41. Morgan, *The Mongols*, pp.61–2.

42. CAC, p.60.

43. CAC, pp.62–3.

44. CAC, p.64.

45. Fraser, pp.228, 229 and 233; Floor, *Nader Shah*. 同时签发几份不同的口述记录和口头命令的行为（Fraser 在 Cockell 的授权下报告）让人想起了恺撒和拿破仑。

46. CAC, pp.130–3.

47. Avery, pp.34–5; AAN, pp.446–7.

48. CAC, pp.70–2.

49. Floor, *Nader Shah*.

50. 信源大部分同纳迪尔的口信一致（JN, Vol.2, pp.3–4; AAN, p.453; Fraser, p.115）。大主教亚伯拉罕（pp. 88–9）没有提及萨法维王子（以及诛杀首席毛拉，也许这些内容对于他来说过于敏感），但就会议的组织方式和时间安排给出了更加详细明确的叙述。后面的内容，我主要以大主教的记述为准。

51. Floor, *Nader Shah*.

52. AAN, p.455.Riyahi 是 Mohammad Kazem 的编辑，他在一个脚注中表示怀疑

Abol-Hassan 这个名字是否正确。Fraser（p.118）认为首席毛拉在忽里勒台后期从根本上反对了纳迪尔的宗教创新，为此付出了代价，但 Mohammad Kazem 的记述更权威。

53. 我从 CAC（pp.90–1）和 JN（Vol.2, p.5）综合了纳迪尔的三个条件，它们基本相同。

54. CAC, p.92 针对代表们的观点，Mohsen 的记述也类似。

55. CAC, p.92.

56. CAC, p.144.

57. 这五点提议来自 Lockhart（*Nader Shah*, p.101）翻译的米尔扎·马赫迪的记述（JN, Vol.2, p.6），并做了改动。随后于伊斯坦布尔呈交给奥斯曼政府的提议要点得到了奥斯曼一方文献的支持，参见 Tucker 1996, p.24。

58. CAC, p.110. 大主教记述中余下的部分来自一位替代他留下的牧师。

59. CAC, pp.110–11.

60. CAC, pp.112–15.

61. Sheikh Hazin, p.272，关于流言，参见 Vatatzes，p.237 和 Hanway, Vol.4, p.123（两者都相信）。

62. 尽管 Lockhart 1938（p.279n）提到一个故事称白益王朝时期的一位教法学家 Seyyed Mortaza 曾向哈里发建议允许什叶派成立第五派别，即贾法里派来解决伊斯兰教分裂的问题，但没有证据显示纳迪尔或他的顾问团队知晓这个故事或者这种观念得到广泛传播。VOC 记录称纳迪尔早在 1734 年春便开始采取反什叶派行动了，他似乎是禁止了伊斯法罕的阿舒拉节庆典（Floor, *Nader Shah*）。

63. Darling，p.3；Tucker 1993, pp.109–110。还可以参见 Lambton 1980。在有关这一主题的同期文献中，米尔扎·马赫迪的记述尤为抢眼。

64. 文献来源是 Mohammad Hosein Quddusi 在 *Nadernama* 中引用的一篇文章；Tucker 1992, pp.26–7 中亦有引用。

65. Tucker 1994, pp.174–5. 我对贾法里教派提议的重要性解读很大程度上归功于 Tucker 细致的分析。Mohammad Kazem 说尽管纳迪尔下令禁止，但民众依旧在私下里悼念卡尔巴拉的殉难者（p.982）。还可参见 Algar 1977 关于这些进步对什叶派产生的更为广泛意义的讨论。

66. CAC, pp.143–4; Bazin, pp.285–6; Floor, *Nader Shah*. 绝大部分纳迪尔执政早期铸造的货币和印章也似乎避免直接使用"纳迪尔沙"这个头衔。VOC 记录称"仁慈的主"这个头衔一直沿用至 1740 年远征土库曼斯坦结束（参见下文），尽管这与波斯文献并不相符。很多文献显示"沙阿"这一头衔的使用出现在更早的时期，Sheikh Hazin 明确地表示纳迪尔在穆甘亲自确认了这个头衔（p.270）。可能纳迪尔对于正式使用这个头衔保持了克制，但在宫廷以外和行政机构中，人们已经广泛使用了。

67. Krusinski, Vol.1, p.106.

68. Lambton 1977, pp.123–7. 还可参见后文第 7 章的注释 13。

69. Hanway, Vol.1, p.271.

70. JN, Vol.2, p.14.

71. Hanway, Vol.4, p.276.

72. Bazin, p.318.

73. Rambaud, *Historie de la Russie*（Paris 1900），p.442（Lockhart 1938, p.281n 的引用不正确）。

74. Reza Sha'bani, 引自 Tucker 1994, p.165。

75. 穆罕默德·马赫迪·伊本·穆罕默德·礼萨；引自 Lockhart 1938,p.281。我们无法得知这种故事到底是不是真的，但是这些观念是当时的人们信以为真并互相传递的，依旧向我们展现了对象的一些重要情况。

76. Hanway, Vol.4, pp.218–9. 拿破仑也表达过同样宏伟的想法，参见 Mme de Remusat 的回忆录，引自 David Chandler, *Campaigns of Napoleon*（London 1998），p.248。VOC 记录确认了翻译《福音书》一事（Floor, *Nader Shah*）。

77. Bazin, p.318.

78. Tucker 1994, pp.176–7; Moreen 1990, p.52.

79. 那些将纳迪尔的宗教怀疑论刻画得最为严重的是西方文献（Bazin、Malcolm、Hanway、VOC），这难免让人生疑；但波斯文献自然是不愿意公开讨论一位伟大的君王在宗教方面的短板的。如同其他事件一样，西方作者的信息主要来自他们的波斯联络人员，因此他们很可能只会复述得到了波斯方面大力肯定的那些内容。Abd-ol-Karim Kashmiri 是一位可信度高又富于思想的穆斯林信源，他说纳迪尔在征战达吉斯坦伊始便停止了礼拜和敬主（p.164）。抛开其他证据不说，纳迪尔侵吞宗教捐赠的行为就出人意料，需要一个合理的解释。

80. Morgan, *The Mongols*（Oxford 1990），pp.201–3，"帖木儿的事业就是一系列大规模的劫掠扩张"。

81. Fraser, p.121–2.

82. Fraser, p.122: Sefatgol, p.229; Lambton *Landlord and Peasant*, pp.131–2.

83. Subrahmanyam 2000, p.368, 以及其他部分都将纳迪尔描述为一位具有远见卓识、富有个人魅力、像拿破仑一样的领袖，而非一个守旧的人。

84. CAC, p.145（翻译稍做修改）。

85. Fraser, pp.126–7.

7　到达德里的大门

1. Floor 1998, p.198.

2. Tucker 1996. 这篇文章的主要信源是奥斯曼资料，极好地展示了谈判过程及其重要性。还可参见 *Cambridge History of Iran,* Vol.7, p.308。

3. Ibid., p.26.

4. GD, 18/29 Jun 1735; Floor 1987, pp.39–40.

5. JN, Vol.2, p.14; Floor 1987, pp.41–2.

6. Floor, *Nader Shah.*

7. JN, Vol.2, pp.20–1; AAN, p.475.

8. Floor, *Nader Shah*; GD 23 August/3 September 1736.

9. Floor, *Nader Shah*; GD 23 August/3 September 1736.

10. Floor, *Nader Shah*；有关阿巴斯港的情况和抢夺路上商人牲畜的记述来自 GD, 18/29 August 1736。

11. Lambton 1977, pp.123–7；依据是 Rostam ol-Hokama（pp. 557–8）和 Hajji Mirza Hasan Fasa'i 的 *Fars-Nama*。纳迪尔的统治涉及重大的官僚系统改革。

12. JN, Vol.2, p.21; Floor, *Nader Shah*; Fraser, p.128; Hanway, Vol.4, p.146. 荷兰东印度公司驻伊斯法罕代表处评估军队规模为 20 万人，外加 2 万名妇女，但他们公司驻克尔曼省的负责人认同 Hanway 和 Fraser 的数字，即 8 万人（外加 900 名小商贩）。Hanway 虽然引用了 Fraser 的记录，但可能也有别的信息源，因为他认为塔赫玛斯普·汗·杰拉尔的部队有 3 万人，而 Fraser 给出了 4 万人。Hanway 和荷兰东印度公司驻伊斯法罕的代表都质疑如此庞大的一支部队是否能穿越沙漠抵达克尔曼，然而，他们做到了。

13. JN, Vol.2, pp.23–4; AAN, pp.486–8. 和别处一样，Mohammad Kazem 的记述总是更加详细，但有人怀疑米尔扎·马赫迪对自己明明知情的事实有所保留。后者说侯赛因·苏丹亲自率军进攻，前者则提到了其他将领。

14. JN, Vol.2, pp.25–6.

15. JN, Vol.2, p.31; Floor, *Nader Shah*.

16. Floor, *Nader Shah*.

17. Ibid.

18. JN, Vol.2, p.33; AAN, p.536.

19. Floor, *Nader Shah*.

20. JN, Vol.2, pp.39–40; Floor, *Nader Shah*.

21. JN, Vol.2, p.40.Jones 翻译的米尔扎·马赫迪文献中，这次进攻的日期是错的，波斯部队的总数也是。

22. JN, Vol. 2, pp.42–3; AAN, p.544.

23. AAN, p.542.

24. JN, Vol.2, p.44; Floor, *Nader Shah*; AAN, pp,544–8. Lockhart（*Nadir Shah*, p.119）认为最后一次袭击发生在 3 月 23 日，但米尔扎·马赫迪认为准备工作是那天进行的，进攻发生在之后一天。荷兰东印度公司的记录（Floor）认同这次成功的袭击发生在 3 月 24 日。Anand Ram，与 AAN 的记录一样，称坎大哈因背叛而失陷（尽管他说的是一个叛徒给波斯人打开了城门，ARM, fol.163a）。

25. JN, Vol.2, p.44; AAN, p.549.

26. JN, Vol.2, p.45.

27. AAN, p.550.

28. JN, Vol.2, pp.46–8; Bazin, p.287; Floor, *Nader Shah*.

29. Riazul Islam, Vol.2, pp.49–50 总结了纳迪尔的大使所携信件的内容，还列出了更早的通信内容，其中有纳迪尔敦促对方对阿富汗逃犯采取行动的内容。

30. JN, Vol.2, pp.50–1.

31. 两个更加权威的文献是 JS（p.2）和 Fraser（p.129）：尽管前者非常宠爱汗·多兰和印度斯坦派，也因此不待见内扎姆·穆尔克。主要波斯文献都没有提到过这些信件，很有可能整个故事都是印度斯坦派编造出来诋毁他们的死对头的。但是 Chandra（p.249）认为故事可能是真的。Tucker（1998）也发现了莫卧儿宫廷政治的一些错综复杂之处，以及一些作者通过编写这些内容来扩大主要廷臣们的利益。

32. Chandra, pp.266–7; Gommans Mughal Warfare, pp.68–9; Subrahmanyam, p.350; Alam, pp.303–7 以及其他部分。

33. 看待复杂且极富争议的话题时，采用这种过度简化的观念是有必要的。关于这一时期印度的情况，请参见 Chandra，Subrahmanyam，Sarkar，Alam，Bayly 和 Spear。

34. Floor, *Nader Shah.*

35. ARM fols, 164a–164b（Lockhart, *Nadir Shah*, p.125n 有，fol.163b 不正确）。

36. ARM fols.163b–164a; Hanway, Vol.4, p.151. 这听起来似乎有些不可思议，单单一门炮的后坐力居然能够造成如此大的破坏，但是墙体结构可能已经在数次发射中变得松散，同时这座堡垒也是年久失修，一段城墙还要依靠塔楼来支撑。莫卧儿人异常痴迷于后坐力惊人的重型大炮，士兵们的惩罚出现在 Fraser, p.151。

37. JN, Vol.2, pp.52–5；一封信出现在 Fraser, pp.138–9，在 Riazul Islam 1982, Vol.2, pp.60–2 中进行了讨论。

38. JN, Vol.2, p.57.

39. AAN, pp.584–585; Lockhart *Nadir Shah*, p.164; *The Cambridge History of Iran*（Vol.7, p.42）中关于这件事的记述似乎有些问题。

40. AAN, p.603.

41. 例子可以参考 Bratishchev, pp.479 and 475。

42. JN, Vol.2, p.59; AAN, pp.624–5.Lockhart 质疑（p.168n）Mohammad Kazem 是否知道纳迪尔给他儿子的私人指示，但纳迪尔很可能是将指示告诉了儿子的顾问们。

43. Bratishchev, p.483.

44. Lockhart, *Nadir Shah*, p.169; JN, Vol.2, pp.85–6.

45. JN, Vol.2, p.61; Sheikh Hazin, p.290; Fraser, pp.134–6; Floor 1998, p.208. 纳迪尔带领 1 万名骑兵发动攻击，这个数字来自 Fraser。参见 Bellamy 1990，俄国将军 Kishmishev 在分析这场战斗时称之为"……战争史上的一件杰作"（p.214）。

46. JN, Vol.2, pp.61–2; AAN, p.676.

47. ARM fols.167b–168a; Sheikh Hazin, pp.293–4; JS, p.2; JN, Vol.2, pp.63–4.

48. ARM fols.168b–169a.

49. 30 万这个数字来自 Mirza Mahdi，也与荷兰东印度公司驻德里代表处的报告吻合（Floor 1998, p.205n）。Mirza Zaman 给出了 20 万的数字（Fraser, p.153）。ARM 说是 5 万多骑兵，但另有大量步兵。Sarkar（p.38）认为有 100 万。20 万战斗部队和 100 万的总数无疑是巨大的，但比较合理。VOC 估计有 500

头受过训练的战象（这些战象不是用来运送枪支和行李的）和 1200 门大炮，
这样来看比较合理。

50. JN, Vol.2, pp.65–7.

51. JS, p.7；Tieffenthaler, p.49；Sarkar, pp.40–2；军营条件的记述来自 Floor 1998,
p.306。

52. Sarkar，引用 Gholam Hosein。

53. 有关波斯轻骑兵的描述来自 De Voulton，引自 Subrahmanyam, p.358 和
Lockhart 1926 p.234；Pere Saignes 的信似乎也引自同一信源。但各个版本之
间也存在一些分歧，特别是 Subrahmanyam 和 Pere Saignes 认为他们使用的
是火绳枪，而 Lockhart 认为是滑膛枪。法文文献的可信度似乎更高。骑兵
一定更加倾向于使用滑膛枪，而非笨重的火绳枪。然而，此时这种更加昂贵
的武器一定是优先配给精英部队的，比如纳迪尔的近卫骑兵和火枪手，轻骑
兵很可能持用稍便宜的火绳枪（参见 Gommans 2001, p.376）。De Voulton 将
他们的斗篷描述成"匈牙利风格的布制外套"，这一时期的匈牙利轻骑兵穿
长斗篷（有些可以罩头，松松地搭在肩膀上），之后演变成轻骑兵皮外套。
Saignes 的版本又多了一面盾牌，还说他们的外套是绿、黄、红色。从其他
一些资料我们也得知纳迪尔有重装骑兵（主要来自 Abraham of Crete, p.118）。

54. JN, Vol.2, pp.66–8; Tieffenthaler, p.49.

55. JN, Vol. 2, p.68；演讲来自 Brosset, Vol.2, 2me Livraison, p.358。

56. Fraser, pp. 154–5; Hanway, Vol.4, p.164.Hanway 大篇幅复述了 Mirza Zaman 的
评估数字，它们最早是由 Fraser 提出的，但他加入了一些细节。其他人认
为波斯军队的数量要更少一些，Floor 1998 认为是 5 万（p. 307）。法文文
献（Subrahmanyam）中 De Voulton 报告的数字是 8 万名骑兵和 2 万名步兵，
再加上各类随从人员，数量就差不多了。但 Lockhart 翻译的葡萄牙语文献
（Lockhart 1926, p.230）显示总数为 6 万人，其中只有一半是作战部队。造成
这种差异的原因很可能是在不断翻译的过程中产生的。这个版本提到了欧洲
人，De Voulton 提到英国人进一步使法国读者加深了对纳迪尔的偏见。

57. 我对这场战斗的描述出自 JN, Vol.2, pp.68–72、Fraser, pp.155–9、ARM
fols.169b–170b、JS, pp.9–23、Hanway, Vol.4, pp.165–7、BW, fols.76a–79a、
Brosset, Vol.2, 2me Livraison, pp.358–60（希拉克略二世写给妹妹的信）、
Tieffenthaler, pp.49–51、Sarker 42–52、Lockhart *Nadir Shah*, pp.135–40。绝大
部分信源的主要内容都类似，但在重要细节上各有不同，给我们造成了一些

困扰。我的解释与 Lockhart 不同。在同时代的主要记录者中，只有两人既是
战士又是亲历战场的人——格鲁吉亚王子希拉克略和纳迪尔本人（Malcolm,
Two Letters；Riazul Islam 1982, Vol.2, pp.74–6 是同一封信的摘要，但没记录战
斗的细节）。其他有关战斗的记录都是二手的。在仔细阅读这两份文献以及
Tieffenthaler（这份记录在描述军队中各股部队的位置方面比其他文献更加细
致，而且认为波斯军营的位置应该更加靠东，这点相当重要）、Abd ol-Karim
Kashmiri 和 Mirza Mahdi 的记录时，我修正了之前关于这起事件的解读。新
的解读与同时代其他一些更加关注个人遭遇的文献（Anand Ram，Siddiqi，
Harcharan Das，Hanway，Fraser）产生的冲突并不十分大。几位作者都明确
表示穆尔塔扎王子在波斯中路坐阵。希拉克略和 Tieffenthaler 都认为萨阿达
特·汗发动了进攻，汗·多兰则袭击了昆吉普拉（这个说法有点可疑，因为
纳迪尔本人和他最精锐的部队都在这里，同时敌军的大部队也正在向这里赶
来）。留在波斯军队中路与穆尔塔扎王子待在一起的希拉克略明白地说萨阿
达特·汗在汗·多兰的部队战败后还在继续作战。考虑到汗·多兰的人马遭
受的打击，这点也很可疑。我采纳了 Anand Ram 的说法（据 Sarkar 说得到
了 Gholam Hosein Tabatabai 的支持），他说萨阿达特·汗根本没和其他将领
商量就离开了印度军营。我不太认同 Hanway（Lockhart 和 Sarker 都采纳了
这种说法）关于纳迪尔效法帖木儿安排骆驼之间架着携带燃烧物的铁板袭击
莫卧儿大象的说法。没有其他信源支持这种说法，Hanway 也不在场，它更
像是某些老兵油子故意杜撰出来拿一个幼稚的英国人来打趣的笑话。

58. BW, fol.77b.

59. ARM fol.169b.

60. JS, p.11.

61. Malcolm, *Two Letters*, p.543.

62. JN, Vol.2, p.70; Brosset, Vol.2, 2me Livraison, p.359.

63. JS, p.12.

64. Fraser, p.68. 其他莫卧儿信源也提到了相同的故事，可以比较 Tucker 1998,
　　p.216。还可以参见 JS, p.19。

65. Fraser, p.158n.

66. BW, fols.78a–78b.

67. AAN, pp.14, 729.Lockhart（*Nadir Shah*, p.140n）认为穆尔塔扎是在这个场合获
　　得了新的名字，因为此前没有任何文献提到过这个名字，这种说法很可疑。

然而，亚伯拉罕大主教叫他穆尔塔扎·戈利（比如 pp.84,114），尽管似乎大主教从一开始就把他和纳迪尔的侄子阿里·戈利弄混了（p.78）。印度方面的伤亡人数取自 de Voulton（Lockhart 1926, p.230）。纳迪尔自己可能也有些夸张，夸大了数字，包括俘虏的数量也有些虚高，波斯方面的伤亡人数取自 Fraser, p.168, 在 p.158 Fraser 提到过一个更大的数字，但这些可能也有所夸张。

68. Sarker, pp.51–2.

69. Tieffenthaler, p.50.

70. BW, fol.77b.

71. 在 Gommans 2001, pp.366–73 中你可以看到有关 18 世纪莫卧儿武器情况的详细探讨，还可以参见 Subrahmanyam, p.358 从 De Voulton 中引用的内容。

72. Tieffenthaler, p.52; Sarker, pp.56–62; Mohammad Bakhsh('Ashub') in Elliot and Dowson, Vol.8, pp.233–34.

73. 与内扎姆会谈的情形汇报来自法国人 de Voulton，他是内扎姆团队中的一员。它有好几个翻译版本。包括 Lockhart 译自葡萄牙语的版本（Lockhart 1926），现存法国国家档案中来自法国殖民公司记录的版本（Subrahmanyam 引用了不少），还有 Hanway 的版本（Vol. 4, pp.168–9）。尽管 Lockhart 和 Subrahmanyam 都对 de Voulton 有所怀疑，但在这个问题上，他关于讨论过程的细节描述还是得到了其他信源的支持。由于与内扎姆的利益息息相关，de Voulton 肯定不会提到任何关于纳迪尔与内扎姆早有接触的消息。还可以参见 Sir J Sarker 的记录（pp.56–60），主要来自 Harcharan Das 的记录。Hanway（Vol.4, p.171n）也认同贡品价值 20 克若尔，Tieffenthaler 认为是 2 克若尔，Sir J.Sarker 认为这个数字应该更低，为 50 拉克。

74. Lockhart 1926, p.233; BW, fol.80a; JN, Vol.2, p.72.

75. Lockhart, *Nadir Shah*, p.142, 引用了 Harcharan Das；JS,p.24。

76. JS, p.26.

77. ARM fol.173a; Fraser, p.175; Sarker, pp.62–3.

78. JS, p.26; ARM fol.173b; 引用来自 Fraser, p.218。

79. ARM 172b; JN, Vol.2, p.73; BW fols.80b–81a.

8 波斯废墟

1. BW, pp.8–10.

2. GD, 5/16 February 1740; Floor, *Dutch Trade*.

3. 参见 Subrahmanyam 2000. 关于货币改革，参见 GD 5/16 February 1740。

4. Lockhart 1926, p.237.

5. Fraser, pp.211–12.

6. Chandra, p.237 和 Riazul Islam 1970, p.185 都赞成波斯人的入侵造成的重要影响。

7. Fraser, pp.215–16.

8. JN, Vol.2, p.83; BW, p.2.

9. JN, Vol.2, p.83; ARM fols.179a–180b; BW, pp.3–5; Hanway, Vol.4, pp.201–2; Floor, *Nader Shah*; GD 22 Feb/5 March 1740; Malcolm, Vol.2, p.86.JN 和 ARM 不同意纳迪尔抵达奇纳布河的时间，但是赞同渡河工作完成的日期。

10. BW, pp.10–11.

11. JN, Vol.2, pp.84–8; Hanway, Vol.4, pp.200–1.

12. BW, pp.15–16; JN, Vol.2, pp.88–9. Lockhart 1938（p.159）继续 BW 的说法，认为四分之一的印度战利品与牲畜一起丢失了，但是米尔扎·马赫迪说财宝都在运往赫拉特的路上。

13. JN, Vol.2, pp.90–2; ARM fols.182b–183a; BW, p.21.

14. 要求省督支援的信件出现在 ARM fol.181a 和 Riazul Islam 1982, Vol.2, pp.87–9。

15. Floor 1987, pp.46–7; GD 在 1739 年 10 月和 11 月的条目；Lockhart 1936, p.11。

16. ARM fol.184a; BW, pp.21–2.

17. JN, Vol.2, pp.94–6. 考虑到米尔扎·马赫迪作为纳迪尔的宫廷史官会忽略或者刻意模糊那些可能会降临到纳迪尔身上的悲剧，我猜测他用渲染美化的手段婉转地暗示了即将到来的灾难。

18. JN, Vol.2, p.97.

19. GD, entries for November 1739; Lockhart 1938, p.176.

20. GD 23 December 1739/3 January 1740; Bratishchev, pp.471–2. 砍头事件出现在 VOC 报告中，出自礼萨·戈利的荷兰医师之口（Floor, *Nader Shah*）。

21. VOC 报告表明从 6 月 23 日格尔纳尔大捷的消息抵达伊斯法罕到 12 月 12 日一名官员从白沙瓦返回伊斯法罕，中间有一段空白（Floor, *Nader Shah*）。GD 还报告在 1739 年 10 月、11 月出现了称纳迪尔已经死亡的谣言。

22. AAN（pp.766–77）认为谋杀事件发生在礼萨·戈利得知纳迪尔取得格尔纳尔大捷后不久。Lockhart 相信在一段较长的时间里联系中断，因此礼萨·戈利直到 1740 年 2 月底或者 3 月初才收到格尔纳尔的消息（尽管甚至 Lockhart

p.178n 也说这条消息花了这么久才传到马什哈德着实令人惊讶）。Lockhart
可能受到了 Bratishchev 的误导，后者称谋杀事件发生在 1740 年上半年
（p.467）。然而，Bratishchev 的时间轴十分令人费解，他认为谋杀发生在联系
中断之后，时间是 1739 年春，但又说中断期从纳迪尔征服拉合尔算起不过 3
个月。这就表明 Bratishchev 在信源中提到的 1740 年那个日期可能就是个简
单的编辑错误，应该是"1739 年的上半年"。最近，出自 VOC 档案文件的
新证据也支持了谋杀发生在 1739 年 5 月或者 6 月这种观点。那份信源称格
尔纳尔胜利的消息在 1739 年 6 月 23 日传到伊斯法罕，6 月 30 日荷兰人在报
告中提到了一则谣言称塔赫玛斯普已经逃走（他逃走的事作为整起谋杀事件
的特写同样出现在 Hanway, Vol.4, p.209），7 月 3 日，塔赫玛斯普被杀；1739
年 8 月 18 日，穆罕默德·侯赛因·汗被认定为凶手（Floor, *Nader Shah* 以及
与 Willem Floor 的通信）。Sheikh Hazin 明白表示（pp.301–2）塔赫玛斯普被
杀的日期是伊斯兰历 1152 年 2 月 7 日（1739 年 5 月 16 日），正是纳迪尔离
开德里的日子。Wakhusht Chronicle 也将谋杀事件的日期定在 1739 年，而非
1740 年（Brosset, Vol.2, 1e livraison, p.404）。GD 从 1738 年 7 月到 1739 年 8
月是一片空白。

23. AAN, pp.766–71.Bratischev 认为（p.468）礼萨·戈利谋杀了法蒂玛女亲王，
    不足采信。

24. JN, pp.99–100; BW, pp.26–7; AAN, pp.626,654–6.

25. Bratishchev, p.480.

26. AAN, p.785; BW, p.29; Bratishchev, pp.478–9.

27. JN, Vol.2, p.83, pp.101–3; AAN, pp.788–93; BW, pp.34–9. 米尔扎·马赫迪和 BW
    都没记录卡拉库勒的战斗。Mohammad Kazem 的描述比较详细，Lockhart 接
    受了他的观点（*Nadir Shah*, pp.187–8），但其他三位历史学者都与部队在一起，
    同时米尔扎·马赫迪通常是最可靠的。可能发生了一些小规模冲突。对于远
    征中亚的描述，历史学家之间也存在争议（尤其关于王子们的行动）。我倾向
    于米尔扎·马赫迪和 Abd ol-Karim Kashmiri 的观点。

28. BW, p.44.

29. BW, pp.165–6 and pp.92–3.

30. AAN, pp.800–1; Lockhart 1938, pp.189–90. 就现有资料来看，礼萨·戈利在法
    蒂玛女亲王自杀后一直未娶，但在 Lockhart 按照 Mohammad Kazem 的记录
    列出的家族树中（*Nadir Shah*, p.291）她死后还添了三个儿子。要么是续弦没

被记录，要么他们是妾生的孩子。

31. JN, Vol.2, pp.107–8; BW, pp.50–1. BW描述这场战斗时使用了势均力敌这个词，他说波斯人严重缺水，几乎动摇了战斗的信心，直到纳迪尔送来水并把他们召集起来。

32. JN, Vol.2, pp.108–9; Floor *Nader Shah*(来自 Taqi Khan).Bratishchev（p.479）说礼萨·戈利由于生病，从查哈尔渚便离开了纳迪尔，不过这似乎不太可能。

33. BW, pp.57–60; AAN 记录了一场发生在菲特纳克的战斗，这里处在代韦博云与哈扎拉斯普之间，但米尔扎·马赫迪和 BW 都没有提到。

34. JN, Vol.2, pp.109–12; Floor, *Nader Shah*（VOC 记录来自一份胜利公告——*Fathname*——是纳迪尔发给礼萨·戈利的）; Hanway, Vol.4, p.206（引文来自 Hanway）。

35. JN, Vol.2, pp.113–4; Hanway, Vol.4, p.207.

36. Floor, *Dutch Trade*; Bazin, p.294; Hanway, Vol.1, p.245.

37. Malcolm, *History of Persia*, Vol.2, p.103n. Malcolm 说这则故事来自"一份我私有的波斯手稿"。还可以参见 Lambton, *Landlord and Peasant*, p.132；至于萨法维时期的道路安保系统，参见 Floor 2000, pp.33–5。

38. Floor, *Nader Shah.*

39. BW, pp.51–2.

40. BW, pp.71–2.

41. Hanway, Vol.4, pp.3–4.

42. Hanway, Vol.4, p.245 说 1744 年马什哈德曾被考虑定为首都，但没有其他任何信源提到相关的法令，也不知道马什哈德是何时成为首都的。

43. BW, p.74; AAN, p.827. 有关他犹豫不决，甚至最后厌弃王室自命不凡的例子，参见 Floor, *Nader Shah* 中关于他厌恶为他在加兹温兴建王宫的事，还有下面的注 49。

44. JN, Vol.2, p.115; BW, pp.75–6; Sheikh Hazin, p.272; Hanway, Vol.4, p.270. Hanway 是众多信源中唯一一个认为此时发生了处决的人。

45. GD, 7/18 May 1734.

46. Lockhart 1936, p.12（引自 GD）; Bazin, p.319。

47. 有关前几段，参见 Lockhart 1938, pp.182–4 和 212–16; Lockhart 1936; Floor 1987, pp.43–9（尽管 Floor 的文章中有关 1739 年 1 月的海战部分似乎有一处日期打印错误）。这些文献对事件的描述都更加详细。

48. AAN, p.832.

49. Bratishchev, p.480.

50. JN, Vol.2, p.118.

51. Vatatzes, p.277；Cf. Bratishchev, pp.474–77；特别是 p.475。在 Vatatzes 的描述中，这些背叛性的话语直接导致了礼萨·戈利的悲剧，而且说话的时间略晚，是纳迪尔在高加索时。尽管 Vatztzes 对后续事件的描述不尽准确，但这份记录比较接近这一时期礼萨·戈利（和其他人）的说话口吻。Mohammad Kazem（p.837）也赞成早在萨瓦德山刺杀事件之前，纳迪尔就开始提防礼萨·戈利了。

52. AAN, pp.833–4; BW, pp.80–1.

53. JN, Vol.2, pp.120–2.

54. Hanway, Vol.1, p.249.

55. AAN, pp.834–5; JN, Vol.2, pp.122–3; BW, pp.85–6; Hanway, Vol.3, p.210; Bratishchev, pp.483–6.

56. Bratishchev, p.487; JN, Vol.2, p.123.

57. Lockhart 1938, p.200（引自 Soloviev）。

58. Bazin, p.319.

59. BW, pp.163, 165–6.

60. JN, Vol.2, pp.123–5.

61. JN, Vol.2, p.125.

62. JN, Vol.2, p.126; Bazin, p.290; Hanway, Vol.4, p.224.

63. Hanway, Vol.1, pp.126–7 以及 Vol.4, pp.225–6; Lockhart 1938, pp.204–6。

64. JN, Vol.2, pp.127–8.

65. JN, Vol.2, pp.129–32.

66. JN, Vol.2, pp.133–5; Lockhart 1938, pp.206–7.

67. AAN, pp.835–7; Bratishchev, p.490.我大部分采纳了 Mohammad Kazem 的记录。

68. Hanway, Vol.4, p.210n.

69. Bratishchev, pp.495–6.

70. 之后的事情是从 AAN, pp.851–3 中整理总结出来的，Bratishchev, pp.497–503; Hanway, Vol.4, pp.210–11。当纳迪尔还活着时，米尔扎·马赫迪在描述礼萨·戈利的生平时故意忽略了这件事。直到纳迪尔死后，他才公开在书的最后一章提到了挖眼这件事。

71. Hanway, Vol.4, pp.211,211n.

72. Bratishchev, p.503. Bazin 说纳迪尔绞死了 50 名大臣，因为当礼萨·戈利被挖掉双眼时，他们都在场却没人愿意替他受刑（p.294），但是 Bazin 显然在一系列事件中夸大了纳迪尔的恐怖与残忍，而其他信源都没有提到这些杀戮行径。

9　骷髅塔

1. AAN, p.853.

2. JN, Vol.1，p.127.

3. Hanway, Vol.1, p.300.

4. JN, Vol.2, p.187.

5. Viktor E Frankl, *Man's Search for Meaning* (New York 1959), p.126.

6. Emin, p.266.

7. JN, Vol.2, p.139; Lockhart, *Nadir Shah*, pp.209–11.

8. JN, Vol.2, pp.140–1.穆罕默德沙的礼物正是纳迪尔在致谢信中提到的那些，记录于 Riazul Islam 1982, Vol.2, p.108。

9. AAN, pp.887–8; Hanway, Vol.1, p.253.

10. Christopher Duffy, *The Army of Frederick the Great* Newton Abbot 1974. 奥地利军队在 1756 年有 17.75 万人，普鲁士有 14.3 万人。

11. Emin, pp.7–8(for Hamadan); Lockhart, *Nadir Shah*, p.197(Mashhad).1739 年 9 月 19 日、30 日的 GD 提到过相似的结果。参见 Floor, *Dutch Trade*。似乎伊斯法罕没有得到复兴的机会，那里的贸易一直处在较低层次，以至于荷兰的东印度公司决定在 1740 年 3 月关闭了他们的工厂，克尔曼则花了至少 5 年时间才从 1736 年的洗劫中恢复。根据 VOC 的记录，1738 年 3 月，伊斯法罕的利率是每月 2%（Floor, *Nader Shah*），听起来不低，但到 1747 年初阿巴斯港的利率飙升到可怕的每月最低 15%（Lockhart, *Nadir Shah*, p.286），因为沙阿的勒索行为愈演愈烈且无法预测，没有放贷人会冒险借钱给一个随时可能破产，然后不得不违约的借款人。有关 1743 年之后的萧条与混乱，参见 Hanway, Vol.1, pp.223, 233–4, 242–3; Lerch, p.417; Lambton, *Landlord and Peasant*, p.133（引自 Chronicle of the Carmelites）; Floor, *Dutch Trade*; Emin, p.8。Lockhart 不支持他所说的三年免税政策确实被撤回的说法（*Nadir Shah*, p.238，Lambton 1977, p.128 也赞同，但没有得到她引用文献的支撑），无论如何，免税政策肯定在 1742 年春被废除了，从他的儿子做总督时的文献来看，许多地方官员在此之前就继续开始收税了。

12. Floor, *Dutch Trade.*

13. AAN, p.914.

14. Hanway, Vol.4, p.275; Malcolm（*History of Persia,* Vol.2, p.107）也提到相同的故事，来自"一份波斯原稿"。可以比较第 6 章引用的纳迪尔的自我评价（注 4）。

15. 参见第 6 章，注 66；还有 Lockhart, *Nadir Shah*, p.159 中有一个来自纳迪尔远征印度时的例子，在这里红色确实按照预想造成了恐怖的效果。

16. JN, Vol.2, pp.142–3.

17. JN, Vol.2, pp.144–5; AAN, pp.899–905；伊斯坦布尔的事件参见 Olson, pp.154–6。

18. 有关摩苏尔之战，我采纳的是 JN, Vol.2, pp.145–6; Olson 1975, pp.170–7；还有 Lockhart, *Nadir Shah*, pp.229–32。Olson 有一两处的日期与米尔扎·马赫迪的记录稍有不同，我采纳的是后者。

19. 法国人报告称纳迪尔在 1739 年离开德里之后有计划仰仗波斯的兵强马壮直接攻打伊斯坦布尔，降服奥斯曼土耳其人（Subrahmanyam, p.365）。

20. Olson 1975, pp.174–5. Olson 多少有点过分强调了摩苏尔之战的重要性，几乎完全没有提到之后奥斯曼人在巴格阿瓦尔德再次战败的情况。还可以参见 Lockhart, *Nadir Shah*,p.231。

21. JN, Vol.2, p.155.

22. 写这段的时候我想到了 John Winkler 描述过的女人们经典的希腊式笑容（The Laughter of the Oppressed, in *The Constraints of Desire,* London and New York, 1990, pp.206–9），但查看原文时我发现 Winkler 本人提到了 Kaven Safa-Isfahani 对现代伊朗女性组织的哑剧和语言剧的研究。

23. Abdollah al-Suwaydi, 引用的是 Tucker 1994, p.171。

24. Abdollah al-Suwaydi, 引用的是 Lockhart, *Nadir Shah,* p.272。

25. Tucker 1994, pp.173–5. 我对纳杰夫会议的描述采纳了 Tucker 的分析。

26. William Aspinwell 是不列颠驻伊斯坦布尔的外交代表，引文出现在 Olson 1975, p.186。

27. JN, Vol.2, p.161.

28. Hanway, Vol.4, p.268；有关他对妻子与孩子的态度，参见 Bratishchev, p.483。

29. 纳迪尔军营的描述来自 Hanway, Vol.1, pp.243–51 和 Bazin 的计划（p.242）。Bazin 说有 3000 名白头巾卫兵，Hanway 说有 4000 名，亚伯拉罕大主教说有

6000 名（p.79），因此他们的人数可能是随时间变化的。

30. Hanway, Vol.1, pp.251–3.

31. Hanway, Vol.1, pp.265–76.

32. JN, Vol.2, pp.157–9, 164.

33. Hanway, Vol.1, pp.192–4, 296–303; JN, pp.161–2.

34. JN, Vol.2, p.162.

35. Lockhart 1936, pp.12–14; Floor 1987, pp.51–3.

36. Floor, *Nader Shah*; Bazin, pp.196–7; JN, Vol.2, p.160–1.

37. JN, Vol.2, p.161; Hanway, Vol.2, p.243; Floor, *Nader Shah*; Lockhart, *Nadir Shah*, p.242.

38. Hanway, Vol.4, p.243.

39. Hanway, Vol.4, p.243; Bazin, p.197; JN, Vol.2, p.161; Lockhart, *Nadir Shah*, pp.242–3.

40. JN, Vol.2, p.164.

41. JN, Vol.2, pp.165–7. 这些事件的情况及年代，我采纳了米尔扎·马赫迪的记录，Lockhart 采纳了 von Hammer 的说法，认为纳迪尔抵达卡尔斯的时间更早一些，不过晚一些的日期与事件的发展更加契合。米尔扎·马赫迪不认为纳迪尔是特意从卡尔斯撤退去进攻列兹金人的，在文中他用婉转的手法暗示，此时即便纳迪尔本人也不知道沙阿每天要干什么。

42. JN, Vol.2, pp.167–8.

43. JN, Vol.2, pp.169–71; AAN, p.1057.Bazin 对于婚礼的记录很混乱，他把婚礼举行的日期定在了 1743 年（p.293）。可能是他的编辑搞混或者误解了他的日期：之后的几页从 1744 年 9 月直接跳到了 1746 年 12 月（pp.299–302）。

44. 11th Rajab；Lockhart（*Nadir Shah*, p.250）似乎搞混了米尔扎·马赫迪的日期，给出了 8 月 11 日。Vatatzes 确认日期为 1745 年 8 月 9 日（p.284）。

45. AAN, p.1058, 1072. 我怀疑 Mohammad Kazem 是否对它的意思有一个明确的理解，他可能正在按照纳迪尔官员的要求传递什么东西。Vatatzes 也附和了这种说法，他描述奥斯曼士兵努力地保持着线形队列："一些是弯的，一些是翻转的，还有一些是直的。"（p.283）

46. Vatatzes 的记录（pp.282–3）为人们之前对这场战斗的认识增加了可靠性，他提到双方的骑兵最初都在后方。他说波斯骑兵更优秀，奥斯曼骑兵不敢攻击他们（Sha'bani 在一份文献中也提到奥斯曼人不愿意展开骑兵战，Sha'bani

1977, pp.34–7）。相反，奥斯曼文献则认为他们的部队与波斯人进行了近距离战斗（*Cambridge History of Iran*, Vol.7, p.309）。

47. Vatatzes, pp.283–4; Hanway, p.252.

48. JN, Vol.2, p.172: Sha'bani 1977, pp.34–7.

49. Vatatzes, p.284.

50. JN, Vol. 2, pp.171–4; Hanway, Vol.4, pp.252–3; AAN, pp.1071–2; von Hammer, Vol.XV, pp.96–7; Vatatzes, pp.280–5; Sha'bani 1977, pp.34–7; Lockhart, *Nadir Shah*, p.250. 我采用了 Vatatzes 的说法，因为它包含详实的细节，而不是仅仅描述了事件的概况。

51. AAN, p.1072.

52. Von Hammer, Vol.XV, p.98.

53. JN, Vol.2, p.176.

54. Emin, p.12（Emin 在伊斯法罕的时间是错的，但只有这段时间他才可能与纳迪尔有交集）。

55. Hanway, Vol.4, p.272；之后有关毒打的引文来自 AAN, p.1084。

56. AAN, pp.1084–8.

57. AAN, pp.1183–5.

58. JN, Vol.2, p.178.

59. JN, Vol.2, pp.180–4; von Hammer, Vol.XV, pp.117–8.

60. JN, Vol.2, p.179.

61. Bazin, pp.300–1.

62. Bazin, pp.300–2; JN, Vol.2, p.189; Emin, p.12.

10　回到原点

1. Bazin, p.304（肢体描述在 pp.315–16）。

2. JN, Vol.2, pp.179,189; Hanway, Vol.4, pp.259–60; Vatatzes, pp.295–7.

3. JN, Vol.2, p.186（包括诺鲁孜引文）; Hanway, Vol.4, p.259; Lockhart 1938, p.259; Bazin, p.307。

4. Bazin, pp.307–10.

5. 参见 Lambton 1980 和 Darling 2002。

6. JN, Vol.2, pp.186,188.

7. Golestane, p.13.

8. Bazin, pp.310–11; JN, Vol.2, p.190.

9. Vatatzes, pp.297–8.

10. Bazin 说纳迪尔已经接连几天在后宫准备了一匹鞍鞯齐全的马，以备意外情况下逃生使用。Bazin 和 Golestane 都说他考虑过逃走，甚至离开军营，但都被人劝了回来。显然此时纳迪尔已经不太理智了，出现这种行为也有可能，但试图逃走的故事是这段时期常见的幻想叙事的特征。

11. Bazin, p.315.

12. Golestane, pp.15–19; Bazin, pp.314–15; BW, pp.166–7; Hanway, pp.261–2; JN, Vol.2, p.190; Vatatzes, pp.297–301; Lerch, pp.443–4.Golestane 和 Bazin 对纳迪尔之死的记述最为详细。据 Bazin 说，纳迪尔死时 65 岁或 66 岁，显然疾病加速了他的衰老，但凡有一些医疗经验的人都会明白这种影响。Al-Suwaidi 对他苍老外貌的描述更加夸张，当他在 1743 年底见到纳迪尔时，他说纳迪尔看起来有 80 岁了（见第 7 章）。相反，纳迪尔的医师阿拉维·汗（他比 Bazin 的医治经验丰富许多）的好友 Abdol Karim Kashmiri 认为他死时不过 50 来岁，尽管他也知道人们大多认为他出生在 1687 年或者 1691 年。他说纳迪尔的出生日期无人知晓，因为没人知道他的星座（p.170）。Chevalier Gardane（Clairac, Vol.3, p.105）说他在 1730 年"大概 40 岁"，而 VOC（略带怀疑）报告称 1736 年纳迪尔"已经 60 多岁了"，他生病了并打算隐退（Floor, *Nader Shah*）。按照这个说法，他的出生日期应该在令人难以置信的 1676 年甚至更早，让人不禁想起一些仇视纳迪尔的造谣者为了动摇人们对他统治的信心而故意夸大了他的年龄和衰老程度的说法。像 Hanway 一样的部分西方作者可能受此影响，他们重复着一个比实际情况更早的出生日期，不久便制造出一个所谓正统的出生日期。

13. JN, Vol.2, pp.191–2; Bazin, pp.328–30; Golestane, pp.22–5.

14. Bazin, pp.331–2.

15. Keddie, *Qajar Iran*, pp.37,87,89.

16. Keddie, *Qajar Iran*, p.91.

17. Malcolm, *History*, Vol.2, pp.107–8.

18. Malcolm, *History*, Vol.2, p.97; Lockhart 1938, p.209. 关于礼萨·戈利的话，可信度更高的是当时的版本，来自 Mohammad Kazem，参见第 7 章。

参考文献

以下部分词条带有简短的评论，有关部分最重要的历史文献的更多评述，请参见 Tucker 1992，1993，1998 和 Lockhart 的 *The Fall of the Safavi Dynasty* 和 *Nadir Shah* 的参考文献。

Abd ol-Karim Kashmiri *Bayan-e Waqe'*(BW), trans. H. G. Pritchard, BM MS Add 30782, fols.64–112; also trans, Francis Gladwin *The Memories of Khojeh Abdul-Kurreem*, Calcutta 1788（Pritchard 翻译了文章的前半部分，Gladwin 翻译了后一半，从前半部分翻译引用的内容使用的是对开本的号码，后半部分使用的是页码）。原始波斯文本 BM MS Add 8909，modern edition ed. K. B. Nasim, Lahore 1970。

Abraham of Erevan *History of the Wars* (1721–1738), ed. and trans, G. A. Bournoutian, Costa Mesa 1999

Abraham of Crete *The Chronicle of Abraham of Crete*(CAC), ed. and trans. G. A. Bournoutian, Costa Mesa 1999

Abo'l-Hasan ibn Amin Golestane *Mojmal ol-tavarikh*, published as *Mujmil et-Tarikh-e Badnaderije*, Leiden 1891(Modern edition ed. Mudarris Rezavi, Tehran 1965)

Adle, Chahryar, 'La bataille de Mehmandust (1142/1729)', in *Studia Iranica* 2, Fascicle 2, 1973, pp.235–41

Alam, Muzaffar, *The Crisis of Empire in Mughal North India: Awadh and the Punjab, 1707–48*, Dehli 1986

Algar, Hamid, 'Shi'ism and Iran in the Eighteenth Century', in *Studies in 18th Century Islamic History*, ed. Thomas Naff and Roger Owen, Carbondale and Edwardsville 1977, pp.288–302

Anand Ram Mokhles, 'Tadhkere'(ARM), trans. Lt. Perkins, BM MS Add 30780, fols.162a–184a; printed in Eliot and Dowson, *The History of India as told by its own Historians*, London 1867, Vol.VIII, pp.76–98

Arjomand, Said Amir, *The Shadow of God and the Hidden Imam*, Chicago 1984

Arunova, M. R. and K. Z. Ashrafyan, *Gosudarstvo Nadir-Shaka Afshara*, Moscow 1958

Astarabadi, Mirza Mohammad Mahdi, (*Tarikh-e*) *Jahangosha-ye Naderi*(JN), translated into French by Sir William Jones as the *Histoire de Nader Chah*, London 1770; 原始波斯文本 ed. Abdollah Anvar, Tehran 1377(1998)。Jones 的译文有许多错误，尤其是日期和名字，但对于不懂波斯语的人来说，它可以让他们了解到纳迪尔沙的一生和那个时代的历史。Jones 的译本与现代波斯语版本之间存在的差异源于原始波斯语文稿中的区别，而非 Jones 译文的不准确。Mirza Mahdi 是纳迪尔的史官，可以想见他在记录时必须避免任何对纳迪尔的批评。还有证据显示，成书之时（大约在纳迪尔死后 10 年）Mirza Mahdi 还必须避免冒犯恺加部落的一些首领。然而，Mirza Mahdi 煞费苦心、极尽详细的记述是了解纳迪尔沙一生最重要的文献，尽管开始部分看起来让人生疑，但最终我们发现它确实是最准确的信源。

Axworthy, Michael, 'Basile Vatatzes and his History of Nader Shah' (article forthcoming)

Babayan, Kathryn, *Mystics, Monarchs and Messiahs: Cultural Landscapes of Early Modern Iran*, Cambridge (Massachusettes) 2002

Babayan, Kathryn, '"In Spirit We Ate if Each Other's Sorrow":Female Companionship in Seventeenth-Century Safavi Iran' (article, forthcoming)

Bachoud, Pere Louis, 'Lettre du Père Bachoud, Missionaire de la Compagnie de Jésus en Perse, Ecrite de Chamakie le 25 Septembre 1721', in *Lettres Edifiantes et Curieuses Ecrites des Missions Etrangères*, Paris 1780, Vol.IV, pp.113–124.

Bayly, C. A., *Imperial Meridian: The British Empire and the World 1780–1830*, Longman 1989

Bazin, Père Louis, 'Mémoires sur les dernières années du règne de Thamas Kouli-Kan et sa mort tragique, contenus dans un letter du Frère Bazin' (1751), in *Lettres Edifiantes et Curieuses Ecrites des Missions Etrangères*, Paris 1780, vol.IV, pp.277–321（后面还有一封 Bazin 的信，pp.322–64）

Beck, Lois *The Qashqa'I of Iran*, Yale 1986

Bellamy, Christopher, *The Evolution of Modern Land Warfare: Theory and Practice*, London 1990

Blake, Stephen p., *Shahjahanabad: The Sovereign City in Mughal India, 1639–1739*; Cambridge 1991

Bratishchev, V., *Nachricht von denen traurigen Begebenheiten, die zwishen dem Persischen Schache Nadir und dessen Sohne Resa Kuli Mirsa in den Jahren 1741 und 1742 zegetragen haben*, in G. F. Mueller. *Sammlung Russischer Geschichte*, St Peterburg 1763, pp.459–503

Brosset, M.-F. (ed.), *Histoire de la Géorgie*, St Peterburg 1856–1857, Vol.2, Parts 1 and 2, (contains *inter alia* the chronicles of Vakhusht and Sekhnia Chkheidze)

de Bruyn, Cornelis, *Voyages*, Amsterdam 1718

Cambridge History of Iran, Cambridge 1961–1991, Vols. 6 and 7 (various editors), 尤其第七卷中 Peter Avery 编辑的纳迪尔沙的统治（pp.3–51）

Cassels, Lavender, *The Struggle for the Ottoman Empire, 1717–1740*, London 1966

Chandra, Satish, *Parties and politics at the Mughal Court 1707–1740*, second editon, Delhi 1972

Clairac, Louis André de la Mamye, *Histoire de Perse*, Paris 1750

Cooper, Randolf G. S., *The Maratha Campaigns and the Contest for India*, Cambridge 2003

Curzon, Lord G. N., *Persia and the Persian Question*, London 1966

Darling, Linda T., '"Do Justice, Do Justice, for That Is Paradise":Middle Eastern Advice for Indian Muslim Rulers', in *Comparative Studies of South Asia, Africa and the Middle East*, Vol. XXII, Nos. 1 and 2 (2002), pp.3–19

Diba, Layla S., 'Visual and Written Sources: Dating Eighteenth-Century Silks', in Carol Bier (ed.), *Woven from the soul, Spun from the Heart*, Washington 1987, pp.84–96

Diba, Layla S., *Royal Persian Paintings*, London and Brooklyn 1998

Dickson, Martin B., 'The Fall of the Safavi Dynasty', in the *Journal of the American Oriental Society*, vol.82 (1962), pp.503–17.Dickson 在文章中对 Lockhart 的攻击既狭隘又过分，尽管他纠正了 Lockhart 文章中的一些错误。这篇文章的大部分内容毫无依据，不过是一些嘲讽（见前文第三章注 36）。Dickson 批评 Lockhart（从 p.515 开始）无视社会、经济和其他领域的进步，只抓着政治问题不放。Dickson 在他自己的著作 *Shah Tahmasb and the Uzbeks*（他的博士论文）的摘要中是这样描述研究参数的：另一种限制措施是强调这些关系的政治影响。我们希望这里有必要的背景介绍，使之后有关文化、经济和公共制度的研究都更有意义"（p.1）。Marshall G Hodgson 曾经注意到 Dickson 的书未能出版（*Venture of Islam*, vol.3, p.29n）：Lockhart 的著作可以刊印是相比较之后的结果。既然 Dickson 已经过世，他的学生能出书也证明了他是一位优秀的老师。

Elgood, Robert, *Firearms of the Islamic World*, London 1995

Emin, Joseph, *The Life and Adventure of Joseph Emin*, ed. Amy Apcar, Calcutta 1918

Ferdowsi, *The Tragedy of Sohrab and Rostam*, trans, Jerome W Clinton, Washington 1987, revised edition 1996

Floor, Willem, 'The Revolt of Shaikh Ahmad Madani in Laristan and the Garmsirat (1730–1733)', in *Studia Iranica*, 12(1983), pp.63–93

Floor, Willem, 'The Iranian Navy in the Gulf during the Eighteenth Century', in *Iranian Studies*, 20(1987), pp.31–53

Floor, Willem, *The Afghan Occupation of Safavid Persia 1721–1729*, Paris 1998

Floor, Willem, 'New Facts on Nadir Shah's Campaign in India', in *Iran and Iranian studies: Essays in Honour of Iraj Afshar*, ed. Kambiz Eslami, Princeton 1998, pp.198–219

Floor, Willem, *The Persian Textile Industry*, Paris 1999

Floor, Willem, *The Economy of Safavid Persia*, Wiesbaden 2000

Floor, Willem, *Nader Shah: God's Wrath and Punishment* (forthcoming-based on an earlier version published in Persian in Tehran in 1989). 这部著作与 Willem Floor 以往的作品一样颇具价值，它引用了大量荷兰东印度公司（VOC）的档案文献，为一系列重要事件提供了准确的日期，还从当时的文献资料中提取出了许多谣言和八卦（并提醒众人时间将会证明其是不是真实的）。

Floor, Willem, 'Dutch Trade in Afsharid Persia (1730–1753)' (article, forthcoming)

Foran, John, 'The Long Fall of the Safivid Dynasty: Moving Beyond the Standard Views', in the *International Journal of Middle East Studies*, No.24(1992), pp.281–304

Faser, James, *The History of Nadir Shah*, London 1742. 这本重要的早期成果包含 Mirza Zaman 就纳迪尔沙入侵印度时期所做实录的翻译（Mirza Zaman 见证了诸多事件），以及英国东印度公司驻伊斯法罕代表 Cockell 的一些见闻实录。

Gellner, Ernest, 'The Tribal Society and its Enemies', in *The Conlict of Tribe and State in Iran and Afghanistan*, ed. R. Tapper, London 1983, pp.436–48

Gombroon diary (GD), 英国东印度驻阿巴斯港的档案，以信件形式写就，来自他们驻伊斯法罕、克尔曼等地的货商，现存大英图书馆印度馆藏区，classmark G/29/ vols.3–6 and 16

Gommans, Jos, *Rise of the Indo-Afghan Empire 1710–1780*, Leiden 1995

Gommans, Jos, 'Indian Warfare and Afghan Innovation During the Eighteen Century', in J. L. Gommans and D. H. A. Kolff(eds.), *Warfare and Weaponry in South Asia 1000–1800*, India, pp.365–95

Gommans, Jos, *Mughal Warfare*, London 2002

Hall, John A., *Powers and Liberties*, Harmondsworth 1986

Von Hammer-Purgstall, J., *Histoire de l'Empire Ottoman* (French translation by J. J. Hellert), Paris 1835–1843

Haneda, M., 'Army III-Safavid', in *Encyclopaedia Iranica*, ed. Ehsan Yarshater, London and New York 1987, Vol.II, pp.503–06

Hanway, Jonas, *An Historical Account of the British Trade over the Caspian Sea... to which are added The Revolutions of Persia during the present Century, with the particular History of the great Usurper Nadir Kouli* (4 vols), London 1753. Hanway 是一个不错的信息来源，毕竟 18 世纪 40 年代初他身在波斯，但必须提醒的是使用他的描述时必须小心，它过于借鉴了 Clairac，Fraser 和其他一些文献。他在提到波斯人时经常摆出一副高高在上的姿态，这点遭到了 Malcolm 的批评（参见简介，注 4）。

Harcharan Das, *Chahar Guldhar Shuja'I*, partly translated by Munshi Sadasukh Lal, BM MS Add 30782, fols.113–205

Hodgson, Marshall G. S., *The Verture of Islam*, Chicago 1974(especially Vol.3: The Gunpowder Empires and Modern Times)

Hookham, Hilda, *Tamburlaine the Conqueror*, London 1962

Islam, Riazul, *Indo-Persian Relations*, Tehran 1970

Islam, Riazul, *A Calendar of Documents on Indo-Persian Relations*, Tehran and Karachi 1979/1982

Keddie, Nikki R., *Qajar Iran and the Rise of Reza Khan 1796–1925*, Costa Mesa 1999

Krusinski, Fr Judasz Tadeusz, *The History of the late Revolution of Persia*, London 1740; facsimile edition, New York 1973

Lambton, Ann K. S., *Landlord and Peasant in Persia*, London 1991

Lambton, Ann K. S., 'The Tribal Resurgence and the Decline of the Bureaucracy in the Eighteenth Century', in Thomas Naff and Roger Owen (eds.), *Studies in 18th Century Islamic History*, Carbondale and Edwardsville 1977, pp.108–29. 这篇重要的文章大量引用了 Rostam al-hukuma 的记述，尽管最近有人质疑 Lambton 的主要理论，但它还是体现了作者的认真研究。

Lambton, Ann K. S., *Theory and Practice in Medieval Persian Government*, London 1980

Lerch, Johann Jacob, 'Nachricht von der zweiten Reise nach Persien von 1745 bis 1747', in *Büsching's Magazin*, Vol.10, Halle 1776

Lockhart, Laurence, 'De Voulton's Noticia, in *Bulletin of the School of Oriental*

Studies, Vol.4, Part 2 (1926), pp.233–45

Lockhart, Laurence, 'The Navy of Nadir Shah', in *Proceedings of the Iran Society*, Vol.1, Part 1, London 1936, pp.3–18

Lockhart, Laurence, *Nadir Shah*, London 1938

Lockhart, Laurence, *The Fall of the Safavi Dynasty and the Afghan Occupation of Persia*, Cambridge 1958. 尽管 Martin Dickson 指出了这本书的许多错处（参见 Dickson 1962），但它依旧是介绍这些事件详情的最好的英文单行本，'还有他后期发表的 *Nadir Shah*，即便他的用语老气，事件解读和原因分析已经有所进步。Lockhart 也像许多学者一样在引用时出现了错误，但他在辨别文献时还是相当谨慎的，几乎总是选取当时的人或见证人的记录。两本书的参考文献颇为壮观，在未来多年里都将对研究这段时期的学生提供非常大的帮助。

Lockhart, Laurence, 'The Persian Army in the Safavid Period', in *Der Islam*, 34(1959), pp.89–98

Malcolm, Sir John, 'Translation of Two Letters of Nadir Shah, with Introductory Observations in a Letter to the President', in *Asiatick Researches*, 1808, Vol, Vol.10, pp.526–47

Malcolm, Sir John, *History of Persian*, London 1815

Marvi Yazdi, Mohammad Kazem, *Alam Ara-ye Naderi* (3 vols.) (AAN) ed. Mohammad Amin Riyahi, Tehran (Third edition) 1374/1995. Mohammad Kazem 的纳迪尔史混乱沮丧、缺乏日期和准确性，却充满了其他任何文献都没有的大量细节描写和许多生动的故事。他是一位传统主义者，尽管仰慕纳迪尔的军事成就，却不赞成他篡夺王位，他认为纳迪尔后期遇到的麻烦是真主的惩罚。

Matthee, Rudi, 'Unwalled Cities and Restless Nomads: Firearms and Artillery in Safavid Iran', in Charles Melville (ed.), *Safavid Persia: The History and Politics of an Islamic Society*, London 1996, pp.389–416

Matthee, Rudi, *The Politics of Trade in Safavid Iran*; Cambridge 1999

Matthee, Rudi, *The Pursuit of Pleasure: Drugs and Stimulants in Iranian History 1500–1900*, Princeton 2005

Miklukho-Maklai, N. D., '*Zapiski S Avramovaob Irane kakistoricheskii Istochnik'*, in *Uchenye Zapiski Leningradskogo gosudarstvennogo universiteta. Seriia vostokovedcheskikh nauk*, Part 3(128), Leningrad 1952, pp.88–103

Minasian, Caro A., (ed. and trans.), *The Chronicle of Petros Gilanents*, Lisbon 1959

Minorsky, V., 'Esquisse d'une Histoire de Nadir-chah', in *Publications de la Société des Etudes Iraniennes et de l'Art Persan*, No.10, Paris 1934, pp.1–46

Minorsky, V., (ed. and trans.), *Tadhkirat al-Muluk*, Cambridge 1943

Mohsen, Mohammad, *Zobdat ot-Tavarikh* (ZT); Browne MS. G. 15(13), Cambridge (modern edition ed. Behruz Gudarzi, Tehran 1375/1996).Mohsen 是纳迪尔的税务官。这本史书是纳迪尔为自己的儿子礼萨·戈利准备的，成书于 1741—1742 年。Mohsen 的书是一份重要信源，尤其是讲述苏丹·侯赛因沙与其子塔赫玛斯普统治的部分，不过他的记述到 1736 年便结束了。不同于对待纳迪尔的前任相对宽容的 Mirza Mahdi，Mohsen 是伊斯法罕人，经历过伊斯法罕之围，话自然说得更重。

Mohsen Siddiqi, Mohammad, *Jowhar-e Samsam* (JS), trans. A. R. Fuller BM MS Add 30784

Moreen, Vera B. (ed.), *Iranian Jewry During the Afghan Invasion* Stuttgart 1990

Morgan, David, *The Mongols*, Oxford 1990

Morton, A. H., 'The chub-I tariq and Qizilbash ritual in Safavid Persia', in J. Calmard (ed.), *Etudes Safavides*, Paris and Tehran 1993

Olson, Robert W., *The Siege of Mosul and Ottoman-Persian Relations 1718–1743*, Indiana/Bloomington 1975

Parker, Geoffrey, *The Military Revolution*, Cambridge 1988

Parry, V. J., and M. E. Yapp(eds.), *War, Technology and Society in the Middle East*, London 1975

Perry, J. R., 'The Last Safavids', in *Iran* IX (1971)

Perry, J. R., 'Forced Migration in Iran During the Seventeenth and Eighteenth centuries', in *Iranian Studies*, Vol.8, Part 4(1975), pp.199–215

Perry, J. R., *Karim Khan Zand*, Chicago 1979

Perry, J. R., 'Army IV-Afshar and Zand', in Ehsan Yarshater (ed.), *Encyclopaedia Iranica* London and New York 1987, Vol.II, pp.506–8

Quddusi, Mohammad Hosein, *Nadernama*, Mashhad 1960

Rostam ol-Hokama, trans.and ed. Birgitt Hoffmann, in *Persische Geschichte 1694–1835 erlebt, erinnert und erfunden-das Rustam at-Tawarikh in deutscher bearbeitung* (2 vols.), Bamberg 1986. 如果说 Mohammad Kazem 脱去了历史缪斯的衣服（Sir Sarkar 这样写道），那么 Rostam ol-Hokama 更是将她暴露在大众面前。全书充斥着粗俗的流言与谎话、当时的街头巷议，其他地方是根本看不到的。有了这本书，我们就可以猜出当时那些对事情半知半解或者完全误解的西方作者的故事来源到底是什么，以及为什么更加正规的波斯历史却没有相关的内容。

Saignes, Père, 'Lettre du Père Saignes de Chandernagore, 10 Février 1740', in *Lettres Edifiantes et Curieuses des Missions Etrangères*; vol.IV, Paris 1780

Sarkar, J. N., *Nadir Shah in India*, Calcutta 1973 (reprint; first published 1925; condensed from a series of lectures given by Sir J Sarkar at patna University in 1992). 这是一份重要信源，它将印度与波斯文献做了细致的精简，不过也删掉了一些内容，尤其是希拉克略二世的信（in Brosset）、纳迪尔自述的格尔纳尔之战（in Malcolm, *2 letters*）和 Tieffenthaler。

Sekhnia Chkheidze Chronique, in M.-F. Brosset (ed.), *Histoire de la Géorgie*, Vol.2, 2me Livraison, St Petersburg 1856–1857

Sefatgol, Mansur, 'The question of Awqaf Under the Afsharids', in Rika Gyselen and Maria Szuppe (eds.), *Studia Iranica: Cahiers vol.21/Materiaux pour l'Histoire Economique du Monde Iranien*, Paris 1999, pp.209–29

Sha'bani, Reza, *Tarikh-e Ejtema'i-ye Iran dar 'asr-e Afshariye*, Tehran 1986

Sha'bani, Reza, (ed.), *Hadis-e Nadershahi*, Tehran 1977

Spear, Percival, *History of India* (2 vols.), London 1990

Subrahmanyam, S., 'Un Grand Dérangement: Dreaming an Indo-Persian Empire in South Asia, 1740–1800', in *Journal of Early Modern History*, Leiden 2000, Vol.IV, pp.337–79

Tapper, R., *Frontier Nomads of Iran*, Cambridge 1997

Taylor, James S., *Jonas Hanway: Founder of the Marine Society*, London and Berkeley 1985

Tieffenthaler, Father J., 'Beschreibung des Feldzuges Thamas Kulikhan', in J. Bernoulli (ed.), *Historisch-Geographische Beschreibung von Hindustan*, Berlin 1785–1787, Vol.2, Part 2, p.49f.

Tucker, Ernest, *Religion and Politics in the Era of Nadir Shah: The Views of Six Contemporary Sources*（未发表的博士论文，芝加哥大学，1992)

Tucker, Ernest, 'Explaining Nadir Shah: Kingship and Royal Legitimacy in Mohammad Kazim Marvi's Tarikh-i alam-ara-yi Nadiri', in *Iranian Studies*, Vol.26, 1–2(1993), pp.95–117

Tucker, Ernest, 'Nadir Shah and the Ja'fari Madhhab Reconsiered', in *Iranian Studies* vol.27, 1–4 (1994), pp.163–79

Tucker, Ernest, 'The Peace Negotiations of 1736: A conceptual Turning Point in Ottoman-Iranian Relations', in *Turkish Studies Association Bulletin*, 20/1 (Spring 1996), pp.16–37

Tucker, Ernest, '1739: History, Self and Other in Afsharid Iran and Mughal India', in *Iranian Studies*, Vol.31, No.2 (Spring 1998), pp.207–17

Vatatzes Basile, *Voyage de Basile Vatace en Europe et en Asie*, ed. E Legrand, Paris 1886

Vatatzes Basile, *Persica: Histoire de Chah-Nadir*, ed. N Iorga, Bucharst 1939. 人们普遍认为 Vatatzes 的纳迪尔史曾经散佚，而且未被充分解读，因为写就它的希腊语晦涩难懂。据我所知，我的书是介绍纳迪尔生平的著作中首次采用部分 Vatatzes 文献的，而我也只是迈出了第一步。Vatatzes 很啰唆，叙事模糊，经常表述不准确或令人生疑，但他毕竟亲眼见证过一些事件，也直接从其他亲见者的口中听到过一些。谨慎采用，我们可以获得更多有用的信息（参见前文提到的我即将发表的文章）。

Zeller, R., and E. F. Rohrer (eds.), *Orientalische Sammlung Heri Moser-Charlottenfels*, Bern 1955

出版后记

波斯阿夫沙尔王朝的建立者纳迪尔沙在 18 世纪建功立业的历史，对于我国读者来说比较陌生，但是他在亚洲军事领域享有盛名，被一些历史学家称为"亚洲拿破仑"，对于现代伊朗的崛起和避免经历与波兰相似的被瓜分命运起到了非常重大的作用，因而我们很有必要了解一下这段历史和这块尚不熟悉的土地。

本文作者作为伊朗事务方面的专家，详细阐述了纳迪尔跌宕起伏的一生。作者较为理性地肯定了纳迪尔沙取得的军事成就，但也批判了他在统治末期的诸多残酷行径，从一个更加公正的历史角度解读和论述了纳迪尔这个非比寻常的征服者。

当然，在具体叙述纳迪尔的征战生涯时，作者多多少少会出现一些不足之处。在此也要感谢译者的辛勤付出，她精彩的译笔为本书增色不少。由于编辑水平有限，书中难免存在一些错误，敬请广大读者批评指正。

服务热线：133-6631-2326　188-1142-1266

读者信箱：reader@hinabook.com

后浪出版公司

2020 年 11 月

© 民主与建设出版社，2023

图书在版编目（CIP）数据

波斯之剑 / (英) 迈克尔·阿克斯沃西
(Michael Axworthy) 著 ; 周思译. -- 北京 : 民主与建
设出版社, 2021.4（2024.5重印）
　书名原文: The Sword of Persia: Nader Shah,
from Tribal Warrior to Conquering Tyrant
　ISBN 978-7-5139-3344-5

Ⅰ.①波… Ⅱ.①迈… ②周… Ⅲ.①伊朗—历史—
研究 Ⅳ.①K373

中国版本图书馆CIP数据核字(2021)第017530号

版权登记号：图字 01-2023-3165
审图号：GS（2020）6700

波斯之剑
BOSI ZHI JIAN

著　　者	［英］迈克尔·阿克斯沃西	译　　者	周思
出版统筹	吴兴元	责任编辑	王　颂
特约编辑	沙芳洲	营销推广	ONEBOOK
封面设计	徐睿绅	装帧制造	墨白空间

出版发行　民主与建设出版社有限责任公司
电　　话　（010）59417747　59419778
社　　址　北京市海淀区西三环中路 10 号望海楼 E 座 7 层
邮　　编　100142
印　　刷　北京盛通印刷股份有限公司
版　　次　2021 年 4 月第 1 版
印　　次　2024 年 5 月第 4 次印刷
开　　本　889 毫米 × 1194 毫米　1/32
印　　张　12.5
字　　数　290 千字
书　　号　ISBN 978-7-5139-3344-5
定　　价　78.00 元

注：如有印、装质量问题，请与出版社联系。